普通高等教育"十二五"规划教材

现代生化技术

（第三版）

郭 勇　崔堂兵　于平儒　编著

科学出版社

北京

内 容 简 介

本书是在 1996 年华南理工大学出版社出版的《现代生化技术》和 2005 年科学出版社出版的《现代生化技术》(第二版)的基础上，根据国内外生化技术的最新进展和发展趋势，结合作者的教学和科研实践，修改、补充而成。主要介绍重要而又常用的各种现代生化技术的技术原理和操作要点。内容包括三篇共 15 章，第一篇为生化分离技术，包括提取与沉淀分离技术、过滤与膜分离技术、萃取分离技术、层析分离技术、电泳技术、离心分离技术 6 章；第二篇为生化检测技术，包括化学检测技术、光学检测技术、酶学检测技术、气体检测技术、生物检测技术、放射性同位素检测技术 6 章；第三篇为酶、基因和细胞操作技术，包括酶操作技术、基因操作技术、细胞操作技术 3 章。每一章都有一节列出若干实验，可供选择使用。

本书可供高等院校生物技术、生物工程、生物科学、生物化工、发酵工程、酶工程、生物制药，以及其他有关学科的本科生和研究生作为教材使用，也可供有关专业的教学工作者、科研工作者和工程技术人员参考使用。

图书在版编目(CIP)数据

现代生化技术/郭勇，崔堂兵，于平儒编著.—3 版.—北京：科学出版社，2014.3
普通高等教育"十二五"规划教材
ISBN 978-7-03-039719-5

Ⅰ.①现… Ⅱ.①郭… ②崔… ③于… Ⅲ.①生物化学-技术-高等学校-教材 Ⅳ.①Q503

中国版本图书馆 CIP 数据核字(2014)第 022375 号

责任编辑：席　慧　贺窑青/责任校对：桂伟利
责任印制：赵　博/封面设计：迷底书装

科学出版社 出版
北京东黄城根北街 16 号
邮政编码：100717
http://www.sciencep.com

北京凌奇印刷有限责任公司印刷
科学出版社发行　各地新华书店经销

*

1996 年 8 月第　一　版　　华南理工大学出版社
2005 年 2 月第　二　版　　开本：787×1092　1/16
2014 年 3 月第　三　版　　印张：17 1/4
2026 年 1 月第十七次印刷　字数：453 000

定价：**69.00 元**
(如有印装质量问题，我社负责调换)

第三版前言

本书第三版是在1996年华南理工大学出版社出版的第一版和2005年科学出版社出版的第二版的基础上,查阅国内外大量文献资料,结合作者的教学、科研成果重新补充、修改而成。

本书自问世以来,在国内几十所高等院校作为教材使用,教学效果良好,受到广泛的好评。

自从本书第二版出版以来,已经经过8年的时间,在此期间生化技术又有了长足的进步。例如,利用酶的催化作用进行物质检测的酶学检测技术已经在医药、食品、工业、农业、环境保护等领域广泛应用;随着易错PCR、DNA重排等基因体外随机突变技术和突变基因的高通量定向选择技术的发展,分子定向进化已经成为生物科学和生物技术的研究热点之一。为此,在本次编写过程中,根据生化技术的发展情况,对本书内容进行了较大的修改和补充。由原来的3篇14章扩展到现在的3篇15章。新增加了酶学检测技术、基因体外随机突变技术和突变基因的高通量检测技术等内容,同时对其他内容也作了适当的修改和补充。

在本书的编写过程中得到许多专家学者的指导和支持,在此表示衷心的感谢。

希望本书第三版的出版能更为全面地反映现代生化技术,能为读者更好地掌握现代生物科学和生物技术的研究手段及试验方法,为生物科学和生物工程的腾飞作出应有的贡献。

虽然本书第三版的内容有了较多更新,但是由于生化技术发展很快,加上编著者水平所限,疏漏之处诚请读者批评指正。

郭 勇

2013年10月于广州

第二版前言

为了适应学科发展的要求,作者在1986年编写了《生化技术》讲义,在华南理工大学微生物工程、生物化工、发酵工程专业作为本科生和硕士研究生的教材使用,1992年经过第一次补充修改,1996年经过再次补充修改后,改名为《现代生化技术》,由华南理工大学出版社正式出版发行。本书第二版是在第一版的基础上,查阅国内外大量文献资料,结合笔者的教学、科研成果重新补充修改而成。

自本书第一版出版以来,已经经过8年多的时间,在这期间,本书在华南理工大学等几十所高等院校作为教材使用,教学效果良好,受到广泛的好评。

近30年来,生物科学和生物工程飞速发展,在理论研究和应用研究方面均取得了举世瞩目的巨大成就。这些成就的取得,与生化技术的发展密不可分。一方面,生物科学与生物工程的发展要求,推动生化技术的高速发展;另一方面生化技术的发展又极大地加速了生物科学和生物工程的发展步伐。例如,1990年启动的人类基因组计划,要求有一套快速、准确的基因测序技术,这一迫切要求极大地推动了基因测序技术的发展,新发展的基因测序技术又对人类基因组计划的提前完成起到了至关重要的作用。

在本次编写过程中,根据生化技术的发展情况,对本书内容进行了较大的修改和补充。由原来的三篇13章扩展到现在的三篇14章。其中新增加了过滤与膜分离技术、萃取分离技术两章,由于核磁共振检测技术主要是由专业人员操作的仪器分析技术,一般生物科学与生物工程工作者很少直接操作,所以在本书第二版中予以删除,有兴趣者可以查阅有关专著。同时对提取与沉淀分离技术、层析分离技术、离心分离技术、分光光度检测技术、生物检测技术、酶分子修饰技术、基因克隆技术和细胞融合技术等章节的内容也作了较大的修改和补充。

在本书的编写过程中,得到余若黔教授、谢秀祯教授、韩双艳博士等许多专家学者的指导和支持,在此表示衷心的感谢。

希望本书第二版的出版能全面反映现代生化技术的全貌,通过对现代生化技术的基本原理和基本技术的介绍,为读者更快、更好地掌握现代生物科学和生物工程的研究手段和实验方法,为21世纪生物科学和生物技术的腾飞和普及做出应有的贡献。

虽然本书第二版的内容有了较多更新,但是由于生化技术的发展日新月异,加上作者水平所限,错漏之处,诚请读者批评指正。

作　者

2004年9月于广州

第一版前言

在生物化学及其相关学科应用的各种技术统称为生化技术，主要是指生物体内物质及其代谢产物，特别是生物大分子的分离、检测、制备与改造技术。

近20多年来，生物科学在理论与应用方面都取得了惊人的进展，重要的原因之一是生化技术的重大发展。

生化技术的发展过程可以追溯到半个多世纪以前。1925年，Svedberg设计的超速离心机以及同时代的Warburg发明的微量检压计等，推动生物化学进入到现代生物化学阶段。1935年，放射性同位素技术在生物化学过程中的应用，以及随后建立并逐步发展起来的层析技术、电泳技术及其他分离、检测技术，都迅速地促进了生物化学的进展，从而使生物化学的研究工作从整体水平、细胞水平提高到分子水平。20世纪60年代以来生物工程迅速发展，已成为世界新技术革命的主要内容之一。生物工程的发展要求现代生化技术迅速发展，同样，现代生化技术的迅速发展也大大地推动了生物工程的发展。

现代生化技术不仅是生物化学工作者进行研究工作必不可少的手段，也是其他相关学科，如微生物学、酶学、分子生物学、分子物理学、分子遗传学、食品科学、营养学、医学、药物学等进行基础研究的重要工具。同时与生物工程、生物化工、生物制药、微生物工程、发酵工程、酶工程、食品工程、生化工程等息息相关。

本书是作者在1986年编写的、1992年第一次修改补充的《生化技术》讲义的基础上再次修改补充而成的。主要阐述了现代生物科学领域中重要而又常用的生化技术的基本原理及操作要点。实验内容在有关章集中一节列出。这些实验内容都是从国内外公开发表的论文著作中选择而来，其中有一部分是作者在华南理工大学、日本东京大学、美国爱达荷大学(University of Idaho)进行科学研究时亲自做过的，另一部分是作者指导博士研究生和硕士研究生进行学位论文研究时成功使用的，可供研究生或本科生选择部分内容进行实验。

现代生化技术正在飞速发展，原有的技术经常有新的突破，新的技术不断涌现，往往是书未印出，又有了新的发展，加上作者水平所限，不当之处，诚请读者批评指正。

作 者
1995年6月

目　　录

第三版前言
第二版前言
第一版前言

第一篇　生化分离技术

第一章　提取与沉淀分离技术 ·· 2
第一节　细胞破碎 ··· 2
一、机械破碎法 ··· 2
二、物理破碎法 ··· 3
三、化学破碎法 ··· 4
四、酶促破碎法 ··· 4
第二节　提取 ··· 4
一、提取的方法 ··· 5
二、影响提取的因素 ··· 6
第三节　沉淀分离 ··· 6
一、盐析沉淀法 ··· 7
二、等电点沉淀法 ·· 10
三、有机溶剂沉淀法 ··· 10
四、复合沉淀法 ··· 11
五、金属盐沉淀法 ·· 11
六、选择性变性沉淀法 ··· 12
第四节　实验 ··· 12
实验 1-1　大肠杆菌细胞的超声波破碎 ··· 12
实验 1-2　枯草杆菌碱性磷酸酶的提取与盐析 ··· 13
实验 1-3　枯草杆菌 DNA 的提取与分离 ··· 14
实验 1-4　酵母 RNA 的提取与分离 ·· 15
实验 1-5　大蒜细胞 SOD 的提取与分离 ··· 16
实验 1-6　大鼠肝 rRNA 的提取与分离 ··· 17

第二章　过滤与膜分离技术 ··· 19
第一节　非膜过滤 ·· 19
一、非膜过滤的分类 ··· 19
二、非膜过滤的操作过程 ·· 20
第二节　膜分离技术 ·· 20
一、膜分离的分类 ·· 21
二、膜分离的操作过程及其控制 ·· 22
第三节　实验 ··· 23
实验 2-1　胰凝乳蛋白酶的透析脱盐 ·· 23

　　　　实验2-2　糖化酶的超滤分离 ………………………………………………… 24
第三章　萃取分离技术 …………………………………………………………………… 26
　第一节　有机溶剂萃取 ………………………………………………………………… 26
　　一、有机溶剂的选择 ………………………………………………………………… 26
　　二、有机溶剂萃取的操作过程 ……………………………………………………… 26
　第二节　双水相萃取 …………………………………………………………………… 27
　　一、双水相萃取的原理 ……………………………………………………………… 27
　　二、双水相萃取的操作过程 ………………………………………………………… 27
　第三节　超临界萃取 …………………………………………………………………… 28
　　一、超临界萃取的原理 ……………………………………………………………… 29
　　二、超临界萃取的操作过程 ………………………………………………………… 29
　第四节　反胶束萃取 …………………………………………………………………… 31
　　一、反胶束萃取的原理 ……………………………………………………………… 31
　　二、反胶束萃取的操作过程 ………………………………………………………… 31
　第五节　实验 …………………………………………………………………………… 32
　　　　实验3-1　青蒿素的超临界萃取分离 …………………………………………… 32
　　　　实验3-2　人生长激素的双水相萃取分离 ……………………………………… 33
　　　　实验3-3　穿心莲内酯的有机溶剂萃取 ………………………………………… 34
第四章　层析分离技术 …………………………………………………………………… 35
　第一节　吸附层析 ……………………………………………………………………… 35
　　一、吸附层析原理 …………………………………………………………………… 35
　　二、吸附柱层析 ……………………………………………………………………… 36
　　三、聚酰胺薄膜层析 ………………………………………………………………… 39
　　四、其他吸附层析 …………………………………………………………………… 39
　第二节　分配层析 ……………………………………………………………………… 39
　　一、纸层析 …………………………………………………………………………… 40
　　二、薄层层析 ………………………………………………………………………… 43
　　三、气相层析 ………………………………………………………………………… 45
　第三节　离子交换层析 ………………………………………………………………… 52
　　一、离子交换剂的选择与处理 ……………………………………………………… 53
　　二、离子交换层析的操作过程 ……………………………………………………… 54
　第四节　凝胶层析 ……………………………………………………………………… 55
　　一、凝胶层析的基本原理 …………………………………………………………… 55
　　二、凝胶的选择与处理 ……………………………………………………………… 57
　　三、凝胶层析操作过程 ……………………………………………………………… 58
　第五节　亲和层析 ……………………………………………………………………… 60
　　一、亲和层析母体和配基 …………………………………………………………… 60
　　二、亲和层析方法 …………………………………………………………………… 61
　第六节　层析聚焦 ……………………………………………………………………… 62
　　一、交换剂和缓冲液体系 …………………………………………………………… 63
　　二、pH梯度的形成 …………………………………………………………………… 63
　　三、层析聚焦的操作过程 …………………………………………………………… 63

第七节　实验 ··· 64
　　　　实验 4-1　蛋白质溶液的凝胶层析脱盐 ·· 64
　　　　实验 4-2　氨基酸的纸层析 ·· 64
　　　　实验 4-3　核苷酸的离子交换层析 ·· 66
　　　　实验 4-4　胰蛋白酶的亲和层析 ·· 68
　　　　实验 4-5　凝胶层析测定蛋白质的相对分子质量 ··· 69
　　　　实验 4-6　DNS-氨基酸的聚酰胺薄膜层析 ··· 70
　　　　实验 4-7　醇酯成分的气相层析 ·· 72
　　　　实验 4-8　胆酸混合液的薄层层析 ·· 74

第五章　电泳技术 ··· 75
　第一节　电泳的基本原理 ·· 75
　第二节　纸电泳 ··· 76
　　　一、缓冲液的选择 ··· 76
　　　二、滤纸的选择与剪裁 ·· 76
　　　三、电泳操作要点 ··· 76
　第三节　薄层电泳 ··· 78
　第四节　薄膜电泳 ··· 78
　第五节　凝胶电泳 ··· 79
　　　一、聚丙烯酰胺凝胶的制备原理 ··· 79
　　　二、不连续电泳中样品压缩成层的原理 ··· 80
　　　三、SDS-凝胶电泳原理 ··· 81
　　　四、凝胶电泳的操作要点 ··· 81
　第六节　等电点聚焦电泳 ·· 82
　　　一、稳定 pH 梯度的形成 ··· 83
　　　二、两性电解质载体 ··· 83
　　　三、支持 pH 梯度的介质 ··· 83
　　　四、等电点聚焦电泳的操作要点 ··· 84
　第七节　实验 ··· 85
　　　　实验 5-1　核苷酸的纸电泳 ·· 85
　　　　实验 5-2　蛋白质的醋酸纤维薄膜电泳 ··· 86
　　　　实验 5-3　DNA 的琼脂糖凝胶电泳 ··· 87
　　　　实验 5-4　蛋白质的聚丙烯酰胺凝胶电泳 ·· 88
　　　　实验 5-5　SDS-聚丙烯酰胺凝胶电泳测定蛋白质的相对分子质量 ············· 90
　　　　实验 5-6　蛋白质的二元凝胶电泳 ··· 91

第六章　离心分离技术 ··· 94
　第一节　离心机的选择 ·· 94
　　　一、常速离心机 ··· 94
　　　二、高速离心机 ··· 94
　　　三、超速离心机 ··· 94
　第二节　离心方法的选择 ·· 95
　　　一、差速离心 ··· 95
　　　二、密度梯度离心 ··· 96

三、等密度梯度离心 …………………………………………………………………… 97
　第三节　离心条件的确定 ………………………………………………………………… 98
　　一、离心力 ………………………………………………………………………………… 98
　　二、离心时间 ……………………………………………………………………………… 98
　　三、温度 …………………………………………………………………………………… 99
　　四、pH …………………………………………………………………………………… 99
　第四节　实验 ……………………………………………………………………………… 99
　　实验6-1　细菌核糖体的分离 …………………………………………………………… 99
　　实验6-2　大肠杆菌细胞膜的分离 ……………………………………………………… 100
　　实验6-3　RNA的蔗糖密度梯度离心分离 …………………………………………… 101
　　实验6-4　大鼠肝细胞核的分离 ………………………………………………………… 102

第二篇　生化检测技术

第七章　化学检测技术 ………………………………………………………………… 104
　第一节　糖类的化学检测 ………………………………………………………………… 104
　　一、蓝-爱农法 …………………………………………………………………………… 104
　　二、斐林试剂快速法 ……………………………………………………………………… 105
　　三、次碘酸钠法 …………………………………………………………………………… 106
　　四、铜试剂法 ……………………………………………………………………………… 107
　第二节　蛋白质和氨基酸的化学检测 …………………………………………………… 108
　　一、定氮法测定蛋白质的含量 …………………………………………………………… 108
　　二、双缩脲试剂法测定蛋白质含量 ……………………………………………………… 109
　　三、福林-酚试剂法测定蛋白质含量 …………………………………………………… 109
　　四、蛋白质N端氨基酸丹磺酰化测定法 ………………………………………………… 110
　　五、蛋白质的氨基酸排列顺序测定——埃德曼分析法 ………………………………… 111
　　六、蛋白质N端氨基酸2,4-二硝基氟苯测定法 ………………………………………… 113
　　七、茚三酮显色法测定氨基酸含量 ……………………………………………………… 115
　　八、甲醛滴定法测定氨基酸 ……………………………………………………………… 116
　第三节　蛋白质的免疫化学检测 ………………………………………………………… 116
　　一、基本概念与原理 ……………………………………………………………………… 116
　　二、蛋白质的免疫化学检测方法 ………………………………………………………… 117
　第四节　核酸的化学检测 ………………………………………………………………… 118
　　一、定磷法测定核酸含量 ………………………………………………………………… 118
　　二、二苯胺法测定DNA含量 …………………………………………………………… 119
　　三、地衣酚法测定RNA含量 …………………………………………………………… 119
　第五节　实验 ……………………………………………………………………………… 120
　　实验7-1　斐林试剂置换法测定还原糖 ………………………………………………… 120
　　实验7-2　葡萄糖淀粉酶的活力测定 …………………………………………………… 121
　　实验7-3　微量凯氏定氮法测定总氮量 ………………………………………………… 122
　　实验7-4　福林-酚试剂法测定蛋白质含量 …………………………………………… 124
　　实验7-5　丹磺酰化法分析蛋白质N端氨基酸 ………………………………………… 124
　　实验7-6　异硫氰酸苯酯分析法测定肽链的氨基酸排列次序 ………………………… 125
　　实验7-7　茚三酮显色法测定氨基酸含量 ……………………………………………… 127

实验7-8　双向免疫扩散法测定抗血清效价 ………………………………………… 128
　　实验7-9　定磷法测定核酸含量 …………………………………………………… 129
　　实验7-10　地衣酚显色法测定核糖核酸(RNA)含量 ……………………………… 130
　　实验7-11　二苯胺显色法测定DNA含量 ………………………………………… 131

第八章　光学检测技术 …………………………………………………………………… 132
第一节　旋光检测技术 ………………………………………………………………… 132
　　一、原理 …………………………………………………………………………… 132
　　二、操作要点 ……………………………………………………………………… 133
第二节　荧光检测技术 ………………………………………………………………… 133
　　一、邻苯二甲醛荧光分析法测定氨基酸 ………………………………………… 133
　　二、荧光胺荧光分析法测定肽含量 ……………………………………………… 134
第三节　分光光度检测技术 …………………………………………………………… 135
　　一、原理 …………………………………………………………………………… 135
　　二、操作要点 ……………………………………………………………………… 136
第四节　实验 …………………………………………………………………………… 137
　　实验8-1　旋光法测定味精的纯度 ………………………………………………… 137
　　实验8-2　荧光法测定核黄素含量 ………………………………………………… 138
　　实验8-3　荧光法测定氨基酸含量 ………………………………………………… 139
　　实验8-4　紫外线吸收法测定核酸含量 …………………………………………… 139
　　实验8-5　紫外线吸收法测定蛋白质含量 ………………………………………… 140

第九章　酶学检测技术 …………………………………………………………………… 141
第一节　酶学检测技术的特点 ………………………………………………………… 141
　　一、酶学检测的专一性强 ………………………………………………………… 141
　　二、酶学检测的灵敏度高 ………………………………………………………… 141
　　三、酶学检测的速度快 …………………………………………………………… 141
　　四、酶学检测的条件温和 ………………………………………………………… 141
第二节　酶法分析技术 ………………………………………………………………… 142
　　一、酶法分析的基本过程 ………………………………………………………… 142
　　二、常用于酶法分析的酶及其检测方法 ………………………………………… 142
第三节　酶联免疫吸附检测技术 ……………………………………………………… 144
　　一、ELISA的基本原理 …………………………………………………………… 144
　　二、ELISA常用的标记酶 ………………………………………………………… 144
　　三、常用的ELISA方法 …………………………………………………………… 146
　　四、ELISA技术的应用 …………………………………………………………… 147
第四节　实验 …………………………………………………………………………… 148
　　实验9-1　利用酶法分析测定鸡蛋中总胆固醇的含量 …………………………… 148
　　实验9-2　利用酶法分析快速测定发酵液中的L-乳酸 …………………………… 149
　　实验9-3　利用酶法分析测定发酵液中葡萄糖的浓度 …………………………… 151
　　实验9-4　酶联免疫吸附检测法(双抗体夹心法)检测艰难梭菌毒素 …………… 152
　　实验9-5　酶联免疫吸附检测法(间接法)测定兔血清免疫球蛋白IgG ………… 153

第十章　气体检测技术 …………………………………………………………………… 155
第一节　华勃氏呼吸仪检压法 ………………………………………………………… 156

第二节　范·斯莱克检测仪测定α-氨基酸含量 ………………………………………………… 158
　　第三节　实验 …………………………………………………………………………………… 158
　　　实验10-1　酵母细胞耗氧量的测定 ………………………………………………………… 158
　　　实验10-2　华勃氏呼吸仪测定L-谷氨酸脱羧酶活力 ……………………………………… 159
　　　实验10-3　华勃氏呼吸仪测定L-谷氨酸含量 ……………………………………………… 160

第十一章　生物检测技术 ……………………………………………………………………………… 162
　　第一节　安全性试验 …………………………………………………………………………… 162
　　　一、毒性试验 ………………………………………………………………………………… 162
　　　二、局部刺激性试验 ………………………………………………………………………… 163
　　　三、溶血试验 ………………………………………………………………………………… 163
　　　四、热原试验 ………………………………………………………………………………… 163
　　　五、过敏试验 ………………………………………………………………………………… 164
　　第二节　生长抑制物质的生物效价测定 ……………………………………………………… 164
　　　一、稀释法 …………………………………………………………………………………… 165
　　　二、扩散法 …………………………………………………………………………………… 165
　　第三节　生长促进物质的生物效价检测 ……………………………………………………… 167
　　　一、稀释法 …………………………………………………………………………………… 167
　　　二、扩散法 …………………………………………………………………………………… 167
　　　三、比浊法 …………………………………………………………………………………… 167
　　　四、滴定法 …………………………………………………………………………………… 167
　　第四节　实验 …………………………………………………………………………………… 168
　　　实验11-1　卡那霉素的效价测定 …………………………………………………………… 168
　　　实验11-2　二环素的杀菌能力测定 ………………………………………………………… 169
　　　实验11-3　细胞病变抑制法测定干扰素的效价 …………………………………………… 170
　　　实验11-4　热原试验 ………………………………………………………………………… 171

第十二章　放射性同位素检测技术 …………………………………………………………………… 173
　　第一节　基本知识 ……………………………………………………………………………… 173
　　　一、放射性同位素 …………………………………………………………………………… 173
　　　二、放射性同位素的衰变与射线 …………………………………………………………… 173
　　　三、衰变规律 ………………………………………………………………………………… 174
　　　四、放射线的防护 …………………………………………………………………………… 174
　　第二节　放射性同位素的检测 ………………………………………………………………… 175
　　　一、放射自显影技术 ………………………………………………………………………… 175
　　　二、盖革计数管探测 ………………………………………………………………………… 176
　　　三、闪烁计数器探测 ………………………………………………………………………… 177
　　第三节　放射性同位素的掺入 ………………………………………………………………… 177
　　第四节　实验 …………………………………………………………………………………… 178
　　　实验12-1　γ-^{32}P-ATP的酶促合成 ………………………………………………………… 178
　　　实验12-2　^{3}H-蛋白质的生物合成 ………………………………………………………… 179
　　　实验12-3　^{3}H-蛋白质凝胶的放射荧光显影 ……………………………………………… 179

第三篇　酶、基因和细胞操作技术

第十三章　酶操作技术 ………………………………………………………………………………… 182
　　第一节　酶生物合成的调节技术 ……………………………………………………………… 182

	一、酶的诱导合成	182
	二、酶生物合成的阻遏	184
第二节	酶反应动力学的研究技术	185
	一、酶反应初速率的测定	185
	二、底物浓度对反应速率的影响——K_m 和 v_{max} 的测定	185
	三、最适温度、热稳定性和活化能的测定	187
	四、最适 pH 的测定	188
	五、酶的激活与抑制	188
第三节	酶、细胞和原生质体固定化技术	189
	一、吸附法固定化技术	189
	二、包埋法固定化技术	190
	三、结合法固定化技术	191
	四、交联固定化技术	192
第四节	酶分子修饰技术	193
	一、金属离子置换修饰	193
	二、大分子结合修饰	193
	三、酶的侧链基团修饰	194
	四、肽链有限水解修饰	196
	五、核苷酸链的剪切修饰	197
	六、氨基酸置换修饰	197
	七、核苷酸置换修饰	198
	八、酶分子的物理修饰	198
第五节	酶分子定向进化技术	199
	一、基因体外随机突变技术	199
	二、突变基因的高通量筛选技术	201
第六节	实验	204
	实验 13-1 β-半乳糖苷酶的诱导合成	204
	实验 13-2 无机磷酸对枯草杆菌碱性磷酸酶生物合成的阻遏作用	205
	实验 13-3 碱性磷酸酶的反应动力学性质	206
	实验 13-4 L-谷氨酸脱羧酶的固定化	208
	实验 13-5 枯草杆菌细胞固定化	209
	实验 13-6 谷氨酸棒杆菌原生质体固定化	209
	实验 13-7 固定化原生质体生产谷氨酸脱氢酶	210
	实验 13-8 采用易错 PCR 技术提高扁桃酸酯酶的立体选择性	211
	实验 13-9 利用 DNA 重排技术提高 β-甘露聚糖酶的温度耐受性	213
第十四章 基因操作技术		216
第一节	基因的获取技术	216
	一、分离法	216
	二、反转录法	217
	三、化学合成法	218
	四、聚合酶链反应技术	219
第二节	载体的制备技术	221

一、载体的分类 ………………………………………………………………………… 221
　　二、载体的制备 ………………………………………………………………………… 221
第三节　DNA 体外重组技术 ………………………………………………………………… 223
　　一、黏性末端连接 ……………………………………………………………………… 223
　　二、平头末端连接 ……………………………………………………………………… 224
　　三、修饰末端连接 ……………………………………………………………………… 225
第四节　重组 DNA 引入受体细胞技术 …………………………………………………… 225
　　一、受体细胞的筛选与处理 …………………………………………………………… 225
　　二、外源 DNA 引入受体细胞 ………………………………………………………… 226
第五节　重组 DNA 的鉴定技术 …………………………………………………………… 227
　　一、DNA 印迹技术 …………………………………………………………………… 227
　　二、RNA 印迹技术 …………………………………………………………………… 228
　　三、蛋白质印迹技术 …………………………………………………………………… 228
　　四、DNA 序列测定技术 ……………………………………………………………… 229
第六节　实验 ………………………………………………………………………………… 232
　　实验 14-1　大肠杆菌 ColE I 质粒的分离 …………………………………………… 232
　　实验 14-2　重组 DNA 的细胞转化 …………………………………………………… 233
　　实验 14-3　Sanger 测序法测定基因的序列 ………………………………………… 234
　　实验 14-4　DNA 印迹杂交 …………………………………………………………… 235
　　实验 14-5　PCR 扩增目的基因 ……………………………………………………… 236
　　实验 14-6　碱裂解法提取质粒 DNA ………………………………………………… 237

第十五章　细胞操作技术 ……………………………………………………………………… 239
第一节　动物细胞融合技术 ………………………………………………………………… 239
　　一、细胞的制备 ………………………………………………………………………… 239
　　二、细胞融合 …………………………………………………………………………… 240
　　三、融合子的筛选 ……………………………………………………………………… 240
第二节　原生质体融合技术 ………………………………………………………………… 241
　　一、原生质体制备 ……………………………………………………………………… 241
　　二、原生质体融合 ……………………………………………………………………… 244
　　三、细胞壁的再生 ……………………………………………………………………… 245
　　四、融合子的筛选 ……………………………………………………………………… 245
第三节　细胞拆合技术 ……………………………………………………………………… 246
　　一、细胞器的分离 ……………………………………………………………………… 246
　　二、细胞器重组 ………………………………………………………………………… 247
第四节　实验 ………………………………………………………………………………… 248
　　实验 15-1　枯草杆菌原生质体的制备 ……………………………………………… 248
　　实验 15-2　酵母原生质体的分离与再生 …………………………………………… 249
　　实验 15-3　从胡萝卜细胞分离原生质体 …………………………………………… 250
　　实验 15-4　动物细胞微核体和胞质体的制备 ……………………………………… 250

主要参考文献 …………………………………………………………………………………… 252
附录 ……………………………………………………………………………………………… 253

第一篇　生化分离技术

　　生化分离技术是指从含有多种组分的混合物中将某种生化物质与其他物质分离的技术。

　　生化分离技术在生物科学与生物工程的基础研究、应用研究和实际生产中是广泛使用、不可缺少的手段。

　　生化分离技术有多种,本篇主要介绍提取与沉淀分离技术、过滤与膜分离技术、萃取分离技术、层析分离技术、电泳技术、离心分离技术等。

第一章 提取与沉淀分离技术

生化物质种类繁多,主要包括各种蛋白质、多肽、氨基酸、核酸、核苷酸、多糖、寡糖、二糖、单糖、脂类、脂肪酸及各种初级代谢物和次级代谢物等。

为了研究各种生化物质的分子结构、功能和各种特性,进行生物科学和生物工程的基础与应用研究,就必须获得高纯度、具有完整结构和生物活性的各种生化物质,特别是各种生物大分子,如蛋白质、核酸、酶等。为此,首先要从生物体的组织、器官、细胞中将它们提取出来,然后再用沉淀分离等各种分离技术进行分离纯化。本章主要介绍各种生化物质的提取与沉淀分离技术。

第一节 细胞破碎

生物体内的各种物质种类繁多,存在于生物体的不同部位。除了动物、植物体液中和微生物细胞胞外的某些蛋白质和多肽之外,大多数生物大分子都存在于细胞内部。为了获得细胞内的各种生化物质,就得收集组织、细胞并进行组织或细胞破碎,破坏细胞的外层结构,才能进行生化物质的提取和分离纯化。

不同的生物体,或同一生物体不同组织的细胞,由于结构不同,所采用的细胞破碎方法和条件不同。必须根据具体情况进行适当的选择,以达到预期的效果。

细胞破碎方法很多,可以分为**机械破碎法**、**物理破碎法**、**化学破碎法**和**酶促破碎法**等。在实际使用时应当根据细胞的特性、生化物质的特性等具体情况选用适宜的细胞破碎方法。有时也可以采用2种或2种以上的方法联合使用,以便达到细胞破碎的效果,又不会影响酶的活性。

一、机械破碎法

通过机械运动产生的剪切力的作用,使细胞破碎的方法称为**机械破碎法**。常用的破碎机械有组织捣碎机、细胞研磨器、匀浆器等。按照所使用破碎机械的不同,机械破碎法可以分为捣碎法、研磨法和匀浆法3种。

1. 捣碎法　利用捣碎机的高速旋转叶片所产生的剪切力将组织或细胞破碎的方法称为捣碎法。捣碎机的转速可以高达 10 000 r/min。此法常用于动物内脏、植物叶芽等比较脆嫩的组织或细胞的破碎,也可以用于微生物,特别是细菌的细胞破碎。使用时,先将组织、细胞悬浮于水或其他介质中,置于捣碎机内进行破碎。

2. 研磨法　利用研钵、石磨、细菌磨、球磨等研磨器械所产生的剪切力将组织或细胞破碎的方法称为研磨法。必要时可以加入精制石英砂、小玻璃球、玻璃粉、氧化铝等作为助磨剂,以提高研磨效果。研磨法设备简单,可以采用人工研磨也可以采用电动研磨。其中,电动球磨机可以在实验室也可以在工业生产中使用。此法常用于微生物和植物组织或细胞的破碎。

3. 匀浆法 利用匀浆器产生的剪切力将组织或细胞破碎的方法称为匀浆法。匀浆器一般由硬质磨砂玻璃制成,也可以由硬质塑料或不锈钢等制成。

匀浆器由一个内壁经磨砂的管和一根表面经磨砂的研杆组成,管和研杆必须配套使用,研杆与管壁之间仅有几百微米的间隙。通常用于破碎那些易于分散、比较柔软、颗粒细小的组织或细胞。大块的组织或者细胞团需要先用组织捣碎机或研磨器械捣碎分散后才能进行匀浆。匀浆器的细胞破碎程度较高,对酶的活力影响不大,但处理量较少。高压匀浆器可在工业化生产中应用。

二、物理破碎法

通过温度、压力、声波等各种物理因素的作用,使组织或细胞破碎的方法,称为**物理破碎法**。物理破碎法多用于微生物细胞的破碎。

常用的物理破碎法有**温度差破碎法**、**压力差破碎法**、**超声波破碎法**等,现简介如下。

1. 温度差破碎法 利用温度的突然变化,细胞由于热胀冷缩的作用而破碎的方法称为**温度差破碎法**。例如,将在$-18℃$冷冻的细胞突然放进热水中,或者将较高温度的热细胞突然冷冻,都可以使细胞破坏。

温度差破碎法对于那些较为脆弱、易于破碎的细胞,如革兰氏阴性菌等,有较好的破碎效果。但是在提取酶时,不能在过高的温度下操作,以免引起酶的变性失活。此法难以工业化生产。

2. 压力差破碎法 通过压力的突然变化,使细胞破碎的方法称为**压力差破碎法**。常用的有高压冲击法、突然降压法及渗透压变化法等。

(1) 高压冲击法是在结实的容器中装入细胞和冰晶、石英砂等混合物,然后用活塞或冲击锤施以高压冲击,冲击压力可达 $50\sim500$ MPa,从而使细胞破碎。

(2) 突然降压法是将细胞悬浮液装进高压容器,加高压至 30 MPa 甚至更高,打开出口阀门,使细胞悬浮液迅速流出,出口处的压力突然降低到常压,细胞迅速膨胀而破碎。突然降压法又称为爆炸式降压法,是将细胞悬浮液装入高压容器,通入氮气或二氧化碳,加压到 $5\sim50$ MPa,振荡几分钟,使气体扩散到细胞内,然后突然排出气体,压力骤降,使细胞破碎。

突然降压法对细胞的破碎效果取决于下列几个因素。①压力差:一般压力差要达到 3 MPa 以上,才有较好的破碎效果。②压力降低速率:压力降低得越快,破碎效果越好,压力若在瞬间骤降,可以达到爆炸性效果。③细胞的种类和生长期:此法对大肠杆菌等革兰氏阴性菌的破碎效果较佳,最好使用对数生长期的细胞。

(3) 渗透压变化法是利用渗透压的变化使细胞破碎。使用时,先将对数生长期的细胞分离出来,悬浮在高渗透压溶液(如 20% 左右的蔗糖溶液等)中平衡一段时间。然后离心收集细胞,迅速投入 4℃ 左右的蒸馏水或其他低渗溶液中,由于细胞内外的渗透压差别而使细胞破碎。此法特别适用于膜结合酶、细胞间质酶等的提取。但是对革兰氏阳性菌不适用,主要是由于革兰氏阳性菌的细胞壁由肽多糖组成,可以承受渗透压的变化而不致细胞破裂。

3. 超声波破碎法 利用超声波发生器所发出的 $10\sim25$ kHz 的声波或超声波的作用,使细胞膜产生空穴作用(cavitation)而使细胞破碎的方法称为超声波破碎法。

超声波破碎的效果与输出功率、破碎时间有密切关系。同时受细胞浓度、溶液黏度、pH、温度及离子强度等的影响,必须根据细胞的种类和酶的特性加以选择。

超声波细胞破碎的一般操作条件为:频率 $10\sim20$ kHz;输出功率 $100\sim150$ W;温度 $0\sim$

10℃；pH 4~7；处理时间 3~15 min；为了减少发热，防止温度升高对酶产生不利影响，可以在冷库中进行操作，或者将样品置于冰浴中，并采用间歇操作，如破碎 30~60 s，间歇 1 min，如此反复进行。超声波破碎具有简便、快捷、效果好等特点，特别适用于微生物细胞的破碎。最好采用对数生长期的细胞。

三、化学破碎法

通过各种化学试剂对细胞膜的作用，而使细胞破碎的方法称为**化学破碎法**。常用的化学试剂有甲苯、丙酮、丁醇、氯仿等有机溶剂，以及特里顿(Triton)、吐温(Tween)等表面活性剂。

有机溶剂可以使细胞膜的磷脂结构破坏，从而改变细胞膜的透过性，使细胞内物质释放到细胞外。为了防止酶变性失活，操作时应当在低温条件下进行。

表面活性剂可以和细胞膜中的磷脂及脂蛋白相互作用，使细胞膜结构破坏，从而增加细胞膜的透过性。表面活性剂有离子型和非离子型之分，离子型表面活性剂对细胞破碎的效果较好，但会破坏酶的空间结构，从而影响酶的催化活性。所以在酶的提取方面，一般采用非离子型的表面活性剂，如 Tween、Triton 等。

四、酶促破碎法

通过细胞本身的酶系或外加酶制剂的催化作用，使细胞外层结构受到破坏，而达到破碎细胞目的的方法称为**酶促破碎法**，或称为**酶学破碎法**。

利用细胞本身酶系的作用，在一定 pH 和温度条件下，保温一段时间，使细胞破坏，而使细胞内物质释出的方法称为**自溶法**。自溶法效果的好坏取决于温度、pH、离子强度等自溶条件的选择与控制。为了防止其他微生物在自溶细胞液中生长，可以添加少量的甲苯、氯仿、叠氮钠等防腐剂。

根据细胞外层结构的特点，还可以外加适当的酶作用于细胞，使细胞壁受到破坏，并在低渗透压的溶液中，使细胞破裂。例如，革兰氏阳性菌主要依靠肽多糖维持细胞壁的结构和形状，外加溶菌酶，作用于肽多糖的 β-1,4-糖苷键，而使其细胞壁破坏；酵母细胞的破碎是外加 β-葡聚糖酶，使其细胞壁的 β-1,3-葡聚糖水解；霉菌可用几丁质酶进行细胞破碎；纤维素酶、半纤维素酶和果胶酶的混合使用，可使各种植物的细胞壁受到破坏，对植物细胞有良好的破碎效果。在酶催化过程中，要根据细胞壁的结构特点选择使用适当的酶，并根据酶的动力学性质，控制好各种催化条件。

第二节 提 取

提取是指在一定的条件下，用适当的溶剂(溶液)处理原料，使欲分离的生化物质充分溶解到溶剂(溶液)中的过程，也称为抽提。

影响提取的主要因素是欲提取物质在所使用的溶剂(溶液)中的溶解度，以及该物质向溶剂(溶液)扩散的速率。一种物质在某一溶剂或溶液中的溶解度大小与该物质的分子结构及所使用的溶剂的理化性质有密切关系。一般来说，极性物质易溶于极性溶剂中，非极性物质易溶于非极性有机溶剂中，酸性物质易溶于碱性溶剂中，碱性物质易溶于酸性溶剂中。

提取条件对提取效果也有显著影响。通常随着温度升高，生化物质的溶解度增大。在不同的 pH 条件下，各种生化物质的溶解度各不相同，对于两性电解质而言，在 pH 为等电点时，溶解度最小。

从细胞、细胞碎片或其他原料中提取蛋白质的过程还受到扩散作用的影响。

为了提高提取率并防止生化物质(特别是蛋白质和核酸)的变性失活,在提取过程中还要注意控制好温度、pH等提取条件。

一、提取的方法

根据提取时所采用的溶剂或溶液的不同,提取方法主要有盐溶液提取、酸溶液提取、碱溶液提取和有机溶剂提取等。现以蛋白质和核酸的提取为例,简单介绍如下。

1. 盐溶液提取　大多数蛋白质都溶于水,而且在低浓度盐存在的条件下,蛋白质的溶解度随盐浓度的升高而增加,这称为**盐溶现象**。而在盐浓度达到某一界限后,蛋白质的溶解度随盐浓度升高而降低,这称为**盐析现象**。所以,一般采用稀盐溶液进行蛋白质的提取,盐的浓度一般控制在 0.02~0.5 mol/L 的。例如,固体发酵生产的麸曲中的淀粉酶、蛋白酶等胞外酶,用 0.14 mol/L 的氯化钠溶液或 0.02~0.05 mol/L 的磷酸缓冲液提取;酵母醇脱氢酶用 0.5 mol/L 的磷酸氢二钠溶液提取;6-磷酸葡萄糖脱氢酶用 0.1 mol/L 的碳酸钠溶液提取;枯草杆菌碱性磷酸酶用 0.1 mol/L 的氯化镁溶液提取等。有少数酶,如霉菌脂肪酶,用不含盐的清水提取的效果较好。

核糖核酸(RNA)除了常见的转移核糖核酸(tRNA)、信使核糖核酸(mRNA)和核糖体核糖核酸(rRNA)外,还有各种小分子核糖核酸(sRNA)。RNA 可以采用稀盐溶液提取。一般在细胞破碎制成匀浆后,采用 0.14 mol/L 的氯化钠溶液抽提,再与蛋白质、多糖、少量脱氧核糖核蛋白等分离而得到 RNA。

脱氧核糖核酸(DNA)主要存在于细胞核中,通常以脱氧核糖核蛋白的形式存在。DNA 可以采用浓盐溶液提取。一般在细胞破碎制成匀浆后,先用 0.14 mol/L 的氯化钠抽提除去 RNA,再用 1 mol/L 的氯化钠溶液提取脱氧核糖核蛋白,然后与含有少量辛醇或戊醇的氯仿一起振荡除去蛋白质而得到 DNA。

2. 酸溶液提取　有些生化物质在酸性条件下溶解度较大,且稳定性较好,宜用酸溶液提取。提取时要注意溶液的 pH 不能太低,即酸的浓度不能太高,以免发生变性失活现象。通常选用 pH 为 3~6 进行蛋白质的提取,如胰蛋白酶可用 0.12 mol/L 的硫酸溶液提取等。

3. 碱溶液提取　有些在碱性条件下溶解度较大且稳定性较好的蛋白质,应采用碱溶液提取。例如,细菌 L-天冬酰胺酶可用 pH 11~12.5 的碱溶液提取。操作时要注意 pH 不能过高,以免影响酶的活性。同时,在加碱液的过程中要一边搅拌一边缓慢加进,以免出现局部过碱现象,而引起蛋白质的变性失活。

4. 有机溶剂提取　有些与脂质结合牢固或含有较多非极性基团的蛋白质,可以采用与水可以混溶的乙醇、丙酮、丁醇等有机溶剂提取。例如,琥珀酸脱氢酶、胆碱酯酶、细胞色素氧化酶等采用丁醇提取;植物种子中的醇溶谷蛋白采用 70%~80% 的乙醇提取;胰岛素可以采用 60%~70% 的酸性乙醇提取等。

RNA 和 DNA 可以采用苯酚水溶液提取,即在细胞破碎制成匀浆后,加入等体积的 90% 苯酚水溶液,在一定的条件下振荡一定时间,静止分层后,DNA 和蛋白质沉淀于苯酚层中,经过进一步纯化,除去蛋白质,得到 DNA;RNA 和多糖溶解于水层中,经分离除去多糖,得到 RNA。提取时的操作温度通常为 2~5℃,称为**冷酚法提取**,也可以在 60℃左右,进行**热酚法提取**。

二、影响提取的因素

在生化物质的提取过程中,受到各种外界条件的影响。其中主要影响因素是生化物质的溶解度以及生化物质向溶剂相扩散速率,同时受温度、pH、提取液体积等提取条件的影响。

1. 溶解度 生化物质大多数属于极性物质,易溶于极性溶剂中。例如,大多数蛋白质、核酸、糖类等可以采用水溶液提取。然而脂类和某些与脂质结合牢固或分子中含有较多的非极性基团的蛋白质等,易溶于有机溶剂,可以采用有机溶剂提取。

2. 扩散速率 生化物质分子从原料溶解到溶剂(溶液)的过程是一种扩散过程,其扩散速率直接关系到提取效果,扩散速率越大,提取效果越好。

生化物质在溶剂中的扩散速率与温度、黏度、扩散面积、扩散距离及两相间的浓度差有密切关系。一般来说,提高溶液温度、降低溶液黏度、增加扩散面积、减少扩散距离、增大两相界面的浓度差,都有利于提高扩散速率,从而增强提取效果。

3. 温度 提取时的温度对提取效果有明显影响。一般来说,适当提高温度,可以提高生化物质的溶解度,也可以增大分子的扩散速率,但是温度过高,会引起蛋白质、核酸等分子的变性失活。特别是采用有机溶剂提取时,应控制在 0~10℃ 的低温条件下。有些生化物质对温度的耐受性较好,可在室温或更高一些的温度条件下提取,如酵母醇脱氢酶、细菌碱性磷酸酶、胃蛋白酶等。在不影响酶活性的条件下,适当提高温度,有利于生化物质的提取。

4. pH 溶液的 pH 对蛋白质等两性电解质的溶解度和稳定性有显著影响。两性电解质分子中含有各种可离解基团。在一定条件下,有的可以离解为阳离子,带正电荷;有的可以离解为阴离子,带负电荷。在某一个特定的 pH 条件下,分子上所带的正、负电荷相等,净电荷为零,此时的 pH 即为该分子的**等电点**。在等电点的条件下,两性电解质分子的溶解度最小。不同的两性电解质分子有其各自不同的等电点。为了提高两性电解质的溶解度,提取时 pH 应该避开其等电点,以提高其溶解度,但是溶液的 pH 不宜过高或过低,以免引起蛋白质等分子的变性失活。

5. 提取液体积 增加提取液的用量,可以提高生化物质的提取率,但是过量的提取液,会使生化物质的浓度降低,对进一步的分离纯化不利,所以提取液的总量一般为原料体积的 3~5 倍,最好分几次提取。此外,在生化物质的提取过程中,原料的颗粒体积越小,则扩散面积越大,有利于提高扩散速率;适当的搅拌可以使提取液中分子迅速离开原料颗粒表面,从而增大两相界面的浓度差,有利于提高扩散速率;适当延长提取时间,可以使更多的生化物质溶解出来,直至达到平衡。

在提取过程中,为了提高生化物质的稳定性,以免引起变性失活,可适当加入某些保护剂。例如,在酶的提取过程中,适当加入酶作用的底物、辅酶、某些抗氧化剂等,都可以提高酶的稳定性。

第三节 沉淀分离

沉淀分离是通过改变某些条件或添加某种物质,使某溶质在溶液中的溶解度降低,从溶液中沉淀析出,而与其他溶质分离的技术过程。沉淀分离是生化物质的分离纯化过程中经常采用的方法。

沉淀分离的方法有多种,如盐析沉淀法、等电点沉淀法、有机溶剂沉淀法、复合沉淀法、金属盐沉淀法、选择性变性沉淀法等。

一、盐析沉淀法

盐析沉淀法简称盐析法，是利用溶质在不同的盐浓度条件下溶解度不同的特性，通过在溶液中添加一定浓度的中性盐，使某种物质从溶液中沉淀析出，从而与其他组分分离的过程。盐析沉淀常用于蛋白质等的分离。

1. 盐析沉淀的原理 蛋白质在水中的溶解度受溶液中盐浓度的影响。一般在低盐浓度的条件下，蛋白质的溶解度随盐浓度的升高而增加，这种现象称为**盐溶**。而在盐浓度升高到一定浓度后，蛋白质的溶解度又随盐浓度的升高而降低，结果使蛋白质沉淀析出，这种现象称为**盐析**。在某一浓度的盐溶液中，不同蛋白质的溶解度各不相同，由此可达到彼此分离的目的。

盐之所以会改变蛋白质的溶解度，是由于盐在溶液中离解为正离子和负离子，由于反离子作用，使蛋白质分子表面的电荷改变，同时由于离子的存在改变了溶液中水的活度，使蛋白质分子表面的水化膜改变。可见蛋白质在溶液中的溶解度与溶液的离子强度关系密切，它们之间的关系可用下式表示：

$$\lg \frac{S}{S_0} = -K_s I$$

式中，S 为蛋白质在离子强度为 I 时的溶解度(g/L)；S_0 为蛋白质在离子强度为 0 时(在纯溶剂中)的溶解度(g/L)；K_s 为盐析系数；I 为离子强度。

在温度和 pH 一定的条件下，S_0 为一常数。所以上式可以改写为

$$\lg S = \lg S_0 - K_s I = \beta - K_s I$$

式中，$\beta = \lg S_0$ 主要取决于蛋白质的性质，也与温度和 pH 有关。当温度和 pH 一定时，β 为一常数。K_s 为盐析系数，主要取决于盐的性质。K_s 的大小与离子价数成正比，与离子半径和溶液的介电常数成反比，也与蛋白质的结构有关。

不同的盐对某种蛋白质具有不同的盐析系数，同一种盐对不同的蛋白质也有不同的盐析系数。几种常用的盐对一些蛋白质的盐析系数如表 1-1 所示。

表 1-1 常用的中性盐对一些蛋白质的盐析系数

蛋白质	氯化钠	硫酸钠	硫酸铵	磷酸钾	硫酸镁
β-乳球蛋白		0.63			
马血红蛋白		0.76	0.71	1.00	0.33
人血红蛋白				2.00	
马肌红蛋白			0.94		
卵清蛋白			1.22		
血纤维蛋白原	1.07		1.46		

对于某种具体的蛋白质，在温度和 pH 等盐析条件确定(β 确定)、所使用的盐确定(K_s 确定)之后，蛋白质在盐溶液中的溶解度取决于溶液中的离子强度 I。

离子强度 I 是指溶液中离子强弱的程度，与离子浓度和离子价数有关，即

$$I = \frac{1}{2}\sum m_i Z_i^2$$

式中，m_i 为离子强度(mol/L)；Z_i 为离子价数。

例如，0.2 mol/L 的 $(NH_4)_2SO_4$ 溶液，其中，铵离子浓度为 2×0.2 mol/L，价数为 +1；硫酸根离子浓度为 0.2 mol/L，价数为 +2；其离子强度为

$$I = \frac{1}{2}\times(2\times 0.2\times 1^2 + 0.2\times 2^2) = \frac{1}{2}\times(0.4+0.8) = 0.6$$

对于含有多种蛋白质的混合液，可以采用分段盐析的方法进行分离纯化。

在一定的温度和 pH 条件下（β 为常数），通过改变离子强度使不同的酶或蛋白质分离的方法称为 **K_s 分段盐析**；而在一定的盐浓度和离子强度的条件下（K_s，I 为常数），通过改变温度和 pH，使不同的蛋白质分离的方法称为 **β 分段盐析**。

2. 盐的选择　　在蛋白质的盐析中，通常采用的中性盐有硫酸铵、硫酸钠、硫酸钾、硫酸镁、氯化钠和磷酸钠等，其中以硫酸铵最为常用。这是由于硫酸铵在水中的溶解度大而且温度系数小（如在 25℃ 时，其溶解度为 767 g/L；在 0℃ 时，其溶解度为 697 g/L），不影响酶的活性，分离效果好，而且价廉易得。然而用硫酸铵进行盐析时，缓冲能力较差，而且铵离子的存在会干扰蛋白质的测定，所以有时也用其他中性盐进行盐析。硫酸钾和硫酸钠的盐析系数虽然较大，但是由于在温度较低时溶解度低，所以应用不多。

由于不同蛋白质有不同结构，所以盐析时所需盐的浓度各不相同。此外，蛋白质的来源、蛋白质的浓度、杂质的成分等对盐析时所需的盐浓度也有影响。在实际应用时，可以根据具体情况，通过实验确定。

3. 硫酸铵浓度的调整方法　　在盐析时，溶液中硫酸铵的浓度通常以饱和度表示。**饱和度**是指溶液中加入的饱和硫酸铵溶液的体积与混合溶液总体积的比值。例如，70 ml 溶液加入 30 ml 饱和硫酸铵溶液，则混合溶液中硫酸铵的饱和度为 30/(30+70)=30%。

在实际应用硫酸铵进行盐析时，蛋白质溶液中硫酸铵浓度的调整方法主要有两种。第一种方法是当蛋白质溶液体积不大，所需调整的硫酸铵浓度不高时，可加入饱和硫酸铵溶液。饱和硫酸铵的配制方法是在一定量的水中加入过量的硫酸铵，加热至 50~60℃ 保温数分钟，趁热滤去沉淀，再在 0℃ 或 25℃ 平衡 1~2 天，有固体析出时即达 100% 饱和度。盐析时所需添加的饱和硫酸铵溶液的体积可按下式计算：

$$V = V_0\frac{S_2-S_1}{1-S_2}$$

式中，V 为所需加进的饱和硫酸铵溶液的体积；V_0 为原溶液体积；S_2 为所需达到的硫酸铵饱和度；S_1 为原溶液的硫酸铵饱和度。

第二种方法是直接加进固体硫酸铵，其加入量可按下式计算：

$$t = \frac{G(S_2-S_1)}{1-AS_2}$$

式中，S_2 和 S_1 分别为所需达到的硫酸铵饱和度和原溶液中的硫酸铵饱和度；t 为将 1 L S_1 饱和度的溶液提高到 S_2 饱和度时所需加进的硫酸铵质量(g)；G 和 A 为常数，与温度有关。在 0℃ 时，G 为 707，A 为 0.27；在 20℃ 时，G 为 756，A 为 0.29。在实际使用时，为方便起见，可直接查表得到（表 1-2 和表 1-3）。

表 1-2　25℃下调整硫酸铵溶液饱和度计算表

硫酸铵的初饱和度/%	硫酸铵的终饱和度/%																
	10	20	25	30	33	35	40	45	50	55	60	65	70	75	80	90	100
	25℃下1 L溶液加固体硫酸铵的质量/g																
0	56	114	144	176	196	209	243	277	313	351	390	430	472	516	561	662	767
10		57	86	118	137	150	183	216	251	288	326	365	406	449	494	592	694
20			59	59	78	91	132	155	189	225	262	300	340	382	424	520	619
25				30	49	61	93	125	158	193	230	267	307	348	390	485	583
30					19	30	62	94	127	162	198	235	273	314	356	449	546
33						12	43	74	107	142	177	214	252	292	333	426	522
35							31	63	94	129	164	200	238	278	319	411	500
40								31	63	97	132	168	205	245	285	375	469
45									32	65	99	134	171	210	250	339	431
50										33	66	101	137	176	214	302	392
55											33	67	103	141	179	264	353
60												34	69	105	143	227	314
65													34	70	107	190	275
70														35	72	153	237
75															36	115	198
80																77	157
90																	79

表 1-3　0℃下调整硫酸铵溶液饱和度计算表

硫酸铵的初饱和度/%	0℃时硫酸铵的终饱和度/%																
	20	25	30	35	40	45	50	55	60	65	70	75	80	85	90	95	100
	100 ml溶液加固体硫酸铵的质量/g																
0	10.6	13.4	16.4	19.4	22.6	25.8	29.1	32.6	36.1	39.8	43.6	47.6	51.6	55.9	60.3	65.0	69.7
5	7.9	10.8	13.7	16.6	19.7	22.9	26.2	29.6	33.1	36.8	40.5	44.4	48.4	52.6	57.0	61.5	66.2
10	5.3	8.1	10.9	13.9	16.9	20.0	23.3	26.6	30.1	33.7	37.4	41.2	45.2	49.3	53.6	58.1	62.7
15	2.6	5.4	8.2	11.1	14.1	17.2	20.4	23.7	27.1	30.6	34.3	38.1	42.0	46.0	50.3	54.7	59.2
20		2.7	5.5	8.3	11.3	14.3	17.5	20.7	24.1	27.6	31.2	34.9	38.7	42.7	46.9	51.2	55.7
25			2.7	5.6	8.4	11.5	14.6	17.9	21.1	24.5	28.0	31.7	35.5	39.5	43.6	47.8	52.2
30				2.8	5.6	8.6	11.7	14.8	18.1	21.4	24.9	28.5	32.3	36.2	40.2	44.5	48.8
35					2.8	5.7	8.7	11.8	15.1	18.4	21.8	25.4	29.1	32.9	36.9	41.0	45.3
40						2.9	5.8	8.9	12.0	15.3	18.7	22.2	25.8	29.6	33.5	37.6	41.8
45							2.9	5.9	9.0	12.3	15.6	19.0	22.6	26.3	30.2	34.2	38.3
50								3.0	6.0	9.2	12.5	15.9	19.4	23.0	26.8	30.8	34.8
55									3.0	6.1	9.3	12.7	16.1	19.7	23.5	27.3	31.3
60										3.1	6.2	9.5	12.9	16.4	20.1	23.1	27.9
65											3.1	6.3	9.7	13.2	16.8	20.5	24.5
70												3.2	6.5	9.9	13.4	17.1	20.9
75													3.2	6.6	10.1	13.7	17.4
80														3.3	6.7	10.3	13.9
85															3.4	6.8	10.5
90																3.4	7.0
95																	3.5

4. 盐析时的注意事项

（1）在盐析过程中,首先要注意所添加的硫酸铵的纯度要高,否则夹带的杂质会使硫酸铵的浓度不准确,甚至引起蛋白质和酶的变性。其次添加硫酸铵后,要使其充分溶解,至少放置 30 min 以上,待蛋白质沉淀完全,然后将沉淀分离。

（2）从同一溶液中欲分离几种蛋白质时,可采用分段盐析的方法。盐的饱和度由低到高逐次增加,每出现一种蛋白质沉淀,即分离出来,然后增加盐的饱和度,使另一种蛋白质沉淀。

盐析通常与下述等电点沉淀法相配合,即将蛋白质溶液的 pH 调节到欲分离的蛋白质的等电点附近,再加进盐进行盐析。

（3）由于高浓度的盐溶液对蛋白质有一定的保护作用,所以盐析操作一般可在室温下进行。而某些对热特别敏感的酶,则应在低温条件下进行。

（4）在盐析条件相同的情况下,蛋白质的浓度越高则越容易沉淀,但是浓度过高时,也会引起其他蛋白质的共沉作用,所以要控制好溶液中蛋白质的浓度,尽可能避免共沉作用。

（5）采用盐析方法得到的蛋白质沉淀含有较大量的盐。盐析后,必须采用透析、凝胶层析、膜分离等方法进行脱盐处理,使蛋白质进一步纯化。

二、等电点沉淀法

通过调节溶液的 pH 至某种溶质的等电点(pI),使其溶解度降低,沉淀析出,而与其他组分分离的方法称为**等电点沉淀法**。

在溶液的 pH 等于溶液中某两性电解质的等电点时,该两性电解质分子的净电荷为零,其分子间的静电斥力消除,使分子能聚集在一起而沉淀下来。所以两性电解质在等电点时溶解度最低。

由于在等电点时两性电解质分子表面的水化膜仍然存在,使酶等大分子物质仍有一定的溶解性,导致沉淀不完全。所以在实际使用时,等电点沉淀法往往与其他方法一起使用。例如,等电点沉淀法经常与盐析沉淀、有机溶剂沉淀和复合沉淀等一起使用。有时也单独使用等电点沉淀法,主要是用于从粗酶液中除去某些等电点相距较大的杂蛋白。

在加酸或加碱调节 pH 的过程中,要一边搅拌一边慢慢加进酸或碱,以防止局部过酸或过碱而引起酶变性失活。

蛋白质、核糖核酸、脱氧核糖核酸、氨基酸、核苷酸等属于两性电解质,具有各自的等电点。例如,胰岛素的等电点为 5.35,核糖核酸酶的等电点为 9.43,脱氧核糖核酸核蛋白的等电点为 4.2,核糖核酸核蛋白的等电点为 2.0～2.5,tRNA 的等电点为 5.0,谷氨酸的等电点为 3.22 等。等电点沉淀法广泛应用于两性电解质的分离。

三、有机溶剂沉淀法

利用欲分离物质与其他杂质在有机溶剂中的溶解度不同,通过添加一定量的某种有机溶剂,使某种溶质沉淀析出,从而与其他组分分离的方法称为**有机溶剂沉淀法**。

有机溶剂之所以能使某些溶质沉淀析出,主要是有机溶剂的存在会使溶液的介电常数降低。例如,20℃时水的介电常数为 80,而 82% 乙醇水溶液的介电常数为 40。溶液的介电常数降低,就使溶质分子间的静电引力增大、互相吸引而易于凝集。同时,对于具有水膜的分子来说,有机溶剂与水互相作用,使溶质分子表面的水膜破坏,也使其溶解度降低而沉淀析出。

常用的有机溶剂有乙醇、丙酮、异丙醇、甲醇等。例如,蛋白质通常采用乙醇或丙酮进行沉淀,DNA 和 RNA 可用乙醇或 2-乙氧基乙醇进行沉淀等。

有机溶剂的用量一般为溶液体积的 2 倍左右,有机溶剂的浓度约为 70%。不同的溶质和使用不同的有机溶剂时,有机溶剂的浓度有所不同。

有机溶剂沉淀法析出的沉淀,一般比盐析法析出的沉淀易于离心或过滤分离,不含无机盐,分辨率也较高,所以有机溶剂沉淀法常用于蛋白质和核酸等的分离。但有机溶剂沉淀法容易引起蛋白质、酶等物质的变性失活,所以必须在低温条件下操作,而且沉淀析出后要尽快分离,尽量减少有机溶剂的影响。

有机溶剂沉淀法的分离效果受到溶液 pH 的影响,一般应将溶液的 pH 调节到欲分离物质的等电点附近。

有机溶剂在中性盐存在的条件下可以减少蛋白质的变性,提高分离效果,所以在利用有机溶剂进行蛋白质的沉淀分离时,要添加 0.05 mol/L 左右的中性盐。但是中性盐的存在会增加蛋白质在有机溶剂中的溶解度,故中性盐不宜多加。

四、复合沉淀法

在溶液中加入某些物质,使它与蛋白质等形成复合物而沉淀下来,从而达到分离的方法称为**复合沉淀法**。分离出复合沉淀后,有的可以直接应用,如菠萝蛋白酶用单宁沉淀法得到的单宁-菠萝蛋白酶复合物可以直接作为药品,用于治疗咽喉炎等。也可以再用适当的方法,使酶从复合物中析出而进一步纯化。

常用的复合沉淀剂有单宁、聚乙二醇(PEG)、聚丙烯酸等高分子化合物。例如,以单宁为沉淀剂进行酶的复合沉淀,在操作时先将酶液调节到一定的 pH(不同的酶应调节在不同的 pH,一般控制在 pH 4~7),然后加入一定量的单宁(一般单宁的加入量为酶液的 0.1%~1%),生成酶-单宁复合物沉淀。分离出的酶-单宁复合物可以直接应用。如果要进一步纯化,可将沉淀分离出来后,用乙醇或丙酮处理以除去单宁;也可以用 pH 8~11 的碘酸钠或硼酸钠处理,使酶溶解出来,而单宁仍然为沉淀;还可以采用 Tween 60(聚氧乙烯山梨糖醇硬脂酸酯)、Tween 80(聚氧乙烯山梨糖醇油酸酯)、相对分子质量大于 6000 的聚乙二醇或聚乙烯吡咯烷酮(PVP)等大分子进行复分解反应,这些大分子聚合物可与单宁形成难溶于水的树脂状沉淀,而使酶游离出来。单宁复合沉淀法适用于各种来源的蛋白酶、淀粉酶、糖化酶、果胶酶、纤维素酶等的沉淀分离。

再如,聚丙烯酸也可以作为复合沉淀剂用于酶的沉淀分离。在使用时,将酶液 pH 调至 3~5,加入适量的聚丙烯酸(一般为酶蛋白量的 30%~40%),生成酶-聚丙烯酸沉淀。进一步纯化是将沉淀分离出来后,用稀碱液调节 pH 至 6 以上,则复合物中的酶与聚丙烯酸分开,再加入一定量的 Ca^{2+}、Mg^{2+}、Al^{3+} 等金属离子与聚丙烯酸反应生成聚丙烯酸盐沉淀,而使酶游离出来。分离得到的聚丙烯酸盐沉淀可以用 1 mol/L 硫酸处理,回收聚丙烯酸循环使用。

五、金属盐沉淀法

利用溶液中某种溶质与某些金属离子反应,生成金属盐沉淀,而与其他组分分离的方法称为**金属盐沉淀法**。常用的金属盐沉淀法有钙盐沉淀法、铅盐沉淀法等。例如,在核酸的水提取液中加入一定体积比(一般为 10% 左右)的 10% 氯化钙溶液,使 DNA 和 RNA 均形成钙盐,再加入 1/5 体积的乙醇,DNA-Ca 即沉淀析出。再如,在含有倍半萜的乙醇抽提液中加入 4% 的乙酸铅溶液,减压除去乙醇,即可得到倍半萜的铅盐沉淀。脱铅的方法通常是通入硫化氢气体,生成溶解度更小的硫化铅,而得到倍半萜。

六、选择性变性沉淀法

选择一定的条件使溶液中存在的某些杂蛋白等杂质变性沉淀下来,而与目的物分开,这种分离方法称为**选择性变性沉淀法**。例如,对于 α-淀粉酶等热稳定性好的酶,可以通过加热进行热处理,使大多数杂蛋白受热变性沉淀而被除去。此外,还可以根据欲分离物质和所含杂质的特性,通过改变 pH 或加进某些金属离子等使杂蛋白变性沉淀而除去。

核酸的沉淀分离,可以选择适宜的溶剂进行处理,使蛋白质等杂质变性沉淀而获得核酸,这种方法又称为**选择性溶剂沉淀法**。例如,①在核酸的提取液中加入氯仿-戊醇或氯仿-辛醇,振荡一段时间,使蛋白质在氯仿-水的界面上形成沉淀而除去,核酸仍然留在水溶液中;②在对氨基水杨酸等阴离子化合物存在的条件下,用苯酚-水溶液提取核酸,DNA 和 RNA 在水溶液中,而蛋白质在苯酚层中形成沉淀而被除去;③在 DNA 和 RNA 的混合液中,用异丙醇选择性地沉淀 DNA,而 RNA 留在溶液中。

由于选择性变性沉淀法是使杂质变性沉淀,又对目的物没有明显影响,所以在应用本法之前,必须对欲分离物质及溶液中的杂蛋白等杂质的种类、含量及其物理化学性质等有比较全面的了解。

第四节 实 验

实验 1-1 大肠杆菌细胞的超声波破碎

【原理】

微生物细胞在超声波的作用下,细胞结构受到破坏,而使细胞破碎。

【试剂和材料】

(1) 超声波细胞破碎仪。
(2) 冰浴:小烧杯一个,内装一些碎冰和一些水。
(3) 细胞破碎缓冲液:10 mmol/L,pH 7.4 Tris-HCl 缓冲液中含 5 mmol/L 的 $MgCl_2$。
(4) 细胞悬浮液:取 50~100 mg 大肠杆菌湿细胞悬浮在 1 ml 细胞破碎缓冲液中。
(5) 培养基:牛肉膏 0.5%、蛋白胨 1%、NaCl 0.5%制成肉汤液体培养基。取上述肉汤培养基加进 2%琼脂,制成固体培养基,用作菌种活化与保存。
(6) 水浴恒温振荡器。
(7) 离心机。

【操作方法】

1. 细胞培养和收集 将活化菌种接入肉汤培养基中,于 37℃振荡培养。当到达对数生长期后(约 6 h),用离心机收集细胞,8000 r/min 离心 5 min 或 3000 r/min 离心 20 min。

2. 细胞破碎 取湿细胞 50~100 mg 悬浮于 1 ml 细胞破碎缓冲液中。用频率为20 kHz、功率为 150 W 的超声波在冰浴中进行超声波细胞破碎,每破碎 60 s,间隔 60 s,反复破碎 3 次。

3. 溶胞液分离 细胞破碎结束后,可通过测定细胞破碎前后光密度的变化观测破碎效果。然后,用离心机在 8000 r/min 条件下离心 5 min,除去未破碎的细胞,上清液为溶胞液,含有胞内各种成分,置于冰箱中保存。

实验 1-2　枯草杆菌碱性磷酸酶的提取与盐析

【原理】

枯草杆菌在无机磷受限制的培养基中能合成碱性磷酸酶。该酶主要存在于细胞间质之中,用一定浓度的镁离子溶液,可将该酶提取到溶液中,再经硫酸铵盐析,可分离得到碱性磷酸酶。

碱性磷酸酶能在碱性条件下水解磷酸单酯,释放无机磷酸。以对硝基酚磷酸(NPP)为底物,通过碱性磷酸酶作用,生成对硝基酚和磷酸;在 420 nm 波长下,用分光光度计测定吸光度,可测定酶活力。

在 420 nm 波长下,吸光度每变化 0.001 定义为酶的一个活力单位,即

$$酶活力(单位) = \Delta OD_{420} \times 1000$$

【试剂和材料】

(1) 固体培养基(pH 7.4):牛肉膏 0.5%,蛋白胨 1%,NaCl 0.5%,琼脂 2%。

(2) Tris 培养基(pH 7.4):葡萄糖 0.4%,酪蛋白水解物 0.1%,NaCl 0.5%,$(NH_4)_2SO_4$ 1%,KCl 0.1%,$CaCl_2$ 0.1 mmol/L,$MgCl_2$ 1 mmol/L,Na_2HPO_4 20 μmol/L,溶解于 0.1 mol/L 的 Tris-HCl 缓冲液中。

(3) 1 mol/L Tris-HCl 缓冲液(pH 9.5)。

(4) 0.1 mol/L Tris-HCl 缓冲液(pH 7.4)。

(5) 40 mmol/L 对硝基酚磷酸(NPP)溶液。

(6) 1 mol/L $MgCl_2$ 溶液。

(7) 硫酸铵。

(8) 高速离心机。

(9) 水浴恒温振荡器。

(10) 分光光度计。

(11) 奈氏(Nessler)试剂:5 g KI 溶于 5 ml 水中,加入饱和 $HgCl_2$ 溶液,不断搅拌,至朱红沉淀不再溶解时,加 40 ml 50% NaOH 溶液,稀释至 100 ml,静置过夜取上清液。

【操作方法】

1. 细胞培养与收集　将枯草杆菌 AS 1.398 在固体斜面培养基上活化,接入 Tris 培养基于 37℃振荡培养 10 h 作为种子液。

将 5 ml 的种子液接入 100 ml Tris 培养基中(用 2 个 250 ml 三角瓶),于 37℃振荡培养 10 h。取样测酶活力。

将培养液用 8000 r/min 离心分离 5 min,收集菌体,并用 0.1 mol/L pH 7.4 Tris-HCl 缓冲液洗涤菌体两次。

2. 碱性磷酸酶的提取　将上述湿菌体悬浮在 18 ml 0.1 mol/L pH 7.4 的 Tris-HCl 缓冲液中,加入 2 ml 1 mol/L $MgCl_2$ 溶液,于 37℃振荡 30 min。用 3000 r/min 离心分离,取上清液,此为粗酶液。在离心前后分别取样测定细胞悬浮液和粗酶液的酶活力,从而计算提取率。

3. 硫酸铵盐析 将上述粗酶液在搅拌下慢慢加入硫酸铵粉末,使达 50% 饱和度 (313 g/L,25℃),静置 30 min,用 13 000 r/min 离心分离 20 min,去除杂蛋白沉淀。上清液分成 5 份,分别加进固体硫酸铵,使达到 70%、75%、80%、85% 和 90% 饱和度,充分溶解后,静置 30 min 以上,用 13 000 r/min 离心分离 20 min。上清液取样测定残留酶活力,计算沉淀率。

$$沉淀率 = \frac{粗酶液活力(单位) - 上清液酶活力(单位)}{粗酶液活力(单位)}$$

沉淀用含 1 mmol/L $MgCl_2$ 的 0.1 mol/L pH 7.4 Tris-HCl 缓冲液溶解,装进透析袋,用 1 mmol/L $MgCl_2$ 的 0.1 mol/L pH 7.4 Tris-HCl 缓冲液透析。用 5% 乙醇钡检查有无 SO_4^{2-} 或用奈氏试剂检查有无 NH_4^+(无棕红色出现),除去 $(NH_4)_2SO_4$,取样测酶活力。或用凝胶层析脱盐(参看实验 4-1)后测酶活力。

4. 碱性磷酸酶活力测定 取样品液 0.5 ml 于小试管中,加进 1 mol/L pH 9.5 的 Tris-HCl 缓冲液 1 ml,混合液于 30℃ 水浴中预热 5 min。然后加进 40 mmol/L NPP 溶液 0.5 ml,于 30℃ 恒温反应 10 min,分别测定反应前后 420 nm 波长处的吸光度。吸光度每变化 0.001 定义为酶的一个活力单位,即

$$酶活力(单位) = \Delta A_{420} \times 1000 = (A_{420反应后} - A_{420反应前}) \times 1000$$

式中,$A_{420反应后}$ 为反应结束时测定的吸光度;$A_{420反应前}$ 为加入 NPP 溶液,反应开始时的吸光度。

【结果处理】

1. 计算提取率 根据提取时取样测得的细胞悬浮液和粗酶液的酶活力和体积,计算提取率

$$提取率 = \frac{2 \times 粗酶液活力(单位) \times 粗酶液体积(ml)}{2 \times 细胞悬浮液酶活力(单位) \times 细胞悬浮液体积(ml)}$$

2. 计算酶活力总收得率 根据培养液的总酶活力和沉淀的总酶活力计算酶活力总收得率

$$酶活力总收得率 = \frac{2 \times 透析后酶液活力(单位) \times 透析后酶液体积(ml)}{2 \times 培养液酶活力(单位) \times 培养液体积(ml)}$$

实验 1-3 枯草杆菌 DNA 的提取与分离

【原理】

枯草杆菌或其他细胞用十二烷基磺酸钠(SDS)使细胞破坏,得到高黏度的悬浮液,在高氯酸盐存在下,以氯仿-异戊醇脱蛋白质,经离心分成 3 层。最上层为核酸,用乙醇使 DNA 和 RNA 沉淀分离,用核糖核酸酶使 RNA 降解,DNA 可用异丙醇使其呈丝状沉淀。

【试剂和材料】

(1) 高速冷冻离心机。
(2) 振荡器。
(3) 十二烷基磺酸钠溶液:25 g SDS 溶于 100 ml 蒸馏水中,即为 25% SDS 溶液。
(4) NaCl-柠檬酸盐缓冲液(pH 7.0):1.5 mol/L NaCl 加上 0.15 mol/L 柠檬酸钠。
(5) NaCl-EDTA 水溶液(pH 8.0):0.15 mol/L NaCl 加上 0.10 mol/L EDTA。

(6) 乙酸盐-EDTA 溶液(pH 7.0):3 mol/L 乙酸钠加上 0.001 mol/L EDTA。

(7) 5 mol/L 高氯酸盐水溶液。

(8) 核糖核酸酶溶液:2 mg 结晶核糖核酸酶溶于 1 ml 0.15 mol/L NaCl 溶液中。使用前用 80℃加热 10 min,以破坏可能存在的 DNase。

(9) 氯仿-异戊醇:24 ml 氯仿+1 ml 异戊醇。

(10) 95%乙醇。

【操作方法】

1. 细胞培养与收集 将活化菌株接入肉汤培养基(见实验 1-1)中,于 37℃振荡培养。在细胞的对数生长期离心收集细胞。用 NaCl-EDTA 水溶液洗涤细胞一次。

2. DNA 的提取 取上述湿菌体 2～3 g,悬浮于 25 ml NaCl-EDTA 水溶液中,加入 2 ml 25%SDS 溶液,于 60℃保温 10 min,细胞破碎,DNA 释放出来,溶液黏度大大增加。冷却至室温。

3. 脱蛋白质 将上述溶胞液加入 7 ml 5 mol/L 高氯酸钠水溶液,再和等体积(34 ml)的氯仿-异戊醇混合,置于以玻璃塞密闭的离心管中,振荡 30 min,用 10 000 g 离心力离心 5 min。溶液分为 3 层,下层为蛋白质、中层为类脂物、上层为核酸。

4. 核酸的沉淀分离 取上述上层核酸溶液,移入细口瓶中,在其中覆盖一层 2 倍体积的 95%乙醇。用玻璃棒缓慢搅拌,形成丝状沉淀,卷绕于玻璃棒上,通过挤压在器壁上与乙醇分开。

沉淀置于 10 ml 稀释的 NaCl-柠檬酸钠缓冲液(0.1 ml NaCl-柠檬酸钠缓冲液+9.9 ml 水)中,用玻璃棒轻轻转动或轻轻振荡,使沉淀完全溶解,再加入 1 ml NaCl-柠檬酸钠缓冲液。然后再加入等体积的氯仿-异戊醇去除蛋白质。如同上述步骤反复进行几次,以尽量去除蛋白质。

5. 去除 RNA 将上述去除蛋白质后的核酸沉淀,悬浮于 10 倍稀释的 NaCl-柠檬酸钠缓冲液中(1 ml 缓冲液+9 ml 水),加入核糖核酸酶溶液,使 RNase 浓度达每毫升悬浮液含 50 μg。37℃保温 30 min,使 RNA 降解。

6. DNA 沉淀分离 将上述除去 RNA 后的 DNA 再次用 95%乙醇沉淀。沉淀溶于 9 ml 100 倍稀释的 NaCl-柠檬酸钠缓冲液中,再加入 1 ml 乙酸钠-EDTA 溶液,一边搅拌一边逐滴加入 5.4 ml 异丙醇,使 DNA 沉淀,呈丝状卷绕于玻璃棒上。可用逐渐增加浓度(70%～90%)的乙醇洗去盐分。

DNA 沉淀可溶于适当的溶液(不是纯水)中,于 4℃保存备用。

实验 1-4 酵母 RNA 的提取与分离

【原理】

酵母细胞置于含有 SDS 的缓冲溶液中,加等体积的苯酚水溶液,通过激烈振荡一段时间,将 RNA 和蛋白质分开,然后离心分层,RNA 溶于上层水溶液中,DNA 和蛋白质在酚相。RNA 可用乙醇沉淀析出。

【试剂和材料】

(1) 新鲜湿酵母。
(2) SDS-Tris 缓冲液：0.3% SDS、0.01 mol/L $MgCl_2$、0.1 mol/L Tris，用 HCl 调至 pH 7.2。
(3) 苯酚水溶液：90%(m/V)苯酚水溶液。
(4) 20%乙酸钾水溶液。
(5) 95%乙醇。

【操作方法】

取 50 g 新鲜湿酵母，加入 100 ml SDS-Tris 缓冲液，再加入 150 ml 90%苯酚水溶液，在室温下激烈振荡 1 h，然后冷却至 0～4℃，以下操作均在 0～4℃进行。

上述提取液以 4000 r/min 离心 5 min，分离出上层水相加入 1/10 体积的乙酸钾溶液，再加入 2 倍体积的 95%乙醇。在－16℃左右放置使 RNA 沉淀析出。此沉淀可在冰箱中(0～4℃)长期保存。也可将沉淀以 4000 r/min 离心 10 min，取沉淀用少许 35%乙醇、95%乙醇和无水乙醇各离心洗涤一次，然后将沉淀溶于少量 1 mmol/L NaCl 溶液中，4℃保存备用。

实验 1-5　大蒜细胞 SOD 的提取与分离

【原理】

超氧化物歧化酶(SOD)是一种具有抗氧化、抗衰老、抗辐射和消炎作用的药用酶。它可催化超氧负离子($O_2^{\cdot-}$)进行歧化反应，生成氧和过氧化氢：$2O_2^{\cdot-} + H_2 \Longrightarrow O_2 + H_2O_2$。大蒜蒜瓣和悬浮培养的大蒜细胞中含有较丰富的 SOD，组织或细胞破碎后，可用 pH 7.8 的磷酸缓冲液提取。由于 SOD 不溶于丙酮，可用丙酮将其沉淀析出。

【试剂和材料】

(1) 新鲜蒜瓣，市售。
(2) 大蒜细胞，通过细胞培养技术获得。
(3) 磷酸缓冲液：0.05 mol/L pH 7.8 的磷酸缓冲溶液。
(4) 氯仿-乙醇混合溶剂：氯仿：无水乙醇＝3∶5(V/V)。
(5) 丙酮：用前冷却至 4～10℃。
(6) 碳酸盐缓冲液：0.05 mol/L pH 10.2。
(7) EDTA 溶液：0.1 mol/L。
(8) 肾上腺素液：2 mmol/L。

【操作方法】

1. 组织或细胞破碎　称取 5 g 左右大蒜蒜瓣或大蒜细胞，置于研磨器中研磨，使组织或细胞破碎。

2. SOD 的提取　将上述破碎的组织或细胞加入 2～3 倍体积的 0.05 mol/L pH 7.8 的磷酸缓冲液，继续研磨搅拌 20 min，使 SOD 充分溶解到缓冲液中，然后在 5000 r/min 下离心

15 min,弃沉淀,得到提取液。

3. 去除杂蛋白　　提取液加入 0.25 倍体积的氯仿-乙醇混合溶剂搅拌 15 min,5000 r/min 离心 15 min,去除杂蛋白沉淀,得到粗酶液。

4. SOD 的沉淀分离　　将上述粗酶液加入等体积的冷丙酮,搅拌 15 min,5000 r/min 离心 15 min,得 SOD 沉淀。

将 SOD 沉淀溶于 0.05 mol/L pH 7.8 的磷酸缓冲液中,于 55~60℃ 热处理 15 min,离心弃沉淀,得到 SOD 酶液。

将上述提取液、粗酶液和酶液分别取样,测定各自的 SOD 活力。

5. SOD 活力测定　　取 3 根小试管,按下表分别加进各种试剂和样品液。

(单位:ml)

试剂	空白管	对照管	样品管
碳酸缓冲液	5.0	5.0	5.0
EDTA 溶液	0.5	0.5	0.5
蒸馏水	0.5	0.5	—
样品液	—	—	0.5
		混合均匀	
肾上腺素液	—	0.5	0.5

在加入肾上腺素前,将试剂和样品液充分摇匀并在 30℃ 水浴中预热 5 min 至恒温。加入肾上腺素(空白管不加)继续保温反应 2 min,然后立即测定各管在 480 nm 处的光密度。对照管与样品管的光密度值分别为 A 和 B。

在上述条件下,SOD 抑制肾上腺素自氧化的 50% 所需的酶量定义为一个酶活力(单位),即

$$酶活力(单位) = \frac{2 \times (A-B) \times N}{A}$$

式中,N 为样品稀释倍数;2 为抑制肾上腺素自氧化 50% 的换算系数(100%/50%)。

若以每毫升样品液的单位数表示,则按下式计算:

$$酶活力(单位)/ml = \frac{2 \times (A-B) \times N}{A} \times \frac{V}{V_1} = \frac{26 \times (A-B) \times N}{A}$$

式中,V 为反应液体积(6.5 ml);V_1 为样品液体积(0.5 ml)。

最后,根据提取液、粗酶液和酶液的酶活力及体积,计算收得率。

实验 1-6　大鼠肝 rRNA 的提取与分离

【原理】

大鼠肝经匀浆,离心取上清液,用苯酚、m-甲酚混合液提取 RNA。在萘-1,5-二磺酸存在下,可使 rRNA 与 mRNA 等分离,得到纯 rRNA。

【试剂和材料】

(1) 大鼠肝脏:大鼠用颈部打击法处死,取出肝脏,立即置于液态氮中备用。

(2) 苯酚-甲酚混合液:500 g 苯酚及 70 ml m-甲酚溶于 50 ml 蒸馏水中,并加入 0.5 g 8-羟基喹啉。

(3) 萘-1,5-二磺酸溶液:0.5 g 萘-1,5-二磺酸溶于 100 ml 蒸馏水中。

(4) 洗涤液 A:20 g 苯甲酸钠、10 ml m-甲酚及 3 g 氯化钠溶于 100 ml 蒸馏水中。

(5) 洗涤液 B:75 ml 乙醇及 1 g 氯化钠溶于 25 ml 蒸馏水中。

(6) 乙醇溶液:75 ml 乙醇与 25 ml 蒸馏水混合均匀。

(7) 三异丙基萘磺酸钠:分析纯。

(8) 苯酚:重结晶的。

(9) m-甲酚:无色。

(10) 苯甲酸钠:分析纯。

(11) 氯化钠:分析纯。

(12) 无水乙醇:分析纯。

【操作方法】

(1) 从液态氮中取出鼠肝,称取 15 g 左右,加入 10 倍体积的苯酚-甲酚混合溶液及 10 倍体积的萘-1,5-二磺酸溶液,在 5℃ 以下于匀浆器匀浆。

(2) 将匀浆取出置于烧杯中,20℃ 搅拌 20 min,5℃、6000 g 冷冻高速离心 15 min,弃渣。

(3) 离心上清液加入三异丙基萘磺酸钠至最终浓度为 5%,再加入 1/2 体积的苯酚-甲酚溶液,于 20℃ 搅拌 20 min,然后以 5℃、8000 g 冷冻高速离心 10 min。弃沉淀物。

(4) 离心上清液,在每 100 ml 上清液中依次加入 3 g 氯化钠、20 g 苯甲酸钠及 10 ml m-甲酚。搅拌溶解均匀后,5℃、8000 g 离心 10 min。弃上清液。

(5) 离心沉淀物按下列顺序离心洗涤:沉淀用冷的洗涤液 A 洗两次,用洗涤液 B、乙醇溶液各洗一次,再用无水乙醇洗两次,每次均用 25 ml,最后得到纯的鼠肝 rRNA。取出 rRNA,置于有 $CaCl_2$ 的真空干燥器中干燥。

第二章 过滤与膜分离技术

过滤是借助过滤介质将不同大小、不同形状的物质分离的技术过程。

过滤介质多种多样,常用的有滤纸、滤布、纤维、多孔陶瓷、烧结金属和各种高分子膜等,可以根据需要选用。

根据过滤介质的不同,过滤可以分为膜过滤和非膜过滤两大类。粗滤和部分微滤采用高分子膜以外的物质作为过滤介质,称为**非膜过滤**,简称为**过滤**;而大部分微滤以及超滤、反渗透、透析、电渗析等采用各种高分子膜为过滤介质,称为**膜过滤**,又称为**膜分离技术**。

根据过滤介质截留的物质颗粒大小不同,过滤可以分为**粗滤**、**微滤**、**超滤**和**反渗透**四大类。它们的主要特性如表 2-1 所示。

表 2-1 过滤的分类及其主要特性

类别	截留的颗粒大小	截留的主要物质	过滤介质
粗滤	$>2\ \mu m$	酵母、霉菌、动物细胞、植物细胞、固形物等	滤纸、滤布、纤维、多孔陶瓷、烧结金属等
微滤	$0.2\sim2\ \mu m$	细菌、灰尘等	微滤膜、微孔陶瓷
超滤	$20\ \text{Å}^{①}\sim0.2\ \mu m$	病毒、生物大分子等	超滤膜
反渗透	$<20\ \text{Å}$	生物小分子、盐、离子	反渗透膜

第一节 非膜过滤

采用高分子膜以外的材料,如滤纸、滤布、纤维、多孔陶瓷、烧结金属等作为过滤介质,主要包括**粗滤**和**部分微滤**。

非膜过滤主要用于各种细胞及其他大颗粒固形物的分离。

一、非膜过滤的分类

1. 粗滤 过滤介质截留悬浮液中的物质直径大于 $2\ \mu m$,这种固形物与液体分离的技术称为**粗滤**。通常所说的过滤就是指粗滤。粗滤主要用于分离酵母、霉菌、动物细胞、植物细胞、培养基残渣及其他大颗粒固形物。

根据推动力的产生条件不同,过滤有常压过滤、加压过滤、减压过滤 3 种。

(1) 常压过滤。常压过滤是以液位差为推动力的过滤。过滤装置竖直安装,悬浮液置于过滤介质的上方,由于存在液位差,在重力的作用下,滤出液通过过滤介质从下方流出,大颗粒的物质被截留在介质表面,从而达到分离。实验室常用的滤纸过滤以及生产中使用的吊篮或吊袋过滤都属于常压过滤。

常压过滤设备简单,操作方便易行,但是过滤速率较慢、分离效果较差,难以大规模连续使用。

---

① 1 Å=0.1 nm

(2) 加压过滤。加压过滤是以压力泵或压缩空气产生的压力为推动力的过滤。生产中常用各式压滤机进行加压过滤。添加助滤剂、降低悬浮液黏度、适当提高温度等措施均有利于加快过滤速率和提高分离效果。

加压过滤设备比较简单、过滤速率较快、过滤效果较好,在生产中广泛应用。

(3) 减压过滤。减压过滤又称为真空过滤或抽滤,是通过在过滤介质的下方抽真空的方法,以增加过滤介质上下方之间的压力差,推动液体通过过滤介质,而把大颗粒截留的过滤方法。实验室常用的抽滤瓶和生产中使用的各种真空抽滤机均属于此类。

减压过滤需要配备有抽真空系统。由于压力差最高不超过 0.1 MPa,多用于黏性不大的物料的过滤。

2. 微滤 微滤又称为微孔过滤。微滤介质截留的物质颗粒直径为 $0.2 \sim 2~\mu m$,主要用于细菌、灰尘等光学显微镜可以看到的物质颗粒的分离。在无菌水、矿泉水、汽水等软饮料的生产中广泛应用。非膜微滤一般采用微孔陶瓷、烧结金属等作为过滤介质,也可采用微滤膜为过滤介质进行膜分离。

二、非膜过滤的操作过程

过滤的设备简单、操作简便,在实验室和工业生产中广泛应用。其基本操作过程如下所述。

1. 过滤介质的选择 过滤介质主要有滤纸、滤布、纤维、多孔陶瓷、烧结金属等。在实际使用中,应选择那些孔径大小适宜、孔的数量较多又分布均匀、过滤效果好、具有一定的机械强度、化学稳定性好、价廉易得的过滤介质。

2. 助滤剂的选择 为了加快过滤速率、提高分离效果,经常需要添加助滤剂。常用的助滤剂有硅藻土、活性炭、纸粕等。在添加助滤剂时,添加量要求在过滤介质的表面形成一定厚度的薄层,量太少达不到助滤效果;量过多不但造成浪费,还会对过滤带来一定的不利影响。

3. 过滤条件的确定 在过滤过程中,除了选择好过滤介质和助滤剂以外,还要控制好各种过滤条件,主要包括压力差、混合液的黏度、混合液的浓度、温度、pH 等。

过滤条件的确定应该以过滤速率快和过滤效果好为指标。

通常情况下,增大压力差、降低混合液的黏度、降低混合液的浓度、升高温度都有利于提高过滤速率。过滤速率是指在单位时间内通过单位过滤面积的液体体积,以 $[L/(h \cdot m^2)]$ 或 $[ml/(min \cdot cm^2)]$ 表示。

影响过滤速率和过滤效果的因素很多,主要包括过滤介质的孔径和厚度、压力差、混合液的黏度、混合液中组分的种类和浓度、温度、pH 等。在过滤过程中,必须采取恰当的措施,以提高过滤速率、增强过滤效果。

第二节 膜分离技术

借助于一定孔径的高分子薄膜,将不同大小、不同形状和不同特性的物质颗粒或分子进行分离的技术称为**膜分离技术**。

膜分离所使用的薄膜主要是由聚丙烯腈、醋酸纤维素、赛璐玢及尼龙等高分子化合物制成的高分子膜。有时也采用动物膜等。

膜分离过程中,薄膜的作用是选择性地让小于其孔径的物质颗粒或分子通过,而把大于其孔径的颗粒截留。膜的孔径有多种规格可供使用时选择。

一、膜分离的分类

根据物质颗粒或分子通过薄膜的原理和推动力的不同,膜分离可以分为以下三大类。

1. 加压膜分离 加压膜分离是以薄膜两边的流体静压力差为推动力的膜分离技术。在静压力差的作用下,小于孔径的物质颗粒穿过膜孔,而大于孔径的颗粒被截留。

根据所截留的物质颗粒的大小不同,加压膜分离可分为微滤、超滤和反渗透3种。

(1) 微滤。微滤是以微滤膜(也可以用非膜材料)作为过滤介质的膜分离技术。微滤膜所截留的颗粒直径为 $0.2\sim 2~\mu m$。微滤过程所使用的操作压力一般在 0.1 MPa 以下。

在实验室和生产中通常利用微滤技术除去细菌等微生物,达到无菌的目的。例如,无菌室和生物反应器的空气过滤,热敏性药物和营养物质的过滤除菌,纯生啤酒、无菌水、软饮料的生产等。

(2) 超滤。超滤又称为超过滤,是借助于超滤膜将不同大小的物质颗粒或分子分离的技术。超滤膜截留的颗粒直径为 $20\sim 2000$ Å,相当于分子质量为 $1\times 10^3\sim 5\times 10^5$ Da,主要用于分离病毒和各种生物大分子。

超滤膜一般由两层组成。表层厚度 $0.1\sim 5~\mu m$,孔径有多种规格,从 $20\sim 2000$ Å 组成系列产品,使用时可根据需要进行选择。基层厚度为 $200\sim 250~\mu m$,强度较高,使用时要将表层面向待超滤的物料溶液。若换错方向,会使超滤膜遭受损坏。

超滤技术不仅用于生化物质的分离纯化,同时还可以达到浓缩溶液的目的,特别适用于各种生化药物和液体酶制剂等的生产。然而对超滤膜的要求较高,对于那些需要小分子辅酶的酶的生产不适用。

(3) 反渗透。反渗透膜的孔径小于 20 Å,被截留的物质分子质量小于 1000 Da,操作压力为 $0.7\sim 13$ MPa,主要用于分离各种离子和小分子物质。在无离子水的制备、海水淡化等方面广泛应用。

2. 电场膜分离 电场膜分离是在半透膜的两侧分别装上正、负电极。在电场作用下,小分子的带电物质或离子向着与其本身所带电荷相反的电极移动,透过半透膜,从而达到分离的目的。电渗析和离子交换膜电渗析即属于此类。

(1) 电渗析。用两块半透膜将透析槽分隔成 3 个室,在两块膜之间的中心室加入待分离的混合溶液,在两侧室中装入水或缓冲液并分别接上正、负电极,接正电极的称为阳极槽,接负电极的称为阴极槽。接通直流电源后,中心室混合溶液中的阳离子向负极移动,透过半透膜到达阴极槽,而阴离子则向正极移动,透过半透膜移向阳极槽,大于半透膜孔径的物质分子则被截留在中心室中,从而达到分离。实际应用时,通常由上述相同的多个透析槽联在一起组成一个透析系统。

渗析时要控制好电压和电流强度,渗析开始的一段时间,由于中心室溶液的离子浓度较高,电压可低些,当中心室的离子浓度较低时,要适当提高电压。

电渗析主要用于酶液或其他溶液的脱盐、海水淡化、纯水制备及其他带电荷小分子的分离。也可以将凝胶电泳后的含有蛋白质或核酸等的凝胶切开,置于中心室,经过电渗析,使带电荷的大分子从凝胶中分离出来。

(2) 离子交换膜电渗析。离子交换膜电渗析的装置与一般电渗析相同,只是以离子交换膜代替一般的半透膜。

离子交换膜的选择透过性比一般半透膜强。一方面,它具有一般半透膜截留大于孔径的颗粒的特性;另一方面,由于离子交换膜上带有某种基团,根据同性电荷相斥、异性电荷相吸的原理,只让带异性电荷的颗粒透过,而把带同性电荷的物质截留。

离子交换电渗析用于溶液脱盐、海水淡化以及从发酵液中分离柠檬酸、谷氨酸等带有电荷的小分子发酵产物等。

3. 扩散膜分离 扩散膜分离是利用小分子物质的扩散作用,不断透过半透膜扩散到膜外,而大分子被截留,从而达到分离效果。常见的透析就是属于扩散膜分离。

透析膜可用动物膜、羊皮纸、火棉胶或赛璐玢等制成。透析时,一般将半透膜制成透析袋、透析管、透析槽等形式。透析时,欲分离的混合液装在透析膜内侧,外侧是水或缓冲液。在一定的温度下,透析一段时间,使小分子物质从膜的内侧透出到膜的外侧。必要时,膜外侧的水或缓冲液可以多次或连续更换。

透析主要用于酶和其他生物大分子的分离纯化,从中除去无机盐等小分子物质。透析设备简单、操作容易。但是透析时间较长,透析结束时,透析膜内侧的保留液体积较大,浓度较低,难以工业化生产。

二、膜分离的操作过程及其控制

1. 滤膜的选择 膜分离所使用的薄膜主要是由聚丙烯腈、醋酸纤维素、赛璐玢及尼龙等高分子化合物制成的高分子膜。有时也可以采用动物膜等。

选择滤膜的时候,首先应该根据欲截留颗粒的大小选择膜的孔径。例如,微滤膜所截留的颗粒直径为 $0.2 \sim 2~\mu m$,超滤膜截留的颗粒直径为 $20 \sim 2000$ Å,反渗透膜的孔径小于 20 Å 等。

滤膜的强度对膜分离的条件和分离效果有显著影响。在相同孔径的条件下,应选择强度较大的滤膜。膜的强度与制膜材料、制膜工艺、膜的厚度等有密切关系。有些滤膜由两层组成,表层厚度 $0.1 \sim 5~\mu m$,强度较小;基层厚度为 $200 \sim 250~\mu m$,强度较高。使用时要将表层面向待超滤的物料溶液。若换错方向,则会使超滤膜遭受损坏。所选用的滤膜还必须符合操作条件的要求,如滤膜的额定工作压力要大于操作压力、滤膜的额定工作温度要大于操作温度、滤膜能够耐受的 pH 范围要覆盖混合液可能出现的 pH 范围等。

2. 膜分离的工艺条件及其控制 滤膜选择好以后,将它安装在适宜的膜分离装置上,然后将混合液通入膜分离装置,在一定的条件下进行膜分离,小于膜孔径的颗粒透过滤膜,可从滤过液中获得;大于膜孔径的物质被截留,可从截留液中得到。

膜分离过程中,小于孔径的物质颗粒与溶剂(一般是水)分子一起透过膜孔流出,大于膜孔径的颗粒被截留,从而达到分离。要使膜分离达到较好的效果,在选择好滤膜的基础上,还要控制好分离的各种条件,主要包括混合溶液的浓度、黏度、操作压力、操作温度、搅拌速率等,以提高膜的透过性。

膜的透过性一般以流率表示,流率是指每平方厘米的膜每分钟透过的流体的量,一般以 $ml/(min \cdot cm^2)$ 表示。流率是膜分离的重要指标,膜的孔径不同,其流率也有所不同,如超滤膜的流率一般为 $0.01 \sim 5.0~ml/(min \cdot cm^2)$。通常膜的孔径越大,流率也越大。

影响流率的主要因素除了膜的孔径以外,混合溶液中颗粒的形状与大小、溶液的黏度和浓度、操作压力、操作温度和搅拌等条件对超滤流率也有显著影响。

混合液中颗粒的密度、大小和形状对流率都有明显影响。一般来说,相对密度小的颗粒透过性较好;球状分子的透过性比相同分子质量的纤维状分子的好,小分子的透过性比大分子的好。

混合液的黏度越大,膜的流率就越小,所以用于膜分离的溶液黏度应当尽量降低。溶液的浓度越高,流率越小,所以超滤时溶液浓度不宜太高,高浓度的溶液在进行超滤时,可以通过补充溶剂(水)进行稀释,以提高流率。

膜分离过程中,操作压力对流率的影响比较复杂。一般情况下,压力增加,流率也增加;但是对于一些胶体溶液,当压力高到一定程度后,再增加压力,流率不再增加;对于一般溶质分子而言,压力增加时,其透过性降低;但是某些溶质分子可以随着压力增加而提高其透过性。不同类型的膜分离,其操作压力有所不同,如超滤的操作压力一般控制在 0.1～0.7 MPa。在膜分离过程中,压力一般由压缩气体来维持。

为了保持膜的透过性,避免流率降低,需要采取必要的措施以防止浓差极化现象。浓差极化是指在膜分离过程中,截留的物质分子在滤膜前的液层中形成浓度梯度,越靠近滤膜,其浓度越高,最终在滤膜上形成沉积层,从而影响膜的透过性的现象。

在膜分离前,通过沉降、离心、粗滤等方法对混合液进行适当的预处理,除去部分大颗粒,适当提高操作温度,增加搅拌等可以有效地防止浓差极化。但是温度和搅拌速率不能太高,以免引起某些生物活性物质的变性失活。

第三节 实 验

实验 2-1 胰凝乳蛋白酶的透析脱盐

【原理】

胰凝乳蛋白酶(chymotrypsin)是一种丝氨酸蛋白酶,可以从牛胰脏中提取出来,经过盐析分离、结晶而获得。由于在盐析和结晶过程中都使用硫酸铵,使胰凝乳蛋白酶中带有大量中性盐,必须经过透析脱盐才能成为合格产品。

【试剂和材料】

(1) 牛胰脏。
(2) 硫酸:分别配制 0.125 mol/L、0.5 mol/L 和 2.5 mol/L 的硫酸溶液。
(3) 硫酸铵:固体硫酸铵、饱和硫酸铵溶液。
(4) 5mol/L 氢氧化钠溶液。
(5) 透析袋。
(6) 冷冻干燥机。

【操作过程】

1. 原料处理 将新鲜取出的胰脏去除脂肪和结缔组织等杂质,立即浸入预先冰冷的 0.125 mol/L 的硫酸溶液中,迅速冷却,在 0℃放置。然后用绞肉机反复绞成胰浆。

2. 提取 将胰浆加入 2 倍体积的经过预先冰冷的 0.125 mol/L 硫酸溶液中,在冷室中提取,每 1~2 h 搅拌一次,提取 24 h 后,过滤取滤液。滤渣再用等体积的 0.125 mol/L 硫酸溶液提取 1 h,过滤,合并滤液。

3. 分级盐析 滤液加入固体硫酸铵,使饱和度达到40%,4～10℃放置过夜,弃杂蛋白沉淀,得到上清液。再加入固体硫酸铵,达到70%饱和度,得到胰凝乳蛋白酶沉淀。

4. 胰凝乳蛋白酶原结晶 将沉淀加入1.5倍体积的冷水和0.5倍体积的饱和硫酸铵溶液,用5 mol/L氢氧化钠溶液调节pH至5.0,在25℃结晶48 h,抽滤得到粗制胰凝乳蛋白酶原结晶(滤液可以用于胰蛋白酶的制备)。经过重结晶可以获得棒状胰凝乳蛋白酶原结晶。

5. 胰凝乳蛋白酶原活化 称取胰凝乳蛋白酶原结晶的质量,加入3倍量的冰冷蒸馏水,滴加少量2.5 mol/L的硫酸溶液,使结晶溶解,加入1倍量0.5 mol/L pH 7.6磷酸盐缓冲液及少量氢氧化钠溶液,使pH稳定在7.6,再加入少量胰蛋白酶,置于5℃冷室中48 h,使胰凝乳蛋白酶原激活成为胰凝乳蛋白酶。

6. 胰凝乳蛋白酶的盐析沉淀 胰凝乳蛋白酶溶液用0.5 mol/L硫酸溶液调节pH至4.0,再加入固体硫酸铵使硫酸铵饱和度达到80%,使胰凝乳蛋白酶沉淀析出,过滤得到胰凝乳蛋白酶。

7. 透析 将上述胰凝乳蛋白酶沉淀加入2.5倍量的双蒸水,滴加少量0.05 mol/L硫酸,使沉淀溶解完全;再将胰凝乳蛋白酶液装入透析袋中,封口;然后将透析袋悬于5℃水浴中,流动水连续透析48～72 h,直至透析液用氯化钡检查无硫酸根存在。将透析脱盐后的酶液进行冷冻干燥,获得胰凝乳蛋白酶成品。

【结果检测】

分别检测透析前后酶液中的硫酸盐含量,以判断脱盐效果。检测硫酸盐的方法是通过加入氯化钡试剂,与硫酸盐反应,生成白色硫酸钡沉淀。

用比色法与标准硫酸钾溶液生成的硫酸钡沉淀对比,从而测定酶液中硫酸盐的含量。

实验 2-2 糖化酶的超滤分离

【原理】

糖化酶又称为葡萄糖淀粉酶(glucoamylase,EC3.2.1.3),它催化淀粉水解生成葡萄糖,在医药、食品等领域广泛应用。

糖化酶通常由黑曲霉、米曲霉、根霉等微生物发酵生产,发酵液中,除糖化酶以外,还含有α-淀粉酶等杂质。糖化酶的相对分子质量约为69 000,α-淀粉酶的相对分子质量约为50 000,所以可以通过超滤方法,将糖化酶与α-淀粉酶等杂质分离。

【试剂和材料】

(1) 糖化酶发酵液。
(2) 超滤膜:选择截留相对分子质量为60 000的超滤膜。
(3) 超滤装置。
(4) 可溶性淀粉。
(5) 0.05 mol/L硫代硫酸钠溶液。
(6) 1 mol/L硫酸溶液。
(7) 0.1 mol/L氢氧化钠溶液。

(8) 福林-酚试剂：参看实验 7-4。

有关糖化酶测定的试剂在实验 7-2 中列出，此处不再列出。

【操作过程】

1. 发酵液的预处理 将发酵液用离心机在 5000 r/min 的条件下离心 20 min，除去菌体等大颗粒固形物，获得粗酶液。

2. 粗酶液的检测 量取用于超滤的粗酶液体积，测定蛋白质含量和糖化酶活力。

3. 超滤 选用截留相对分子质量为 60 000 的超滤膜，装好超滤装置，选定操作压力 0.5 MPa，操作温度 30℃，控制一定的流速，将粗酶液进行超滤，收集截留液，即为液体糖化酶制品。

4. 截留液的检测 量取滤过液的体积，测定其蛋白质含量和糖化酶活力。

5. 蛋白质含量测定 采用福林-酚试剂法（Lowry 法）（参看实验 7-4）。

6. 糖化酶酶活力测定 参看实验 7-2。①取 2% 可溶性淀粉液 10 ml，加入 pH 4.6 的乙酸缓冲液 5 ml，混匀后于 40℃ 水浴中预热 10 min；②加入酶液 1 ml（空白试验以煮沸失活的酶液代替），在 40℃ 的条件下反应 10 min，反应结束时立即于沸水浴中加热使酶失活；③取上述反应液 5 ml 于碘量瓶中，加入 0.1 mol/L 碘液 5 ml、0.1 mol/L NaOH 溶液 5 ml，混合均匀，暗处放置 15 min，加入 1 mol/L 硫酸 2 ml；④以 0.5% 可溶性淀粉为指示剂，用 0.1 mol/L 硫代硫酸钠溶液滴定至蓝色消失为终点，记录 0.1 mol/L 硫代硫酸钠溶液消耗的毫升数（A）以及空白滴定所消耗的 0.1 mol/L 硫代硫酸钠溶液的毫升数（B）；⑤在上述条件下，每分钟催化可溶性淀粉水解生成 1 μmol 葡萄糖的酶量定义为一个酶活力单位，即

$$酶活力(IU) = (B-A)\frac{CN}{T} \times 10^3$$

式中，B 为空白滴定消耗的硫代硫酸钠溶液体积(ml)；A 为酶液滴定消耗的硫代硫酸钠溶液体积(ml)；C 为硫代硫酸钠溶液的浓度(mol/L)；N 为稀释倍数；T 为酶催化反应时间(min)。

7. 计算结果 根据检测结果，分别按照下式计算浓缩比，糖化酶酶活力回收率和超滤前、后糖化酶的比活力。

$$浓缩倍数 = \frac{粗酶液体积(ml)}{截留液体积(ml)}$$

$$酶活力回收率 = \frac{截留液中总酶活力(IU)}{粗酶液中总酶活力(IU)}$$

$$糖化酶比活力 = \frac{酶液中总酶活力(IU)}{酶液中总蛋白质含量(mg)}$$

第三章 萃取分离技术

萃取分离是利用物质在两相中的溶解度不同而使其分离的技术。萃取分离中的两相一般为互不相溶的两个液相,有时也可采用其他流体。

按照两相的组成不同,萃取可以分为有机溶剂萃取、双水相萃取、超临界萃取和反胶束萃取等。

第一节 有机溶剂萃取

有机溶剂萃取是利用组分在互不相溶的水相和有机溶剂相中的溶解度不同而达到分离的萃取技术。

不同的物质具有不同的分子结构、不同的极性,在不同的溶剂中溶解度也不同。一般来说,极性物质易溶于极性溶剂中,非极性物质易溶于非极性的有机溶剂中。例如,单糖、有机酸等分子的极性较大,容易溶解于水;而酯类、甾体化合物等分子的极性较小,易溶解于有机溶剂中。所以可以采用有机溶剂萃取将极性不同的物质进行分离。

由于有机溶剂容易引起蛋白质、核酸、酶等生物活性物质的变性失活,所以萃取过程应在 0～10℃的低温条件下进行,并要尽量缩短生物活性物质与有机溶剂接触的时间。

有机溶剂萃取的基本过程如下所述。

一、有机溶剂的选择

要进行有机溶剂萃取,首先要根据欲萃取组分的特性选择适宜的有机溶剂,选择时主要从溶解度方面考虑,同时应充分注意酶在有机溶剂中的稳定性。常用于萃取的有机溶剂主要有乙醇、丙酮、丁醇、苯酚等。例如,用丁醇萃取微粒体或线粒体中的酶,用苯酚萃取 RNA 等。

二、有机溶剂萃取的操作过程

1. 萃取 将含有欲分离组分的水溶液与一定量的预冷至 0～10℃的有机溶剂放在同一个容器中,通过激烈搅拌,使水与有机溶剂充分混合。然后,静止一段时间,让有机溶剂与水溶液分成两层。

在温度和压力恒定的条件下,溶质按照一定的比例分配在两相中,达到平衡时,溶质在两相中的浓度比值为一个常数,即

$$K = \frac{C_t}{C_b} = \frac{\text{萃取相的溶质浓度}}{\text{萃余相的溶质浓度}}$$

式中,K 为分配系数;C_t 和 C_b 分别为上相(萃取相)和下相(萃余相)的溶质浓度。在一定条件下,分配系数为常数。

2. 分离 在萃取达到平衡以后,通过离心机或者吸液管等将水相和有机相分开,分别收集溶解在水相和有机相中的组分。在水相中的组分,可以结合其他分离方法进一步进行分

离。溶解在有机相中的组分，首先通过适当加热或者抽真空等方法，尽快除去有机溶剂，以获得所需的产物，或者再结合其他分离方法进一步进行分离。

第二节　双水相萃取

双水相萃取是利用组分在两个互不相溶的水相中的溶解度不同而达到分离的萃取技术。双水相萃取中使用的双水相是由两种互不相溶的高分子溶液或者互不相溶的盐溶液和高分子溶液组成。例如，聚乙二醇葡聚糖溶液、硫酸铵-聚乙二醇溶液等。

一、双水相萃取的原理

两种不同的水溶液为什么能够形成两相呢？一般认为，成相是由于聚合物之间的不溶性，即聚合物分子的空间阻碍作用，无法相互渗透，不能形成均一相，从而具有相分离的倾向，在一定条件下，即可分为两相。聚合物和盐类溶液也能形成两相，这主要是由于盐析作用而引起两相的形成。

在双水相系统中，蛋白质、RNA 等组分在两相中的溶解度不同、分配系数不同，所以可通过双水相萃取达到分离。

组分在双水相体系中的分配系数的大小决定了萃取分离的效果。影响组分在两相中分配系数的主要因素有：①两相的组成；②高分子化合物的分子质量、浓度、极性等；③两相溶液的比例；④酶的分子质量、电荷、极性等；⑤温度；⑥pH 等。对于酶在两相中的分配系数，目前尚无成熟的理论可作为依据，需通过试验确定。

为了提高物质在双水相体系的分配系数，可以采用化学修饰方法在高分子化合物上引入亲和配基，如酶的底物、辅助因子、抗体或抗原、可逆性抑制剂和染料等，进行双水相亲和萃取，从而提高分离效果。

二、双水相萃取的操作过程

1. 选择双水相系统的溶质　　首先根据欲分离物质和杂质的溶解特性，选择双水相系统的溶质。常用的溶质有水溶性高分子化合物，如聚乙二醇、葡聚糖、聚蔗糖等；各种盐类，如硫酸铵、硫酸镁、磷酸钾、酒石酸钾钠等。在双水相萃取中，通常采用两种高分子化合物系统，如聚乙二醇-葡聚糖系统、聚乙二醇-右旋糖酐系统等；或者采用高分子-盐溶液系统，如聚乙二醇-硫酸铵系统、聚乙二醇-酒石酸钾钠系统等。

在选择系统溶质的时候，除了重点考虑溶解特性以外，还要考虑系统溶质与欲分离物质不会发生化学反应、对欲分离物质不会产生不利的影响等。

组成双水相系统的某些溶质如表 3-1 所示。

表 3-1　组成双水相系统的某些溶质

溶质 P	溶质 Q
聚丙二醇	甲基聚丙二醇,聚乙二醇,聚乙烯醇,聚乙烯吡咯烷酮,羟丙基葡聚糖,葡聚糖
聚乙二醇	聚乙烯醇,葡聚糖,聚蔗糖
甲基纤维素	羟甲基葡聚糖,葡聚糖
乙基羟乙基纤维素	葡聚糖
羟丙基葡聚糖	葡聚糖
聚蔗糖	葡聚糖
聚乙二醇	硫酸镁,硫酸铵,硫酸钠,甲酸钠,酒石酸钾钠,磷酸氢二钠,磷酸二氢钠

2. 制备双水相系统　　在双水相萃取过程中,关键是制备双水相系统(aqueous two-phase system)。制备双水相系统,首先要选择好适宜的溶质,其次是配制好浓度适宜的溶液和确定两种溶液的比例。在双水相系统中,水的含量一般很高,达80%以上。

双水相系统的制备,一般是将两种溶质分别配制成一定浓度的水溶液,然后将两种溶液按照不同的比例混合,静止一段时间,当两种溶质的浓度超过某一浓度范围时,就会产生两相。两相中两种溶质的浓度各不相同,如用等量的1.1%的右旋糖酐溶液和0.36%甲基纤维素溶液混合,静止后产生两相,上相中含右旋糖酐0.39%、甲基纤维素0.65%;而下相中含右旋糖酐1.58%、甲基纤维素0.15%。

3. 相图的制作　　双水相形成的条件和定量关系可用相图表示,对于两种聚合物和水组成的系统,其相图如图3-1所示。从图3-1中可以看到,只有当溶质P和溶质Q的浓度达到一定时才能形成双水相。

图3-1中曲线TCB称为双节线,直线TMB称为系线,在双节线下方的区域是均匀的单相区,在双节线的上方则是双相区。T点和B点分别表示达到平衡时的上相组成和下相组成。在同一直线上的各点分成的两相,具有相同的组成,但体积比不同。以V_t和V_b分别代表上相和下相的体积,BM表示B点与M点之间的距离,MT表示M点与T点之间的距离。它们之间的关系为:$V_t/V_b=BM/MT$。

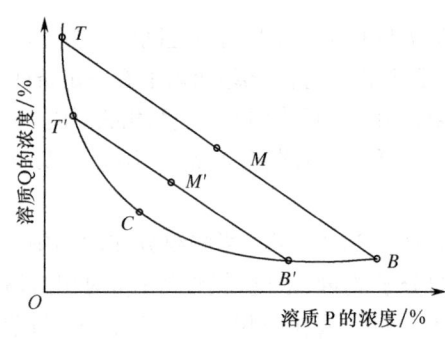

图3-1　双水相系统相图

当系线下移,长度逐渐减小,说明两相之间的差别逐渐减小。当达到C点时,系线的长度为零,说明达到了均相,C点称为临界点。

相图的制作过程如下:

(1) 将一定浓度的两种溶质混合(如图3-1中的M点),分成两相后,分别测定上相和下相中两种溶质的浓度,得到图3-1中的T点和B点;

(2) 改变两种溶质的浓度(如图3-1中的M'点),分相后再分别测定上相和下相中两种溶质的浓度,得到图3-1中的T'点和B'点;

(3) 按照上述方法,得到双节线上的若干个点以后,就可以画出完整的双节线,从而获得该双水相系统的相图。

4. 萃取分离　　将欲分离的混合物加进双水相系统中,充分搅拌,使之混合均匀。然后让其静止一段时间,混合物中的不同组分按照其分配系数的不同分配在两相之中。在达到平衡后再通过离心机或者其他方法将两相分开收集,使混合物中的组分得以分离。然后再结合其他生化分离方法,从分开的两相中进行进一步的分离纯化,获得所需的目的产物。

第三节　超临界萃取

超临界萃取又称为超临界流体萃取,是利用欲分离物质与杂质在超临界流体中的溶解度不同而达到分离的一种萃取技术。

一、超临界萃取的原理

物质在不同的温度和压力条件下可以以不同的形态存在,如固体(S)、液体(L)、气体(G)、超临界流体(SCF)等,如图 3-2 所示。

在温度和压力超过某物质的超临界点时,该物质成为超临界流体。超临界流体的物理特性和传质特性介于液体和气体之间,是一种具有优良性能的萃取溶剂。超临界流体的密度与液体较为接近,因此超临界流体的溶解能力与液体的溶解能力接近;超临界萃取的扩散系数接近于气体,是通常液体扩散系数的近百倍,超临界流体的黏度接近气体的黏度,有利于物质的扩散,所以超临界流体萃取具有很高的萃取速率。

在超临界流体中,不同的物质有不同的溶解度,溶解度大的物质溶解在超临界流体中,与不溶解或溶解度小的物质分开。然后,通过升高温度、降低压力或者吸附的方法,使萃取物与超临界流体分离,而得到所需的物质。

超临界萃取技术已经在食品工业以及医药、化工等领域得到实际应用。例如,从咖啡豆中萃取咖啡碱、从啤酒花中萃取 α-酸和 β-酸等。

二、超临界萃取的操作过程

超临界萃取的工艺过程由萃取和分离两个步骤组成。萃取在萃取罐中进行,将原料装入萃取罐,通入一定温度和压力的超临界流体,将欲分离的组分萃取出来;经过降压或升温,使目的物在超临界流体中的溶解度降低,然后进入分离罐,将目的物与超临界流体分离。经过分离的超临界流体再经过升压或降温后进入萃取罐循环使用,如图 3-3 所示。

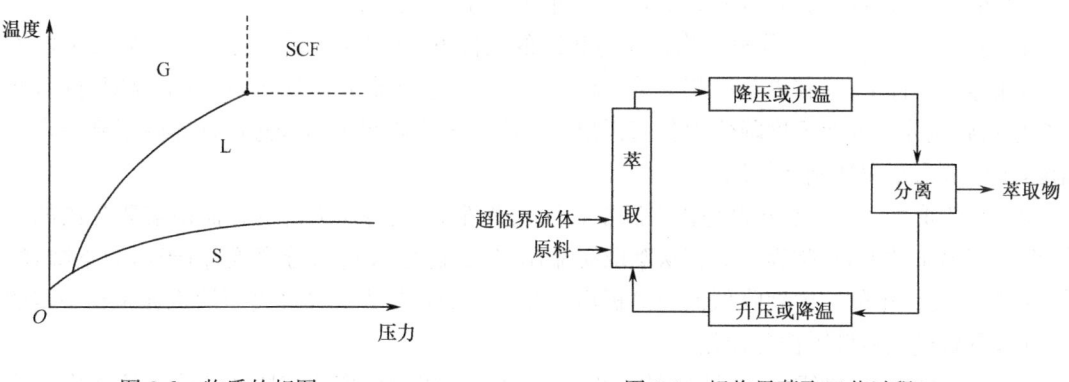

图 3-2 物质的相图　　　　　图 3-3 超临界萃取工艺过程

超临界萃取的基本操作过程如下所述。

1. 超临界流体的选择　　许多物质都可以在一定条件下成为超临界流体,但是不同的物质具有不同的临界点和临界密度,如表 3-2 所示。

表 3-2　某些超临界流体的临界点和临界密度

流体名称	临界温度/℃	临界压力/MPa	临界密度/(g/ml)
乙烷 C_2H_6	32.3	4.88	0.203
丙烷 C_3H_8	96.9	4.26	0.220
丁烷 C_4H_{10}	152.0	3.80	0.228

续表

流体名称	临界温度/℃	临界压力/MPa	临界密度/(g/ml)
戊烷 C_5H_{12}	296.7	3.28	0.232
乙烯 C_2H_4	9.9	5.12	0.227
氨 NH_3	132.4	11.28	0.236
二氧化碳 CO_2	31.1	7.38	0.460
二氧化硫 SO_2	157.6	7.88	0.525
水 H_2O	374.3	22.11	0.326
笑气 N_2O	36.5	7.17	0.451
氟利昂 C	28.8	3.90	0.578

不同的超临界流体具有不同的特性,所以并非所有的超临界流体都能用于超临界萃取。用于超临界萃取的流体必须是惰性物质,即不与欲分离物质发生反应,无毒无害,具有适宜的超临界温度和超临界压力,在不同的温度和压力下具有良好的萃取选择性等。

目前在超临界萃取中最常用的超临界流体是 CO_2。CO_2 临界温度为 31.1℃、临界压力为 7.38 MPa、临界密度为 0.460 g/ml,是一种无毒无害的惰性物质,而且具有良好的萃取选择性,特别适用于生物活性物质的提取分离。

2. 萃取　　将含有目的物的原料装进萃取罐,通入一定温度和一定压力的超临界流体,将目的物从原料中萃取出来。

3. 分离　　萃取完成后,再在一定条件下将目的物与超临界流体分离,以获得所需的目的产物,根据分离方法的不同,分离工艺过程可以分为 3 种。

1) 等压分离　　等压分离是指在压力相同的条件下,通过温度的变化进行溶质分离的方法,即在等压条件下,超临界萃取相从萃取罐流出,经过加热器进入分离罐,由于温度升高,溶质在超临界流体中的溶解度降低而分离析出。分离后的超临界流体经过冷却器降温到一定的温度,重新进入萃取罐循环使用。

2) 等温分离　　等温分离是指在温度相同的条件下,通过压力的变化而使溶质分离的方法,即在等温条件下,超临界萃取相从萃取罐流出,经过膨胀阀进入分离罐,由于压力下降,溶质在超临界流体中的溶解度降低而分离析出。分离后的超临界流体经过压缩机加压到一定的压力后,重新进入萃取罐循环使用。

3) 吸附分离　　吸附分离是指利用吸附剂的作用,将欲分离的溶质从超临界流体中吸附出来而分离的方法,即在温度、压力都不变的条件下,超临界萃取相从萃取罐进入分离罐,通过置于分离罐中的吸附剂的吸附作用使溶质分离。分离后的超临界流体重新进入萃取罐循环使用。然后将吸附了目的物的吸附剂取出,在一定条件下进行解吸过程,从而获得所需的目的物。

在超临界流体萃取过程中,为了提高分离效果,往往在超临界流体中添加少量的另一种溶剂,如水、乙醇、丙酮等。这些少量的辅助溶剂(entrainer)又称为夹带剂。添加夹带剂可以显著提高超临界萃取的分离效果,已在实际生产中广泛使用。例如,在咖啡因的 CO_2 超临界萃取中,以水为夹带剂;在棕榈油的 CO_2 超临界萃取中,以乙醇为夹带剂;在单甘酯的 CO_2 超临界萃取中,以丙酮为夹带剂等。

第四节 反胶束萃取

反胶束萃取是指利用反胶束将组分分离的一种萃取技术。反胶束又称为反胶团,是指表面活性剂分散于连续有机相中形成的纳米尺度的一种聚集体。反胶束溶液是透明的、热力学稳定的系统。

一、反胶束萃取的原理

将表面活性剂添加到水或者有机溶剂中,并使其浓度超过临界胶束浓度(即胶束形成时所需表面活性剂的最低浓度),表面活性剂就会在水溶液或有机溶剂中聚集在一起而形成聚集体,这种聚集体称为胶束。

通常将在水溶液中形成的聚集体胶束,称为正胶束。在胶束中,表面活性剂的排列方向是极性基团在外,与水接触,非极性基团在内,形成一个非极性核,此非极性核可以溶解非极性物质。

如果将表面活性剂加入到有机溶剂中,并使其浓度超过临界胶束浓度,便会在有机溶剂内形成聚集体,这种聚集体称为反胶束。在反胶束中,表面活性剂的非极性基团在外,与非极性的有机溶剂接触,而极性基团则排列在内,形成一个极性核,此极性核吸收水以后就形成了水池,具有溶解极性物质的能力。当含有此种反胶束的有机溶剂与蛋白质等组分的水溶液接触后,蛋白质及其他亲水物质能够进入此水池内,而与其他不能进入反胶束的组分分离。

二、反胶束萃取的操作过程

1. 表面活性剂与有机溶剂的选择 在反胶束萃取中,首先要根据欲分离组分的特性,选择适宜的表面活性剂及有机溶剂。

表面活性剂是由极性基团和非极性基团组成的两性分子,有阳离子、阴离子和非离子型表面活性剂。其中,最常用的是阴离子表面活性剂,如 AOT(AerosolOT),其化学名为丁二酸乙基己基酯磺酸钠。这种表面活性剂的特点是具有双链,极性基团小,并且所形成的反胶束直径较大,有利于大分子物质进入反胶束中。在反胶束萃取系统中,表面活性剂通常与某些有机溶剂配合使用,如表3-3 所示。

2. 反胶束的形成 将一定量的表面活性剂添加到有机溶剂中,搅拌混合,再让它静止一段时间,表面活性剂就会形成反胶束。

3. 萃取 在适宜的条件下,将含有目的物的水溶液与反胶束体系混合均匀,然后静止一段时间,将目的物萃取到反胶束中。

在萃取过程中要控制好下列萃取条件。

1) pH 在反胶束系统中,水相 pH 决定了蛋白质等两性电解质表面带电基团的解离状态,如果两性电解质的净电荷与表面活性

表3-3 反胶束萃取中常用的表面活性剂及其相应的有机溶剂

表面活性剂	有机溶剂
AOT	正烷烃($C_6 \sim C_{10}$),异辛烷,环己烷,四氯化碳,苯
CTAB	乙醇/异辛烷,己醇/辛烷,三氯甲烷/辛烷
TOMAC	环己烷
Brij60	辛烷
Triton X	己醇/环己烷
磷脂酰胆碱	苯,庚烷
磷脂酰乙醇胺	苯,庚烷

剂头部基团的电性相反,它们之间就有静电吸引力存在。因此,对于阴离子表面活性剂,当水相 pH 低于蛋白质等两性电解质的等电点时,有利于蛋白质进入于反胶束中;对于阳离子表面活性剂,则相反。

2）离子强度　　在反胶束系统中,水相中离子强度的大小决定带电表面所赋予的静电屏蔽程度,在反胶束萃取中静电屏蔽程度会产生两个重要的效应。首先,它降低了带电分子和反胶束带电界面之间的静电相互作用;其次,它降低了表面活性剂头部基团之间的静电排斥力,导致在高离子强度下反胶束颗粒变小,从而使反胶束内部的水含量降低。所以降低水相的离子强度,有利于极性物质进入反胶束中。

3）温度　　温度也对反胶束萃取有所影响。在反胶束系统中,随着温度的升高,表面活性剂与水的亲和力减小,会使反胶束颗粒直径缩小,从而降低反胶束内部的水含量。

4. 反萃取　　萃取完成以后,将反胶束与水溶液分离,在适宜的条件下,再将含有目的物（蛋白质等）的反胶束与反萃取缓冲液混合,目的物从反胶束中转移到缓冲液中。然后将反胶束分离,从缓冲液中获得所需的分离产物。

反萃取的条件与萃取时的条件正好相反,对于由阴离子表面活性剂组成的反胶束系统,要控制反萃取缓冲液的 pH 高于蛋白质等两性电解质的等电点,此时两性电解质带负电荷,通过静电排斥作用,使两性电解质从反胶束中转移到水相中;增加离子强度,有利于将反胶束内的物质反萃取出来。

第五节　实　　验

实验 3-1　青蒿素的超临界萃取分离

【原理】

青蒿素是一种对疟疾具有显著疗效的倍半萜化合物。黄花蒿全草或黄花蒿悬浮培养细胞中含有的青蒿素,可以通过 CO_2 超临界萃取技术进行分离纯化。

【试剂和材料】

(1) 黄花蒿全草或黄花蒿悬浮培养细胞。
(2) CO_2。
(3) 青蒿素标准品。
(4) 超临界萃取装置。
(5) 气相层析仪。

【操作方法】

(1) 将黄花蒿全草或黄花蒿悬浮培养细胞用捣碎机或者研磨器进行破碎。
(2) 将上述原料装进超临界萃取装置的萃取罐中。
(3) 将 CO_2 加压到 14 MPa,温度控制在 40℃,成为超临界 CO_2。
(4) 将超临界 CO_2 通入萃取罐,CO_2 的流量控制在 10 kg/(h·kg 原料),然后在等温条件下,超临界萃取相经过膨胀阀进入分离罐,由于压力下降,溶质在超临界流体中的溶解度降低而被分离析出。分离后的超临界流体经过压缩机加压到一定的压力后,重新进入萃取罐循环使用。

(5) 连续萃取 3 h，然后从分离罐中收集分离得到的青蒿素，称重，并测定其中的青蒿素含量。

(6) 将超临界 CO_2 的压力改变为 20 MPa，其他条件不变，再测定分离得到的青蒿素的质量和含量。

(7) 青蒿素含量的测定，采用气相层析法测定青蒿素含量，其步骤如下：

a. 以 3% 的 OV-17 固定在担体上制成固定相，以 N_2 为载气，气化温度为 265℃，在柱温 250℃ 的条件下进行气相层析，得到峰面积；

b. 用标准青蒿素在相同的条件下进行气相层析，以青蒿素浓度为横坐标，相应的峰面积为纵坐标，画出标准曲线；

c. 根据测定得到的样品峰面积从标准曲线得出青蒿素的含量。

实验 3-2　人生长激素的双水相萃取分离

【原理】

人生长激素(hGH)是人脑下垂体前叶分泌的一种激素，具有促进人和动物生长发育的功能。1978 年，已经将人生长激素的基因克隆到大肠杆菌细胞中进行表达。培养的重组大肠杆菌经过细胞破碎，可以通过双水相萃取分离得到人生长激素。

【试剂和材料】

(1) 重组大肠杆菌细胞：将含有人生长激素基因的重组大肠杆菌在一定条件下培养，使外源 hGH 基因表达，离心得到含有人生长激素的重组大肠杆菌细胞。

(2) 标准人生长激素。

(3) 聚乙二醇(PEG4000)。

(4) 固体磷酸氢二钠。

(5) 萃取装置。

(6) 高压液相色谱仪。

【操作方法】

1. 重组大肠杆菌细胞的破碎　　将一定量培养得到的含有人生长激素的重组大肠杆菌细胞，用研磨器或者超声波细胞破碎仪进行细胞破碎，获得破碎细胞悬浮液。

2. 双水相系统的制备　　分别称取 6.6 g PEG4000 和 14 g 磷酸氢二钠，溶解于 80～90 ml 水中，制成双水相系统。

3. 萃取　　将一定量的破碎细胞悬浮液加到上述双水相系统中，最后定容至 100 ml(此时聚乙二醇浓度为 6.6%，磷酸氢二钠浓度为 14%)，搅拌均匀，然后让其静止，分为两相，人生长激素主要分配在上相，细胞碎片等分配在下相。

4. 分离　　静止分相 2～5 min，萃取达到平衡后，通过离心或者吸液管等将两相分开，再通过有机溶剂沉淀，从上相中分离得到人生长激素。

5. 检测　　分别检测两相的体积和人生长激素的浓度，计算两相体积比 Y、分配系数 K 和人生长激素的收得率 R。

$$Y = \frac{V_t}{V_b} = \frac{上相体积}{下相体积}$$

$$K = \frac{C_t}{C_b} = \frac{上相人生长激素浓度}{下相人生长激素浓度}$$

$$R = \frac{V_t C_t}{V_t C_t + V_b C_b} = \frac{上相人生长激素含量}{两相中人生长激素的总含量}$$

6. 人生长激素含量测定　　采用高压液相色谱法测定,色谱仪以亲水硅胶为固定相,以 0.395% 碳酸氢铵溶液为流动相,检测波长为 214 nm。测定时,将待测样品用流动相配制成 1.0 mg/ml 的溶液,取 20 μl 注入色谱仪,控制流动相流速为 0.6 ml/min,记录色谱图;另取适量的人生长激素标准品,配制成一定的浓度,在相同条件下进行测定,根据待测样品和标准品的峰面积,按照下式计算人生长激素的浓度:

$$样品浓度 = \frac{样品峰面积}{标准品峰面积} \times 标准品浓度$$

实验 3-3　穿心莲内酯的有机溶剂萃取

【原理】

穿心莲是一种具有清热解毒、消炎止痛等功效的消炎药物,内含穿心莲内酯、脱氧穿心莲内酯和新穿心莲内酯等二萜内酯类化合物。

穿心莲内酯等二萜内酯类化合物难溶于水,易溶于有机溶剂,可以通过有机溶剂萃取方法进行分离,获得穿心莲内酯结晶。

【试剂和材料】

(1) 穿心莲全草。
(2) 氯仿。
(3) 乙醇。
(4) 丙酮。
(5) 石油醚。
(6) 组织捣碎机。

【操作方法】

1. 破碎　　将穿心莲全草用组织捣碎机破碎成粉状。

2. 提取　　取 10 g 穿心莲粉,用 100 ml 90% 的乙醇浸泡,将穿心莲内酯等提取出来,回收乙醇后,得到穿心莲浸膏。

3. 除杂质　　用石油醚洗涤浸膏,以除去叶绿素等脂溶性杂质,去石油醚层,穿心莲内酯留在水层。

4. 萃取　　加入等体积的氯仿,振荡混合均匀,然后放置过夜,分为 3 层。上层为氯仿层,主要含脱氧穿心莲内酯、少量穿心莲内酯和少量新穿心莲内酯;中层为水和氯仿界面层,主要含穿心莲内酯和新穿心莲内酯;下层为水层,含水溶性杂质。

5. 分离　　将 3 层分开,取界面层部分,加入丙酮,使新穿心莲内酯析出棒状结晶,离心分离结晶;将母液浓缩,得到棱形的穿心莲内酯结晶。

第四章 层析分离技术

层析分离是利用混合液中各组分的物理化学性质(分子的大小和形状、分子极性、吸附力、分子亲和力、分配系数等)的不同,使各组分以不同比例分布在两相中。其中一个相是固定的称为**固定相**,另一个相是流动的称为**流动相**。当流动相流经固定相时,各组分以不同的速率移动,从而达到分离。

层析分离技术已有100多年的历史。1903年利用层析技术成功地进行了植物色素的分离;1931年用氧化铝分离得到胡萝卜素的两种同分异构体,显示了层析分离的高分辨力;1944年出现了以滤纸为支持物的纸层析。此后,层析技术发展很快,相继出现了薄层层析、离子交换层析、气相层析、薄膜层析、凝胶层析、亲和层析等。

层析分离设备简单、操作方便,在实验室和工业生产中均可应用,还可以与其他分析仪器配合,组成各种自动分析仪器,广泛应用于各个领域。

层析分离有多种,可以按照不同的方法进行分类。

(1)按照流动相分类:以气体为流动相的称为气相层析,或称为气相色谱。以液体为流动相的称为液相层析,或称为液相色谱;液相层析还可以根据工作压力的不同,再分为高压液相层析、中压液相层析和低压液相层析。

(2)按照固定相的使用形式分类:固定相装成层析柱的为柱层析,固定相制成薄层的为薄层层析,固定相制成薄膜的为薄膜层析,以滤纸为固定相的称为纸层析等。

(3)按照分离原理分类:依据层析分离原理的不同,可以分为吸附层析、分配层析、离子交换层析、凝胶层析和亲和层析等。本书按照此种方法进行分类。

第一节 吸附层析

吸附层析是利用吸附剂对不同物质的吸附力不同而使混合物中各组分分离的方法。吸附层析是各种层析技术中应用最早的技术。由于吸附剂来源丰富、价格低廉、可以再生、吸附设备简单,至今仍在实验室和工业生产中广泛使用。

一、吸附层析原理

任何两个相之间都可以形成一个界面,其中一个相中的物质在两相界面上的密集现象称为**吸附**。凡是能够将其他物质聚集到自己表面上的物质称为**吸附剂**。吸附剂一般为固体或者液体,在吸附层析中通常应用的是固体吸附剂。

固体物质之所以具有吸附作用,是由于固体表面分子(原子或离子)与固体内部分子所受到的作用力不相同。固体内部分子所受分子间的作用力是对称的;而固体表面分子所受到的作用力不对称,其向内的一面受固体内部分子的作用力较大,而向外的一面所受的作用力较小。因而当气体或者溶液中的溶质分子在运动过程中碰到固体表面时,就会被吸引而停留在固体表面。

能聚集于吸附剂表面的物质称为被吸附物。吸附剂与被吸附物之间的相互作用力主要是范德华力,其特点是可逆的,即在一定条件下,被吸附物被吸附到吸附剂的表面上;而在另一种条件下,被吸附物可以离开吸附剂表面,这称之为解吸作用。

二、吸附柱层析

采用柱形装置进行的吸附层析称为吸附柱层析。

进行吸附柱层析之前,首先选择吸附剂,并对其进行适当的预处理,然后进行装柱、上柱吸附、洗脱等过程。

1. 吸附剂的选择和预处理 在吸附层析过程中要取得良好的分离效果,首先要选择适当的吸附剂,否则难以达到分离目的。

吸附剂的选择是吸附层析的关键因素,目前尚无固定的方法可循。在实际应用过程中,可以根据前人的经验或者通过小样试验来确定。

吸附力的强弱与吸附剂及被吸附物质的性质有密切关系,同时也受到吸附条件、吸附剂的处理方法等的影响。一般来说,极性物质容易被极性表面吸附;非极性物质容易被非极性表面吸附;溶液中溶解度越大的物质越难被吸附。

吸附剂的种类很多,可以分为无机吸附剂和有机吸附剂。吸附剂通常由一些化学性质不活泼的多孔材料制成,比表面积很大。常用吸附剂包括硅胶、活性炭、磷酸钙、碳酸盐、氧化铝、硅藻土、泡沸石、陶土、聚丙烯酰胺凝胶、葡聚糖、琼脂糖、菊糖、纤维素等。此外,还可以在吸附剂上连接亲和基团而制成亲和吸附剂。

在选择吸附剂时,要注意下列各点。

(1) 吸附剂应具有适当的吸附力,表面积大。

(2) 吸附剂对被分离组分有足够的分辨力,对不同组分的吸附力有所不同。

(3) 吸附剂对被吸附组分的吸附作用是可逆的,在一定条件下可以解吸,以便洗脱。

(4) 吸附剂应当是化学惰性物质,不与被吸附组分或洗脱剂发生化学反应。

(5) 吸附剂应当结构较均一,有一定的强度,在所使用的溶剂或溶液中不溶解。

有些吸附剂在使用前需要经过预处理,以去除杂质、提高吸附力、增强分离效果。例如,作为吸附剂的氧化铝在使用前需要经过加热处理,以去除吸附在其中的水分,这个过程称为**活化处理**。活化处理时,将氧化铝铺在铝质盘内,于 140℃高温条件下加热 6 h,使氧化铝的含水量降至 0%~3%,得到 I 级或 II 级氧化铝。但是活化处理的温度不宜过高,以免破坏氧化铝的内部结构。再如,作为吸附剂的活性炭,在使用前需在 150℃加热干燥 4~5 h,以去除吸附在其中的气体。有时还需要经过酸处理,以除去其中含有的各种金属离子。

常用的分离纯化的吸附剂有硅藻土、氧化铝、磷酸钙、羟基磷灰石和活性炭等。这些吸附剂一般在低 pH、低离子强度的条件下有较强的吸附作用,而在高 pH 和增加离子强度的条件下,吸附力减弱。

2. 装柱 将经过预处理的吸附剂装在吸附柱中,装置成吸附层析柱。装柱时要注意装填均匀,不能出现气泡或裂缝。

装柱方法有干法装柱和湿法装柱两种。干法装柱是将干燥的吸附剂一边振荡一边慢慢倒入柱内,使之装填均匀,然后再慢慢加入适当的溶剂或溶液。湿法装柱是在柱内先装入一定体积的溶剂或溶液,然后将处理好的吸附剂与溶剂或溶液一起,一边搅拌一边倒入保持垂直的层析柱内,让吸附剂慢慢自然沉降,从而装填成均匀、无气泡、无裂缝的吸附层析柱。

3. 上柱吸附　　吸附柱装填好后,将待分离的混合溶液自柱顶慢慢加入,进入吸附层析柱。当溶液中的溶质分子在运动过程中碰到吸附剂表面时,就会被吸引而停留在固体表面。物质在吸附剂表面的吸附情况可以用吸附等温线描述,如图 4-1 所示。

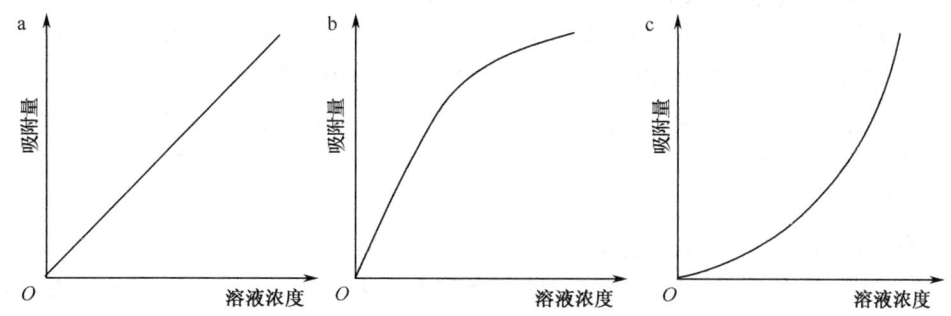

图 4-1　吸附等温线
a. 线性吸附等温线；b. 正常吸附等温线；c. 反常吸附等温线

4. 洗脱　　当加入的样品溶液全部进入吸附层析柱以后,再加入洗脱剂进行洗脱。

在洗脱时,层析柱内不断发生解吸、吸附、再解吸、再吸附的过程,即被吸附在吸附剂上的物质在洗脱剂的作用下解吸而随溶液向下移动,又遇到新的吸附剂,被重新吸附,后面流下的洗脱液再把它解吸而向下流动,然后再被下层的吸附剂吸附。如此反复进行,经过一段时间以后,该物质向下移动一段距离。此距离的长短与吸附剂对该物质的吸附力以及洗脱剂对该物质的洗脱能力有关。不同的物质由于吸附力和解吸力不同,移动的距离也不同。吸附力弱而解吸力强的物质,移动距离较大；相反,吸附力强而解吸力弱的物质,其移动距离较小。经过适当的时间,不同的物质在吸附柱内形成各自的区带。每一条区带就可能是一种物质。如果被分离的物质有颜色,就可以在层析柱内看到清晰的色带。如果被吸附的物质没有颜色,可以采用适当的显色剂或者紫外线进行观察定位,也可以将被吸附的物质从层析柱中洗脱出来,分步收集后,分别进行定性、定量检测。以洗脱液体积对被洗脱组分浓度作图,可以得到洗脱曲线。

1) 洗脱方法　　用适当的溶剂或者溶液从吸附柱中把被吸附组分洗脱出来的方法主要有 3 种,分别为溶剂洗脱法、置换洗脱法和前缘洗脱法。

(1) 溶剂洗脱法。溶剂洗脱法是采用单一或者混合的溶剂进行洗脱的方法,是目前应用最广泛的方法。

操作时,在加入欲分离混合溶液以后,连续不断地加入溶剂进行冲洗,最先的流出液为溶剂本身,接着洗脱出来的是吸附力最弱的组分,随后混合溶液中的各组分按照吸附力由弱到强的顺序先后洗出,吸附力最强的组分最后洗脱出来。把各组分分别收集,就可达到分离的目的。用洗脱液体积对各组分浓度作图,可以得到洗脱曲线(图 4-2)。

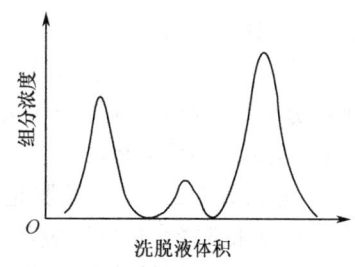

图 4-2　溶剂洗脱法的洗脱曲线

溶剂洗脱法在洗脱出来的两个组分之间通常有一段"空白",即只有不含溶质组分的纯溶剂。所以各组分能够很好分离。然而,当有些组分的吸附力相差不大时,会出现两峰重叠或界限不清的现象。在某种情况下,由于受到扩散等物理因素的影响,可能出现"拖尾"现象,即洗脱峰两侧形状不对称,峰前侧较陡峭,峰后侧较平缓。为了解决这个问题,可以采用梯度洗脱法,即采用按一定规律变化的 pH 梯度洗脱液或浓度梯度洗脱液进行洗脱。

(2) 置换洗脱法。置换洗脱法又称为置换法或取代法,所用的洗脱剂是置换洗脱液。置换洗脱液中含有一种吸附力比被吸附组分更强的被称为分置换剂的物质。当用置换洗脱液冲洗层析柱时,置换剂取代了原来被吸附组分的位置,使被吸附组分不断向下移动。经过一定时间之后,样品中的各组分按照吸附力从弱到强的顺序先后流出,最后流出的是置换洗脱液本身。以洗脱液体积对组分浓度作图,可以得到阶梯式的洗脱曲线(图 4-3)。

从图 4-3 中可以看到,置换洗脱法可使各个组分分离,图中每一个阶梯只有一种组分,并可以求出各组分的浓度。然而由于各组分一个接一个,界限不分明,交界处互相混杂,分离效果并不理想。

(3) 前缘洗脱法。前缘洗脱法又称为前缘分析法,是连续向吸附层析柱内加入欲分离的混合溶液,即所用的洗脱液为含有各组分的混合溶液本身。在洗脱过程中,最先流出液为混合液中的溶剂,不含欲分离的组分。当加入一定体积的混合溶液后,吸附柱内的吸附剂已经达到饱和状态,吸附力最弱的组分开始流出,其浓度比混合液中该组分的浓度高。随后,混合液中的各组分按照吸附力由弱到强的顺序,先后以两组分、三组分……多组分的混合液流出,最后的流出液与欲分离混合液的组分完全相同。其洗脱曲线如图 4-4 所示。

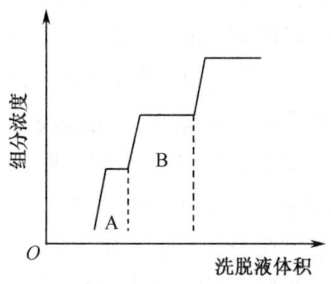

图 4-3　置换洗脱法洗脱曲线

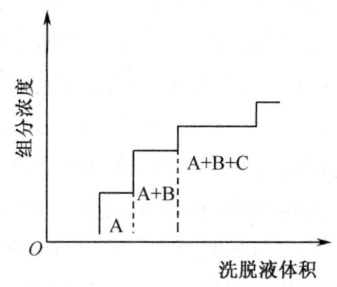

图 4-4　前缘洗脱法洗脱曲线

从图 4-4 中可以看到,前缘洗脱法的洗脱曲线也呈阶梯形。最先的流出液为纯溶剂,组分浓度为零;接着流出的第一个阶梯洗脱液中,含有吸附力最弱的组分 A;第二阶梯洗脱液中,含有组分 A 和 B;第三阶梯洗脱液中,含有 A、B、C 三种组分……最后一个阶梯洗脱液中,含有混合液中的所有组分。

前缘洗脱法实际上只有在洗脱过程中走在最前缘的组分,即吸附力最弱的 A 组分得以和其他组分分离,故称为前缘洗脱法。此法不是理想的分离方法,仅作为前缘组分的分析研究之用,所以又称为前缘分析法。

2) 洗脱剂的选择　　洗脱是将目的物从吸附剂上洗脱下来,要根据吸附剂的性质和被吸附物的特点来选择合适的洗脱剂。对于极性组分,用极性大的溶剂洗脱效果较好。而对于非极性组分,则用非极性溶剂洗脱较佳。洗脱剂的种类有饱和烃、醇、酮、酚、醚、卤代烷、水等。常用的洗脱剂按其极性的增大排列如下:石油醚、环己烷、四氯化碳、三氯己烷、甲苯、苯、二氯甲烷、乙醚、氯仿、乙酸乙酯、丙酮、正丙醇、乙醇、甲醇、水、吡啶乙酸等。

洗脱剂的选择要注意下列各点。

(1) 洗脱剂不与吸附剂起化学反应,也不使吸附剂溶解。

（2）洗脱剂对混合液中的各组分的溶解度大，黏度小，流动性好，容易与被洗脱的组分分离。

（3）洗脱剂要有一定的纯度，以免杂质对分离带来不利影响。

三、聚酰胺薄膜层析

聚酰胺薄膜层析又称为尼龙薄膜层析，是1966年出现的一种吸附层析方法。聚酰胺薄膜层析是指以聚酰胺薄膜为吸附剂，当混合溶液中的各种组分流经聚酰胺薄膜时，由于聚酰胺对各组分的吸附力不同而将各种组分分离的过程。

聚酰胺是由己二酸与己二胺聚合而成或由己内酰胺聚合而成的高分子化合物，含有大量的酰胺基团，其羰基可以与羟基形成氢键，其亚氨基可以与硝基或醌基形成氢键，而产生吸附作用。不同的分子与酰胺基因形成氢键的能力不同，吸附力有所不同，通过吸附和洗脱就可以达到分离。

聚酰胺薄膜层析只适用于能够形成氢键的极性分子的分离，如酚类、醌类、硝基化合物、氨基酸及其衍生物、核酸类物质等。其在蛋白质化学结构的分析中广泛应用，具有灵敏度高、分辨力强、操作方便、速率较快等特点。

吸附完成后，用形成氢键能力更强的洗脱剂进行洗脱，洗脱剂取代被吸附物质与聚酰胺形成氢键，而使被吸附物解析出来。

各种化合物与聚酰胺形成氢键的能力主要取决于物质的分子结构，并与所使用的溶剂及pH等条件有关。一般来说，以水作为溶剂时，形成氢键的能力强，所以在水溶液中，物质容易吸附，难于洗脱；在有机溶剂条件下形成氢键的能力较弱，在碱性条件下形成氢键的能力最弱，所以洗脱时应采用有机溶剂或碱性溶液，如氢氧化钠溶液、稀氨水、二甲基甲酰胺（DMF）溶液等。

四、其他吸附层析

除了上述吸附柱层析、聚酰胺薄膜层析以外，还有薄层吸附层析、气相吸附层析等。它们的吸附分离原理相同，只是在固定相的形式和流动相的形式选择有所不同。

有关它们的操作过程将在本章第二节中阐述。

第二节　分　配　层　析

分配层析是指利用各组分在两相中的分配系数不同，而使各组分分离的方法。**分配系数**是指一种溶质在两种互不相溶的溶剂中溶解达到平衡时，该溶质在两相溶剂中的浓度的比值。在层析条件确定后，分配系数是一个常数，以 K 表示。

在分配层析中，通常采用一种多孔性固体支持物（如滤纸、硅藻土、纤维素等）吸附一种溶剂为固定相，这种溶剂在层析过程中始终固定在多孔支持物上。另一种与固定相溶剂互不相溶的溶剂可沿着固定相流动，称为流动相。当某溶质在流动相的带动流经固定相时，该溶质在两相之间进行连续的动态分配。其分配系数为

$$分配系数 = \frac{固定相中溶质的浓度}{流动相中溶质的浓度}$$

分配系数与溶剂和溶质的性质有关，同时受温度、压力等条件的影响。所以，不同的物质

在不同的条件下,其分配系数各不相同。在层析条件确定后,某溶质在确定的层析系统中的分配系数是一个常数。由于不同的溶质有不同的分配系数,移动速率不同,从而达到分离的目的。

分配层析主要有纸层析、分配薄层层析、分配气相层析等方法。其中纸层析和分配薄层层析可在实验室进行各种物质组分的分离并进行定性、定量分析;而气相层析只适用于气体组分的分离和分析检测,对酶等生物大分子的分离不适用。现简单介绍如下所述。

一、纸层析

纸层析是一种分配层析,是20世纪40年代发展起来的一种生化分离技术。由于设备简单、操作方便、所需样品量少、分辨力一般能达到要求等优点而广泛用于物质的分离,并可以进行定性和定量分析。其缺点是展开时间较长。

1. 原理 纸层析是以滤纸为支持物。一般滤纸能吸收22%~25%的水,其中6%~7%的水是以氢键与滤纸纤维上的羟基结合,一般情况下较难脱去。纸层析实际上是以滤纸纤维的结合水为固定相,而以有机溶剂(与水不相混溶或部分混溶)作为流动相。展开时,有机溶剂在滤纸上流动,样品中各物质在两相之间不断地进行分配。由于各物质有不同的分配系数,移动速率也就不相同,从而达到分离的目的。

溶质在滤纸上移动的速率可用 R_f 值表示(图4-5):

$$R_f = \frac{\text{溶质斑点中心的移动距离}}{\text{溶剂前沿移动的距离}} = \frac{a}{b}$$

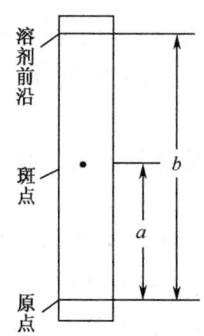

图4-5 R_f 值的计算

R_f 值取决于被分离物质在两相间的分配系数及两相间的体积比。由于在同一实验条件下,两相体积比是一个常数,所以 R_f 值取决于分配系数。不同物质的分配系数不同,R_f 值也不相同,由此可以根据 R_f 值的大小对物质进行定性分析。

2. 影响 R_f 值的主要因素 影响 R_f 值的因素很多,主要有下列几个方面。

1) 物质的结构和极性的影响 物质的结构不同,其分子的极性不一样,物质在水和有机溶剂两相中的溶解度就不相同。分配系数的不同可通过 R_f 值反映出来。所以物质的结构和分子极性是影响 R_f 值的主要因素。极性较强的物质,在水中的溶解度较大,其 R_f 值就较小。相反,极性较弱的物质,在有机溶剂中的溶解度较大,其 R_f 值就较大。例如,中性氨基酸的极性弱于酸性氨基酸和碱性氨基酸,所以中性氨基酸的 R_f 值较大;脂肪酸随碳链的增长,极性逐渐减弱,所以其 R_f 值逐渐增大。

2) 滤纸的影响 不同的滤纸,其厚薄程度、纤维松紧度各不相同,因此滤纸纤维结合的水量不同,两相的体积比也就不同。所以同一种物质在不同型号的滤纸上进行层析时,所得到的 R_f 值也不相同。此外,滤纸上所含的杂质也会影响 R_f 值,必要时要进行预处理,以去除杂质的影响。例如,可用0.01~0.4 mol/L 的 HCl 处理滤纸,以除去滤纸上的金属离子,然后再用水洗至中性。

层析滤纸由高纯度的棉花制成。要求质地均一,厚薄一致,纤维松紧度适中,具有一定的机械强度,并具有一定的纯度。国产新华滤纸、日本东洋滤纸等均经常被采用。

3) 层析所用溶剂的影响 同一物质在不同的溶剂系统中进行层析时,R_f 值不同。在同一溶剂系统,但溶剂组分的比例不同时,R_f 值也有差别。所以溶剂的配制和使用必须严格,

才能使 R_f 值的重现性好。溶剂系统的选择应考虑被分离的物质在该溶剂系统中的 R_f 值为 0.05～0.85，样品中被分离组分的 R_f 之差最好大于 0.05。

有些溶剂系统必须新鲜配制才能使用。例如，正丁醇-乙酸-水溶剂系统放久易引起酯化反应，需即配即用。

层析展开所用的溶剂要求纯度较高。若纯度不够，则需经过预先处理后才能使用。处理的方法因溶剂的性质不同而不同。常用的处理方法有：酸、碱抽提，水洗涤，重蒸馏，脱水干燥等。举例如下所述。

(1) 苯酚：重蒸馏，收集 180℃的馏分。

(2) 乙酸：在冰醋酸中加入 1%的重铬酸钾，蒸馏，收集 118℃的馏分。

(3) 正丁醇：先后用 2.5 mol/L 硫酸溶液和 5 mol/L 氢氧化钠溶液洗涤，再用无水碳酸钾脱水，用磨口蒸馏器蒸馏，收集 117℃的馏分。

4) pH 的影响　　溶剂、滤纸和样品的 pH 都会影响物质的解离，从而影响物质的极性和溶解度，使 R_f 值改变。溶剂的 pH 还会影响流动相的含水量。溶剂的酸碱度大、吸水量多，使极性物质的 R_f 值增加；反之则降低。

为了避免或减少 pH 对 R_f 值的影响，可将滤纸和溶剂用缓冲溶液处理，使之保持一定的 pH，通过调节溶剂或样品溶液的 pH，使 pH 保持恒定。

5) 温度的影响　　温度能影响物质在两相中的溶解度，即影响分配系数；也能影响滤纸纤维的水合作用，即影响固定相的体积；同时在多元溶剂系统中，温度显著地影响溶剂系统的含水量，即影响流动相的组分比例。所以温度的改变使 R_f 值变化很大，为此，层析必须在恒温条件下进行。

某些对温度敏感的溶剂系统最好不要配成饱和溶液。例如，水饱和的酚溶液，可改成酚∶水＝4∶1 或 5∶1 等。

6) 展开方式的影响　　同一物质在其他层析条件完全相同的情况下，用不同的展开方式进行层析时，所得到的 R_f 值也有所不同。用下行法展开时，R_f 值较大；用上行法展开时，R_f 值较小；用圆形滤纸层析时，由于内圈较外圈小，限制了溶剂的流动，R_f 值也较小。

7) 样品溶液中杂质的影响　　样品溶液中存在杂质时，有时对 R_f 值有所影响。例如，氯化钠的存在会影响氨基酸的 R_f 值等。

3. 纸层析的操作方法　　欲进行分离的样品进行纸层析时，一般需经过样品处理、点样、平衡、展开、显色和定性及定量分析 6 个步骤。

1) 样品处理　　用作纸层析的样品，应尽可能除杂纯化。调节到一定的 pH，浓度太低的可用真空浓缩以提高浓度，浓度太高则需稀释。

2) 点样　　将滤纸裁成适当大小，用铅笔在距线边 2 cm 左右画一直线（称为原线），线上每隔 2～3 cm 画一圆点（称为原点）。然后用点样器（定性分析可用普通毛细管，定量分析需用**血球**计数管或微量注射器）轻轻点在原点上。样品点的直径为 0.3～0.5 cm。点样的量应根据纸的长短及样品的性质来决定，一般每一个样品的量为 5～30 μg。点样一般采用少量多次点样，每点一次必须用冷风或温热的风吹干，然后再点第二次。每次点样的位置应完全重合，否则会出现斑点畸形现象。

3) 平衡　　点样以后展开以前先将滤纸与层析缸用配好的溶液系统的蒸气来饱和，这个过程称之为"平衡"。若不经平衡，滤纸可能未被水气饱和，层析缸可能未被溶剂蒸气饱和，那么在层析过程中，滤纸会从溶剂中吸收水分，溶剂也会从滤纸表面挥发，从而使溶剂系统的组成发生改变,严重时纸上会出现不同水平的溶剂前沿,严重影响层析效果。平衡一般在密闭的层析缸内进行。

4) 展开　　平衡结束后,将滤纸靠样品点的一端浸入溶剂中,溶剂液面距原线距离约 1 cm,此时即开始展开。当溶剂前沿到达滤纸另一端 0.5~1 cm 处时,展开结束,取出滤纸,在溶剂前沿处做一个标记,晾干或用冷风吹干。

按溶剂在滤纸上流动的方向不同,展开有 3 种方式,即上行、下行和环行(图 4-6)。

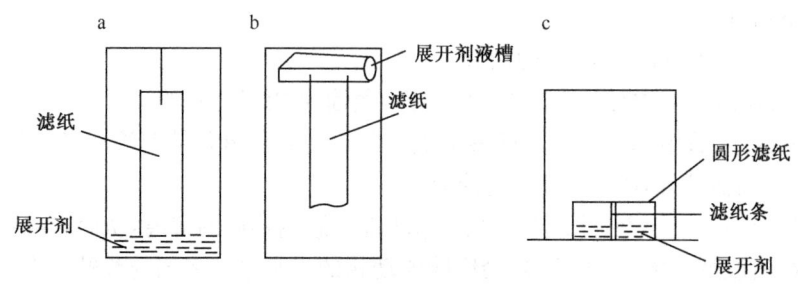

图 4-6　纸层析的各种展开方式示意图
a. 上行法;b. 下行法;c. 环形法

(1) 上行法:将滤纸点样的一端向下浸入溶剂中,溶剂因毛细管引力的作用从下向上流动。上行法操作简单,重现性好,是最常用的展开方法,但展开时间较长。

(2) 下行法:在层析缸上部有一个盛展开剂的液槽,将滤纸点样的一端朝上浸入槽中,溶剂主要靠重力作用自上而下流动。下行法比上行法快速,但 R_f 值的重现性较差,斑点也易扩散。

(3) 环行法:又称为水平法,是在一张圆形的滤纸上进行层析。滤纸水平放置,样品点样于距圆心 1 cm 左右的环形线(原线)上。溶剂由滤纸条引向圆心,然后不断向四周水平方向流动。由于溶剂向圆周方向扩散,所以展开的图谱呈弧形。用环行法展开时,最好使用无方向性的特制滤纸。

如果环行法展开时,滤纸不断绕圆心转动,则称为离心层析法。此时由于离心力的作用,可缩短展开时间。

如果样品组分较多,用一种溶剂系统不能将组分物质全部分开时,可在展开后将滤纸转动 90°角,再用另一种溶剂系统进行第二向展开,这称为"双向展开法"(图 4-7)。双向展开法也可分为上行法和下行法两种。

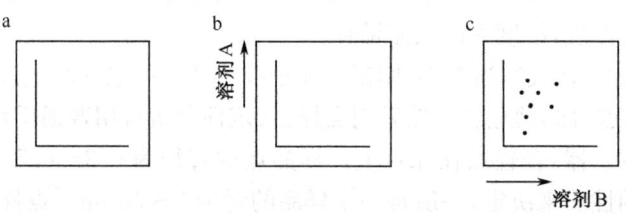

图 4-7　双向展开法

5) 显色　　样品经层析展开后,各组分已被分离。为了看清各斑点的所在位置,必须进行显色。根据物质的性质不同,可采用不同的显示方法,常用的有显色剂显示和紫外光显示等。

(1) 显色剂显示:某些化学试剂能与被分离物质生成有颜色的化合物,可作为该物质的显色剂。显色可用喷雾法、浸渍法或涂刷法。

(2) 紫外光显示:有些物质有紫外光吸收性质,如核苷酸类物质;有些物质受紫外光照射会发出荧光,如维生素 B_1、维生素 B_2 等。所以可在紫外光照射下观察到被分离物质的斑点。

6) 定性分析　层析后的斑点显示出来后,根据测量和计算出各斑点的 R_f 值,就可以对物质进行定性。

7) 定量分析　对被分离的物质进行定量的方法很多,常用的有剪洗比色法、直接比色法和面积测量法等。

(1) 剪洗比色法:将斑点剪下,用适当的溶剂洗脱后,通过分光光度计进行比色定量。

(2) 直接比色法:用特制的分光光度计直接测量滤纸上斑点颜色的浓度,画出曲线,由曲线所包含的面积可求出物质的含量。

(3) 面积测量法:实验证明,圆形或椭圆形斑点的面积与物质含量的对数成正比。所以,可用测量斑点面积的方法求得物质的含量。

二、薄层层析

薄层层析是将作为固定相的支持剂均匀地铺在支持板(一般是玻璃板)上,成为薄层,把样品点到薄层上,用适宜的溶剂展开,从而使样品各组分达到分离的一种层析技术。如果支持剂是吸附剂,如硅胶、氧化铝、聚酰胺等,层析时的主要是依据吸附力的不同,则称之为薄层吸附层析;如果支持剂是纤维素、硅藻土等,层析时的主要依据是分配系数的不同,则称之为薄层分配层析;同理,如果支持板上铺上离子交换剂,层析的主要依据是离子交换作用,则称为薄层离子交换层析;薄层若由凝胶过滤剂制成,主要依据相对分子质量的大小而分离的则称为薄层凝胶层析等。这几种薄层层析的原理各不相同,将在本章各节中分别阐述。但其操作技术却大同小异,故这里主要讨论薄层层析。

薄层层析的操作与纸层析相似,但比纸层析有更多的优越性。薄层层析速率快,一般仅需 15~30 min,混合物易分离,分辨力比纸层析高 10~100 倍,它既能分离 0.01 μg 的微量样品,又能分离 500 mg 甚至更多的样品作制备用。薄层的制备可规格化,样品滴加后可立即展开,不受温度影响等。其缺点是 R_f 值的重现性比纸层析差,对生物大分子物质的分离效果不太理想。

1. 支持剂的选择与处理　用作薄层层析的支持剂种类很多,常用的有纤维素及其衍生物、硅藻土、氧化铝、硅胶、聚酰胺及钙和镁的磷酸盐等(表 4-1)。使用时应根据欲分离物质的种类进行选择。

使用的支持剂,要求颗粒大小适当。颗粒大,展开速率快。但颗粒过大时,展开速率过快,分离效果不好;而颗粒过小,则展开速率太慢,往往出现拖尾现象。一般有机类支持剂(如纤维素粉)的颗粒为 70~140 目(直径 0.1~0.2 mm),薄层厚度为 1~2 mm;无机类支持剂(如氧化铝、硅胶等)的颗粒一般为 150~300 目,薄层厚度为 0.25~1 mm。

表 4-1　薄层层析常用支持剂的主要用途

支持剂	主要分离依据	主要分离物质
纤维素粉	分配系数	氨基酸、染料
硅藻土	分配系数	糖类
硅胶	吸附力、分配系数	各种物质

续表

支持剂	主要分离依据	主要分离物质
氧化铝	吸附力、分配系数	生物碱、固醇类
硅胶-氧化铝	分配系数	染料、巴比妥酸盐
硫酸钙	吸附力	脂肪酸、甘油酯
磷酸钙	吸附力	类胡萝卜素、维生素 E 类
聚酰胺	氢键吸附	氨基酸
DEAE 纤维素	离子交换、分配系数	核酸、氨基酸
葡聚糖凝胶	凝胶过滤	蛋白质、核酸

支持剂的含水量和酸碱度往往影响薄层层析的分离效果，为此在使用前要根据情况加以适当的处理。现举例如下所述。

1) **硅胶** 硅胶($SiO_2 \cdot nH_2O$)具有网状多孔结构。内部可吸收大量水分，称为"结构水"；表面也可吸附多量的水分，称为"游离水"。这两种水的含量对层析效果有很大影响。当硅胶的含水量为 16%～18% 或 18% 以上时，没有吸附活性，只能作分配薄层层析使用。在 100℃ 左右加热，可除去自由水，自由水越少，则吸附活性越高；而用 120℃ 以上的高温加热时，可将结构水除去，使网状结构破坏而失去吸附能力。此外，硅胶是略带酸性的物质，适用于酸性和中性物质的分离。碱性物质能与硅胶作用而分离效果不好，欲使碱性物质分离，可改变硅胶的酸碱性。例如，用稀碱或一定 pH 的缓冲液制成碱性或一定 pH 的薄层，也可在硅胶中加入一定量的氧化铝(碱性)制成薄层。此外硅胶常加入 5%～20% 的石膏或淀粉，再制成薄层。

2) **氧化铝** 氧化铝是微碱性物质，适用于碱性和中性物质的分离。酸性物质能与氧化铝作用，分离效果不好，可用稀酸或缓冲液处理以制得酸性或一定 pH 的氧化铝。若加入 6% 的乙酸，可制得 pH 为 4.5 的氧化铝。

2. 薄层板的制作 将支持剂均匀地涂布在玻璃板上制成薄层板。所用玻璃板要求表面平整、光滑，用前应洗净、干燥。

常用的薄层板有硬板(湿板)与软板(干板)之分。在支持剂中加入黏合剂(煅石膏、淀粉、羧甲基纤维素钠盐等)制成的薄层板为硬板，而不加黏合剂制成的薄层板为软板。硬板粘牢在玻璃板上，喷显色剂时不会冲散，可以直立展开，而软板只能接近水平展开。

薄层板常用的制作方法有以下几种。

(1) 浸涂法：将玻璃板在调好的支持剂浆液中浸一下，使浆液在玻璃板上形成薄层。

(2) 喷涂法：用喷雾器将调好的浆液喷在玻璃板上，形成薄层。

(3) 倾斜涂布法：将调好的支持剂浆液倒在玻璃板上，然后将玻璃板前后左右倾斜，使支持剂漫布于整块玻璃板上而形成薄层。

(4) 推铺法：在一根玻璃棒的两端适当距离处分别绕几圈胶布条，胶布条的圈数视所需薄层厚度而定，然后把准备好的支持剂倒在玻璃板上，用玻璃棒压在玻璃板上，将支持剂均衡地向一个方向推动，而成为一薄层。

上述方法中，推铺法既适用于干板的涂布，也适用于湿板涂布。其他方法均用于湿板制作。湿板制作中的一个重要环节是调浆，调浆是将支持剂加进蒸馏水或缓冲液，调成稠性的浆液。支持剂与蒸馏水或缓冲液之比一般为 1∶2～1∶2.5。调浆时要调和均匀，但不宜用力过猛,以免产生气泡而影响分离效果。

薄层板涂好,让其自然干燥后方能使用。若为吸附薄层层析,制好板后还需加热活化,目的是使其减少水分而具有一定的吸附能力。

3. 点样 点样操作与纸上层析相似。点样前,先将制好的薄层修整一下,然后在距一端 2 cm 左右处画一条原线,并每隔 2 cm 左右画一个原点。样品用合适的溶剂溶解(一般用氯仿、乙醇等有机溶剂溶解),不宜用水溶解。因为水会影响吸附薄层层析的分离效果。点样可用微量注射器或微量吸管、毛细管。点样量一般在 50 μg 之内,点样体积不宜超过 20 μl。

点样可将样品液直接点在薄层板的原点上。也可以点在圆形滤纸片上(直径 2~3 mm),再把滤纸片小心地放在薄层板原点上,并加少许可溶性淀粉糊,使滤纸片粘牢在薄层板上。

4. 展开 薄层层析的展开需在密闭的容器中进行。展开方式与纸层析一样,有上行法、下行法和环行法等,但软板薄层只能近水平展开(与水平成 10°~20°角)。

薄层层析所用展开剂主要是低沸点的有机溶剂,一般采用 2 种或 3 种组分的多元溶剂系统。展开剂的选择是根据被分离物的极性、溶剂的极性及支持剂的特性 3 个方面来考虑的。分配薄层层析展开剂的选择与纸层析相似。吸附薄层层析展开剂的选择则与吸附柱层析的洗脱剂的选择相同。

5. 显色 薄层层析展开后,如果样品本身有颜色,就可直接看到它们的斑点所在位置。若是无色物质,则需加以显色。显色方法与纸层析一样,可用显色剂显色,也可用紫外线显色。此外,如果薄层板是由无机物质制成的,还可以用强腐蚀性的显色剂,如硫酸、硝酸、铬酸或它们的混合物,这些强酸几乎可以使所有有机化合物变为碳,而成黑色斑点,但不能用于定量分析。

6. 定性与定量分析 薄层层析法与纸层析一样,用 R_f 值来表示被分离物质在薄层上的位置,与已知标准物质的 R_f 值对照,可进行定性分析。

定量分析时,可把斑点所在位置的支持剂连同物质一起刮下,然后用适当溶液将其从支持剂上溶解下来,再测定其含量。

三、气相层析

气相层析是以气体作为流动相的一种层析方法。气相层析根据其固定相的不同可分为气固层析和气液层析两种。

气固层析的固定相为固体吸附剂。其分离的主要依据是吸附剂对被吸附物的吸附力不同,所以又称为吸附气相层析。其原理与吸附柱层析的原理相同,仅应用于少数气体与相对低分子质量碳氢化合物的分离。

气液层析的固定相为液体。其分离的主要依据是分配系数的不同,又称为分配气相层析,其实际应用较普遍。故此,这里主要介绍分配气相层析。

气固层析和气液层析的固定相及分离原理各不相同,但其层析的基本流程和操作方法却大同小异。

1. 气相层析的基本流程 气相层析的流动相是气体,称为载气。载气一般由高压气瓶供给,经过减压、净化后,携带着气态样品进入色谱柱,色谱柱内充填了固定相。当流动相流经固定相时,样品中各组分以不同速率移动而得以分离。分离后的各组分先后流出色谱柱进入检测器,变为一定的电信号,经放大器后,在记录仪上绘出流出曲线(色谱图),进而进行定性和定量分析(图 4-8)。

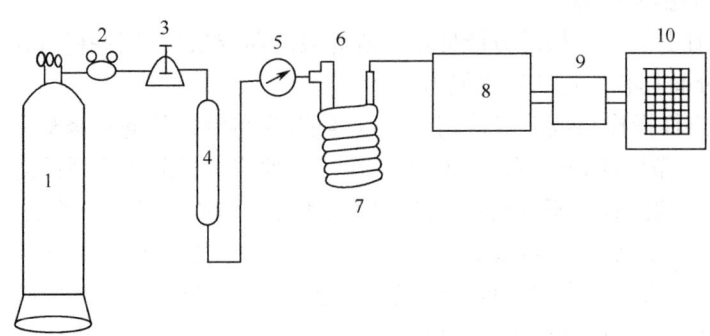

图 4-8 气相层析基本流程示意图

1. 载气气瓶；2. 减压阀；3. 调节阀；4. 净化干燥管；5. 压力表；
6. 进样口；7. 层析柱；8. 检测器；9. 放大器；10. 记录仪

2. 气相层析操作方法

1) 固定相的选择与处理　　气相层析的固定相是决定分离效果好坏的主要因素，必须根据被分离样品的特性进行选择和处理。吸附气相层析的固定相是装填或涂布于层析柱中的固体吸附剂。分配气相层析的固定相是装填于层析柱中的涂渍在担体表面的固定液或直接涂渍在层析柱内壁的固定液。固体吸附剂的选择和处理与吸附柱层析相同，请参阅吸附层析部分。这里仅介绍分配气相层析固定相的选择与处理。

(1) 担体的选择与处理。担体是一种惰性固体，其作用是支持固定液。选择担体的要求是表面积大，无吸附性或吸附能力很弱，有一定的热稳定性和机械强度。现在普遍采用的是硅藻土担体，粒度 60～80 目为宜。

将天然硅藻土直接煅烧制成的称为红色担体；若加入助溶剂后再煅烧制成的称为白色担体。红色担体和白色担体的化学组成及内部结构基本相同，但表面结构不同。红色担体表面孔穴多、孔径小、表面积大、机械强度好，但其表面吸附性较大；白色担体的表面吸附性能较弱，但表面孔径较大，表面积较小。红色担体用于分离非极性和弱极性物质，白色担体用于分离极性物质。若欲分离高极性或腐蚀性气体，则要选用非硅藻土型担体，如四氟乙烯担体、玻璃球担体等。

由于硅藻土担体都有不同程度的表面吸附性，致使色谱峰出现拖尾现象，影响分离效果，故此一般需经预处理，处理方法主要有以下几种。

a. 酸洗：用盐酸或王水处理担体，以除去表面的金属氧化物等杂质。酸洗担体主要用于分离酸类、酯类化合物。

b. 碱洗：用氢氧化钾的甲醇溶液处理担体，可除去表面的三氧化二铝等杂质。碱洗担体主要用于分离胺类等碱性化合物。

c. 硅烷化：用二甲基二氯硅烷(DMDS)或六甲基二氯硅烷(HMDS)等硅烷化试剂处理担体，可除去表面基团的氢键结合能力，改善担体的性能。硅烷化担体适用于强极性或氢键型化合物的分离。

d. 釉化：将担体用碳酸钠-碳酸钾溶液浸泡，烘干，经高温煅烧，使表面形成一层釉质。釉化担体强度大，吸附性能极低，适用于一般应用。

(2) 固定液的选择与涂渍。固定液的选择与分离效率有极为密切的关系，是分配气相层析成功与否的关键。

固定液应是高沸点的有机化合物,在要求的操作温度下没有挥发性,并对被分离的组分有一定的溶解能力。可以用作固定液的物质很多,如各种烷烃、聚乙二醇、硅酮树脂、邻苯二甲酸酯、甘油、聚酯等。使用时应根据被分离物质的特性进行选择。一般来说,分离极性物质,采用极性固定液;分离非极性物质,则采用非极性固定液。当样品组分复杂时,可采用混合固定液。

将固定液涂渍于担体表面,一般采用静态涂渍法:将一定量的固定液(固体或液体)溶解于某种挥发性溶剂中(氯仿、丙酮、甲醇等),然后将一定量的担体倒入混匀,再在一定温度下让溶剂均匀挥发,溶剂挥发完后,固定液即在担体表面形成一层薄而均匀的液膜。涂渍过程的温度切不可过高,以免溶剂挥发过快而涂渍不均匀,也不可猛烈搅拌,以免担体破碎或液膜损伤。固定液与担体的质量比一般为 10%~30%。

(3) 层析柱的装填与老化处理。层析柱一般用金属或玻璃制成,长度一般为 1~5 m,内径一般为 3~8 mm。

在装填之前应将层析柱洗净,烘干。装填时要求均匀、紧密,不留空隙。但不能猛烈敲击振动,以免使担体破碎。一般装填方法有下列几种。

a. 抽气装填法:在层析柱后接一个真空泵,一边抽气一边装进涂渍了固定液的担体,必要时可接上干燥装置。这是常用的装填方法,对螺旋形长柱装填更为适宜。

b. 振荡装填法:将层析柱安置在振荡器上,边振荡边装填。但不宜振荡过猛,以免担体破碎。

c. 敲击装填法:某些用较低沸点的固定液涂渍的担体,不宜用抽气装填法。可一边轻轻敲击一边装填。但不要敲击过猛,以免造成担体破碎或使层析柱变形。

层析柱装填好以后,需经老化处理方能使用。老化处理的目的是彻底除去填充物中的残余溶剂和某些挥发性杂质,并使固定液更均匀牢固地分布在担体表面。老化处理的方法是把装填好的层析柱装置于层析仪中,通入载气,用较低的载气流速,在略高于操作层析柱的温度而低于该固定液的最高使用温度的条件下,处理十几至几十小时,直到记录上的基线平直为止。

2) 流动相的选择与处理　气相层析的流动相称为载气。常用的载气有氢气、氦气、氮气、氩气等。载气的选择主要根据所使用的检测器和载气流速决定。例如,用热导池检测器时,应选择热导系数较大的氢气或氦气作为载气。用氢焰检测器时多采用氮气为载气。此外还要考虑气流速率,若采用较低的载体流速,应选择相对分子质量较大而扩散系数较小的气体(氮气等)作载气;而当载气流速较大时,则可采用相对分子质量较小而扩散系数较大的气体(氢气等)作载气。

气相层析的载气要求干燥纯净,故在送入层析柱之前要经过净化干燥管,以除去水分和其他杂质。

3) 样品处理与进样方法　样品在进入层析柱前必须变为气体。因此,不同的样品要进行不同的处理,进样方法也有所不同。

气体样品可用注射器吸取一定量后,穿过密封硅橡胶片,直接送入,也可通过特制的六通阀进样。

液体样品可用微量注射器将一定量的样品送入气化室,变为气体后由载气带进层析柱。

固体样品可用适当的溶剂溶解后按液体进样方法进样。

有些物质难以气化,必须先将其转变为易挥发的衍生物,再进行气相层析。例如,将氨基酸转变为氨基酸的酯类等。

4) 层析条件的选择与控制　在进行气相层析时,下列因素对层析效果有很大影响,必须控制好。

(1) 气体流量的选择。气相层析中,气体的流量对分离效果有明显的影响。在层析柱确定之后,气体的流量取决于气体的流速。

a. 载气流量:载气流量的大小直接影响分离的速率和效果。载气流量大,分离速率较快,但分离速率过快时分离效果不好;载气流量小,分离效果较好,但速率较慢。载气的流量应根据分离条件通过试验进行选择,一般最佳载气流量的选择应针对最难分离的两种物质进行试验而确定。一般内径为 4 mm 左右的层析柱,载气流量以 30~80 ml/min 较为合适。

b. 氢气和空气流量:用氢焰检测器时,除了载气以外,还要选择好氢气和空气的流量。

氢气流量要与载气流量相配合,两者之比一般为 1∶1~1∶1.5。

空气的流量对氢焰检测器的灵敏度有影响。当空气流量较小时,由于氢气和样品氧化不完全而使检测器灵敏度降低。此时,灵敏度随空气流量的增大而增大。但空气流量大于某一数值后,灵敏度与空气流量的关系曲线趋于平缓。若继续增大空气流量,则使噪声显著增大。一般空气与氢气的流量比为 10∶1~15∶1。进样量较大时需增大空气流量。

载气、氢气和空气都必须经过干燥和净化以除去水分和杂质。在操作过程中,气体流量必须保持稳定,否则会使基线漂移和噪声增大。

(2) 温度的选择。层析柱的温度高低对分配系数和组分在两相中的扩散系数都有影响,因而影响分离效果。实验证明,层析柱的温度较低时,物质之间的保留值相差较大,故可获得较好的分离效果。

层析柱的温度一般选择在样品各组分的平均沸点左右或稍低一些。对于组分沸点相差较大的样品,可采取程序升温的方法。所谓程序升温是指按预先编排好的程序使层析柱的温度逐步升高。例如,白酒中醇酯成分的分析可按下列程序升温:进样温度 60℃,恒温 8 min 后每分钟升高 5℃,至 125℃后继续恒温 5 min。程序升温的温度一般为 60~150℃。

层析柱的使用温度应低于固定液的最高使用温度 50℃左右,而且必须保持均匀稳定,层析柱不同位置的温度差不得超过 1℃。

使用热导池检测器时,热导池应装在温度恒定的恒温炉内。恒温炉温度不能低于层析柱温度,以免样品在热导池内冷凝。恒温炉不同位置的温差为±0.1℃。

使用氢焰检测器时,离子室的温度应保持在 50℃以上,以防止积水。含水分多的样品或进样量过大时,要特别注意离子室的温度。若温度降低至 50℃以下会影响灵敏度,甚至会使氢火焰熄灭。

(3) 进样温度、进样时间和进样量。进样温度要保证样品在进入层析柱前是气体,故气化室温度不能低于柱温。对于液态或固态样品,要求迅速汽化,故气化室温度一般比层析柱的温度高 50℃左右。进样时间要求尽可能短,否则进样时间太长会影响分离效果。进样量不能过多,一般液体样品的最大进样量不超过 10 μl,气体样品不超过 10 ml。

5) 检测器的选择　气相层析的检测器是测定流出气体组分及其含量的装置。要求能迅速地反映组分的变化,噪声低,基线平直,有良好的稳定性和足够的灵敏度。同时应结构简单,有较宽的温度适应范围,重现性好等。

气相层析的检测器可分为累积式和差示式两大类。

(1) 累积式检测器又称为积分式检测器。其测定组分的量时是以累积方式记录的,得到的是组分的总量。其层析谱含有若干个阶梯,每一个阶梯代表一个组分,如图 4-9 所示。属于累积式检测器的有滴定层析检测仪和电导层析检测仪等。累积式检测器可以直接算出样品组分含量,常用于定量分析。但其灵敏度不够,应用范围不如差示式检测器广泛。

(2) 差示式检测器又称为微分式检测器。其通过测定组分的某一性质而测出组分的浓度。当进入检测器的载气不含组分时,记录信号成一条平直的基线;当载气中含有某组分时,记录信号呈现不同高度的层析峰。当组分出完后,信号又恢复至基线。其层析谱是峰曲线,如图 4-10 所示。

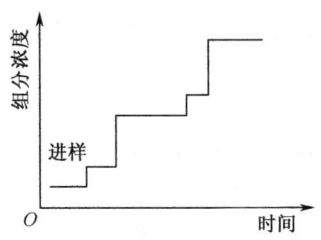
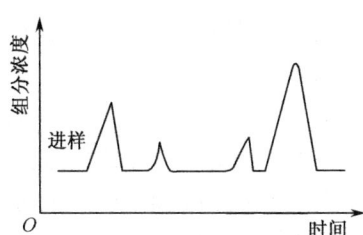

图 4-9　累积式检测器层析谱　　　图 4-10　差示式检测器层析谱

差示式检测器有许多种,诸如热导池检测器、氢火焰离子化检测器、放射性离子化检测器、气体密度检测器、碱火焰电离检测器、火焰光度检测器等。这里仅介绍最常用的热导池检测器和氢火焰离子化检测器。

热导池检测器是气相层析中使用最早而且是广泛应用的检测器。其特点是结构简单、操作稳定、线性范围宽,但灵敏度一般,M_g(即检测器能够鉴别的物质在载气中的最低浓度)为 $10^{-4} \sim 10^{-3}$ mg/ml。

热导池检测器属于浓度检测器,即它可以检测出载气中不同组分的浓度变化情况。这是基于无组分的纯载气与有不同组分的载气之间有不同的热导系数。当通过热导池的气体组分及浓度发生变化时,可引起热敏元件上的温度发生变化,由此而引起电阻值的变化。这种电阻值的变化信号可用惠斯登电桥测量,经过放大后在记录仪上记录下来。所得到的信号大小可以衡量各组分的浓度。

氢火焰离子化检测器简称为氢焰检测器。其特点是有效体积小、反应快、效率高、线性范围宽、温度条件要求不高。氢焰检测器的灵敏度特别高,M_g 为 $10^{-7} \sim 10^{-6}$ mg/ml,M_s(能够鉴别的单位时间内引入检测器的物质最小量)为 10^{-12} g/s,比热导池检测器的灵敏度高 1000 倍左右,是目前应用最广泛的检测器之一。

氢焰检测器以氢气和空气的燃烧火焰为能源,使样品组分电离成正离子和负离子,离子化的效率约为 10^{-5}。离子化过程是根据游离基理论进行的。例如,

$$C_6H_6 \xrightarrow{\text{火焰高温}(2100℃)} 6CH\cdots (\text{游离基})$$
$$6CH\cdots + 3O_2 \longrightarrow 6CHO^+ + 6e(\text{电子,即负离子})$$
$$6CHO^+ + 6H_2O \longrightarrow 6CO + 6H_3O^+ (\text{正离子})$$

在氢火焰附近装置两个电极(收集极与发射极),两个电极之间外加 $100 \sim 350$ V 的电压,形成一个直流电场。在此直流电场作用下,离子化产生的离子向电极移动而产生电流,经放大后输入记录仪得到层析谱。离子化产生的离子数目与单位时间内进入火焰的碳原子质量有关,因此氢焰检测器属于质量检测器。

3. 气相层析的定性、定量分析　气相层析既可用作样品组分的定性分析,也可用作组

分的定量分析。

1) **定性分析** 定性分析就是要确定样品中有哪些组分,以及确定层析谱中每个色谱峰所代表的组分。定性分析方法很多,常用的有下列几种。

(1) 利用保留时间或校正保留时间定性。保留时间是指从进样到出现色谱峰最高点时所需的时间,以 t_r 表示。由于保留时间 t_r 是分配系数的函数,当固定相和操作条件(柱长、柱内径、固定液含量、气体流量、柱温、进料量等)保持不变时,任何物质都有其确定的保留时间,一般不受样品中其他组分的影响。

校正保留时间 t'_r 是指样品组分的保留时间 t_r 与"死时间" t^0_r (指从进样到出现空气峰最高值的时间)之差,即

$$t'_r = t_r - t^0_r$$

如果样品中某一组分(i)的保留时间 t_{ri} 或校正保留时间 t'_{ri} 与某一已知的纯物质(S)的保留时间 t_{rS} 或校正保留时间 t'_{rS} 相同,一般可认为它们是同一物质。

(2) 利用保留体积或校正保留体积定性。保留体积 V_r 是指从进样到出现组分浓度最高值(色谱峰最高点)时所通过的载气体积。它等于载气在柱内的平均流速 F'_e 与保留时间 t_r 的乘积,即

$$V_r = F'_e \cdot t_r$$

在测定时,一般采用校正保留体积 V'_r。校正保留体积等于保留体积 V_r 与"死体积" V^0_r 之差,即 $V'_r = V_r - V^0_r$。式中"死体积" V^0_r 为从进样到出现空气峰最高值时所通过的载气体积,也等于载气在柱内的平均流速 F'_e 与"死时间" t^0_r 的乘积,即

$$V^0_r = F'_e \cdot t^0_r$$

如果样品中某一未知组分的校正保留体积 V'_{ri} 与已知标准物的校正保留体积 V'_{rS} 相同,一般可认为它们是同一物质。

(3) 利用相对保留值定性。组分 A 的校正保留值 $(t'_{rA}、V'_{rA})$ 与组分 B 的校正保留值 $(t'_{rB}、V'_{rB})$ 之比称为相对保留值。以 r_{AB} 表示,它等于两组分的分配系数 K_A 和 K_B 之比,即

$$r_{AB} = \frac{K_A}{K_B} = \frac{t'_{rA}}{t'_{rB}} = \frac{V'_{rA}}{V'_{rB}}$$

相对保留值只与固定相和层析柱温度有关,而不受其他层析操作条件的影响。因此在已知一种组分后,就可以通过相对保留值判断另一组分是何种物质。

(4) 利用加入纯物质增加峰高的方法定性。在利用保留值或相对保留值初步定性后,可把已知的纯物质加入样品中。若某组分的峰高增加而位置不变,则证明该组分与所加入的纯物质相同。

(5) 其他定性方法。除了上述 4 种方法以外,还有多种定性方法。例如,根据同系物的碳原子数与保留值的对数呈线性关系;同系物或同碳数异构物的沸点与保留值的对数呈线性关系;同系物在两根性质不同的层析柱上的校正保留值的对数呈线性关系等实验数据,可以推算出某物质的碳原子数、沸点等进行定性。

也可以将气相色谱仪与红外光谱仪或质谱仪联合使用进行定性分析。还可以把气相层析的分离组分收集起来,再用各种仪器进行综合定性分析。

2) **定量分析** 气相层析的检测器所记录下来的信号,如层析峰高度(h)和峰面积(A),与进入检测器的某组分的含量(m)成正比。这就是定量分析的依据。下面以峰面积与组分量的关系为例加以说明,即

$$m = fA = \frac{A}{S}$$

式中，f 为定量校正因子，其物理意义为相当于单位峰面积的某组分的量；S 为响应值，它与定量校正因子 f 互为倒数关系，即 $f=1/S$。

在实际操作中，进样量不易准确，所以 S 值难以测定。故常采用相对响应值（S'）或相对校正因子（f'）进行定量。相对响应值（S'）是指某种物质的响应值（S_i）与标准物质的响应值（S_s）之比，即

$$S' = \frac{S_i}{S_S} = \frac{A_i/m_i}{A_S/m_S} = \frac{A_i}{A_S} \cdot \frac{m_S}{m_i}$$

式中，A_i、A_S 分别为某组分 i 和标准物 S 的峰面积；m_i、m_S 分别为组分 i 和标准物 S 的含量。因此，只要配制一定比例的某组分 i 和标准物 S 的混合液，即 $\frac{m_S}{m_i}$ 为已知，经层析后，从层析谱上算出峰面积之比 $\frac{A_i}{A_S}$，就可求出相对响应值 S'。相对响应值与测定的具体操作条件无关，是一个常数，可从有关文献中查阅得到。

相对校正因子与相对响应值互为倒数，即

$$f' = \frac{1}{S'} = \frac{A_S}{A_i} \cdot \frac{m_i}{m_S}$$

相对校正因子 f' 也是一个常数，一般气相色谱书籍中均有记载，可查阅得到。在应用时，要注意单位的不同，如质量校正因子、体积校正因子、摩尔校正因子等。在用热导池检测器时，还要注意载气是否相同。

根据上式，知道了相对校正因子 f' 和标准物的含量 m_S，只要计算出峰面积（A_i 和 A_S）就可计算组分的含量。

峰面积的测量方法有以下几种。

（1）几何近似法。把色谱峰近似地看成等腰三角形以求得峰面积。峰面积等于峰高乘以半峰宽度（图 4-11），即 $A=hb$。实际峰面积应为近似峰面积的 1.065 倍，即

$$A = 1.065hb$$

但在作相对计算时，1.065 可略去。

（2）对于不对称峰的峰面积可用面积仪直接测量得到。也可将色谱峰剪下称重，再算成峰面积。

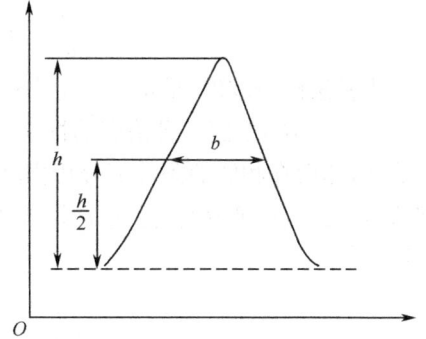

图 4-11 几何近似法求峰面积

（3）对于部分重叠峰，可通过交点作垂线（图 4-12a）、通过拐点画切线（图 4-12b）或沿主峰拖尾线画基线（图 4-12c）的方法求出。

在掌握了上述定量校正因子和计算峰面积的基础上，运用下列方法就可对组分进行定量分析。

a. 归一化法：在样品中所有组分都能流出层析柱，并得到对应的层析峰时，通常采用这种方法计算各组分的百分含量。

此法是把各组分含量总和作为 100%，再计算组分 i 的百分含量。

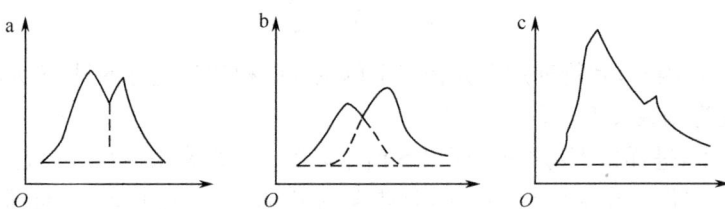

图 4-12　部分重叠峰的峰面积测量法

$$c_i = \frac{m_i}{m_1 + m_2 + \cdots + m_n} \times 100\%$$

$$= \frac{A_i f'_i}{A_1 f'_1 + A_2 f'_2 + \cdots + A_n f'_n} \times 100\%$$

b. 内标法：在样品中加入一定量的纯物质（称为内标物），用它与样品中各组分相比算出组分含量的方法，称为内标法。内标物最好是试样中不含有的物质，加入的量应该接近被测组分的量，同时要求内标物的层析峰在被测峰附近。

若加入的内标物质量为 m_S，试样质量为 m，被测组分的质量为 m_i，由于

$$m_i = f'_i \cdot A_i, \quad m_S = f'_S \cdot A_S$$

$$\frac{m_i}{m_S} = \frac{f'_i \cdot A_i}{f'_S \cdot A_S}$$

$$m_i = \frac{f'_i \cdot A_i \cdot m_S}{f'_S \cdot A_S}$$

故被测组分 i 的百分含量为

$$c_i = \frac{m_i}{m} \times 100\% = \frac{f'_i \cdot A_i \cdot m_S}{f'_S \cdot A_S \cdot m} \times 100\%$$

内标法比较准确，是定量分析中最常用的方法，但有时难以找到适宜的内标物。

c. 外标法：配制各种浓度的标准样品进行气相层析，作出各峰高（或峰面积）对浓度的标准曲线，然后在相同的条件下分析样品，根据被测组分的峰高（或峰面积）查标准曲线即可求得其浓度。此法简便易行，适用于生产中的常规分析，但要求操作条件稳定，否则影响结果的准确性。

第三节　离子交换层析

离子交换层析是指利用离子交换剂上的可解离基因（活性基因）对各种离子的亲和力不同而达到分离目的的一种层析分离方法。**离子交换剂**是含有若干活性基团的不溶性高分子物质，通过在不溶性高分子物质（母体）上引入若干可解离基团（活性基团）而制成的。

按活性基团的性质不同，离子交换剂可以分为阳离子交换剂和阴离子交换剂。由于酶分子具有两性性质，所以可用阳离子交换剂也可用阴离子交换剂进行酶的分离纯化。在溶液的 pH 大于酶的等电点时，酶分子带负电荷，可用阴离子交换剂进行层析分离；而当溶液 pH 小于酶的等电点时，酶分子带正电荷，则要采用阳离子交换剂进行分离。

按母体物质种类的不同，离子交换剂有离子交换树脂、离子交换纤维素、离子交换凝胶等，其中某些大孔径的离子交换树脂、离子交换纤维素和离子交换凝胶可用于酶的分离纯化。

一、离子交换剂的选择与处理

离子交换剂是含有若干活性基团的不溶性高分子物质,即在不溶性母体上引入若干可解离基团(活性基团)而制成的。作为不溶性母体的不溶性物质通常有苯乙烯树脂、酚醛树脂、纤维素、葡聚糖、琼脂糖等。

引入不溶性母体的活性基团可以是酸性基团,如磺酸基($-SO_3H$)、磷酸基($-PO_3H_2$)、羧基($-COOH$)、酚羟基($-C_6H_5OH$)等。引入酸性基团的离子交换剂可以解离出氢离子(H^+),在一定条件下,可以与其他阳离子(X^+)进行交换,称为阳离子交换剂。

$$R-A^-H^+ + X^+ \Longleftrightarrow R-A^-X^+ + H^+$$

引入不溶性母体的活性基团也可以是碱性基团,如季胺$[-N^+(CH_3)_3]$、叔胺$[-N(CH_3)_2]$、仲胺($-NHCH_3$)、伯胺($-NH_2$)等。引入碱性基团的离子交换剂,在一定条件下,与氢氧根($-OH^-$)结合后,可以与其他阴离子(Y^-)交换,称为阴离子交换剂。

$$R-N^+(CH_3)_3OH^- + Y^- \Longleftrightarrow R-N^+(CH_3)_3Y^- + OH^-$$
$$R-N(CH_3)_2H^+OH^- + Y^- \Longleftrightarrow R-N(CH_3)_2H^+Y^- + OH^-$$
$$R-NHCH_3H^+OH^- + Y^- \Longleftrightarrow R-NHCH_3H^+Y^- + OH^-$$
$$R-NH_2H^+OH^- + Y^- \Longleftrightarrow R-NH_2H^+Y^- + OH^-$$

在一定条件下,某种组分离子在离子交换剂上的浓度与在溶液中的浓度达到平衡时,两者浓度的比值 K 称为平衡常数(也称为分配系数),即

$$K = \frac{\text{组分离子在离子交换剂上的浓度}(\text{mol/g})}{\text{组分离子在溶液中的浓度}(\text{mol/ml})}$$

平衡常数 K 是离子交换剂上的活性基团与组分离子之间亲和力大小的指标。平衡常数 K 的值越大,离子交换剂上的活性基团对某组分离子的亲和力就越大,表明该组分离子越容易被离子交换剂交换吸附。

K 值的大小决定组分离子在离子交换柱内的保留时间。K 值越大,保留时间就越长。如果欲分离的溶液中各种组分离子的 K 值有较大的差别,通过离子交换层析就可以使这些组分离子得以分离。

不同的离子对离子交换剂的亲和力各不相同。通常两者的亲和力随离子价数和原子序数的增加而增大,而随离子表面水化膜半径的增加而降低。

强酸型阳离子交换剂(含有磺酸基$-SO_3H$等活性基团)对各种阳离子的亲和顺序如下:

一价阳离子的亲和顺序为:$H^+ \cong Li^+ < Na^+ < K^+ \cong NH_4^+ < Rb^+ < Cs^+ < Ag^+ < Ti^+$。

二价阳离子的亲和顺序为:$Mg^{2+} \cong Zn^{2+} < Cu^{2+} < Ni^{2+} < Co^{2+} < Ca^{2+} < Sr^{2+} < Pb^{2+} < Ba^{2+} < Ra^{2+}$。

三价阳离子的亲和顺序为:$Al^{3+} < Fe^{3+}$。

弱酸型阳离子交换剂(含有羧基$-COOH$、酚羟基$-C_6H_5OH$ 等)对氢离子的亲和力特别大,因此容易转变为氢型交换剂。

强碱型阴离子交换剂$[含季胺基-N^+(CH_3)_3等]$对各种阴离子的亲和顺序为:$Ac^- < F^- < OH^- < HCOO^- < Cl^- < SCN^- < Br^- < CrO_4^{2-} < NO_3^- < I^- < C_2O_4^{2-} < SO_4^{2-} <$ 柠檬酸根。

弱碱型阴离子交换剂对各种负离子的亲和顺序为:$F^- < Cl^- < Br^- = I^- = Ac^- < MoO_4^{2-} < HPO_4^{2-} < AsO_4^{2-} < NO_3^- <$ 酒石酸根 $<$ 柠檬酸根 $< CrO_4^{2-} < SO_4^{2-} < OH^-$。从此顺序中可以看出,弱碱性阴离子交换剂对氢氧根离子(OH^-)亲和力特别强,容易转变为羟型交换剂。

1. 离子交换剂的选择　离子交换剂有不同的种类和型号,在进行离子交换层析前,应当根据欲分离组分的特性和要求选择好离子交换剂。

选择离子交换剂时应考虑下列主要因素:

(1) 离子交换剂和组分离子的物理化学性质;

(2) 组分离子所带的电荷种类;

(3) 溶液中组分离子的浓度高低;

(4) 组分离子的质量大小;

(5) 组分离子与离子交换剂的亲和力大小。

一般来说,阳离子只能被阳离子交换剂交换吸附,阴离子只能被阴离子交换剂交换吸附;亲和力大的容易吸附,难以洗脱,亲和力小的难以吸附,容易洗脱;离子质量小的,可以采用高交联度的离子交换树脂进行交换,离子质量大的,宜用离子交换纤维素、离子交换凝胶或大孔(低交联度)离子交换树脂进行交换。

离子交换的环境条件对分离效果有明显的影响。溶液的 pH 直接决定离子交换剂活性基团及组分离子的解离程度,其不但影响离子交换剂的交换容量,对交换的选择性影响也很大。

采用强酸型、强碱型离子交换剂进行离子交换时,溶液中的 pH 主要影响溶液中组分离子的解离度,决定这些离子带何种电荷及带电量,可知它被交换剂交换吸附和吸附亲和力的强弱。

对于弱酸型、弱碱型离子交换剂的离子交换,溶液的 pH 不仅影响组分离子的解离,还影响离子交换剂的解离程度和吸附能力。

对酸、碱、温度敏感的物质,在离子交换过程中,要特别控制好相应的环境条件。过强的吸附及极端的洗脱条件都可能造成活性分子的变性失活。

2. 离子交换剂的处理　工厂生产的商品离子交换剂通常是干燥的。在使用之前一般按照下列程序进行处理:

(1) 干燥离子交换剂用水浸泡 2 h 以上,使之充分溶胀。

(2) 用无离子水洗至澄清后倾去水。

(3) 用 4 倍体积的 2 mol/L HCl 搅拌浸泡 4 h,弃酸液,再用无离子水洗至中性。

(4) 用 4 倍体积的 2 mol/L NaOH 搅拌浸泡 4 h,弃碱液,再用无离子水洗至中性备用。

(5) 用适当的试剂进行转型处理,使离子交换剂上所带的可交换离子转变为所需的离子。转型一般在装柱之后进行。例如,阳离子交换剂用 NaOH 处理,转变为 Na^+ 型,用 HCl 处理,转变为 H^+ 型;阴离子交换剂用 NaOH 处理,转变为 OH^- 型,用 HCl 处理,转变为 Cl^- 型等。

二、离子交换层析的操作过程

处理好的离子交换剂可以在离子交换槽中进行分批离子交换,也可以将离子交换剂装进离子交换柱进行连续离子交换。

在酶的分离纯化过程中,通常采用离子交换柱进行酶的连续离子交换。其层析分离过程包括装柱、上柱、洗脱、收集和交换剂再生等步骤。

1. 装柱　装柱方法有干法装柱和湿法装柱两种。

干法装柱是将干燥的离子交换剂一边振荡一边慢慢倒入柱内,使之装填均匀,然后再慢慢加入适当的溶剂或溶液。在使用干法装柱时,要特别注意柱内是否有气泡或裂纹存在,以免影响分离效果。

湿法装柱是在柱内先装入一定体积的溶剂或溶液,然后将处理好的离子交换剂加入一些溶剂或溶液,一边搅拌一边倒入保持垂直的层析柱内,让离子交换剂慢慢自然沉降,装填成均匀、无气泡、无裂缝的离子交换柱。

2. 上柱 离子交换柱装好以后,经过转型成为所需的可交换离子。再用溶剂或者缓冲液进行平衡。然后将欲分离的混合溶液加入到离子交换柱中,即所谓上柱。上柱时要注意的一个问题是混合溶液的pH和温度、离子浓度等条件,使混合溶液中的不同组分离子达到分离效果。上柱时要注意的另一个问题是流速的控制。流速过快,分离效果不好;流速过慢,影响分离速率。

3. 洗脱和收集 上柱完毕后,采用适当的洗脱液,将交换吸附在离子交换剂上的组分离子逐次洗脱下来。以达到分离目的。

不同的混合溶液应采用不同的洗脱液和洗脱条件。洗脱液中应当含有与离子交换剂亲和力较大的离子,以便把吸附在交换剂上的离子交换下来。洗脱液的流速也对分离效果有显著影响,要通过试验确定适宜的洗脱流速。

混合溶液中含有多种组分离子时,在洗脱过程中,按照组分离子与交换剂的亲和力由小到大的顺序先后洗出。亲和力小的离子先洗出,亲和力最大的离子最后洗出。

有些混合溶液含有多种组分,上柱后,用同一种洗脱液往往达不到良好的分离效果,为此可以采用不同的洗脱液进行洗脱,其中常用的是梯度洗脱法。梯度洗脱法是指采用按照一定规律变化的洗脱液进行洗脱的方法。洗脱液如果按照洗脱剂浓度的不同组成一个系列,如 0.01 mol/L、0.03 mol/L、0.05 mol/L……称为浓度梯度。洗脱液的变化如果按照pH的变化组成一个系列,如 pH 6.0、pH 5.5、pH 5.0……称为 pH 梯度。梯度的变化可以是递增的,也可以是递减的。如果采用梯度混合器,可以建立连续变化的梯度洗脱液。

4. 交换剂再生 洗脱后,为了使离子交换剂恢复原状,以便重复使用,离子交换剂需要经过再生处理,一般再生只是进行转型即可。但是在经过多次使用之后,含杂质较多的离子交换剂,再生过程一般要经过酸、碱处理,再进行转型处理。

第四节 凝 胶 层 析

凝胶层析又称为凝胶过滤、分子排阻层析、分子筛层析等,是指以各种多孔凝胶为固定相,利用流动相中所含各种组分的相对分子质量不同而达到物质分离的一种层析技术。

凝胶层析是20世纪50年代末期发展起来的一种快速而又简便的分离技术。其操作方便,不需要再生处理即可反复使用,适用于不同相对分子质量的各种物质的分离,已经在实验室和工业生产中广泛应用。

一、凝胶层析的基本原理

凝胶层析柱中装有多孔凝胶,当含有各种组分的混合溶液流经凝胶层析柱时,各组分在层析柱内同时进行两种不同的运动。一种是随着溶液流动而进行的垂直向下的移动,另一种是无定向的分子扩散运动(布朗运动)。大分子物质由于分子直径大,不能进入凝胶的微孔,只能分布于凝胶颗粒的间隙中,以较快的速率流过凝胶柱。较小的分子能进入凝胶的微孔内,不断地进出于一个个颗粒的微孔内外,这就使小分子物质向下移动的速率比大分子的速率慢,从而使混合溶液中各组分按照相对分子质量由大到小的顺序先后流出层析柱,而达到分离的目的。在凝胶层析中,相对分子质量并不是唯一的分离依据,有些物质的相对分子质量相同,但由于分子的形状不同,再加上各种物质与凝胶之间存在着非特异性的吸附作用,故仍然可以分离。

为了定量地衡量混合液中各组分的流出顺序,常常采用分配系数 K_a 来量度。

$$K_a = \frac{V_e - V_o}{V_i}$$

式中,V_e 为洗脱体积,表示某一组分从加进层析柱到最高峰出现时所需的洗脱液体积;V_o 为外体积,即为层析柱内凝胶颗粒空隙之间的体积;V_i 为内体积,即为层析柱内凝胶颗粒内部微孔的体积。

如果某组分的分配系数 $K_a = 0$,即 $V_e = V_o$,说明该组分完全不能进入凝胶微孔,洗脱时最先流出;如果某组分的分配系数 $K_a = 1$,即 $V_e = V_o + V_i$,说明该组分可以自由地扩散进入到凝胶颗粒内部的所有微孔,洗脱时最后流出;如果某组分的分配系数 K_a 为 0～1,说明该组分分子大小介乎大分子和小分子之间,可以进入凝胶的微孔,但是扩散速率较慢,洗脱时按照 K_a 值由小到大的顺序先后流出。

关于大分子和小分子在凝胶内的流动速率的差异,有多种理论进行解释,如流动分离理论和扩散分离理论等。

流动分离理论认为,当大小不同的溶质分子在毛细管中流动时,由于大分子的颗粒直径与毛细管的内径在同一个数量级,所以在毛细管中流动时,被集中于毛细管的中心区域。在中心区域,流体流动的速率较快,因而大分子溶质很快就被溶剂分子带走;而对于小分子溶质,其不仅在中心区域有所分布,在靠近毛细管管壁处也有大量的分布,管壁处的溶剂以层流(滞流)流动,流速较慢,小分子被带出的速率就较慢。

扩散分离理论认为,大分子溶质扩散系数小,扩散到凝胶微孔中的程度小,较易被洗脱出来;小分子溶质的扩散速率大,很容易进入到凝胶微孔中,所以较难被洗出。

上述 V_e、V_o、V_i 可以通过试验测出。具体方法如下所述。

(1) 洗脱体积 V_e 可以通过加进某种物质到层析柱中,测定其从开始洗脱到最高峰出现时的洗脱液体积求得。

(2) 内体积 V_i 可以从凝胶的干重和吸足水后的湿重求得。也可以采用将小分子物质,如硫酸铵、氯化钠等,加进层析柱中,测出其洗脱体积 $V_e = V_o + V_i$,减去外体积就得到内体积。

(3) 外体积 V_o 可以将大分子物质,如血红蛋白、蓝色葡聚糖-2000($M = 2000$ kDa)、铁蛋白等,加进层析柱中,所测出的洗脱体积即为外体积。

在凝胶对组分没有吸附作用的情况下,当洗脱液的总体积等于外体积和内体积的总和时,所有组分都应该被洗脱出来,即 K_a 的最大值为 1。然而在某种情况下,会出现 K_a 大于 1 的现象,这说明在此层析过程中,不是单纯的凝胶层析,而是同时存在吸附层析或离子交换层析等过程。

对于同一类型的化合物,凝胶层析的洗脱特性与组分的相对分子质量成函数关系,洗脱时组分按相对分子质量由大到小的顺序先后流出。组分的洗脱体积 V_e 与相对分子质量(M_r)的关系可以用下式表示:

$$V_e = K_1 - K_2 \lg M_r$$

式中,K_1、K_2 为常数。

以组分的洗脱体积(V_e)对组分的相对分子质量的对数($\lg M_r$)作出曲线,可以通过测定某一组分的洗脱体积,从此曲线中查出该组分的相对分子质量。

在实际应用中,常以相对洗脱体积 K_{av} 对 $\lg M_r$ 作曲线,称为**选择曲线**。相对洗脱体积是指组分洗脱体积与层析柱内凝胶床总体积的比值($K_{av} = V_e/V_t$)。

选择曲线的斜率说明凝胶的特性。每一类型的化合物,如酶、右旋糖酐、球蛋白等,都有其各自特定的选择曲线(图 4-13)。所以通过凝胶层析可以测定物质的相对分子质量。

二、凝胶的选择与处理

凝胶材料主要有葡聚糖、琼脂糖、聚丙烯酰胺等。层析用的微孔凝胶是由凝胶材料与交联剂交联聚合而成。交联剂加得越多,载体颗粒的孔径就越小。所使用的交联剂有环氧氯丙烷等。

凝胶的种类很多,其共同特点是凝胶内部具有微细的多孔网状结构,其孔径的大小决定其用于分离的组分颗粒的大小。现把常用的几种凝胶介绍如下。

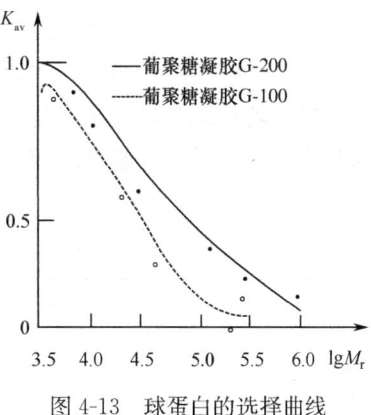

图 4-13 球蛋白的选择曲线

1. 葡聚糖凝胶　　葡聚糖凝胶在 1959 年由 Flodin 首先制备。一般以相对分子质量为 $4\times10^4 \sim 20\times10^4$ 的葡聚糖为单体,以 1,2-环氧氯丙烷为交联剂,交联聚合而成。商品名有多种。例如,Sephadex 有多种型号和规格(表 4-2)。葡聚糖凝胶具有良好的化学稳定性,在碱性条件下非常稳定,在 0.01 mol/L 的盐酸中放置半年不受影响,可以耐受 120℃甚至更高的温度,广泛应用于各种物质的分离纯化。

表 4-2　葡聚糖凝胶(Sephadex)的型号和特性

型号 (Sephadex)	干颗粒直径/μm	干胶吸水量/(ml/g)	干胶溶胀度/(ml/g)	浸泡时间(常温)	分离范围(相对分子质量)	
					蛋白质	多糖
G-10	40~120	1.0±0.1	2~3	2 h	约 700	约 700
G-15	40~120	1.5±0.2	2.5~3.5	2 h	约 1 500	约 1 500
G-25	粗 100~300 中 50~150 细 20~80 超细 10~40	2.5±0.2	4~6	2 h	1 000~5 000	100~5 000
G-50	粗 100~300 中 50~150 细 20~80 超细 10~40	5.0±0.3	9~11	3 h	1 500~100 000	500~100 000
G-75 超细	40~120 10~40	7.5±0.5	12~15	12 h	3 000~8 000 3 000~70 000	1 000~500 000
G-100 超细	40~120 10~40	10±1.5	15~20	3 d	4 000~150 000 4 000~100 000	1 000~100 000
G-150 超细	40~120 10~40	15±1.5	20~30	3 d	5 000~300 000 5 000~150 000	1 000~150 000
G-200 超细	40~120 10~40	20±2.0	30~40	3 d	5 000~600 000 5 000~250 000	1 000~200 000

2. 琼脂凝胶与琼脂糖凝胶 琼脂凝胶是一种天然多孔凝胶,其内部孔径较大,允许较大的分子进出,因此其用作凝胶层析时的工作范围大于聚丙烯酰胺凝胶和葡聚糖凝胶。其缺点是含有大量磺酸基和羧基,带有大量负电荷,洗脱时要使用较高离子强度的洗脱液而影响产品的质量。若将琼脂进一步纯化,可除去带电荷的琼脂胶而得到不带电荷的琼脂糖。琼脂糖可以制成各种型号的琼脂糖凝胶。琼脂糖凝胶的商品名有多种。例如,Sepharose 主要有 3 种型号(表 4-3)。适用于相对分子质量较大的蛋白质和多糖的分离纯化。

表 4-3 琼脂糖凝胶(Sepharose)的型号与特性

型号	琼脂糖含量 /%	湿颗粒直径 /μm	分离范围(相对分子质量)	
			蛋白质	多糖
Sepharose 2B	2	60~20	$7\times10^4 \sim 40\times10^6$	$10^5 \sim 20\times10^6$
Sepharose 4B	4	60~14	$6\times10^4 \sim 20\times10^6$	$3\times10^4 \sim 5\times10^6$
Sepharose 6B	6	45~165	$10^4 \sim 4\times10^6$	$10^4 \sim 10^6$

3. 聚丙烯酰胺凝胶 聚丙烯酰胺凝胶是一种人工合成的凝胶,由丙烯酰胺(CH_2=CH—$CONH_2$)与 N, N'-甲叉双丙烯酰胺(CH_2=CH—CONH—CH_2—NHCO—CH=CH_2)共聚而成。商品名称有多种,如生物胶-P(Bio-gel P)等,见表 4-4。聚丙烯酰胺是一种惰性凝胶,适合于各种酶、蛋白质、核酸等的分离纯化。缺点是遇强酸时会使其中的酰胺键水解而使结构破坏。一般在 pH 2~11 时使用。

选择凝胶主要是依据欲分离组分的相对分子质量大小。凝胶颗粒直径的大小对层析柱内溶液的流速有一定影响。选择凝胶时注意颗粒大小应当比较均匀,否则流速不稳定,从而影响分离效果。

商品凝胶是干燥的颗粒。使用前需将凝胶悬浮于 5~10 倍量的洗脱液中充分溶胀。常温溶胀需要较长时间,一般采用热水溶胀,即将凝胶颗粒加进洗脱液,在沸水浴中升温至接近沸腾,只需 2~3 h 就可充分溶胀,还可以达到灭菌消毒和排出凝胶内气泡的目的。溶胀后的凝胶采用倾泻法除去微小颗粒,经过减压排气,即可装柱。

三、凝胶层析操作过程

凝胶层析的操作一般包括装柱、上柱、洗脱等过程。

1. 装柱 装柱时首先选择好粗细均匀、一定直径和一定高度的层析柱。在柱的底部放置一层玻璃纤维或者棉花,柱内先充满洗脱剂(一般用水或缓冲液作为洗脱剂),然后一边搅拌一边缓慢而连续地加入浓稠的凝胶悬浮液,让其自然沉降,直至达到所需的高度。要注意凝胶分布均匀,不能有气泡或裂纹存在。

柱装好以后,不管使用与否,都应有洗脱液浸过凝胶表面。以免混入空气而影响分离效果。

表 4-4　生物胶-P(Bio-gel P)的型号与特性

型号(Bio-gel)	湿颗粒大小/μm	得水值/(ml/g)	床体积/(ml/g)	对球蛋白的分离范围	水溶胀所需时间/h 20℃	水溶胀所需时间/h 100℃	最大流体静压力/cm H₂O
P-2	50~100 100~200 200~400 约400	1.5	3.0	200~1 800	4	2	>100
P-4	50~100 100~200 200~400 约400	2.4	4.8	800~4 000	4	2	>100
P-6	50~100 100~200 200~400 约400	3.7	7.4	1 000~6 000	4	2	>100
P-10	50~100 100~200 200~400 约400	4.5	9.0	1 500~20 000	4	2	>100
P-30	50~100 100~200 约400	5.7	11.4	2 500~40 000	12	3	>100
P-60	50~100 100~200 约400	7.2	14.4	3 000~60 000	12	3	>100
P-100	50~100 100~200 约400	7.5	15.0	5 000~100 000	24	5	50
P-150	50~100 100~200 约400	9.2	18.4	15 000~150 000	24	5	35
P-200	50~100 100~200 约400	14.7	29.4	30 000~200 000	48	5	25
P-300	50~100 100~200 约400	18.0	36.0	60 000~400 000	48	5	15

2. 上柱　　上柱是将欲分离的混合溶液加入凝胶层析柱的过程。要在洗脱液的液面恰好与凝胶床的表面相平时加入混合液,使组分能够均匀地进入凝胶床。上柱的混合液体积不

能过大,通常为凝胶床体积的10%左右,最大不能超过30%。混合液的浓度可以稍高,但是黏度宜低。

3. 洗脱　　上柱完毕后,加进洗脱液进行洗脱。洗脱液应于干燥凝胶溶胀时及装柱平衡时所使用的液体完全一致,否则会影响分离效果。

所使用的洗脱液体积一般为凝胶床体积的120%左右。洗脱流出液分步收集。洗脱完毕后,凝胶柱已经恢复酶液上柱前的状态,不用经过再生处理,就可以重复用于下一批酶液的分离纯化。

第五节　亲和层析

亲和层析是指利用生物分子与配基之间所具有的专一而又可逆的亲和力,使酶等生物分子分离纯化的技术。酶与底物、酶与竞争性抑制剂、酶与辅助因子、抗原与抗体、酶RNA与互补的RNA分子或片段、RNA与互补的DNA分子或片段等之间,都是具有专一而又可逆亲和力的生物分子对。故此,亲和层析在酶的分离纯化中有重要应用。

在成对互配的分子中,可把任何一方作为固定相,而对样品溶液(流动相)中的另一方分子进行亲和层析。例如,酶分子与其辅助因子是一种分子对,既可把辅助因子制成固定相,对溶液中的酶分子进行亲和层析分离,也可把酶分子作为固定相,对溶液中存在的辅助因子进行分离纯化。

由于生物大分子和配基之间的结合是专一性的,故选择性非常好。亲和层析技术的特点是提纯步骤少。

亲和层析的选择性虽然很高,可通过一次纯化分离步骤得到纯度很高的产品。但是,亲和介质一般价格昂贵,处理量不大,大规模应用较少。而且亲和结合专一性强,洗脱要求高。在实验室制备时,一般只是在纯化的后期使用。

亲和层析剂制备好后,装进层析柱。当生物分子溶液流经亲和层析剂时,生物分子与其配基分子结合留在柱内,而其他杂质不与配基结合,可洗涤流出。然后用适当的洗脱液进行洗脱,达到酶的分离纯化。例如,以卵类黏蛋白为配基,在pH 7～8的条件下,胰蛋白酶与配基亲和结合,而用pH 2～3的缓冲液可将胰蛋白酶洗脱出来。

在亲和层析过程中应控制好温度(一般为0～10℃)、pH等条件,以免酶变性失活,并使亲和层析剂免遭破坏。

一、亲和层析母体和配基

在亲和层析中,作为固定相的一方称为配基(ligand)。配基必须偶联于不溶性母体(matrix)上。母体又称为载体或担体,在亲和层析中,一般采用琼脂糖凝胶、葡聚糖凝胶、聚丙烯酰胺凝胶或纤维素等作为母体。当小分子物质(金属离子等无机辅助因子、有机辅助因子等)作为配基时,由于空间位阻作用,难以与配对的大分子亲和吻合,需要在母体与配基之间引入适当长度的连接臂(space arm)。

要使不溶性母体与配基偶联或通过连接臂与配基偶联,都必须进行母体活化,即通过某种方法,如溴化氰法、叠氮法、高碘酸氧化法、环氧化法、甲苯磺酰氯法、双功能试剂法等,使母体引入某种活泼基团,才能以共价键与配基偶联。

活化后的母体已经有商品出售。例如,商品名为偶联凝胶的活化母体等。偶联凝胶可以很简单地与配基偶联,不需要特殊的设备和复杂的化学反应。使用时可以根据欲分离物质的特性加以选择。

在进行亲和层析时,首先要根据欲分离物质特性选择与之配对的分子作为配基,然后根据配基分子的大小及所含基团的特性选择适宜的母体,在一定的条件下,使配基与母体偶联结合,制成亲和层析剂。

在亲和层析过程中,通常采用琼脂糖凝胶作为母体,选用适宜的配基制成亲和层析剂。例如,以细菌细胞壁的水解产物为配基,偶联于琼脂糖凝胶上,用于溶菌酶的分离纯化;用环状糊精为配基,以环氧化物活化的琼脂糖凝胶为母体制成亲和层析剂,用于 α-淀粉酶的分离纯化;用卵类黏蛋白为配基,用于胰蛋白酶的分离纯化;等等。

二、亲和层析方法

根据欲分离组分与配基的结合特性,亲和层析可以分为共价亲和层析、疏水层析、金属离子亲和层析、免疫亲和层析、染料亲和层析、凝集素亲和层析和特殊基团亲和层析等。

1. 共价亲和层析　　共价亲和层析是生物大分子中的功能性基团与层析剂上的配基形成可逆性的共价键的一种分子分离方法。例如,巯基化合物中的—SH 基是一种还原基团,性能活泼,可与另一个—SH 基结合形成二硫键(—S—S—)。—SH 基与—S—S—基组成一组氧化还原体系,巯基-二硫键共价交换反应是可逆的。故此,酶分子上的巯基可以与亲和层析剂上的巯基之间形成二硫键共价结合。然后可用 L-半胱氨酸、巯基乙醇、谷胱甘肽及二硫苏糖醇等小分子巯基化合物进行洗脱。

具有共价反应活性的巯基亲和层析剂可用葡聚糖凝胶或琼脂糖凝胶为母体。通过溴化氰(BrCN)活化,先后用谷胱甘肽及 $2',2'$-吡啶基二硫基化合物处理,得到谷胱甘肽型巯基层析剂。

共价亲和层析法可以用于纯化牛乳巯基氧化酶、从大肠杆菌培养液中纯化青霉素酰化酶等。

2. 疏水层析　　酶蛋白通常含有疏水性较强的氨基酸,如亮氨酸、缬氨酸和苯丙氨酸等。采用氨基烷烃与 BrCN-活化的琼脂糖进行反应,就可形成改性的琼脂糖。酶蛋白可以通过与亲和层析剂上改性琼脂糖的烷基发生疏水结合反应而得以分离。将一系列长度不同的碳氢化合物接到琼脂糖载体上,从而得到一系列相应的疏水性琼脂糖层析剂,可用它们分离纯化某些酶和蛋白质。

疏水亲和吸附通常在高浓度盐溶液的条件下进行。通过逐步降低盐浓度,可以将疏水吸附的组分洗脱出来。加入某些表面活性剂,如 Triton 100、SDS 等,使表面张力降低,有利于蛋白质的洗脱。在疏水层析过程中,环境的温度和 pH 对疏水吸附和洗脱都有影响,要根据情况进行必要的控制。疏水层析可用于微生物、植物和动物来源的酶或其他蛋白质的分离纯化。

3. 金属离子亲和层析　　蛋白质类酶和其他蛋白质表面的某些氨基酸残基,如组氨酸的咪唑基团、半胱氨酸的巯基、色氨酸的吲哚基团,可与金属离子亲和结合。用螯合剂可以将金属离子(如 Cu^{2+}、Zn^{2+}、Ni^{2+}、Co^{2+} 等)螯合到母体(如交联化的琼脂糖、葡聚糖等)的表面上制成金属离子亲和层析剂。

将金属离子亲和层析剂装进层析柱,浸泡平衡,洗涤后,将含有酶等生物活性物质的样品上柱,与金属配基有亲和力的分子都将被留在柱内,其余组分则流出柱外。

若要将酶或其他蛋白质从亲和层析柱上洗脱下来,可通过改变盐的浓度或改变 pH 等降低金属离子和蛋白质之间的亲和常数的方法。或用竞争性的试剂,如咪唑、组氨酸、半胱氨酸、色氨酸等,将蛋白质置换下来。洗脱时可采用分级洗脱或梯度洗脱方式。

金属离子亲和层析的主要优点是:可用不同的金属离子结合到螯合载体上,并可用一种更强的螯合剂将所使用的金属离子洗脱下来,从而实现母体的再生。螯合剂较稳定,金属的亲和特性不会大幅度下降。通过选择适宜的金属离子,可实现蛋白质和配基之间的不同的吸附。在大多数情况下,从亲和层析柱上洗脱下来的酶仍然具有生物活性。

4. 免疫亲和层析 抗原和抗体是一种生物分子对,它们之间具有高度专一的亲和力。用适当的方法将抗原(或抗体)结合到母体上,制成亲和层析剂,便可用来高效地分离和纯化与其互补的抗体(或抗原)。

免疫亲和层析又称为抗体亲和层析,除了可以采用抗原或抗体作为配基以外,通常还采用蛋白质 A 或蛋白质 G 作为配基使用。

蛋白质 A 或蛋白质 G 对各种来源的免疫球蛋白 IgG 的 Fc 区域都具有高度专一的亲和性,其与各种母体(如琼脂糖等)结合后,被广泛作为亲和层析剂使用。

蛋白质 A 是从金黄葡萄球菌(*Staphylococcus aureus*)中得到的一种相对分子质量为 42 000 的蛋白质。蛋白质 A 分子的 6 个区域中有 5 个可与 IgG 结合。通常 1 分子蛋白质 A 至少可结合 2 分子的 IgG。

蛋白质 G 是一种细胞表面蛋白,是Ⅲ型 Fc-接受体。蛋白质 G 对 IgG 有很强的结合亲和力,但对白蛋白的亲和结合力较弱。

蛋白质 A 和蛋白质 G 对 IgG 的专一性有所不同,蛋白质 A 的结合专一性较强,而蛋白质 G 的结合专一性较弱,所以蛋白质 G 可以与更多的 IgG 亚种结合,更适应于一般抗体的分离纯化。

免疫亲和层析已经广泛应用于药物的分离纯化。例如,应用免疫亲和层析法进行组织**纤溶酶原**激活剂(t-PA)的分离纯化已工业化。

5. 染料亲和层析 一些有机染料,如蒽醌化合物、偶氮化合物等,具有类似于 NAD^+ 的结构,因此一些需要核苷酸类物质为辅酶的酶对这些染料有一定的亲和力。

以这些染料作为配基,共价偶联到纤维素或琼脂糖等母体上,制得染料亲和层析剂,已成功地用于多种酶的分离纯化。例如,以 NAD^+、$NADP^+$、ATP 为辅酶的各种酶以及激酶、水解酶、转移酶、核酸酶、聚合酶、合成酶和限制性内切核酸酶、tRNA 合成酶、DNA 连接酶等。

常用的有机染料是二羟偶氮化合物。染料与母体偶联的基本方法为:取一定量的母体,加入 0.2% 的有机染料,混匀后,加入 0.1 mol/L 的 NaOH 溶液,在 30℃反应 48 h,使染料充分与母体偶联。然后依次用蒸馏水、1 mol/L NaOH、25%乙醇洗涤几次,成为染料亲和层析剂,置于 0.1 mol/L 的磷酸缓冲液中备用。

6. 凝集素亲和层析 凝集素(lectin)是一类能与糖的残基专一而又可逆结合的蛋白质。它们能与多糖、糖蛋白及红细胞和肿瘤细胞的凝集体等亲和结合。

凝集素亲和层析可以用于各种糖蛋白的分离纯化。例如,胞外超氧化歧化酶(EC-SOD)具有 3 种同工酶,都是含铜-锌离子的糖蛋白。用肝素、琼脂糖凝胶等为母体,以凝集素为配基制成亲和层析剂进行亲和层析,可以将这 3 种同工酶分离纯化。

第六节 层析聚焦

层析聚焦(chromatofocusing)是指将酶等两性物质的等电点特性与离子交换层析的特性

结合在一起，实现组分分离的技术。

在层析系统中，柱内装上多缓冲离子交换剂，当加进两性电解质载体的多缓冲溶液流过层析柱时，在层析柱内形成稳定的 pH 梯度。欲分离酶液中的各个组分在此系统中会移动到（聚焦于）与其等电点相当的 pH 位置上，从而使不同等电点的组分得以分离。

一、交换剂和缓冲液体系

1. 多缓冲离子交换剂　　用于色谱聚焦的离子交换剂是一种专门开发的多缓冲离子交换剂，如 PBE 118（适用于等电点在 pH 8～11 的两性电解质的分离）和 PEB 94（适用于等电点在 pH 4～9 的两性电解质的分离）离子交换剂。它们是以交联琼脂糖 6B（Sepharose 6B）为母体，并在糖基上通过醚键偶合上配基制成的。商品通常是以悬浮液形式提供。

2. 多缓冲溶液　　这是专门开发的含有两性电解质载体（由相对分子质量不同的多种组分的多羧基多氨基化合物组成）的多缓冲溶液，如 Pharmacia-LKB 公司专门生产的 Polybuffer 96 和 Polybuffer 74，分别适用于 pH 9～6 和 pH 7～4 的层析聚焦，与这两种多缓冲溶液相匹配的多缓冲离子交换剂是 PBE 94。对于 pH 9 以上的层析聚焦，则选用含有 pH 8～10.5 的两性电解质载体（Pharmalyte）的多缓冲液，并配以相应的多缓冲离子交换剂 PBE 118。多缓冲溶液通常以无菌的液体形式提供，用前稀释。

二、pH 梯度的形成

层析聚焦系统的 pH 梯度，是利用多缓冲离子交换剂本身的带电基团的缓冲作用自动形成的。例如，选用阴离子交换剂 PBE 94 装进层析柱，选择与之配套的 PB 96 为多缓冲液，先用起始多缓冲液平衡到 pH 9，再用 pH 6 的多缓冲液流经层析柱，开始时流出液的 pH 接近于 9，随着洗脱液的不断加入，流出液的 pH 逐渐下降，最后流出液的 pH 达到 6。柱内就形成了 pH 6～9 的连续升高的 pH 梯度。

三、层析聚焦的操作过程

通常层析聚焦的过程包括如下步骤。

1. 多缓冲离子交换剂和多缓冲溶液的选择　　根据欲分离组分的等电点，选择适宜的多缓冲离子交换剂和多缓冲溶液。例如，欲分离酶的等电点为 pH 8.0，则选择离子交换剂 PBE 94，选择多缓冲溶液 PB 96。

2. 形成 pH 梯度　　将离子交换剂装进层析柱，用 pH 9 的起始缓冲液进行平衡，再用 pH 6 的多缓冲液流过层析柱，直至流出液的 pH 从 9 降低到 6。层析柱内就形成了 pH 6～9 连续升高的 pH 梯度。

3. 上柱聚焦　　用起始缓冲液平衡后，将酶液加到层析柱中，让其慢慢流过层析柱。在上柱过程中，当环境的 pH 低于该酶的等电点时，该酶带正电，不与阴离子交换剂发生交换，而随着流动相向下移动；当环境的 pH 稍高于该酶的等电点时，该酶分子带负电荷，可与阴离子交换剂结合，不再移动；而走在后面相同的酶，仍以洗脱液的流动速率下移，直至稍低于其等电点处与阴离子交换剂结合，从而实现聚焦。

4. 洗脱　　用 pH 6 的多缓冲液 PB 96 作为洗脱液进行洗脱。在洗脱过程中，阴离子交换柱内环境的 pH 不断下降，当 pH 低于酶的等电点时，酶又重新带上正电荷，脱离离子交换剂而被洗脱；当酶移至 pH 大于等电点的位置时，又重新与阴离子交换剂结合，这样不断重复洗脱-吸附-再洗脱的过程,直至酶从层析柱上流出。

5. 再生 洗脱完成后,离子交换树脂可以经过再生处理,反复使用。再生过程与步骤"形成 pH 梯度"相同,即先用 pH 9 的起始缓冲液进行平衡,再用 pH 6 的多缓冲液流过层析柱,直至流出液的 pH 从 9 降低到 6。

第七节 实 验

实验 4-1 蛋白质溶液的凝胶层析脱盐

【原理】

含盐蛋白质溶液流经凝胶层析柱时,低相对分子质量的盐分子因进入凝胶颗粒的微孔中,所以向下移动的速率较慢;而大分子的蛋白质不能进入凝胶颗粒的微孔,以较快的速率流过凝胶柱,从而使蛋白质与盐分开。

【试剂和材料】

(1) 葡聚糖凝胶:Sephadex G-25。
(2) 洗脱液:蒸馏水或适宜的缓冲液。
(3) 含盐蛋白质溶液。
(4) 蛋白质检测试剂与仪器。
(5) 无机盐检测试剂。① 检查 NaCl:0.1 mol/L 硝酸银溶液和 5% 铬酸钾溶液;② 检查 $(NH_4)_2SO_4$:5% 乙酸钡溶液或奈氏试剂(参看实验 1-2)。
(6) 玻璃柱。

【操作方法】

1) 凝胶柱的准备　称取 5 g 葡聚糖凝胶 Sephadex G-25,加入 80 ml 洗脱液(可用水或适宜的缓冲液),在沸水浴中溶胀 30 min,用倾泻法倾去悬浮的小颗粒,然后装进内径 1~1.2 cm、高 30~40 cm 的玻璃柱内。注意装填均匀,无气泡和裂纹存在,并保持液面在凝胶床表面以上。

2) 加样与洗脱　打开柱的出口,让柱内液体慢慢流出,直至液面与凝胶床表面相平。然后加入 2 ml 含盐蛋白质溶液,至样品液面刚好到达凝胶床表面时,加入 30 ml 洗脱液(与溶胀和装柱时所用液体完全相同),以 0.5~1 ml/min 的流速洗脱,每 5 ml 装试管分步收集。

3) 蛋白质含量的检测　收集液的蛋白质含量可用 280 nm 处的紫外线吸收法检测(参看实验 8-5),也可用福林-酚试剂测定(参看实验 7-4)。NaCl 可用 5% 铬酸钾为指示剂,以标准 0.1 mol/L $AgNO_3$ 溶液滴定,滴至出现砖红色铬酸银沉淀为终点。$(NH_4)_2SO_4$ 可用乙酸钡检查 SO_4^- 或用奈氏试剂检查 NH_4^+。其他盐类可用相应方法的检测。

实验 4-2 氨基酸的纸层析

【原理】

氨基酸混合液经纸层析,由于不同的氨基酸有不同的分配系数,移动速率不同,从而达到分离。经显色后，与标准氨基酸图谱比较或与氨基酸的标准 R_f 值(表 4-5)比较，可辨别各种氨基酸。

表 4-5　各种氨基酸的标准 R_f 值(25 ± 1℃)

氨基酸	标准 R_f 值		氨基酸	标准 R_f 值	
	第一向（酸相）	第二向（碱相）		第一向（酸相）	第二向（碱相）
天冬氨酸	0.27	0.01	甲硫氨酸	0.64	0.31
谷氨酸	0.35	0.01	缬氨酸	0.67	0.32
赖氨酸	0.12	0.03	色氨酸	0.64	0.48
精氨酸	0.15	0.05	异亮氨酸	0.77	0.52
组氨酸	0.11	0.10	亮氨酸	0.79	0.57
甘氨酸	0.30	0.06	苯丙氨酸	0.73	0.58
羟丁氨酸	0.37	0.10	胱氨酸	0.08	0.02
γ-氨基丁酸	0.46	0.08	丝氨酸	0.28	0.06
丙氨酸	0.47	0.14	脯氨酸	0.48	0.16
酪氨酸	0.25	0.23			

【试剂和材料】

(1) 酸相展开剂：正丁醇：88%甲酸：水＝15：3：2，量取正丁醇 150 ml、88%甲酸 33 ml、蒸馏水 20 ml，置入分液漏斗中充分振荡。此液需新鲜配制。

(2) 12%氨水：量取 60 ml 浓氨水，加入 70 ml 蒸馏水稀释。

(3) 碱相展开剂：正丁醇：12%氨水＝13：3，量取 130 ml 正丁醇，30 ml 12%氨水，置于分液漏斗中充分振荡。

(4) 0.2%茚三酮显色液：称取 0.2 g 茚三酮，溶于 100 ml 丙酮中。

(5) 0.5%标准氨基酸溶液：称取各种氨基酸各 0.5 g，分别置于 100 ml 容量瓶中，用 10%异丙醇溶液溶解，定容至刻度。

(6) 微量注射器。

(7) 层析缸。

(8) 新华滤纸 1 号。

(9) 喷雾器。

(10) 氨基酸混合液。

【操作方法】

1. 层析滤纸的准备　　取两张 19 cm×23 cm 的一号新华滤纸，在右下角距两底边各 2 cm 交点处用铅笔画一个原点，同时画出两边的原线。

2. 点样　　将 10 μl 样品液点于一张滤纸的原点上，用微量注射器分多次点完。点一次后，吹干再点第二次。点的直径应小于 0.5 cm。

在另一张滤纸的原点上，按上法点上各种标准氨基酸溶液，用作标准氨基酸图谱。

3. 展开　　将点样后的两张滤纸在相同的操作条件下用上行法进行双向展开。

(1) 第一向(酸相)展开：以滤纸 19 cm 长的一边为高，用线缝成圆筒形(注意纸的两边不相碰),放在盛有酸相展开剂的层析缸内饱和 1 h。然后将点样端放入展开剂中,待溶剂前沿上升至离顶端 1 cm 左右时取出,吹干至无正丁醇气味为止。

(2)第二向(碱相)展开:把滤纸转 90°,以 23 cm 长的一边为高,用线缝成圆筒形(纸两边不相碰),放入盛有碱相展开剂的层析缸中,饱和 1 h,然后将滤纸放入展开剂中展开。待溶剂前沿到达离顶端 1 cm 左右时,取出吹干。然后以同样条件,再在碱相展开剂中展开一次,取出吹干。

4. 显色 展开结束后,滤纸用 0.2%茚三酮丙酮溶液喷雾显色,65℃烘干。

【定性检定】

用样品的层析图谱与标准氨基酸的层析图谱相比较,根据 R_f 值的大小,确定样品中氨基酸的种类。

【讨论】

(1)为确定各种氨基酸在双向层析图谱上的位置,可将各种不同的标准氨基酸分别在酸相展开剂和碱相展开剂中用上行法进行单向展开,分别求出各自在双向展开中的 R_f 值。

(2)本实验采用第一向(酸相)走一次、第二向(碱相)走两次的方法,是由于氨基酸在碱相中展开的 R_f 值较小之故。

(3)实验也可以用吲哚醌喷雾显色。吲哚醌显色的灵敏度比茚三酮低,但不同的氨基酸可呈现不同的颜色。

实验 4-3　核苷酸的离子交换层析

【原理】

RNA 水解可生成各种核苷酸,核苷酸含有一些可离解基团(如磷酸基、碱基、羟基等),在一定条件下,可用阳离子交换树脂或阴离子交换树脂进行分离。本实验采用强碱性阴离子交换树脂将各核苷酸分离,通过测定收集液在不同波长下的光密度比值(OD_{250}/OD_{260}、OD_{280}/OD_{260}、OD_{290}/OD_{260})与标准比值对照,可确定为何种核苷酸。根据收集液的体积和光密度值(OD_{260})以及各核苷酸的摩尔分子消光系数,可计算各核苷酸的含量。各种核苷酸的标准比值与摩尔消光系数见表 4-6。

表 4-6　某些核苷酸的物理常数

核苷酸	相对分子质量	异构体	紫外线吸收性质							
			摩尔消光系数 ε 260×10^{-8}		光密度比值(OD)					
					250/260		280/260		290/260	
			pH 2	pH 7	pH 2	pH 7	pH 2	pH 7	pH 2	pH 7
腺苷酸	347.2	2′	14.5	15.3	0.85	0.8	0.23	0.15	0.08	0.009
		3′	14.5	15.3	0.85	0.8	0.23	0.15	0.08	0.009
		5′	14.5	15.3	0.85	0.8	0.22	0.15	0.08	0.009
鸟苷酸	363.2	2′	12.3	12.0	0.90	1.15	0.68	0.68	0.48	0.285
		3′	12.3	12.0	0.90	1.15	0.68	0.68	0.48	0.285
		5′	11.6	11.7	1.22	1.15	0.68	0.68	0.40	0.28

续表

核苷酸	相对分子质量	异构体	紫外线吸收性质							
			摩尔消光系数 ε		光密度比值(OD)					
			$260×10^{-8}$		250/260		280/260		290/260	
			pH 2	pH 7	pH 2	pH 7	pH 2	pH 7	pH 2	pH 7
胞苷酸	323.2	2′	6.9	7.75	0.48	0.86	1.83	0.86	1.22	0.26
		3′	6.6	7.6	0.46	0.84	2.00	0.93	1.45	0.30
		5′	6.3	7.4	0.46	0.84	2.10	0.99	1.55	0.30
尿苷酸	324.2	2′	9.9	9.9	0.79	0.85	0.30	0.25	0.03	0.02
		3′	9.9	9.9	0.74	0.83	0.33	0.25	0.03	0.02
		5′	9.9	9.9	0.74	0.73	0.38	0.40	0.03	0.03

【试剂和材料】

(1) 酵母 RNA。

(2) 强碱性阴离子交换树脂：100～200目，型号为201×8。

(3) 1 mol/L 甲酸溶液：取 21.4 ml 88%甲酸，加蒸馏水定容至 500 ml。

(4) 1 mol/L 甲酸钠溶液：称取 34.15 g 甲酸钠用蒸馏水溶解，定容至500 ml。

(5) 0.02 mol/L 甲酸溶液：取 10 ml 1 mol/L 甲酸溶液，稀释定容至500 ml。

(6) 0.15 mol/L 甲酸溶液：取 75 ml 1 mol/L 甲酸溶液定容至 500 ml。

(7) 0.01 mol/L 甲酸-0.05 mol/L 甲酸钠溶液(pH 4.44)：取 5 ml 1 mol/L 甲酸溶液和 25 ml 1 mol/L 甲酸钠溶液混合，用水定容至 500 ml。

(8) 0.1 mol/L 甲酸-0.1 mol/L 甲酸钠溶液(pH 3.74)：取 50 ml 1 mol/L 甲酸溶液和 50 ml 1 mol/L 甲酸钠溶液，用水定容至 500 ml。

(9) 0.3 mol/L 氢氧化钾溶液：取 1.68 g 氢氧化钾，用水溶解，定容至100 ml。

(10) 2 mol/L 过氯酸溶液：取 17 ml 70%～72%过氯酸，加水定容至100 ml。

(11) 1 mol/L 盐酸。

(12) 0.5 mol/L NaOH 溶液。

(13) 玻璃柱。

(14) 部分收集器。

(15) 紫外分光光度计。

(16) 恒温水浴槽。

【操作方法】

1. RNA 水解　取 20 mg 酵母 RNA，溶于 2 ml 0.3 mol/L 氢氧化钾溶液中，于 37℃水解 20 h，生成 2′-核苷酸或 3′-核苷酸。水解完成后，用 2 mol/L 过氯酸溶液调至 pH 2 以下，用 4000 r/min 离心 10 min，取上清液，用 2 mol/L NaOH 溶液调至 pH 8。

2. 装柱　取强碱型阴离子交换树脂 201×8 用水浸泡，倾去小颗粒，滤干。用 0.5 mol/L NaOH 溶液浸泡 1 h，用无离子水洗至中性。再用 1 mol/L 盐酸浸泡半小时，用无离子水洗至中性。用 1 mol/L 甲酸钠溶液浸泡，使树脂转为甲酸型。

取内径 1~1.2 cm、高 20 cm 左右的玻璃柱,下端接好出口,柱底部盖上尼龙网或玻璃纤维,防止树脂流出。将上述处理好的树脂悬浮液一次倒入柱内,用 1 mol/L 甲酸钠洗至无氯离子(用 1‰AgNO$_3$ 检查)。再用无离子水洗至中性,然后在树脂表面盖一小片滤纸,慢慢放出液体,使液面与树脂表面刚好相平。树脂床高度为 8~10 cm。

3. 加样 将 RNA 水解液小心地加到交换树脂上,待样品全部进入树脂后,用 50 ml 无离子水洗柱,以除去核苷、碱基等杂质。

4. 洗脱 用蒸馏水洗至不含紫外线吸收物质(OD$_{260}$ 低于 0.02)时,依次用下列洗脱液分段洗脱:500 ml 0.02 mol/L 甲酸溶液;500 ml 0.15 mol/L 甲酸溶液;500 ml 0.01 mol/L 甲酸-0.05 mol/L 甲酸钠溶液(pH 4.44);500 ml 0.1 mol/L 甲酸-0.1 mol/L 甲酸钠溶液(pH 3.74)。控制流速 0.8~1.0 ml/min,用部分收集器收集洗脱液,每管各收集 10 ml。

5. 分析检测 以相应的洗脱液为空白作为对照,用紫外分光光度计测定各管洗脱收集液的 OD$_{260}$。以洗脱液体积为横坐标,OD$_{260}$ 为纵坐标作图,分析各部分的波峰位置。4 种常见单核苷酸的洗脱顺序为 CMP、AMP、UMP 和 GMP。

根据各收集部分核苷酸在不同波长时的光密度比值(OD$_{280}$/OD$_{260}$、OD$_{250}$/OD$_{260}$、OD$_{290}$/OD$_{260}$)及洗脱波峰的相对位置,可确定其为何种核苷酸。根据洗脱体积和 OD$_{260}$ 及各核苷酸的摩尔分子消光系数,可计算各核苷酸的含量。同时能计算出 RNA 中核苷酸的相对摩尔分子比。

实验 4-4 胰蛋白酶的亲和层析

【原理】

鸡蛋清的卵类黏蛋白可通过共价键偶联于不溶性载体上制成亲和吸附剂。它与胰蛋白酶在 pH 7~8 条件下能专一性结合,而在 pH 2~3 条件下又能重新解离。故可用亲和层析法通过改变洗脱缓冲液的条件将胰蛋白酶纯化。

【试剂和材料】

(1) 溴化氰活化的琼脂糖凝胶 4B,此为偶联凝胶。

(2) 卵类黏蛋白。

(3) 1 mmol/L 盐酸。

(4) 碳酸氢钠缓冲液:含 0.5 mol/L NaCl 的 0.1 mol/L pH 8.3 的 NaHCO$_3$ 缓冲液。此为偶联缓冲液。

(5) 乙酸缓冲液:含 0.5 mol/L NaCl 的 0.1 mol/L pH 4 乙酸缓冲液。

(6) 0.1 mol/L pH 7.5 Tris-HCl 缓冲液(含 0.5 mol/L 氯化钾和 0.05 mol/L 氯化钙)。此为平衡缓冲液。

(7) 粗胰蛋白酶。

(8) 硫酸铵。

(9) 0.01 mol/L 盐酸溶液。

(10) 0.8 mol/L pH 9.0 硼酸盐缓冲剂。

(11) 0.10 mol/L 甲酸钾-0.50 mol/L 氯化钾 pH 2.5 的溶液。

(12) 电磁搅拌器。

(13) 层析柱(2 cm×12 cm)。
(14) 紫外分光光度计。
(15) 分步收集器。
(16) 过滤漏斗。

【操作方法】

1. 偶联凝胶的处理 称取偶联凝胶 10 g，用 200 ml 1 mol/L 盐酸浸泡 15 min，然后在过滤漏斗中，用 1 mol/L 盐酸洗涤几次。每克偶联凝胶的体积溶胀为 3.5 ml 左右。然后用 50 ml 偶联缓冲液(0.1 mol/L pH 8.3 NaHCO$_3$ 缓冲液，含 0.5 mol/L NaCl)洗涤。立即转到配基溶液中进行偶联。

2. 配基的偶联 取 3 g 卵类黏蛋白(含蛋白质 1.7 g 左右)用 30 ml 偶联缓冲液溶解，预冷至 4℃，迅速加入处理好的偶联凝胶。在 4℃ 缓慢搅拌 8 h，使之偶联。再继续在 4℃ 搅拌 16 h，以使剩余的活化基团完全消除。然后用过滤漏斗抽滤，用偶联缓冲液洗一次，再用 0.1 mol/L pH 4 乙酸缓冲液洗涤，以除去剩余的配基(卵类黏蛋白)。所得的亲和吸附剂，每毫升偶联凝胶含蛋白质 10 mg 左右。存放 4℃ 冰箱备用。

3. 胰蛋白酶的亲和层析 将偶联好的卵类黏蛋白-Sepharose 4B 亲和吸附剂装柱 (2.0 cm×12 cm)，用 0.10 mol/L pH 7.5 Tris-HCl 缓冲液(含 0.5 mol/L KCl、0.05 mol/L CaCl$_2$)平衡层析柱。缓冲液中的 KCl 有增加缓冲效果和促进流速的作用，CaCl$_2$ 有利于酶与卵类黏蛋白结合。

将 1 g 左右粗结晶猪胰蛋白酶(蛋白质含量为 50%～60%)溶于少量平衡缓冲液中(若有不溶物应离心除去)，然后上柱，流速控制在 1.0～1.5 ml/min。上柱完毕后，用相同的平衡缓冲液洗涤亲和层析柱，直至流出液的 OD$_{260}$ 小于 0.02。

用 0.10 mol/L 甲酸钾-0.50 mol/L 氯化钾溶液缓慢解析洗脱，分步收集。用紫外线检测仪检测，可得一个蛋白质洗脱峰。集中含胰蛋白酶洗脱液，经透析后冷冻干燥得精制胰蛋白酶。也可将含胰蛋白酶洗脱液在室温下加入硫酸铵至 0.8 饱和度进行盐析，放置 4 h 抽滤沉淀。将沉淀溶于少量 0.01 mol/L 盐酸溶液中，调 pH 至 2.5～3.0。然后加入 1/4 体积 0.8 mol/L pH 9.0 硼酸盐缓冲液，调 pH 至 8.0，轻轻搅匀溶液。在冰箱放置过夜，析出胰蛋白酶结晶(在显微镜下呈短棒状结晶)。已解析完毕的亲和层析柱，用平衡缓冲液冲洗平衡，以备再次使用。

实验 4-5 凝胶层析测定蛋白质的相对分子质量

【原理】

凝胶层析可将不同大小的分子进行分离。同一类型的蛋白质分子(如球蛋白类)有其特殊的选择曲线，可用凝胶层析测定蛋白质的相对分子质量。测定时宜在选择曲线的直线部分。

【试剂和材料】

(1) 标准蛋白质：牛血清白蛋白、卵清蛋白、胰凝乳蛋白酶原 A、牛胰岛素等，均要层析纯。
(2) 蓝色葡聚糖-2000。

(3) N-乙酰酪氨酸乙酯(或硫酸铵)。

(4) 0.025 mol/L KCl-0.2 mol/L 乙酸溶液。

(5) Sephadex G-75(或 G-100)。

(6) 蛋白质样品溶液。

(7) 层析柱(1.0 cm×100 cm)。

(8) 紫外分光光度计。

(9) 部分收集器。

【操作方法】

1. 装柱 称取葡聚糖凝胶 Sephadex G-75 5 g(颗粒直径 40~120 μm)浸泡于 100 ml 0.025 mol/L KCl-0.2 mol/L 乙酸溶液中,于沸水浴中溶胀 3 h。凝胶总体积达 60~75 ml。溶胀后经抽真空除去凝胶颗粒中的空气。用倾泻法除去细颗粒,然后装进层析柱。应检查是否有气泡或裂纹。若有,应重新装柱。缓冲液应高于凝胶表面。

2. 内体积和外体积的测定 Sephadex G-75 的吸水量为 7.5,所以计算得内体积 V_i = 5×7.5=37.5(ml),也可用 N-乙酸酪氨酸乙酯(或硫酸铵)溶液上柱,测定 V_i。

外体积 V_o 可用蓝色葡聚糖-2000 进行测定。

3. 标准曲线的制作 分别称取 2.5~3.0 mg 牛血清白蛋白(M_r=67 000)、鸡卵清蛋白(M_r=43 000)、胰凝乳蛋白酶原 A(M_r=25 000)、结晶牛胰岛素(pH 2~6 时为二聚体,M_r=12 000),共同溶于 1~1.5 ml 0.025 mol/L KCl-0.2 mol/L 乙酸溶液中。

打开出口,放出缓冲液。当缓冲液液面与凝胶表面相平时,加入标准蛋白质混合液。当标准蛋白质混合液全部进入凝胶床表面时,逐渐加入 75 ml 0.025 mol/L KCl-0.2 mol/L 乙酸溶液进行洗脱,流速为 0.3 ml/min。用部分收集器收集,每管收集 3 ml。各收集液用紫外分光光度计测定 OD_{280}。以洗脱液体积为横坐标,OD_{280} 为纵坐标,给出洗脱曲线。根据洗脱曲线,得出各标准蛋白质的洗脱体积(V_e)。以标准蛋白质相对分子质量的对数($\lg M_r$)为横坐标、V_e 为纵坐标,作出标准曲线。

4. 样品蛋白质相对分子质量的测定 用样品蛋白质代替标准蛋白质,按标准曲线制作的相同条件操作。根据紫外线检测的洗脱峰位置,得出洗脱体积。重复测定 1 次或 2 次,取洗脱体积的平均值。可从标准曲线中查得样品蛋白质的相对分子质量。

实验 4-6　DNS-氨基酸的聚酰胺薄膜层析

【原理】

荧光试剂二甲氨基萘磺酰氯[DNS-Cl(Dansyl-Cl)]能与所有氨基酸的氨基结合,生成荧光物质 DNS-氨基酸。DNS-Cl 也能与蛋白质或多肽的游离氨基结合,生成 DNS-蛋白质或 DNS-肽,经酸水解后可释放出 DNS-氨基酸。

各种 DNS-氨基酸与聚酰胺薄膜形成氢键的能力不同,即在溶剂与聚酰胺薄膜之间的分配系数不同,故可用聚酰胺薄膜层析分离各种 DNS-氨基酸。DNS-氨基酸在 360 nm 或 280 nm 波长的紫外线照射下发出黄色荧光,容易进行检测。

【试剂和材料】

(1) 各种层析纯标准氨基酸。

(2) DNS-Cl 丙酮溶液：称取 250 mg DNS-Cl，溶于 100 ml 丙酮中，储于棕色瓶中，置冰箱保存，一个月内稳定。

(3) DNS-氨基酸样品液：可由样品氨基酸经 DNS 化制得。也可由蛋白质的 N 端氨基酸的 DNS 分析制得（参看实验 7-5）。

(4) 三乙胺（重蒸）。

(5) 0.2 mol/L NaHCO$_3$ 溶液。

(6) 展开溶液Ⅰ：1.5%甲酸，甲酸(88%)：水＝1.5：100(V/V)。

(7) 展开溶液Ⅱ：苯：冰醋酸＝9：1(V/V)。

(8) 展开溶液Ⅲ：乙酸乙酯：甲醇：冰醋酸＝20：1：1(V/V/V)。

(9) 展开溶液Ⅳ：0.05 mol/L 磷酸三钠溶液：乙醇＝3：1(V/V)

(10) 聚酰胺薄膜。

(11) 微量注射器。

(12) 紫外线灯：360 nm 或 280 nm。

(13) 层析槽。

【操作方法】

1. 氨基酸的 DNS 化　　分别称取 2.3 μmol 的层析纯标准氨基酸及样品氨基酸，溶于 0.5 ml 0.2 mol/L的 NaHCO$_3$ 溶液中。

各取上述溶液 0.1 ml 于有玻璃塞的试管中，加入 0.1 ml DNS-Cl 丙酮溶液。检查 pH，必要时用三乙胺调 pH 至 9.0～9.5。于室温（20℃左右）放置 2～4 h。用无离子水稀释 10 倍，存于暗处备用。也可直接使用商品 DNS-氨基酸。

2. 聚酰胺薄膜的准备　　将聚酰胺薄膜剪成 7 cm×7 cm 的方块，在距边 0.5 cm 处画互为垂直的两条基线，交叉点为原点。若只做单向层析，则只画一条基线，在基线上每隔 1 cm 画一点样点。

3. 点样　　用微量注射器或毛细管取样，点在点样位置上，点样直径应小于 2 mm。若多次点样，则点一次，吹干一次。

4. 展开　　将点好样的聚酰胺薄膜卷成圆筒形，样品侧在筒内，箍以线圈固定，放在小层析槽内（可在小干燥器内置一个培养皿代替），槽内（培养皿）放入 5～10 ml 展开溶液Ⅰ，进行展开，以溶剂前沿到达距顶端 0.5 cm 左右为止（约 20 min）。取出聚酰胺薄膜片，吹干。

进行双向层析时，在第一向层析完毕，完全吹干后（有时需晾过夜，才能充分吹干），将聚酰胺薄膜片转 90°，用展开溶液Ⅱ展开。为了区分 DNS-苏氨酸或者区分 DNS-天冬氨酸与 DNS-谷氨酸，可在展开溶液Ⅱ展开后，吹干，接着用展开溶液Ⅲ沿同一方向展开，只需展开至一半高度即可。为了区别 ε-DNS-赖氨酸、α-DNS-组氨酸与 DNS-精氨酸，应在溶剂Ⅱ中展开后，吹干，接着在展开溶液Ⅳ中沿同一方向展开。

5. DNS-氨基酸的检测　　展开结束后，取出薄膜，用吹风机吹干，在 360 nm 或 280 nm 的紫外线灯下检测。DNS-氨基酸呈黄色荧光。此外还有其他颜色的杂点，如 DNS-OH 显绿色荧光等。

用样品的层析谱与标准 DNS-氨基酸层析谱（图 4-14 和图 4-15）相比较，可鉴别样品 DNS-氨基酸的种类。

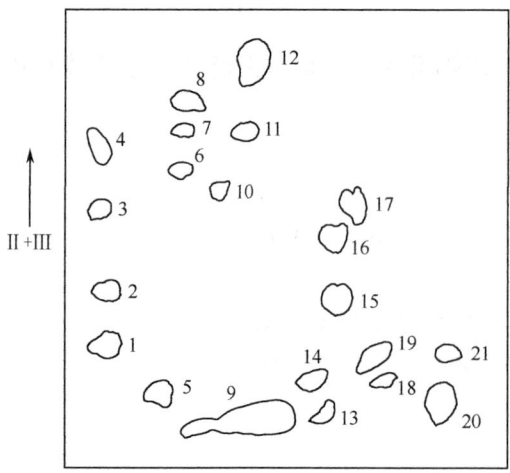
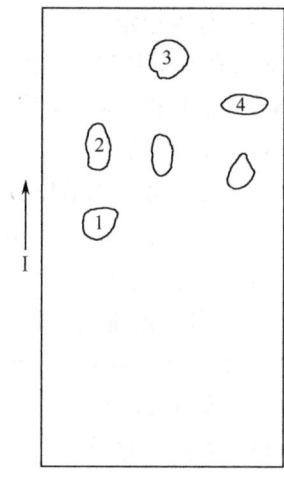

图 4-14　标准 DNS-氨基酸层析图谱
1. Trp；2. bis-Tyr；3. bis-Lys；4. bis-His；5. bis-Cys；
6. Phe；7. Leu；8. Ile；9. DNS-OH；10. Met；11. Val；
12. Pro；13. Asp；14. Glu；15. Gly；16. Ala；17. DNS-NH$_2$；
18. Ser；19. Thr；20. Arg；21. His

图 4-15　DNS-碱性氨
基酸层析图谱
1. 精氨酸；2. DNS-OH；
3. 组氨酸；4. ε-赖氨酸

实验 4-7　醇酯成分的气相层析

【原理】

样品中的醇酯成分随载气进入气相层析柱，由于各成分在气液两相中的分配系数不同，而得到分离。

通过测定各成分层析峰的保留时间，与标准保留时间对照，可初步确定为何种物质。

通过测定各成分与标准物的层析峰面积，可对各组分进行定量分析。

【试剂和材料】

(1)气相色谱仪、自动记录仪。

(2)氢焰检测器。

(3)气相层析柱：内径 3 cm，柱长 2 m 的不锈钢柱。

(4)固定相：固定液为聚乙二醇 20 mol/L，担体为白色担体 Shimalite 60～80 目，固定液量为 10%。

(5)样品液：白酒。

(6)1%(m/V)标准醇酯溶液：层析纯的乙酸乙酯、正丙醇、正丁醇、异丁醇、异戊醇、己酸乙酯、乳酸乙酯、乙酸正戊酯等，分别用 40%的乙醇配成 1%(m/V)的标准溶液。

(7)氮气、氢气：由钢瓶通过减压阀提供。

(8)空气压缩机：用于提供空气。

(9)真空泵。

【操作方法】

1. 固定液的涂渍 按照层析柱的容量,称取一定量的白色担体,过筛,取 60~80 目部分。称取白色担体质量的 10% 的聚乙二醇 20 mol/L,溶解在盛有一定量的氯仿或丙酮的烧杯中。将烧杯置于 50℃ 水浴中,待聚乙二醇完全溶解后,加入担体。在 50℃ 水浴中轻轻摇动烧杯,让溶剂均匀挥发。待溶剂挥发完全后,即涂渍完毕。

2. 层析柱的装填 将不锈钢层析柱用 5%~10% 热碱溶液洗干净,水洗至中性,烘干备用。在层析柱的一端塞一些玻璃纤维(以防止固定相漏出),经过干燥管与真空泵连接。启动真空泵,一边抽气,一边将固定相装进柱。要装填均匀,松紧适宜。装填完毕后,在柱的另一端也塞进一些玻璃纤维。

3. 气相层析柱的老化 层析柱装填好后,装进色谱仪中,用较低的载体流速(30 ml/min 左右)于 125℃ 老化处理十几到几十小时,直至记录仪上的基线平直为止。

4. 标准物保留时间的测定 启动色谱仪、检测器和记录仪,调节并稳定下列操作条件。

层析柱温度:测定乙醇前流出组分用 75℃,测定乙醇后流出组分用 96℃。在异戊醇流出后,层析柱温度升至 115℃。

气流速率:氮气 40 ml/min,氢气 40 ml/min,空气 400 ml/min。

衰减:1/8。

灵敏度:1000(第三挡)。

纸速:10 mm/min。

然后,分别取各种标准物 0.2 μl,用微量注射器直接注入色谱仪。调节衰减控制器,使信号在记录仪量程范围之内,分别测定各物质的保留时间(秒表测定从进样到样品峰尖出现的时间,或用记录纸距离除以纸速算出)。

5. 相对校正因子的测定 准确吸取 1%(m/V) 乙酸正戊酯(内标物)的 40% 乙醇溶液,与 1%(m/V) 组分纯物质的 40% 乙醇溶液等体积混合。

在上述相同的操作条件下,取 1 μl 混合液注入色谱仪的气化室中,在层析图谱中分别测量内标物与标准物的峰面积,按下式计算相对校正因子:

$$f'_i = \frac{A_S/m_S}{A_i/m_i} = \frac{A_S}{A_i} \cdot \frac{m_i}{m_S}$$

式中,f'_i 为组分 i 对内标物的相对校正因子;A_i、A_S 分别为组分纯物质与内标物的层析峰面积;m_i、m_S 分别为组分纯物质与内标物的质量。

6. 样品中各组分保留时间的测定 取 1 μl 白酒样品液直接注入色谱仪,测定在上述相同的操作条件下样品中各组分的保留时间,与标准物保留时间对照,可确定样品中各组分为何种物质。

7. 增加峰高法确定样品中的组分 于 25 ml 容量瓶中加入白酒样品 12.5 ml。某标准物 0.25 ml,加水定容至刻度。取 1 μl 注入色谱仪,得出色谱图,与未加入标准物的色谱图对照,若某层析峰的峰高增加,则表示所加入的标准物与该峰所对应的组分一致。

8. 样品中组分的含量测定 准确吸取 2.5 ml 试样白酒,加入 0.1 ml 1%(m/V) 内标物溶液(乙酸正戊酯),混匀后取 1 μl 注入色谱仪。

从上述相同操作条件下的层析谱中分别测量出各组分与内标物的峰面积。

根据下式计算样品中各组分的百分含量。

$$c_i = f'_i \times \frac{A_i}{A_s} \times \frac{0.1 \times 1\%}{2.5} \times 1000 = f'_i \times \frac{A_i}{A_s} \times 40$$

式中，c_i 为样品中某组分的百分含量(mg/100 ml)，％；A_i 为样品中某组分的峰面积；A_s 为内标物的峰面积；0.1、2.5 分别为内标物和样品的毫升数；1％为内标物浓度(g/100 ml)；1000 为由克换算为毫克。

实验 4-8 胆酸混合液的薄层层析

【原理】

各种胆酸的混合液中含有胆酸(CA)、脱氧胆酸(DCA)、鹅脱氧胆酸(CDCA)、猪脱氧胆酸(HDCA)等。由于硅胶对各种胆酸的吸附力不同，所以用硅胶制备的薄层板可以对胆酸混合液进行层析分离。展开剂为正己烷-乙酸乙酯-乙酸-甲醇混合剂，显色剂为 5％硫酸乙醇溶液。层析后与标准样品对照，可确定其种类和各自的含量。

【试剂和材料】

(1) 硅胶 G：AR 级试剂。
(2) 羧甲基纤维素钠(CMC-Na)：分析纯。
(3) 展开剂：正己烷∶乙酸乙酯∶乙酸∶甲醇＝20∶25∶2∶3。
(4) 显色剂：5％硫酸乙醇溶液。
(5) 样品：胆酸(CA)、脱氧胆酸(DCA)、猪脱氧胆酸(HDCA)、鹅脱氧胆酸(CDCA)，各自的纯品为标准液，标准液各自的含量均为 0.2 mg/ml。另配制未知的胆酸混合液，均用无水乙醇配制。

【操作方法】

1. 薄层板的制备 取适量硅胶 G，加入 2 倍体积的 0.1％CMC-Na 溶液，在玻璃板上制成 20 cm×20 cm、厚 0.5 mm 的薄层板。自然干燥后，于 105℃活化 1 h，置干燥器中备用。

2. 点样 取样品液和 4 种标准液各 5 μl，点样于同一薄层板的各点样原点上。

3. 展开 采用正己烷-乙酸乙酯-乙酸-甲醇为展开剂，在室温、相对湿度为 50％的条件下展开。

4. 显色 以 5％硫酸乙醇溶液为显色剂，置 100℃烘 8 min，然后盖上同样大小的玻璃板，四周用透明胶带封住。根据各斑点的 R_f 值进行定性分析(图 4-16)。

5. 定量分析 以汞灯为光源，激发波长为 366 nm，用薄层扫描仪进行荧光扫描。根据扫描曲线的面积进行定量。

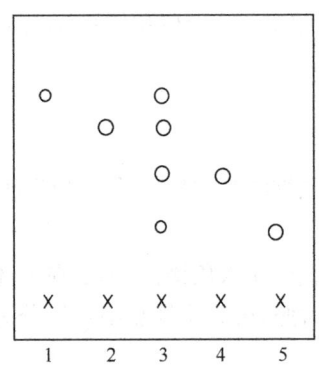

图 4-16
1. DCA；2. CDCA；3. 混合液；
4. HDCA；5. CA

第五章 电泳技术

带电粒子在电场中向着与其本身所带电荷相反的电极移动的过程称为**电泳**。

早在19世纪初期就已发现胶体粒子有电泳现象，并用在胶体化学的研究中。但在此后的100多年电泳技术进展缓慢。直到1937年成功地进行纸电泳以后，电泳技术才迅速发展并得到广泛应用。

现在电泳技术已在无机化学、有机化学、生物化学、分子生物学、放射化学和免疫化学等学科中成为各种带电物质的分离鉴定的重要手段，已成为在科研、教学、工业、医药等领域常用的快速而又准确的分离分析方法。

电泳方法各式各样，按所使用的支持体的不同，可以分为纸电泳、薄层电泳、薄膜电泳、凝胶电泳和等电聚焦电泳等。

第一节 电泳的基本原理

电泳的方式和方法虽然有多种，但其基本原理是相同的。

不同的物质，由于其带电性质、颗粒形状和颗粒大小不同，因而在一定的电场中它们的移动方向和移动速率也不同。因此可将它们分离。

颗粒在电场中的移动方向取决于颗粒所带电荷的种类。带正电荷的颗粒向电场的负极移动；带负电荷的颗粒向电场的正极移动；净电荷为零的颗粒在电场中不移动。颗粒在电场中的移动速率主要取决于颗粒所带净电荷量，同时受颗粒形状和颗粒大小的影响。

在电场中，颗粒的移动速率通常用泳动度（或迁移率）来表示。泳动度是指带电颗粒在单位电场强度下的泳动速率，即

$$\mu = \frac{v}{E} = \frac{d/t}{V/L} = \frac{d}{V} \cdot \frac{L}{t}$$

式中，μ 为泳动度（或迁移率）[$cm^2/(V \cdot s)$]；v 为泳动速率（cm/s）；E 为电场强度（V/cm）；d 为颗粒泳动距离（cm）；L 为支持物有效长度（cm）；V 为实际电压（V）；t 为通电时间（s）。通过测量 d、L、V、t，即可计算出颗粒的泳动度。

泳动速率除了受带电颗粒本身性质的影响之外，还受其他外界因素的影响。

1. 电场强度 电场强度是指每厘米的电位降，又称为电位梯度或电势梯度。电场强度对颗粒的运动速率起着十分重要的作用。电场强度越高，带电颗粒的泳动速率越快。根据电场电压的高低可将电泳分为常压电泳（100～500 V）和高压电泳（500～10 000 V）。常压电泳的电场强度一般为2～10 V/cm，高压电泳的电场强度一般为20～200 V/cm。高压电泳比常压电泳所需的时间较短，有时仅需数分钟。常压电泳多用于分离大分子物质，而高压电泳多用于分离小分子物质。

2. 溶液的 pH 溶液的 pH 决定了溶液中带电颗粒的解离程度，也即决定了颗粒所带

净电荷的多少。对两性电解质而言,pH 离等电点越远,则颗粒所带净电荷越多,泳动速率也越快;反之则慢。当溶液的 pH 等于溶质的等电点时,净电荷为零,泳动速率也为零。因此,应选择适宜的 pH,并需采用缓冲溶液,使溶液的 pH 恒定。

3. 溶液的离子强度 溶液的离子强度越高,颗粒的运动速率越慢;反之,则越快。一般最适的离子强度为 0.02～0.2。离子强度可按下式计算:

$$I = \frac{1}{2} \sum m_i z_i^2 = \frac{1}{2}(m_1 z_1^2 + m_2 z_2^2 + \cdots + m_n z_n^2)$$

式中,I 为溶液的离子强度;m_i 为离子的物质的量浓度;z_i 为离子的价数;$1, 2, \cdots, n$ 为各种离子。

例如,0.02 mol/L 的 $(NH_4)_2SO_4$ 溶液的离子强度为

$$I = \frac{1}{2}(0.02 \times 2 \times 1^2 + 0.02 \times 2^2) = 0.06$$

4. 电渗 在电场中,液体对于固体支持物的相对移动称为电渗。例如,在纸电泳中,由于滤纸(纤维素)上带有一定量的负电荷,而使与纸相接触的水溶液带正电荷,液体便向负极移动并带动粒子向负极移动。若粒子本来向负极移动,则其表观速率将比泳动速率快;若粒子原来向正极移动,则其表观速率比泳动速率慢。本来不带电荷的物质有时也会向负极移动。

5. 其他因素 缓冲液的黏度及温度等也对泳动速率有一定的影响。

第二节 纸 电 泳

纸电泳是以滤纸为支持体的电泳技术。根据电场强度的不同,可分为常压纸电泳和高压纸电泳两类。高压纸电泳速率快,适用于小分子物质,如氨基酸、核苷酸、多肽、糖类等的分离;但由于其电压高,发热量大,需附有冷却装置。而常压纸电泳设备简单,适用于大分子物质的分离;但电泳速率较慢,区带易扩散。

一、缓冲液的选择

缓冲液的种类、pH 和离子强度应根据欲分离样品的理化性质,从提高电泳速率和分辨力出发进行选择。选择的缓冲液最好挥发性强,对显色剂和紫外线吸收等观察电泳区带的方法没有影响。一些物质电泳时常用的缓冲溶液见附录中的附表 1～14。

二、滤纸的选择与剪裁

电泳分离所用的滤纸应纸质均匀和吸附力小,一般采用层析用滤纸。

滤纸可裁成长条,每个样品的纸宽为 2～3 cm。滤纸长度需根据电压和所需的电场强度来估计。在电场一定时,所需电场强度越大,则滤纸应裁得越短。若采用双向电泳,即样品在同一张纸上沿两个相互垂直的方向,用两种不同 pH 的缓冲液进行电泳,则滤纸应裁成正方形。

三、电泳操作要点

1. 点样 对于未知样品,初次试验时应将样品点在纸中央,以观察样品电泳时的移动

方向；对于已知样品，原点位置应根据经验进行选择，但必须距离缓冲液液面 5 cm 以上，滤纸两端应标明电极的极性"+"或"-"。原点形状一般呈条状时，其分离效果较好。但样品量少时，原点呈圆点，便于显色和定性。

点样量随滤纸厚度、原点宽度、样品溶解度、显色方法的灵敏度及样品中各组分电泳速率的差别而有所不同。点样量要适当，过多易引起拖尾和扩散；过少则无法检出。

点样方法分为干法和湿法两种。干法点样与纸层析法的点样相似，将样品点于干滤纸上，点完一次后，用吹风机吹干，再点样，反复进行，直至点完所需样品为止。然后用缓冲溶液将滤纸喷湿，有样品处最后喷。干法点样的优点是在点样过程中起了浓缩作用，适于稀样品，但要防止样品被破坏和纸面受损。湿法点样是先将滤纸用喷雾器均匀地喷上缓冲液，或将滤纸浸于缓冲液中浸透取出，用干滤纸吸去多余的缓冲液。点样时，滤纸点样部分用玻璃架架起，用毛细管或微量注射器点上样品。点样次数不宜多，如样品浓度过稀，应预先进行浓缩。湿法点样的优点是可以保持样品的天然状态。

2. 电泳　　电泳时，电泳槽应放平，两个槽的液面应保持同一水平，以避免虹吸现象。电泳槽应盖上斜顶盖子，以防缓冲液蒸发并避免冷凝水滴落在电泳纸上。

电泳时，应调节好电压并使之稳定，并要注意电泳时间。电泳结束后，关闭电源，取出电泳纸烘干或吹干。

3. 显色　　不同物质采用不同的显色方法。核酸类物质可在紫外线下观察，但大多数物质需用显色剂显色。显色方法与纸上层析相同。现把一些物质常用的显色剂及显色方法列举如下。

1) 蛋白质的显色

(1) 溴酚蓝显色法：用溴酚蓝染色液（用 $HgCl_2$ 饱和的 1%溴酚蓝乙醇溶液）喷雾显色或浸泡显色 10 min 后，放入 0.5%乙酸水溶液中至无蛋白质处完全褪色为止。风干，在半干时用氨气熏，有蛋白质处呈蓝色。可用 0.1 mol/L NaOH 溶液洗脱后定量。

(2) 氨黑 10B 显色法：用氨黑 10B 染色液（含 10%乙酸的甲醇，加入氨黑 10B 至饱和）染色 10 min。取出，放入含有 10%乙酸的甲醇溶液中，浸洗至无蛋白质处呈淡蓝色为止。有蛋白质处呈蓝黑色。可用含 3%~5%苯酚的 10%乙酸溶液洗脱后定量。

(3) 偶氮胭脂红 B 显色法：用偶氮胭脂红 B 染色液（将 0.75%偶氮胭脂红 B 溶于含有 10%乙酸及 50%甲醇的水溶液中）染色 10 min，用含 10%乙酸的甲醇溶液浸洗 5 min。再用 10%乙酸水溶液浸洗，至无蛋白质处完全褪色为止。有蛋白质处呈樱红色。可用 0.1 mol/L NaOH 溶液洗脱后定量。

2) 氨基酸显色法

(1) 茚三酮显色法：用 0.1%~0.5%茚三酮的丙酮或乙醇溶液将滤纸喷湿后，在 60℃下烘 20 min 即显色。再用 1%硝酸铜喷雾可使颜色固定，长期保存。

(2) 靛红（吲哚醌）显色法：滤纸用 1%靛红染色液（将 1%靛红溶于含 10%乙酸的甲醇溶液中）喷雾，于 90~100℃加热 5~10 min，各种氨基酸呈现不同颜色。然后用底色褪色剂〔将 4 g 硅酸钠（$Na_2SiO_3 \cdot 7H_2O$）溶于 100 ml、2%Na_2CO_3 溶液中〕使底色褪去。

第三节　薄层电泳

薄层电泳是将支持物与缓冲液调制成适当厚度的薄层而进行电泳的技术。常用的支持物有淀粉、琼脂、纤维素粉、硅胶等，其中以淀粉最为常用。由于淀粉易成型，对蛋白质吸附少、样品易洗脱、电渗作用低、分离效果好，所以淀粉板薄层电泳广泛用于蛋白质、多肽、酶和核酸的分离。现以淀粉板薄层电泳为例介绍如下。

1. 缓冲液的选择　　淀粉板薄层电泳所用缓冲液可用纸电泳的缓冲液，如巴比妥缓冲液、Tris-磷酸盐缓冲液等。但由于淀粉颗粒有离子交换作用，因此必须采用离子强度较高（0.05~0.1 mol/L）的缓冲液。

2. 支持物的处理　　薄层电泳所用的支持物需用精制品，市售的淀粉、琼脂等需经过精制。淀粉的精制是采用0.4%~0.5%的酸性乙醇（1000 ml 乙醇加4~5 ml浓盐酸）反复洗涤至乙醇洗液不带黄色为止，然后用蒸馏水洗至不含氯离子，60℃烘干备用。

3. 薄层板的制作　　在玻璃板上铺上蜡纸，放上尺寸适宜的框架。将精制淀粉与缓冲液混匀后倒进框架中，静置十余小时。待淀粉沉降后，除去上清液。至淀粉表面稍干，取除框架即成淀粉薄层板。

4. 加样　　在淀粉板中间用小刀挖出淀粉成一条约宽5 mm大小的沟，将样品与挖出的淀粉混匀后，重新填入原处压平。

5. 电泳　　淀粉板两端用几层纱布与两极的缓冲液连接，通上电流，电泳一定时间。

6. 电泳条带的观察　　可用印染法观察电泳条带位置，即在电泳结束后，取一张与薄层板大小相同的滤纸，用缓冲液浸湿后平放于薄层板上，轻轻压平。2~3 min后取下滤纸吹干显色，即可观察到条带位置。按印染法所确定的位置，将薄层板分段切开，可将各组分分别洗脱下来。

第四节　薄膜电泳

以醋酸纤维等制成薄膜作为支持体的电泳称为薄膜电泳。薄膜电泳的分辨力比凝胶电泳和薄层电泳低，但比纸电泳高，而且具有简单、快速、区带清晰、灵敏度高、易于定量和便于保存的特点，已广泛用于蛋白质和同工酶等的分离分析，也用于免疫电泳等方面。

1. 薄膜的处理与放置　　将醋酸纤维薄膜切成适当的尺寸（如10 cm×2.5 cm），用镊子夹住慢慢放进缓冲液中（可用纸电泳使用的缓冲液），浸泡30 min左右，充分浸透至薄膜条上无白点为止，取出用滤纸吸去多余的缓冲液。然后将湿润的薄膜两端置于电泳槽的支架上，薄膜两端可直接伸进缓冲液中，也可通过滤纸条与缓冲液相连。薄膜需拉直固定。

2. 点样　　用毛细管或微量注射器将样品点在薄膜中央。点样后，电泳槽加盖密封，并静置平衡10 min。

3. 电泳　　电场强度为10~25 V/cm，电泳0.5~2 h。

4. 显色　　电泳完毕后，取出薄膜条在染色液（氨基黑10B或偶氮胭脂红B染色液等）中染色5~10 min，再用漂洗液（含10%乙酸的甲醇溶液）洗几次，直至区带清晰为止。若要保存图谱或直接以分光光度计测定，可在薄膜条完全干后置于透明液（含15%乙酸的乙醇溶液）中浸泡5 min，取出贴于洁净的玻璃板上。

第五节 凝胶电泳

凝胶电泳是以各种具有网状结构的多孔凝胶作为支持物的电泳技术。凝胶电泳与其他电泳的主要区别在于凝胶电泳同时具有电泳和分子筛的双重作用,具有很高的分辨力。例如,人血清在纸电泳(pH 8.6 的缓冲液)中仅能分离出 6 种或 7 种组分,而用凝胶电泳可分离出 20 种以上的组分。利用等电聚焦电泳与 SDS 平板凝胶电泳相结合的"二元电泳"成功地从大肠杆菌细胞中分离出 1000 多种蛋白质。将聚丙烯酰胺凝胶电泳与放射自显影技术相结合,可使含量仅为样品中蛋白质总含量的 $10^{-7} \sim 10^{-3}$ 的某种蛋白质得以分离和定量。

凝胶电泳所采用的支持物主要有聚丙烯酰胺凝胶和琼脂糖凝胶等,常用的是聚丙烯酰胺凝胶。现介绍聚丙烯酰胺凝胶电泳的原理及操作要点。

聚丙烯酰胺凝胶具有机械强度好、透明有弹性、有较好的化学稳定性和热稳定性,没有吸附作用和电渗作用、可通过改变丙烯酰胺的浓度和交联度而制成不同孔径的凝胶等优点,被广泛地用于生物大分子的分离。

聚丙烯酰胺凝胶电泳按其电泳装置和凝胶的形状可分为垂直管型盘状电泳和垂直板型电泳。二者的操作原理和操作方式基本相同,不同的是前者在圆玻璃管内将凝胶做成圆柱状,后者在两块平板玻璃之间将凝胶做成平板状。

聚丙烯酰胺凝胶电泳按其凝胶的组成系统可分成 4 种。

(1) 连续凝胶电泳。连续凝胶电泳只用一层凝胶,采用相同的 pH 和相同的缓冲液。

(2) 不连续凝胶电泳。不连续凝胶电泳采用二层或三层性质不同的凝胶(即样品胶、浓缩胶和分离胶)重叠起来,使用两种不同的 pH 和不同的缓冲液。

(3) 梯度凝胶电泳。梯度凝胶电泳采用梯度混合装置,使制得的凝胶由上至下孔径逐渐减小(即凝胶浓度由上至下逐渐增高)。梯度凝胶电泳主要适宜于测定球蛋白的相对分子质量。

(4) SDS-凝胶电泳。在聚丙烯酰胺凝胶中加入 SDS。

一、聚丙烯酰胺凝胶的制备原理

聚丙烯酰胺凝胶是用丙烯酰胺(acrylamide)和交联剂 N,N'-甲叉双丙烯酰胺(N,N'-methylene bisacrylamide,BIS)在催化剂的作用下聚合而成的。

所用的催化剂有两种。①用过硫酸铵和四甲基乙二胺(TEMED)作为化学聚合催化剂,在 TEMED 或其他叔胺的催化下,由过硫酸铵形成氧的自由基。氧的自由基又使丙烯酰胺形成自由基,从而引发聚合作用。②用核黄素($Vitb_2$)作为光聚合的催化剂。光聚合可用日光、日光灯或电灯作为光源。在痕量的氧存在下,核黄素经光解形成无色基,无色基再被氧氧化形成自由基,从而引发聚合作用。

在聚丙烯酰胺凝胶制备时,改变单体丙烯酰胺的浓度可使凝胶网状结构中网眼的孔径改变。因此可根据被分离物质的相对分子质量大小选择适当的浓度(表 5-1)。交联剂 N,N'-甲叉双丙烯酰胺的浓度对孔径也有一些影响。当丙烯酰胺的总浓度不变时交联剂的浓度占 5%,则凝胶孔径最小;高于或低于 5%,孔径都相对变大。一般使用时,交联剂与单体浓度之比为 2∶100～5∶100。

表 5-1　凝胶浓度与适用的相对分子质量范围

丙烯酰胺浓度/%	适用的物质	相对分子质量范围
2~5	蛋白质	$>5\times10^6$
5~7.5	蛋白质	$5\times10^5\sim5\times10^6$
7.5~10	蛋白质	$1\times10^6\sim5\times10^6$
10~15	蛋白质	$5\times10^4\sim1\times10^5$
15~20	蛋白质	$1\times10^4\sim5\times10^4$
20~30	蛋白质	$<10^4$
2~5	核酸	$1\times10^5\sim2\times10^6$
5~10	核酸	$10^4\sim10^5$
10~20	核酸	$<10^4$

聚丙烯酰胺凝胶的孔径可用下式近似地进行计算：

$$\bar{P}=\frac{Kd}{\sqrt{c}}$$

式中，$\bar{P}$ 为凝胶的平均孔径；c 为丙烯酰胺浓度；K 为常数，取决于凝胶内部交联的几何构型，若交联是近似直角的，则 K 为 1.5；d 为分子直径，一般不卷曲的分子直径为 5 Å。

例如，丙烯酰胺浓度为 5% 时：

$$\bar{P}=\frac{Kd}{\sqrt{c}}=\frac{1.5\times5}{\sqrt{0.05}}=33(\text{Å})$$

丙烯酰胺浓度为 10% 时：

$$\bar{P}=\frac{Kd}{\sqrt{c}}=\frac{1.5\times5}{\sqrt{0.10}}=24(\text{Å})$$

二、不连续电泳中样品压缩成层的原理

不连续电泳使用 2 层或 3 层不同孔径的凝胶，使用不同的 pH 和缓冲液，能使稀样品在电泳过程中浓缩成层，从而提高分辨能力。

不连续电泳的凝胶由上至下可分为以下几种。

1. 样品胶　样品胶为大孔径凝胶，在 pH 6.7~6.8 的 Tris-HCl 缓冲液中聚合而成，含有欲分离的样品。有时可不用这一层样品胶，而直接将样品液加入 10% 甘油或 5%~20% 蔗糖后，加在浓缩胶的表面。

2. 浓缩胶　浓缩胶为在 pH 6.7~6.8 的 Tris-HCl 缓冲液中聚合而成的大孔径凝胶。除了不含样品外，其他成分与样品胶相同。样品就是在浓缩胶中浓缩，按迁移率的不同，在浓缩胶与分离胶的界面上压缩成层的。

3. 分离胶　分离胶为在 pH 8.8~8.9 的 Tris-HCl 缓冲液中聚合而成的小孔径凝胶。样品组分在分离胶中进行电泳和分子筛分离。连续电泳时只用一层分离胶即可，其制备方法相同。

当不连续电泳的多层凝胶重叠在一起，用 pH 8.3 的 Tris-甘氨酸缓冲液置于电泳槽内进行电泳时，样品就在浓缩胶中浓缩成狭窄的高浓度样品层。这是因为在各层胶中都含有 HCl，HCl 离解度大，几乎全部成 Cl^-。Cl^- 在电场中泳动速率最快（迁移率最大），称为快离子。而电泳槽中含有甘氨酸，在样品胶和浓缩胶中 pH 为 6.7~6.8，甘氨酸只有 0.1%~1.0% 解离为 $CH_2(NH_2)COO^-$，在电场中迁移率最小，泳动速率最慢。而蛋白质的泳动速率介于快离子

与慢离子之间。它们的有效迁移率(有效迁移率为迁移率 m 与解离度 a 的乘积)按下列顺序排列:$m_C a_C > m_P a_P > m_G a_G$(C 为 Cl^-、P 为蛋白质、G 为甘氨酸)。当电泳开始后,作为快离子的 Cl^- 很快超过蛋白质,走在最前面,而使其后面形成一个离子浓度较低的低电导区。低电导产生较高的电位梯度,这种高电位梯度使蛋白质和慢离子在快离子后面加速移动,致使蛋白质在快、慢离子之间被浓缩成一个狭窄的中间层。

当这一浓缩成层的样品带进入分离胶时,因分离胶的 pH 为 9.5(配制分离胶时 pH 为 8.8~8.9,但在电泳过程中,根据测定结果 pH 实为 9.5),使甘氨酸的解离度增加,泳动速率加快,很快地超过所有蛋白质,高电位梯度消失,使蛋白质在均一的电位梯度和 pH 的条件下电泳分离。由于分离胶的孔径较小,各蛋白质因分子大小和形状不同受分子筛效应使某些净电荷相同,而分子大小和形状不同的蛋白质也得以分离。

三、SDS-凝胶电泳原理

如前所述,蛋白质在聚丙烯酰胺凝胶电泳中,其迁移率主要取决于它所带的电荷及分子的大小和形状。但是,1967 年 Shapiro 等发现,在聚丙烯酰胺凝胶系统中加入 SDS,则蛋白质分子的电泳迁移率主要取决于其相对分子质量,而与它的形状及所带电荷无关。在一定条件下蛋白质相对分子质量与其电泳迁移率的关系可用下式表示:

$$M_r = K \cdot (10^{-bm})$$
$$\lg M_r = \lg K - bm = C - bm$$

式中,M_r 为相对分子质量;K、C 为常数;b 为斜率;m 为电泳迁移率。

因此,要测定某一蛋白质分子的相对分子质量,只需比较核蛋白质与其他已知相对分子质量的蛋白质在 SDS-凝胶电泳上的迁移率即可。此法已广泛地用于各种蛋白质相对分子质量的测定,误差不超过 ±10%。

为什么 SDS-凝胶电泳会不受蛋白质分子所带电荷及分子形状的影响呢?研究结果表明,在蛋白质溶液中加入 SDS 和巯基乙醇后,巯基乙醇使蛋白质分子中的二硫键还原;SDS 能使蛋白质的氢键、疏水键打开,并结合到蛋白质分子上,形成蛋白质-SDS 复合物。在一定条件下,1.4 g SDS 与 1 g 蛋白质结合,由于 SDS 带负电,使各种蛋白质-SDS 复合物带上相同密度的负电荷,而掩盖了蛋白质间原有电荷的差别。此外,SDS 与蛋白质结合后,引起蛋白质构象的变化,在水溶液中都变为长椭圆形,而且椭圆短轴长度均为 18 Å 左右,长轴的长度则与蛋白质相对分子质量成正比。为此,蛋白质-SDS 复合物在凝胶电泳中的迁移率不再受蛋白质原有电荷和分子形状的影响,而只取决于蛋白质的相对分子质量。

四、凝胶电泳的操作要点

1. 凝胶的制备 首先将凝胶制备时所需的各种缓冲液、丙烯酰胺和 N,N'-甲叉双丙烯酰胺、催化剂等配制成浓度较高的贮存液。除了过硫酸铵在用前配制外,其他一律置于 4℃ 冰箱中避光保存,在使用时按所需浓度进行稀释配制。

制备凝胶使用的玻璃板或玻璃管均需洗涤洁净并经干燥方能使用。不连续凝胶的制备是先制分离胶,将各种贮存液混合后,注入玻璃管或两块玻璃板之间,至预定高度后,在胶面轻轻加入一层蒸馏水,聚合 30~60 min。聚合后,吸去水,再注入浓缩胶所需混合液,表面加一层蒸馏水聚合一段时间后再加样品胶。

制备凝胶时,要避免气泡存在。为此。各种贮存液混合后,应进行抽气处理。

梯度凝胶电泳的凝胶通过梯度混合器进行制备。将低浓度的胶液置于贮液瓶,将高浓度胶液置于混合瓶,用输液管由底部逐渐向上注入玻璃管或两块玻璃板之间,控制好流速,即可制成由上到下浓度连续升高的梯度凝胶。

2. 电极缓冲液的选择 电极缓冲液应根据被分离成分而定,一种为阴离子电泳系统(pH 8~9),上槽接负极,下槽接正极,可采用溴酚蓝作指示染料,一般蛋白质和核酸在pH 8~9时带负电荷,在电泳时向正极移动。另一种为阳离子电泳系统(pH 4 左右),上槽接正极,下槽接负极,可用亚甲基绿作指示染料,适用于碱性蛋白质的电泳,在此 pH 下,碱性蛋白质带正电,向负极移动。

3. 电泳 将制好的凝胶装进电泳槽,加入样品后,在电泳槽中注入缓冲液,接通电源。梯度凝胶电泳在电泳时应使电压稳定,在指示染料未进入凝胶前维持较低的电压,染料进入凝胶后将电压升高,然后在稳定的电压下电泳至指示染料到达凝胶下端为止。而其他凝胶电泳则使电流稳定,同样在开始时电流较低,然后升高电流,并在稳定的电流下电泳。

4. 染色与固定 电泳完毕后,从玻璃管或玻璃板中取出凝胶。从玻璃板中取出凝胶较易,但要防止胶片破损。从玻璃管中取出凝胶可用微量注射器吸满水或 10%的甘油,将针头插入凝胶与管壁之间,一边慢慢旋转,一边不断地将液体压入,或用气压将凝胶取出。

取出凝胶后,浸泡在含 0.5%氨基黑 10B 的 7%乙酸染色体中,或浸泡在含 0.1%考马斯亮蓝的 12.5%~50%的三氯乙酸染色液中,同时进行染色和使蛋白质固定。

5. 脱色 将经固定和染色的凝胶浸于脱色液(7%的乙酸溶液)中脱色,隔一段时间换一次脱色液,直至无蛋白质处无色透明为止。为加快脱色时间,可用水浴加热的方法或采用电解脱色的方法,即在 7%的乙酸溶液中将染色的凝胶置于槽中间,两边通以直流电压 30~40 V,1 h 左右即可脱色完毕。

第六节 等电点聚焦电泳

等电点聚焦电泳又称为等电点聚焦或电聚焦,是 20 世纪 60 年代后期才发展起来的电泳技术,已成功地用于蛋白质的分离、鉴定及测定蛋白质的等电点。

在电泳系统中加进两性电解质载体,当通以直流电时,两性电解质载体即形成一个由阳极到阴极连续增高的 pH 梯度。当蛋白质或多肽进入这个体系时,不同的蛋白质即移动到(聚焦于)与其等电点相当的 pH 位置上,从而使不同等电点的蛋白质得以分离。这种电泳技术称为等电点聚焦电泳。

等电点聚焦电泳的显著优点有:①分辨率高,可将等电点相差 0.01~0.02 pH 单位的蛋白质分开;②随着电泳时间的增加,区带越来越窄。而其他电泳随着时间和移动距离的增加,由于扩散作用而使区带越来越宽;③由于电聚焦作用,不管样品加在什么部位,都可以聚焦到其等电点 pH 的位置;④很稀的样品都可分离,且重现性好;⑤可用于测定蛋白质或多肽的等电点。

等电点聚焦电泳的缺点是:①要求使用无盐溶液,而某些蛋白质在无盐溶液中溶解度低,可能产生沉淀;②样品中各组分都聚焦到其等电点,对一些在等电点不溶解或发生变性的蛋白质不适用。

一、稳定 pH 梯度的形成

在等电点聚焦电泳中,阳极槽装上酸(硫酸或磷酸等),阴极槽装上碱(氢氧化钠或乙二胺等)。当槽中加入两性电解质载体时,则这些两性电解质在阳极的酸液中会得到质子而带正电,在阴极的碱液中则失去质子而带负电,这样就会受其附近的电极所排斥而向相反方向移动。设在阴极槽中有一种等电点较低的两性电解质 A 和另一种等电点稍高于 A 的两性电解质 B,A 和 B 都带负电荷向阳极移动。当 A 逐渐接近阳极时,就会得到质子,失去电荷而停止移动。B 在靠近 A 时也失去电荷而停止运动。若 B 置于 A 与阳极之间,由于此间的 pH 低于 B 的等电点,B 将带正电荷向阴极移动,它只能排列在 A 与阴极之间的某一点。若有很多不同等电点的两性电解质,它们就会按等电点由低到高的顺序依次排列,形成由阳极向阴极逐步升高的 pH 梯度。此梯度取决于两性电解质载体的 pH 范围、浓度及缓冲液性质。在防止对流的情况下,只要电流存在,这种 pH 梯度就非常稳定并保持不变。

二、两性电解质载体

在等电点聚焦电泳中,为了获得稳定的 pH 梯度,必须要有性质优良的两性电解质载体。作为好的两性电解质载体必须符合下列要求。

(1) 在等电点处必须有足够的缓冲能力,以便能控制 pH 梯度,而不受蛋白质等两性电解质的影响。

(2) 在等电点处必须有足够的电导,以便使一定的电流通过。而且要求各不同 pI 的载体有相同的电导系数,使整个体系中的电导均匀。否则,电导不均匀,电位降有大有小,就不能保持 pH 梯度,也不能达到聚焦的目的。

(3) 相对分子质量要小,以便与被分离的高分子物质用分子筛或透析法分开。

(4) 化学组分应不同于被分离的物质,以免干扰测定。

(5) 不与被分离物质起化学反应,也不会引起被分离物质变化。

两性电解质载体一般由多乙烯多胺(如五乙烯六胺等)与丙烯酸进行加成反应制备而成:

$$R_1-N^+H-(CH_2)_2-N^+H-R_2 + CH_2=CH-COOH \longrightarrow$$

$$R_1-N^+H-(CH_2)_2-\underset{\underset{CH_2-CH_2-COO^-}{|}}{N^+}-R_2$$

两性电解质载体的商品主要有瑞典 LKB 公司的 Ampholine 和法玛西亚公司的 Pharmalyte 等。一般配成 40% 的无色水溶液,相对分子质量为 300~1000。有不同的 pH 范围(如 pH 3.5~5、pH 5~7、pH 6~8、pH 3~10、pH 9~11 等)供使用时选择。

三、支持 pH 梯度的介质

等电点聚焦电泳的主要条件之一是具有稳定的 pH 梯度,以防止对流,避免已分离的物质再度混合。为此需采用某些物质,用以支持 pH 梯度。支持 pH 梯度的介质有如下两类。

1. 密度梯度溶液 如果等电点聚焦电泳在溶液中进行,没有固体支持物,这种电泳称为自由电泳。为保持 pH 梯度,防止对流和避免分离物质的再度混合,则需采用密度梯度溶液。密度梯度溶液由一种重溶液和一种轻溶液在梯度混合器中混合而成。最常用的密度梯度溶质是蔗糖(分析纯),因为它对蛋白质无害并有保护作用。重溶液含 50%(m/V)蔗糖,轻溶液为水,这时柱上、下最大密度差为 0.2 g/cm³。如果蔗糖浓度太高,则黏度过大不适用。在高 pH 时蔗糖易分解而影响 pH 梯度和 pI 的测定。此时可改用甘油,也可用乙二醇、甘露醇、右旋糖酐或 Ficoll(蔗糖聚合物的商品名)等作为密度梯度溶质。

2. 凝胶　　等电点聚焦电泳广泛使用凝胶作为支持 pH 梯度的介质。应用最多的是聚丙烯酰胺凝胶。一般采用圆柱盘状电泳,柱内径为 2.5 mm 左右、长为 10 cm 左右,使用样品少,结果准确。用于制备型的胶柱可以增大体积,但需要冷却装置以防止温度升高。也可以采用聚丙烯酰胺胶板做等电点聚焦电泳。瑞典 LKB 公司已有各种规格的含有 Ampholine 的聚丙烯酰胺凝胶板作为商品出售。

此外,从 1973 年开始,也有应用超细颗粒(颗粒直径 10～40 μm)的葡聚糖凝胶 Sephadex G-75 和 Sephadex G-200 或聚丙烯酰胺凝胶 Bio-gel P-60(400 目)为制备性等电点聚焦电泳的支持介质。方法是:将超细颗粒的凝胶用蒸馏水溶胀,倾去水层后再用蒸馏水洗涤几次,使每升凝胶干粉 35 g 左右,加入 1% 的适当 pH 范围的 Ampholine,搅拌均匀后倒进板框中铺平,上面再撒一层凝胶干粉,由于其吸水性而定型成凝胶平板。也可在空气中蒸发去水而成板,至凝胶板中水分含量约 25% 为宜,平板厚度为 0.5～1 cm。然后在凝胶板两端各挖一条长槽,放进吸饱电极缓冲液(正极为酸、负极为碱)的海绵,按薄层电泳的方法进行等电点聚焦电泳。

四、等电点聚焦电泳的操作要点

1. pH 梯度支持介质的制备　　若是自由电泳,制备密度梯度溶液可采用 50%(m/V) 的蔗糖溶液为重溶液,而以蒸馏水为轻溶液。在轻溶液和重溶液中各加进 2.5%～5% 的 40% Ampholine,并在重溶液中加入样品。然后用梯度混合器(重溶液装在混合槽,轻溶液装在贮液槽)慢慢加进聚焦柱中而成。

若用聚丙烯酰胺,其制胶方法与凝胶电泳一样,但要在凝胶聚合之前加进 Ampholine,然后才一起聚合成凝胶。样品可在制胶前与胶液混合,然后聚合。也可在凝胶制好后,在电泳前加在凝胶表面。

2. 聚焦电泳　　准备并装置好聚焦柱和电极缓冲液后,接通电源,调好电压(密度梯度溶液聚焦电泳:开始时电压在 400 V 左右,后逐步升高电压至 800 V 左右;聚丙烯酰胺凝胶聚焦电泳:开始时电压为 200～400 V,后升至 400～800 V),直至电流下降至稳定为止(一般梯度溶液聚焦需 24～72 h,凝胶聚焦需 12 h 左右),然后切断电源。

3. 样品组分的检测　　电泳聚焦完毕后,根据不同的 pH 梯度支持介质,采取不同的检测方法。

(1) 密度梯度溶液聚焦:聚焦完毕后,关闭电源,用吸管吸出顶部电极缓冲液,打开下部排出口,以 2 ml/min 的流速放出溶液,注意不得震动柱身,防止区带紊乱。根据需要调节每管的收集量。然后将各收集组分分别测定 pH、蛋白质含量或酶活性等,作出各自的曲线。若出口连接紫外光检测器和记录仪,即可自动画出曲线,测出蛋白质含量。

(2) 颗粒凝胶平板聚焦:电泳完毕,可取与胶板同样大小的滤纸轻轻压在泳面上,然后将滤纸染色,就可看到组分区带的位置。将区带所对应的凝胶挖出,可用 0.15 mol/L 的氯化钠溶液分别洗脱下来。

(3) 聚丙烯酰胺凝胶聚焦:电泳完毕,取出凝胶,先用 5% 三氯乙酸固定,用固定剂洗去 Ampholine(以消除 Ampholine 对染色的影响),再用蛋白质染色液进行染色。

若要测定等电点,则需把胶条切成 10～20 等份,每片胶加 1 ml 水提取后,测定水溶液的

pH,组分所在位置的 pH 即为该组分的等电点。也可使用触点式 pH 计直接测定组分的等电点。若将经盘状电泳的胶条取出后,平放在 SDS-凝胶平板的表面,再进行 SDS 凝胶电泳,则为"二元凝胶电泳"。其分辨力更为提高,既按组分的等电点进行分离,又按组分的相对分子质量大小进行分离。

4. 等电点聚焦电泳后,两性电解质载体的去除 等电点聚焦电泳都加进了两性电解质载体,电泳后,其与各组分混在一起,成为杂质而存在。为此,需采用一些方法除去两性电解质载体。因为蛋白质的相对分子质量比两性电解质载体的大得多,故可用透析、凝胶层析等方法除去两性电解质载体。也可用固定液(三氯乙酸溶液)从聚丙烯酰胺凝胶中洗去两性电解质载体。

第七节 实 验

实验 5-1 核苷酸的纸电泳

【原理】

核苷酸为两性化合物,在一定的 pH 条件下基团的解离不同、所带电荷不一样,在电场作用下,它们的移动速率不同,从而得到分离。在 pH 3.5 的缓冲溶液中,各种核苷酸的第一磷酸基团全部电离,第二磷酸基团全部不电离。而各碱基的电离程度不同,所带电荷有明显差别。在纸电泳时,向阳极移动的速率按下列顺序排列:UMP>GMP>AMP>CMP。

电泳后的图谱经紫外线照射,可看到暗紫色的各核苷酸斑点。与标准核苷酸电泳图谱作对照,可鉴别是何种核苷酸。

【试剂和材料】

(1) 0.5% 标准核苷酸溶液:准确称取 CMP、AMP、UMP、GMP 等核苷酸各 50 mg,溶于少许 0.01 mol/L 盐酸溶液中,转入 10 ml 容量瓶中,用 0.01 mol/L 盐酸溶液定容至刻度。

(2) 0.05 mol/L 柠檬酸-柠檬酸钠缓冲液(pH3.5):称取 8.10 g 柠檬酸($C_3H_8O_7 \cdot 2H_2O$)、3.35 g 柠檬酸钠($Na_3C_6H_5O_7 \cdot 2H_2O$),用蒸馏水溶解并定容至 1000 ml。

(3) 电泳仪。

(4) 1 号新华滤纸。

(5) 紫外线灯(附 260 nm 滤光片)。

(6) 微量注射器。

(7) 喷雾器。

(8) 样品液。

【操作方法】

1. 滤纸准备 将 1 号新华滤纸裁成 30 cm 长、12 cm 宽的纸条,在距离纸端 6 cm 处画一条基线。基线上每隔 2 cm 画一个点并在基线一端标上负号,在另一端标上正号。

2. 点样 在滤纸中的点样点位置,用微量注射器点上样品液 10 μl(每个斑点含核苷酸 10~100 μg),并在两旁的点样点位置上分别点上 3 μl 的核苷酸标准液。点的直径在 2 mm 左右,每点一次,吹干一次。

3. 电泳　　将适量的 0.05 mol/L 柠檬酸-柠檬酸钠缓冲液（pH 3.5）倒入两边缓冲液槽中，两槽液面应在同一水平上。

将点好样的滤纸用缓冲液均匀喷湿，用干滤纸吸去多余的液体。将滤纸平放于电泳仪的滤纸架上，两端下垂到缓冲液中。接通电源，注意点样端为负极，切勿接反。调节电压至 300 V，电泳 2~4 h。电泳完毕，取出滤纸于 80℃烘干。

【鉴定】

将滤纸置于紫外线灯（260 nm）下观察，用铅笔画出紫色斑点位置，量出各斑点所走距离，与标准核苷酸斑点的所走距离相比较，以确定样品中核苷酸的成分。

实验 5-2　蛋白质的醋酸纤维薄膜电泳

【原理】

蛋白质分子在一定的 pH 条件下，由于基团解离而带有一定的电荷，在含有缓冲液的醋酸纤维薄膜上受电场作用而以一定的速率向一定的方向移动。不同的蛋白质分子，由于所带电荷不同，移动的方向或速率不同，从而达到分离的目的。

【试剂和材料】

(1) 电泳仪。

(2) 醋酸纤维薄膜。

(3) pH 8.6 巴比妥缓冲液：称取巴比妥钠 10.30 g、巴比妥（二乙基巴比妥酸）1.84 g，溶于 1000 ml 蒸馏水中；或者称取 10.3 g 巴比妥钠，加 1 mol/L 盐酸 8 ml，加蒸馏水至 1000 ml。

(4) 染色液：氨基黑 10B 1 g 溶于 10 ml 冰醋酸与 90 ml 甲醇的混合液中。

(5) 洗涤液：冰醋酸 10 ml 加甲醇 90 ml，或者甲醇 50 ml、冰醋酸 10 ml，加蒸馏水 40 ml。

(6) 透明液：甘油溶液或用苯甲醇（折光率 1.54）、水杨酸甲酯（折光率 1.54）等溶液。

(7) 微量注射器。

(8) 蛋白质样品液。

【操作方法】

1. 醋酸纤维薄膜的准备　　将醋酸纤维薄膜切成 10 cm×2.5 cm 的薄膜条，浸于巴比妥缓冲液中约 30 min，充分浸透至无白点，取出用滤纸吸去多余的缓冲液。

2. 点样　　用微量注射器将 5 μl 蛋白质样品液点在薄膜条中央。

3. 电泳　　将薄膜条置于电泳仪的长条支架上，薄膜条两端与滤纸条相接，拉直薄膜条，将滤纸条的另一端浸入缓冲液中，缓冲液两槽的液面应处在同一水平上，加盖密封，平衡 10 min。接通电源，以 10~25 V/cm 的电场强度电泳 0.5~2 h。

4. 显色　　电泳完毕后，取出薄膜条在氨基黑染色液中染色 5~10 min，然后用漂洗液洗 4 次或 5 次，直至区带清晰为止。

若要保存图谱，或直接以分光光度计测定，则可在薄膜条染色、洗涤褪底色，完全干燥后，置于透明液中浸 5 min,取出,干后即可。

实验 5-3 DNA 的琼脂糖凝胶电泳

【原理】

DNA 分子在 pH 高于其等电点的溶液中带负电荷,在电场中向阳极移动。

DNA 分子在电场中通过琼脂糖凝胶泳动,除了电荷效应以外,还有分子筛效应。由于 DNA 分子或片段的相对分子质量不同,移动速率也不同,所以可将相对分子质量不同或构象不同的 DNA 分离。

0.6%~1.4%琼脂糖凝胶适用于 $3\times10^6 \sim 11\times10^6$ 相对分子质量的 DNA 分子或片段的分离,所需 DNA 样品量为 0.5~1 μg。

琼脂糖凝胶电泳分离后的 DNA 可用溴化乙锭染色。溴化乙锭(ethidium bromide,EB)的分子结构如图 5-1 所示。

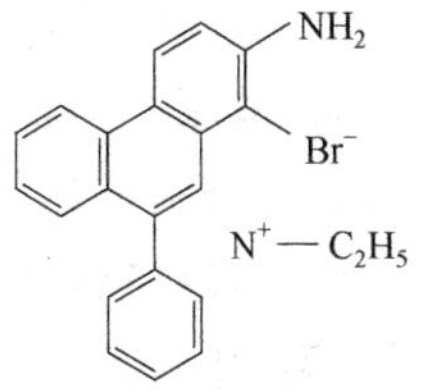

图 5-1 溴化乙锭结构式

溴化乙锭分子可插入 DNA 双螺旋结构的两个碱基之间,形成一种荧光络合物。在 254 nm 波长紫外线照射下呈现橙黄色的荧光。用溴化乙锭检测 DNA,可检出 10^{-9} g 以上的 DNA 含量。

【试剂和材料】

(1) 琼脂糖。

(2) pH 8.3 Tris-硼酸-EDTA 缓冲液:称取 10.78 g Tris,5.50 g 硼酸,0.93 g EDTA-Na$_2$,溶于无离子水,定容至 1000 ml。

(3) 0.05%溴酚蓝-50%甘油溶液:取一定量的 0.1%溴酚蓝水溶液与等体积甘油混合而成。

(4) 标准 DNA 溶液:λDNA 经限制性内切核酸酶 *Eco*R I 水解,生成的 6 个 DNA 片段。其相对分子质量分别为 13.7×10^6、4.74×10^6、3.73×10^6、3.48×10^6、3.02×10^6、2.13×10^6。

(5) 0.5 μg/ml 溴化乙锭染色液,称取 5 mg 溴化乙锭,用无离子水溶解,定容至 100 ml,从中取 1 ml,用无离子水稀释,定容至 100 ml。

(6) 垂直板型电泳槽。

(7) 直流稳压电源(0~600 V,0~50 mA)。

(8) 压力锅。

(9) 微量注射器。

(10) 254 nm 波长紫外分析仪。

(11) DNA 样品液:DNA 经某种内切核酸酶水解后,得到相对分子质量不同的小片段。

【操作方法】

1. 琼脂糖胶液的制备 称取 1 g 琼脂糖置于三角瓶中,加入 100 ml pH 8.3 的 Tris-硼酸-EDTA 缓冲液,瓶口扣一个小烧杯,于高压锅内(110~115℃)加热 8~10 min,琼脂糖全部溶解于缓冲液中。取出摇匀，即为1%琼脂糖胶液。

2. 凝胶板的制备 用两块平板玻璃装置成平板凝胶模，玻璃板之间的距离为 2 mm 左右。先向凝胶模底部加一些琼脂糖胶液，冷却后封住缝隙。待琼脂糖胶液温度降至 60℃ 时灌入凝胶模中，迅速将样品槽模板插入凝胶顶部，在室温下放置 0.5～1 h。待胶液全部凝结后，拔出样品槽模板，则在凝胶顶部形成相互隔开的样品槽。

3. 加样 将凝胶板装进垂直平板电泳槽中。将 DNA 样品液与溴酚蓝-甘油溶液以 4∶1 的体积比混合，用微量注射器将 10 μl 左右样品液注入凝胶顶部的样品槽中。同时，在同一凝胶板的不同样品槽中加入 10 μl 左右的标准 DNA 溶液。慢慢加入 pH 8.3 的 Tris-硼酸-EDTA 缓冲液至上、下两个电极槽内。

4. 电泳 接好电极，负极在上槽、正极在下槽。接通电源，维持 30 V、7 mA 电泳 3～4 h，观察染料到达凝胶底部前沿时，电泳结束。

5. 染色与观察 电泳完毕，取出凝胶板，将平板玻璃拿开，将凝胶置于 0.5 μg/ml 溴化乙锭溶液中，浸泡 30 min。取出凝胶，置于 254 nm 波长的紫外线灯下观察，有 DNA 存在的位置呈现橙黄色的荧光。

初步观察后，用照相机加红色滤色镜拍摄照片。凝胶放置 4～6 h 后荧光减弱。根据照片，将样品 DNA 的位置与标准 DNA 的位置相对照，估计样品中 DNA 组分的相对分子质量。

注意：溴化乙锭是 DNA 的诱变物质，配制和使用溴化乙锭时要小心，要戴橡皮手套操作。

实验 5-4　蛋白质的聚丙烯酰胺凝胶电泳

【原理】

蛋白质分子在 pH 高于其等电点的缓冲液中带负电，在电场中朝阳极移动。

聚丙烯酰胺是由丙烯酰胺和 N,N'-甲叉双丙烯酰胺在催化剂的作用下聚合而成，具有多孔网状结构。蛋白质分子进行聚丙烯酰胺凝胶电泳时，同时存在电荷效应和分子筛效应。带不同电荷或分子大小、形状不同的蛋白质分子，其移动速率不同，从而达到分离目的。

聚丙烯酰胺凝胶电泳形式有垂直管型盘状电泳和垂直板型电泳。两者的原理和操作方法大致相同，主要差别在于前者在玻璃管中制成圆柱形凝胶，后者在平行的玻璃板之间制成平板状凝胶。本实验采用垂直管型盘状电泳。

【试剂和材料】

(1) 30% 丙烯酰胺贮存液：称取丙烯酰胺 29.2 g、N,N'-甲叉双丙烯酰胺 0.8 g，加蒸馏水至 100 ml，装于棕色瓶，于 4℃ 冰箱保存备用。

(2) 过硫酸铵溶液：配成 10% 浓度，当天配制使用。

(3) N,N,N',N'-四甲基乙二胺(TEMED)：避光保存。

(4) 1.5 mol/L 的 Tris-HCl 缓冲液(pH 8.8～8.9)：称取 18.2 g 三羟甲基氨基甲烷(Tris)，加 24 ml 1 mol/L 盐酸，加水至 100 ml。

(5) 0.5 mol/L 的 Tris-HCl 缓冲液(pH 6.7～6.8)：称取 Tris 6.0 g，加 48 ml 1 mol/L 盐酸，加水至 100 ml。

(6) Tris-甘氨酸电极缓冲液(pH 8.3)：称取 Tris 6.0 g、甘氨酸 28.8 g，加蒸馏水至

1000 ml。使用时加入等体积的水稀释。

（7）指示染料：0.1%溴酚蓝溶液。

（8）染色液：称取三氯乙酸12.5 g，加水至100 ml，再加入0.1 g考马斯亮蓝(Coomassie blue)。

（9）脱色液：7%乙酸溶液。

（10）蛋白质样品液。

（11）电泳玻璃管。

（12）直流稳压电源。

（13）微量注射器。

（14）注射器。

（15）垂直管型电泳槽。

【操作方法】

1. 分离胶的制备　　将电泳玻璃管洗净干燥后，用石蜡薄膜或橡皮帽封闭其中一端，将开口端向上直立于管架上，备用。

按下列比例配制10%浓度的分离胶液：1.5 mol/L Tris-HCl 缓冲液(pH 8.8)1.5 ml、30%丙烯酰胺贮存液2 ml、10%过硫酸铵溶液20 μl，加水2.5 ml，混匀，真空抽出溶解的空气。然后加入TEMED 10 μl左右（温度高，少加一些；室温低，多加一些），迅速混匀，用注射器注入预先准备好的玻璃管中，分离胶的高度约占玻璃管总高的2/3。在胶表面小心加入一层蒸馏水，让其聚合，控制在30 min左右聚合完毕。

2. 浓缩胶的制备　　分离胶聚合后，用滤纸条吸去胶面水液。滤纸不要碰胶面。

按下列比例配制5%浓度的浓缩胶胶液：0.5 mol/L Tris-HCl缓冲液(pH 6.8)1.5 ml、30%丙烯酰胺贮存液0.5 ml、10%过硫酸铵溶液15 μl，加水1 ml，混匀，真空抽气。然后加入5 μl TEMED（视室温高低可稍加变动），迅速混匀后，用注射器注入分离胶上部，浓缩胶高度0.5~1 cm，在胶面小心地加一层蒸馏水覆盖，让其聚合30 min左右。

3. 加样　　凝胶聚合好后，除去玻璃管下端的石蜡薄膜或橡皮帽，电泳槽下槽加入Tris-甘氨酸电极缓冲液(pH 8.3)。把凝胶玻璃管固定在上槽的洞中，装好电泳槽，管的下端浸入电极缓冲液中，避免管下有气泡出现。

取一定体积的蛋白质样品液，与等体积的10%甘油溶液混合。每个凝胶管加入样品-甘油混合液50 μl（含蛋白质5~100 μg）。吸取一部分电极缓冲液，慢慢加到样品液上面，至与管口平。然后于上槽中加进电极缓冲液，浸过凝胶管口。加几滴指示染料于上槽电极缓冲液中。

4. 电泳　　接好电极、负极在上槽、正极在下槽。接通电源。开始时用1~2 mA/管的电流，电泳5 min左右。待指示染料层进入凝胶后，逐渐升高电流至4 mA/管。维持电流稳定，电泳至指示染料达到凝胶下端为止关闭电源，取出凝胶管。

5. 取出凝胶　　将凝胶管浸在水中，用一个长针头注射器吸满水，插入凝胶与管壁之间。一边转动玻璃管，一边将针头推进，同时注入水，将凝胶与管壁分开，将凝胶取出。必要时，可用气流将凝胶压出。

6. 染色　　将凝胶浸泡在染色液中，室温下染色10 min左右。染色液中的三氯乙酸同时使蛋白质固定在凝胶上。

7. 脱色和保存 染色后的凝胶用水冲洗表面的染料,然后放在7%乙酸脱色液中,更换脱色液几次,直至无蛋白质处的凝胶无色为止。必要时,可用热的脱色液(80℃左右),以加快脱色。也可用电解脱色。

脱色后的凝胶,可放在7%乙酸中长期保存。脱色用后的7%乙酸,可用活性炭吸附脱色,以重新使用。

实验 5-5 SDS-聚丙烯酰胺凝胶电泳测定蛋白质的相对分子质量

【原理】

蛋白质分子在 SDS-聚丙烯酰胺凝胶系统中进行电泳时,其电泳迁移率取决于蛋白质分子的相对分子质量,而与所带电荷无关。

将蛋白质样品与标准蛋白质溶液在同一凝胶平板上进行 SDS-聚丙烯酰胺凝胶电泳。比较两者的电泳图谱上的迁移率,就可测定样品蛋白质的相对分子质量。

【试剂和材料】

(1) 30%丙烯酰胺贮存液:参看实验 5-4。

(2) N,N,N',N'-四甲基乙二胺(TEMED)。

(3) 10%过硫酸铵溶液:当天配制。

(4) SDS-分离胶缓冲液:1.5 mol/L Tris-HCl,pH 8.8,加 0.4%SDS。

(5) SDS-浓缩胶缓冲液:0.5 mol/L Tris-HCl,pH 6.8,加 0.4%SDS。

(6) SDS-样品缓冲液:10%(m/V)甘油、5%巯基乙醇、2.3%(m/V)SDS 和 0.0625 mol/L pH 6.8 Tris-HCl。

(7) SDS-电极缓冲液(pH 8.3):0.025 mol/L Tris、0.192 mol/L 甘氨酸、0.1%SDS。

(8) 指示染料:0.1%溴酚蓝溶液。

(9) 染色液:12.5%三氯乙酸溶液,加 0.1%考马斯亮蓝。

(10) 脱色液:7%乙酸(V/V)。

(11) 蛋白质样品液。

(12) 电泳凝胶模玻璃板。

(13) 垂直板型电泳槽。

(14) 直流稳压电源。

(15) 微量注射器。

(16) 标准蛋白质:包括牛血清白蛋白,相对分子质量 66 000;卵清蛋白,相对分子质量 45 000;胰凝乳蛋白酶原,相对分子质量 25 000;溶菌酶,相对分子质量 14 300。

(17) 喷雾器。

【操作方法】

1. 分离胶的制备 将玻璃板洗净、干燥后装置成凝胶模,保证其不漏水。若漏水,则需将玻璃用无水乙醇擦拭干净后,重新装置凝胶模。

按下列比例配制 12.5%的分离胶:SDS-分离胶缓冲液 1.5 ml、30%丙烯酰胺贮存液

2.5 ml、10%过硫酸铵溶液 20 μl、加水 2 ml，混匀，抽气后，加入 TEMED 10 μl，迅速混匀后倒入两块玻璃板之间，用喷雾器喷进一层水覆盖，让其聚合 30～60 min。分离胶高度约占玻璃板高度的 2/3。

2. 浓缩胶的制备　　分离胶聚合好后，除去水层，用滤纸条吸干。

按下列比例配制浓缩胶(5%)：SDS-浓缩胶缓冲液 1.5 ml、30%丙烯酰胺贮存液 0.5 ml、10%过硫酸铵溶液 15 μl、加水 1 ml，混匀，加入 5 μl TEMED，迅速混匀后，倒在分离胶上层，并插入样品槽模板，用喷雾器喷一层水覆盖，聚合 30 min。聚合后，小心取出样品槽模板，形成互相间开的样品槽，用滤纸条除去水分。

3. 加样品　　将样品液和标准蛋白质溶液分别与等体积的 SDS-样品缓冲液混合。

将制备好的凝胶平板装进垂直平板电泳槽。下槽放进 SDS-电极缓冲液，凝胶底部要保证没有气泡。

将与 SDS-样品缓冲液混合后的样品液和标准蛋白质各 20 μl，加入到同一凝胶平板的不同样品槽中，小心地用 SDS-电极缓冲液充满样品槽。然后在上槽加入 SDS-电极缓冲液，并加入几滴指示染料。

4. 电泳　　负极在上、正极在下，将电极接好，接通电源，开始时用 20 mA 电流，然后用 30 mA 电流进行电泳，直至指示染料到达凝胶底部边缘为止。

5. 染色和脱色　　电泳结束后，取出凝胶平板，移去玻璃板，将凝胶浸泡于染色液中，染色 10～20 min。

然后用 7%乙酸脱色，更换脱色液几次，直至无蛋白质处凝胶无色为止。为加速脱色，可将脱色液加热。

6. 凝胶的干燥　　凝胶脱色后，可浸泡在 7%乙酸溶液中保存，也可放在一张与胶片尺寸相宜的滤纸上。然后将凝胶连同滤纸一起夹在特制凝胶干燥装置的硅酮橡胶片和铝板之间，通过加热和抽真空，使凝胶干燥。干燥后的凝胶紧贴在滤纸上，可装订成册，长期保存。

7. 样品相对分子质量的确定　　比较样品蛋白质和标准蛋白质的电泳结果。以标准蛋白质相对分子质量的对数($\lg M_r$)为纵坐标，相对迁移距离 $\left[\text{相对迁移距离} = \dfrac{\text{蛋白质分子迁移距离(cm)}}{\text{指示染料迁移距离(cm)}}\right]$ 为横坐标作图，得到标准曲线。然后根据样品蛋白质分子的相对迁移距离，从标准曲线上查出其相对分子质量。

实验 5-6　蛋白质的二元凝胶电泳

【原理】

二元凝胶电泳由等电点聚焦凝胶电泳与 SDS-凝胶平板电泳结合而成。

蛋白质分子进行等电点聚焦凝胶电泳时，不同的蛋白质移动到与其等电点相当的 pH 位置上，使不同等电点的蛋白质分子得以分离。

蛋白质经等电点聚焦凝胶电泳后，再进行 SDS-凝胶平板电泳，使蛋白质分子进一步按相对分子质量的不同进行分离。

【试剂和材料】

(1) 30%丙烯酰胺贮存液：丙烯酰胺 28.38 g、N,N'-甲叉双丙烯酰胺 1.62 g，加水至 100 ml。

(2) N,N,N',N'-四甲基乙二胺(TEMED)。

(3) 10%过硫酸铵溶液：当天配制。

(4) 尿素。

(5) Ampholine，pH 3～10、pH 5～7。

(6) Triton X-100。

(7) SDS-分离胶缓冲液：参看实验 5-5。

(8) SDS-浓缩胶缓冲液：参看实验 5-5。

(9) SDS-样品缓冲液：参看实验 5-5。

(10) SDS-电极缓冲液：参看实验 5-5。

(11) 蛋白质溶解缓冲液：9.5 mol/L 尿素、10%(m/V) Triton X-100、1.6% pH 5～7 的 Ampholine、0.4% pH 3～10 的 Ampholine、5% β-巯基乙醇。

(12) 0.02 mol/L NaOH 溶液。

(13) 0.01 mol/L 磷酸溶液。

(14) 指示染料：0.1%溴酚蓝溶液。

(15) 染色液：参看实验 5-5。

(16) 脱色液：参看实验 5-5。

(17) 琼脂糖凝胶：1 g 琼脂加进 100 ml SDS-样品缓冲液，加热融化杀菌后，于 4℃ 冰箱保存。使用时，再加热溶解。

(18) 蛋白质样品液：大肠杆菌溶胞液。

(19) 玻璃管：2.5 mm 内径，长 10～13 cm。

(20) 凝胶模玻璃板。

(21) 垂直管型电泳槽。

(22) 垂直板型电泳槽。

(23) 直流稳压电源。

(24) 微量注射器、常量注射器。

(25) 喷雾器、抽滤瓶。

【操作方法】

1. 第一元电泳(等电点聚焦凝胶电泳)

(1) 等电点聚焦凝胶的制备：在有边嘴的抽滤瓶中加入 4.6 g 尿素，再加进 1.97 ml 水、2 ml Triton X-100、1.33 ml 30%丙烯酰胺贮存液、0.4 ml pH 5～7 的 Ampholine、0.1 ml pH 3～10 的 Ampholine、10 μl 10%过硫酸铵溶液。真空抽气后，再加入 7 μl TEMED，迅速混匀后，用注射器分别注入预先准备好的小玻璃管中，加一些水覆盖，静置聚合 2～4 h。

(2) 预电泳：凝胶聚合后，用滤纸条小心除去水层，加 20 μl 蛋白质溶解缓冲液于胶面上。再用抽气后的 0.02 mol/L NaOH 溶液充满玻璃管，装置在垂直管型电泳槽上。上槽用抽气后的 0.02 mol/L NaOH 溶液、下槽用 0.01 mol/L 磷酸溶液作为电极溶液。上槽接负极、下槽接正极,按下列程序进行预电泳:200 V 15 min、300 V 30 min、400 V 30 min。

(3) 加样:预电泳结束后,除去凝胶上面的蛋白质溶解缓冲液和 NaOH 溶液。

取大肠杆菌溶胞液(参看实验 1-1)与等体积的蛋白质溶解缓冲液混合,加 200 μl 至凝胶上面。再用抽气后的 0.02 mol/L NaOH 溶液充满玻璃管,按预电泳的操作,加进电极溶液,接好电极。

(4) 电泳:接通电源,用 400 V 电压电泳 12 h,再用 800 V 电压电泳 1 h。

(5) 取出凝胶:电泳结束后,取出玻璃管,用无针头注射器,接一个胶管,与玻璃管的加样品端相连,然后用气压将凝胶条压出。

(6) 平衡:凝胶条取出后,放进 SDS-样品缓冲液中浸泡,平衡 30 min。

2. 第二元电泳(SDS-平板凝胶电泳)

(1) 按实验 5-5 的操作,配制分离胶和浓缩胶。但浓缩胶配制时,不必用样品槽模板,故浓缩胶表面没有样品槽,而是平面。

(2) 取一定量琼脂糖凝胶,加热融化后加在 SDS-凝胶的上面,趁热将等电点聚焦电泳后的凝胶条放进琼脂糖凝胶中,凝固后,使胶条固定。

(3) 按实验 5-5 的操作方法进行第二元电泳及染色、脱色和干燥。

第六章 离心分离技术

离心分离技术是借助于离心机旋转所产生的离心力,根据物质颗粒大小、密度、沉降系数和浮力等的不同,而使物质分离的技术。

离心机的种类繁多,按照转速的不同可以分为常速离心机、高速离心机和超速离心机。它们的特点和应用范围有所不同,应用时可根据需要进行选择。

离心方法主要有差速离心、密度梯度离心和等密度梯度离心等。运用不同的离心方法可以对不同的细胞、细胞器、生物大分子等生化物质进行分离。

在离心分离时,还要根据欲分离物质及杂质的特性,控制好离心力、离心时间、离心介质、温度、pH 等离心条件。

第一节 离心机的选择

离心机多种多样,按照分离形式的不同可以分为沉降式和过滤式两大类;按照操作方式有间歇、连续和半连续之分;按照用途有分析用、制备用、分析-制备两用之别;按照离心机的结构特点则有管式、吊篮式、转鼓式、碟式等多种;通常按照离心机的最大转速的不同进行分类,可以分为常速(低速)离心机、高速离心机和超速离心机 3 种。

一、常速离心机

常速离心机又称为低速离心机,其最大转速在 8000 r/min 以内,相对离心力(RCF)在 $1\times10^4 g$ 以下。

常速离心机在实验室和工业生产中都有广泛用途,主要用于细胞、细胞碎片和培养基残渣等固形物的分离,也用于酶的结晶等较大颗粒的分离。

二、高速离心机

高速离心机的最大转速为 $1\times10^4 \sim 2.5\times10^4$ r/min,相对离心力达到 $10^4 \sim 10^5 g$,主要用于各种沉淀物、细胞碎片和细胞器等的分离。为了防止高速离心过程中温度升高而造成酶等生物分子的变性失活,有些高速离心机装设有冷冻装置,谓之高速冷冻离心机。

三、超速离心机

超速离心机的最大转速达 $2.5\times10^4 \sim 12\times10^4$ r/min,相对离心力可以高达$10^6 g$。

超速离心主要用于 DNA、RNA、蛋白质等生物大分子以及细胞器、病毒等的分离纯化,样品纯度的检测,沉降系数和相对分子质量的测定等。

超速离心机主要由机械转动装置、转子和离心管组成。此外,还有一系列附设装置。为了防止样品液溅出,一般附有离心管帽;为了防止温度升高,超速离心机均有冷冻系统和温度控制系统；为了减少空气阻力和摩擦，均设置有真空系统；此外还有一系列安全保护系统、制动系统及各种指示仪表。

超速离心机按照其用途可以分为制备用超速离心机、分析用超速离心机和分析-制备两用超速离心机3种。其中，制备用超速离心机主要用于细胞器、生物大分子等的分离纯化；而分析用超速离心机主要用于样品纯度的检测、沉降系数的测定、相对分子质量的测定等，所以分析用超速离心机都配置了光学检测系统、自动记录仪和计算机数据处理系统等；分析—制备两用超速离心机则同时具有分离纯化和分析检测的功能；使用时可以根据需要进行选择。

分析用超速离心机进行样品纯度检测，是在一定的条件下离心一段时间以后，用光学仪器自动测出各种颗粒在离心管中的分布情况，通过紫外线吸收或者折光率等判断其纯度。如果只有一个紫外吸收峰或者只显示一个折光率变化，表明样品的纯度高，若显示出两种或者多种组分的图谱，则表明有杂质存在。

通过超速离心可以测定物质的沉降系数。

沉降系数是指在单位离心力的作用下粒子的沉降速率，以 Svedberg 表示，简称为 S，其量纲为秒(s)，$1S=1\times10^{-13}$ s。

测定某粒子的沉降系数 S 时，首先将该粒子在一定的条件下进行超速离心，达到稳定后，分别测出离心机的转速、离心时间和粒子移动的距离，然后按照下式计算得：

$$S=\frac{\ln X_2-\ln X_1}{\omega^2(t_2-t_1)}$$

式中，ω 为转子的角速度；t_1、t_2 分别为测定开始和测定结束的时间；t_2-t_1 为测定时的离心时间(s)；X_1、X_2 分别为在 t_1 和 t_2 的时候，运动粒子到离心机转轴中心的距离(cm)。

粒子的沉降系数与其相对分子质量有一定的对应关系，测出粒子的沉降系数以后，可以通过下式计算出粒子的相对分子质量：

$$M_r=\frac{RTS}{D(1-\upsilon\rho)}$$

式中，M_r 为粒子的相对分子质量；R 为气体常数；T 为温度(K)；S 为沉降系数(s)；D 为粒子扩散系数；υ 为粒子的偏比容(粒子密度的倒数)；ρ 为溶剂密度。

第二节 离心方法的选择

离心方法主要有差速离心、密度梯度离心和等密度梯度离心3种。对于常速离心机和高速离心机，由于所分离的颗粒大小和密度相差较大，通常采用差速离心方法，只要选择好离心速率和离心时间，就能达到分离效果。如果希望从样品液中分离出2种以上大小和密度不同的颗粒，需要采用不同的离心速率和离心时间。而对于超速离心，则可以根据需要采用差速离心、密度梯度离心或等密度梯度离心等方法。

一、差速离心

差速离心是指采用不同的离心速率和离心时间，使不同沉降速率的颗粒分批分离的方法。在操作时，将均匀的悬浮液装进离心管，选择好离心速率(离心力)和离心时间，使大颗粒沉降；分离出大颗粒沉淀后，再将上清液在加大离心力的条件下进行离心，分离出较小的颗粒；如此离心多次，使不同沉降速率的颗粒分批分离出来。

差速离心主要用于分离那些大小和密度相差较大的颗粒。操作简单、方便,但分离效果较差,分离的沉淀物中含有较多的杂质,离心后颗粒沉降在离心管底部,并使沉降的颗粒受到挤压。

二、密度梯度离心

密度梯度离心是样品在密度梯度介质中进行离心,使沉降系数比较接近的物质分离的一种区带分离方法。

为了使沉降系数比较接近的颗粒得以分离,必须配制好适宜的密度梯度系统。密度梯度系统是在溶剂中加入一定的溶质制成的。这种溶质称为梯度介质。梯度介质应具有足够大的溶解度,以形成所需的密度梯度范围;不会与样品中的组分发生反应;也不会引起样品中组分的凝集、变形或失活。常用的梯度介质有蔗糖、甘油等。使用最多的是蔗糖密度梯度系统,其适用范围是:蔗糖浓度5%~60%,密度1.02~1.30 g/cm²。

密度梯度一般采用密度梯度混合器进行制备。制备得到的密度梯度可以分为线性梯度、凹形梯度和凸形梯度等(图6-1)。当贮液室与混合室的截面积相等时,形成线性梯度(图6-1a);当贮液室的截面积大于混合室的截面积时,形成凸形梯度(图6-1b);而当贮液室的截面积小于混合室的截面积时,则形成凹形梯度(图6-1c)。密度梯度离心常用的是线性梯度。

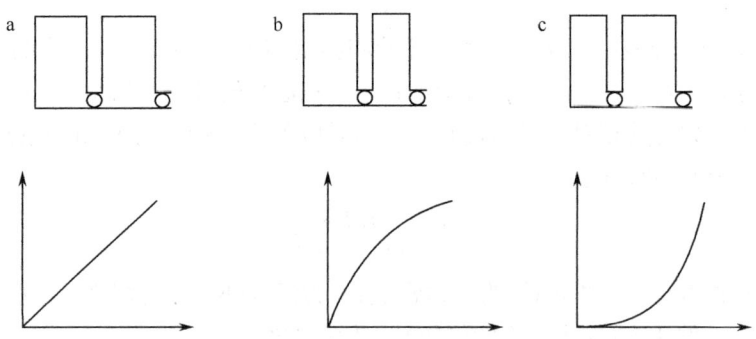

图6-1 三种梯度形式示意图
a. 线性梯度;b. 凸形梯度;c. 凹形梯度

密度梯度混合器由贮液室、混合室、电磁搅拌器和阀门等组成,如图6-2所示。配制时,将稀溶液置于贮液室B,浓溶液置于混合室A,两室的液面必须在同一水平。操作时,首先开动搅拌器,然后同时打开阀门a和b,流出的梯度液经过导管小心地收集在离心管中。也可以将浓溶液置于B室,稀溶液置于A室,但此时梯度液的导液管必须直插到离心管的管底,让后来流入的浓度较高的混合液将先流入的浓度较低的混合液顶浮起来,形成由管口到管底逐步升高的密度梯度。

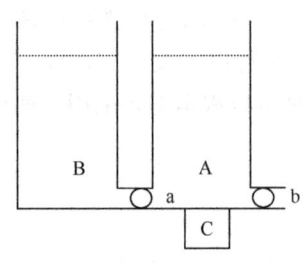

图6-2 梯度混合器示意图
A. 混合室;B. 贮液室;
C. 电磁搅拌器;a、b. 阀门

离心前,将样品小心地铺放在预先制备好的密度梯度溶液的表面,经过离心,不同大小、不同形状、具有一定沉降系数差异的颗粒在密度梯度溶液中形成若干条界面清楚的不连续区带。

再通过虹吸、穿刺或切割离心管的方法将不同区带中的颗粒分开收集,得到所需的物质。

在密度梯度离心过程中,区带的位置和宽度随离心时间的不同而改变。若离心时间过长,由于颗粒的扩散作用,会使区带越来越宽。为此,适当增大离心力、缩短离心时间,可以减少由于扩散而导致的区带扩宽现象。

三、等密度梯度离心

当欲分离的不同颗粒的密度范围处于离心介质的密度范围内时,在离心力的作用下,不同浮力密度的颗粒或向下沉降、或向上飘浮,只要时间足够长,就可以一直移动到与它们各自的浮力密度恰好相等的位置(等密度点),形成区带。这种方法称为等密度梯度离心,或称为平衡等密度离心。

上述密度梯度离心,由于受到离心介质的影响,欲分离的颗粒并未达到其等密度位置。而等密度梯度离心则要求欲分离的颗粒处于密度梯度中的等密度点。为此两种梯度离心所采用的离心介质和密度梯度范围有所不同。

等密度梯度离心常用的离心介质是铯盐,如氯化铯(CsCl)、硫酸铯(Cs_2SO_4)、溴化铯(CsBr)等。有时也可以采用三碘苯的衍生物作为离心介质。

在以氯化铯为离心介质时,所需起始密度的 CsCl 的质量可以按照下式计算:

$$\alpha = 137.48 - \frac{138.11}{d}$$

式中,α 为每 100 ml 样品液所需加入的 CsCl 克数;d 为所需配制的 CsCl 溶液在 25℃的密度。

在实际应用过程中,往往将 CsCl 溶液的起始浓度(d)与所需加入的 CsCl 质量(α)及 CsCl 溶液的最终体积(V)之间的关系列成表格(表 6-1),以便于查阅和应用。

表 6-1 CsCl 溶液的起始密度与所需加入的 CsCl 质量的关系

起始密度/(g/ml)	每 100 ml 样品液所需加入的 CsCl 质量/g	溶液最终体积/ml
1.66	1.17	1.30
1.67	1.19	1.30
1.68	1.22	1.31
1.69	1.24	1.31
1.70	1.26	1.32
1.71	1.29	1.32
1.72	1.31	1.33
1.73	1.33	1.33
1.74	1.35	1.34
1.75	1.36	1.34
1.76	1.37	1.35

操作时,先把一定浓度的介质溶液与样品液混合均匀,也可以将一定量的铯盐加到样品液中使之溶解。然后在选定的离心力的作用下,经过足够时间的离心分离。在离心过程中,铯盐在离心力的作用下,在离心力场中沉降,自动形成密度梯度;样品中不同浮力密度的颗粒在其各自的等密度点位置上形成区带。

必须注意的是在采用铯盐作为离心介质时,它们对铝合金的转子有很强的腐蚀作用,要防止铯盐溶液溅到转子上,使用后要将转子仔细清洗和干燥,有条件的最好采用钛合金转子。

第三节　离心条件的确定

离心分离的效果好坏受到多种因素的影响。除了上述离心机的种类、离心方法、离心介质及密度梯度以外，在离心过程中，应该根据需要，选择好离心力（或离心速率）和离心时间，并注意离心介质的 pH 和温度等条件。

一、离心力

在说明离心条件时，低速离心一般可以用离心速率，即转子每分钟的转数表示，如 5000 r/min 等。而在高速离心，特别是超速离心时，往往以相对离心力（RCF）表示，如 60 000 g 等。相对离心力是指颗粒所受到的离心力与地心引力的比值，即

$$RCF = \frac{F_c}{F_g} = 1.12 \times 10^{-5} \times n^2 \times r$$

式中，RCF 为相对离心力（g）；F_c 为离心力；F_g 为地心引力；n 为转子每分钟转数（r/min）；r 为旋转半径（cm）。

由此可见，离心力的大小与转速的平方（n^2）及旋转半径（r）成正比。在转速一定的条件下，颗粒距离心轴越远，其所受的离心力越大。在离心过程中，随着颗粒在离心管中移动，其所受到的离心力也在变化。一般离心力的数据是指其平均值，即是指在离心溶液中点处颗粒所受的离心力。

二、离心时间

在离心分离时，为了达到预期的分离效果，除了确定离心力以外，还必须确定离心时间。

离心时间的概念，依据离心方法的不同而有所差别。对于常速离心、高速离心和差速离心来说，离心时间是指颗粒从离心管中样品液的液面完全沉降到离心管底的时间，称为沉降时间或澄清时间；对于密度梯度离心而言，离心时间是指形成界限分明的区带的时间，称为区带形成时间；而等密度梯度离心所需的离心时间是指颗粒完全达到等密度点的平衡时间，称为平衡时间。其中最常用的是沉降时间。

沉降时间是指颗粒从样品液面完全沉降到离心管底所需的时间。沉降时间取决于颗粒的沉降速率和沉降距离。

对于已经知道沉降系数的颗粒，其沉降时间可以用下式计算：

$$t = \frac{1}{S}\left[\frac{\ln r_2 - \ln r_1}{\omega^2}\right]$$

式中，t 为沉降时间（s）；S 为颗粒的沉降系数（s）；ω 为转子角速度（rad/s）；r_1、r_2 分别为旋转轴中心到样品液面和离心管底的距离（cm）。

上式中括号部分可以用转子的效率因子 K 表示，即

$$K = \left[\frac{\ln r_2 - \ln r_1}{\omega^2}\right] = St$$

转子的效率因子 K 与转子的半径和转速有关。生产厂家已经在转子出厂时标示出了最大转速时的 K 值。据此，可以根据式 $\omega_1^2 K_1 = \omega_2^2 K_2$ 计算出其他转速时的 K 值。对于某一具体的颗粒来说，沉降系数 S 为定值，所以 K 值越小，其沉降时间就越短，转子的使用效率就越高。

在选定了所使用的离心机和转子以后，r_1、r_2 已确定，对于某一具体的颗粒而言，其沉降系数 S 也是定值，此时，$\omega^2 t$ 为常数。所以离心时对颗粒的沉降起决定作用的是转子的转速 ω 和沉降时间 t。操作时可以采用较高的转速离心较短的时间，或采用较低的转速离心较长的时间，只要 $\omega^2 t$ 不变，就可以得到相同的离心效果。例如，采用 10 000 r/min 离心 10 min，$\omega^2 t = \left(\dfrac{2\pi n}{60}\right)^2 \cdot t = 6.5785 \times 10^8 (s^{-1})$；如果改用 5000 r/min 离心 40 min，其 $\omega^2 t = 6.5766 \times 10^8$ s，两者基本相同，离心效果相近。

三、温度

在离心过程中，为了防止欲分离物质的凝集、变性和失活，除了在离心介质的选择方面加以注意以外，还必须控制好温度。

离心温度一般控制在 4℃ 左右，对于某些耐热性较好的生化物质，也可以在室温条件下进行离心分离。但是在超速离心和高速离心时，由于转子高速旋转会发热而引起温度升高，必须采用冷冻系统，使温度维持在一定范围内。温度是由离心机本身设置的温度调节系统进行控制的，在离心前转子和待离心分离的液体都必须置于冷室或者冰箱中预冷。

四、pH

离心介质的 pH 必须是处于待分离物质稳定的 pH 范围内，必要时可以采用缓冲溶液。过高或过低的 pH 可能引起酶等生物活性物质的变性失活，还可能引起转子和离心机其他部件的腐蚀，应当加以注意。

第四节 实 验

实验 6-1 细菌核糖体的分离

【原理】

处于对数生长期的细菌细胞采用常速离心机收集。细胞经破碎后，用高速冷冻离心机收集细胞破碎片和细胞器。用脱氧核糖核酸酶使 DNA 水解，再用超速离心机反复离心，可得到细菌核糖体制品。

【试剂和材料】

(1) 常速离心机。
(2) 高速冷冻离心机。
(3) 超速离心机。
(4) 细胞匀浆器。
(5) 玻璃珠：直径 0.11~0.12 mm。
(6) 细胞洗涤液：取 2 ml 2.5 mol/L 蔗糖溶液、0.1 ml 2.0 mol/L Tris 溶液，0.1 ml 2.0 mol/L 乙酸镁溶液，0.6 ml 2.0 mol/L 氯化钾溶液，加入蒸馏水约 8 ml，用 1 mol/L 盐酸调 pH 至 7.8，再加蒸馏水至 20 ml。
(7) 巯基乙醇悬浮液：取细胞洗涤液 10 ml，加入 0.2 ml 0.5 mol/L 巯基乙醇溶液，混匀。

(8) 细胞培养液:培养到对数生长期。

【操作方法】

1. 细胞的分离 将培养到对数生长期的细菌细胞,用常速离心机,于 3500 r/min 离心分离 20 min,收集细胞。并以细胞洗涤液洗涤两次。再用巯基乙醇悬浮液洗涤一次。

2. 细胞破碎 称取一定量的湿细胞,加入 2.5 倍量的小玻璃珠,在 0℃用细胞匀浆器使细胞匀浆。将匀浆转入离心管,用 3500 r/min 离心 20 min。除去玻璃珠和未破碎细胞,得溶胞液。

3. 细胞碎片与细胞器的分离 将上述溶胞液用冷冻高速离心机,在 0~4℃,用 30 000 g 离心 20 min,去除细胞碎片沉淀,核糖体等细胞器在上清液中。

上清液按 3 μg/ml 的量加入脱氧核糖核酸酶处理,再用 30 000 g 离心 20 min。然后上清液以 30 000 g 再离心一次,可以把较大的细胞器除去。

4. 核糖体的分离 经 3 次高速离心的上清液,转入超速离心机中,以 105 000 g 的离心力离心分离 2 h,将核糖体沉淀。将沉淀加入少量巯基乙醇悬浮液,以 105 000 g 离心 2 h,得细菌核糖体制品,悬浮于少量巯基乙醇悬浮液中,使浓度达到 10~15 mg/ml。

实验 6-2 大肠杆菌细胞膜的分离

【原理】

培养到对数生长期的大肠杆菌细胞,用高速冷冻离心机收集。经超声波破碎,用超速离心机分离,可得到细胞膜沉淀。加入 Sarkosyl 作用 20 min,可使细胞内膜溶解。用超速离心机可将细胞外膜分离。

【试剂和材料】

(1) 高速冷冻离心机。

(2) 超速离心机。

(3) 超声波细胞破碎器。

(4) 超声波细胞破碎缓冲液:0.01 mol/L pH 7.4 Tris-HCl 缓冲液中加进 5 mmol/L 氯化镁和 50 μg/ml 核糖核酸酶,并加入 1 mmol/L 的苯甲磺酰氯。

(5) Sarkosyl。

【操作方法】

1. 细胞的收集 将大肠杆菌活化细胞接种于营养肉汤培养液中,于 37℃振荡培养。当培养到对数生长期时,用高速冷冻离心机,在 4℃用 8000 r/min 离心分离 5 min,以收集细胞。

2. 细胞破碎 将 30~50 mg 湿细胞悬浮于 0.3~0.5 ml 的超声波细胞破碎缓冲液中,用超声波细胞破碎器(20 kHz,150 W)于冰浴中进行细胞破碎。

3. 细胞膜与细胞质分离 破碎后的细胞,用高速冷冻离心机在 4℃用 8000 r/min 条件下离心 5 min,除去未破碎细胞。上清液为溶胞液。

将溶胞液在 4℃条件下,用 55 000 r/min 超速离心 45 min。上清液为细胞质部分,沉淀为细胞膜碎片。

4. 细胞内膜与细胞外膜分离　　将细胞膜沉淀部分加进 300 μl Sarkosyl 在 4℃静置 20 min,使细胞内膜溶解。然后在 4℃,用 55 000 r/min 超速离心 45 min,沉淀为细胞外膜。可通过凝胶电泳分析内膜和外膜成分的差别。

实验 6-3　RNA 的蔗糖密度梯度离心分离

【原理】

RNA 混合物利用蔗糖密度梯度离心进行分离。在强大的离心力作用下,不同的 RNA 由于其大小、形状和密度不同而悬浮在不同密度的位置上,从而达到分离的目的。

【试剂和材料】

(1) 超速离心机。

(2) 梯度混合器。

(3) 聚乙烯离心管。

(4) 穿刺针头:No.22 针头。

(5) 紫外分光光度计。

(6) 0.01 mol/L Tris-HCl 缓冲液(pH 7.6)。

(7) 1.0 mmol/L EDTA 溶液。

(8) 5%蔗糖溶液:称取蔗糖 5 g,溶于 100 ml 0.01 mol/L Tris-HCl 缓冲液(pH 7.6)中,加 5 g 活性炭,于沸水浴中加热 25 min,过滤取清液。

(9) 20%蔗糖溶液:称取蔗糖 20 g,溶于 100 ml 0.01 mol/L Tris-HCl 缓冲液(pH 7.6)中。按上述方法加活性炭处理,取滤液。

(10) 核糖核酸样品溶液:称取 RNA 混合物 0.25～0.50 mg 溶于 1.0 ml 0.01 mol/L Tris-HCl 缓冲液(pH 7.6)中,内含 1.0 mmol/L 的 EDTA,以防止 RNA 凝集。

【操作方法】

1. 蔗糖密度梯度溶液的制备　　在梯度混合器的贮液室中加入 12 ml 5%蔗糖溶液,在混合室加入 12 ml 20%蔗糖溶液。启动梯度混合器,让密度梯度溶液注入聚乙烯离心管中,在冷室或冰盒内保存,备用。

2. 加样品　　在每个离心管内的梯度溶液表面分别加入 1.0 ml 核糖核酸样品溶液。加样时,用注射器吸入样品,在梯度溶液表面上方 0.5 mm 左右沿管壁慢慢加入。不容许自由滴落,也不容许针头接触梯度液面。

3. 梯度离心　　装好样品后,小心拧紧离心管帽,装好套筒、转头,按使用程序启动超速离心机,在 0℃以 25 000 r/min 离心分离 3～4 h。

4. 梯度溶液的分部收集　　离心后,取出离心管,置于冷室中。用 No.22 针头将聚乙烯离心管底部正中位置刺穿,梯度溶液慢慢流出。

用小试管将流出的梯度溶液分部收集。每管 25 滴,用适量双蒸水稀释,用紫外分光光度计测定各管的 RNA 含量。

实验 6-4　大鼠肝细胞核的分离

【原理】

大鼠肝组织在含 Ca^{2+} 的蔗糖溶液中匀浆化，匀浆经离心分离出细胞核部分，再用蔗糖密度离心进行纯化。加入 Ca^{2+} 的作用是在分离过程中降低细胞核的脆性，防止聚集并抑制线粒体的氧化磷酸化解偶联作用。

【试剂和材料】

(1) 氯化钠溶液：0.9%(m/V)水溶液。
(2) 蔗糖溶液 A：0.33 mol/L 水溶液，含 0.40 mmol/L 的氯化钙($CaCl_2$)。
(3) 蔗糖溶液 B：0.25 mol/L，含 $CaCl_2$ 0.30 mmol/L。
(4) 蔗糖溶液 C：0.34 mol/L，含 $CaCl_2$ 0.30 mmol/L。
(5) 蔗糖溶液 D：2.40 mol/L，含 $CaCl_2$ 0.30 mmol/L。
(6) 大鼠：性别、年龄、重量不限。

【操作方法】

(1) 大鼠在实验前 24 h 保持空腹。将其断头处死，肝脏在原位用氯化钠溶液充分冲洗后取出。以后的所有操作均应在 2~4℃进行。
(2) 肝脏先压碎或绞碎，然后，每 10 g 肝组织加入 30 ml 蔗糖溶液 A，用匀浆器进行匀浆。
(3) 匀浆用双层尼龙织物过滤，再用 4000 r/min 离心 10 min。弃上清液。
(4) 沉淀物加入适量的蔗糖溶液 B，再用匀浆器进行匀浆。
(5) 将匀浆置于离心管中，覆盖一层等量的蔗糖溶液 C，以 4000 r/min 离心 15 min。弃上清液。
(6) 沉淀加入 9 倍体积的蔗糖溶液 D，进行匀浆化。
(7) 匀浆以 45 000 g 离心 1 h，用吸管吸出上清液。收集沉淀物。
(8) 沉淀再悬浮于蔗糖溶液 B 中，用 4000 r/min 离心 10 min。得到的沉淀即为纯化的鼠肝细胞核。

第二篇　生化检测技术

生化检测技术是根据物质的各种性质对物质进行定性、定量、定位测定的各种技术。主要包括化学检测技术、光学检测技术、酶学检测技术、气体检测技术、生物检测技术、放射性同位素检测技术等。

第七章 化学检测技术

化学检测是根据物质的化学性质而对物质进行定性、定量测定的方法,是应用最早和最广泛的检测技术。

化学检测方法简单、快速、操作较方便,适用于许多物质的检测。本章仅介绍糖类、蛋白质和核酸类物质的化学检测。

第一节 糖类的化学检测

糖类包括多糖、双糖和单糖。其中单糖和某些双糖具有游离羰基,称为还原糖。多糖和蔗糖等则无还原性,称为非还原糖。

糖类的化学检测主要是利用游离羰基的还原性,与试剂(氧化剂)进行氧化还原反应而进行测定的。非还原糖必须转化为还原糖再进行测定。

糖类的化学检测中最常用的试剂是斐林(Fehling)试剂。斐林试剂的配制方法很多,达20余种。其最基本的组成如下:由A、B两液组成。其中斐林溶液A为硫酸铜溶液;斐林溶液B为氢氧化钠和酒石酸钾钠溶液。平时A、B两液分开贮存,使用时A、B两液等体积混合。

A、B两液混合时,硫酸铜与氢氧化钠反应,生成氢氧化铜沉淀:

$$2NaOH + CuSO_4 = Cu(OH)_2 \downarrow + Na_2SO_4$$

所生成的氢氧化铜沉淀与酒石酸钾钠反应,生成可溶性的酒石酸钾钠铜:

$$Cu(OH)_2 + \begin{matrix} COOK \\ | \\ CHOH \\ | \\ CHOH \\ | \\ COONa \end{matrix} = \begin{matrix} COOK \\ | \\ CHO \\ | \\ CHO \\ | \\ COONa \end{matrix} \Big\rangle Cu + 2H_2O$$

酒石酸钾钠铜是一种氧化剂,可与还原糖的游离羰基发生氧化还原反应,来进行糖的测定。测定糖的方法多种多样,下面介绍常用的几种。

一、蓝-爱农法

蓝-爱农(Lane-Eynon)法是以次甲基蓝为指示剂,直接用糖液滴定到斐林试剂中进行测定的方法。或将糖液加到斐林试剂中,再用标准葡萄糖液反滴定,又称斐林试剂置换法、直接滴定法或次甲基蓝法。

当糖液滴到斐林试剂中时,还原糖中的游离羰基与酒石酸钾钠铜反应,使二价铜离子还原生成一价的氧化亚铜沉淀:

$$\begin{array}{c}\text{COOK}\\|\\\text{CHO}\\|\\\text{CHO}\\|\\\text{COONa}\end{array}\hspace{-2pt}\Big\rangle\text{Cu}+\begin{array}{c}\text{CHO}\\|\\(\text{CHOH})_n\\|\\\text{CH}_2\text{OH}\end{array}+2\text{H}_2\text{O}\Longleftrightarrow\begin{array}{c}\text{COOK}\\|\\\text{CHOH}\\|\\\text{CHOH}\\|\\\text{COONa}\end{array}+\begin{array}{c}\text{COOH}\\|\\(\text{CHOH})_n\\|\\\text{CH}_2\text{OH}\end{array}+\text{Cu}_2\text{O}\downarrow$$
(红色)

反应终点用次甲基蓝指示剂显示。因为次甲基蓝氧化能力比二价铜离子弱，待二价铜离子全部被还原后，过量的一滴还原糖立即使次甲基蓝还原，溶液的蓝色消失：

$$\begin{array}{c}\text{CHO}\\|\\(\text{CHOH})_n\\|\\\text{CH}_2\text{OH}\end{array}+\;(\text{CH}_3)_2\text{N}\!-\!\!\bigcirc\!\!\!\!\!\!\!\!\!\!\!\text{S}\!\!\!\!\!\!\!\!\!\!\!\!\!\bigcirc\!\!=\!\text{N}^+\!-\!(\text{CH}_3)_2\text{Cl}^-+\text{H}_2\text{O}\longrightarrow$$
次甲基蓝（蓝色）

$$\begin{array}{c}\text{COOH}\\|\\(\text{CHOH})_n\\|\\\text{CH}_2\text{OH}\end{array}+\;(\text{CH}_3)_2\text{N}\!-\!\!\bigcirc\!\!\!\!\!\!\!\!\!\!\!\text{S}\!\!\!\!\!\!\!\!\!\!\!\!\!\bigcirc\!\!=\!\text{N}(\text{CH}_3)_2+\text{HCl}$$
（无色）

用蓝-爱农法滴定还原糖时，应在电炉上加热至微沸，整个滴定过程在 3 min 内完成。多糖或其他非还原性糖需经水解转化成还原糖后再行滴定。例如，淀粉可用酸解或酶解法进行水解。酸解是将 1%～2% 的淀粉液加进 HCl，使 HCl 的浓度为 2%，然后在沸水浴中回流水解 3 h。迅速冷却后，用 20% NaOH 中和至中性或微酸性。酶解是将淀粉液在沸水浴中糊化 1 h，冷却至 60℃，加进糖化酶液于 55～60℃保温糖化 2 h 左右，至碘不呈蓝色为止。

蓝-爱农法的操作方法见实验 7-1。

二、斐林试剂快速法

斐林试剂快速法是在斐林试剂中加入亚铁氰化钾（黄血盐）。红色的氧化亚铜沉淀与亚铁氰化钾络合生成可溶性的复盐，使反应终点更为明显：

$$\text{Cu}_2\text{O}+\text{K}_4\text{Fe}(\text{CN})_6+\text{H}_2\text{O}\Longleftrightarrow\text{K}_2\text{Cu}_2\text{Fe}(\text{CN})_6+2\text{KOH}$$
（淡黄色）

1. 试剂配制

1）斐林溶液

甲液：称取 35 g 硫酸铜（$CuSO_4 \cdot 5H_2O$）、0.05 g 次甲基蓝，用水溶解后稀释至 1000 ml。

乙液：称取 117 g 酒石酸钾钠、126.4 g 氢氧化钠、9.4 g 亚铁氰化钾，用水溶解并稀释至 1000 ml。

2）0.1% 标准葡萄糖液　　准确称取 1 g 无水葡萄糖（105℃烘干 2 h），用水溶解，加 5 ml 浓盐酸，用水定容至 1000 ml。

2. 操作要点

1）斐林试剂的标定　　吸取斐林试剂甲液、乙液各 5 ml，置于 250 ml 三角瓶中，加 10 ml 水，从滴定管中预先加入约 20 ml 0.1% 标准葡萄糖液（其加入量控制在后滴定时消耗 0.1% 标准葡萄糖液 1 ml 以内）。摇匀后于电炉上加热至沸，立即用 0.1% 标准葡萄糖液继续滴定至蓝色消失为止。此滴定操作需在 1 min 内完成。记录耗用的标准葡萄糖液的总毫升数 (V_0)。

2) 样品含糖量测定　吸取斐林试剂甲液、乙液各 5 ml，置于 250 ml 三角瓶中，加入样品稀释液 10 ml(含葡萄糖量为 5~15 mg)及适量的 0.1% 标准葡萄糖液(其量控制在后滴定时消耗 0.1% 标准葡萄糖液 1 ml 以内)。摇匀后按标定时相同的操作进行。记录耗用的标准葡萄糖液的毫升数(V)。

3. 计算

$$还原糖(以葡萄糖计)含量(\%) = (V_0 - V) \times c \times \frac{n}{10} \times 100\%$$

式中，V_0、V 分别为斐林试剂定值和样品滴定值(ml)；c 为标准葡萄糖液浓度(g/ml)；n 为样品稀释倍数；10 为样品稀释液体积(ml)。

三、次碘酸钠法

次碘酸钠法是用碘与氢氧化钠反应生成的次碘酸钠(NaIO)去氧化还原糖的自由醛基，过量的 I_2 再用硫代硫酸钠滴定，而进行糖的测定的方法。由于次碘酸钠的氧化能力较弱，仅适用于醛糖的滴定，与酮糖不起反应：

$$I_2 + 2NaOH \Longrightarrow NaIO + NaI + H_2O$$

$$NaIO + \begin{matrix} CHO \\ | \\ (CHOH)_n \\ | \\ CH_2OH \end{matrix} \Longrightarrow \begin{matrix} COOH \\ | \\ (CHOH)_n \\ | \\ CH_2OH \end{matrix} + NaI$$

$$I_2 + 2Na_2S_2O_3 \Longrightarrow Na_2S_4O_6 + 2NaI$$

次碘酸钠法的操作要点如下所述。

1. 标准硫代硫酸钠溶液的配制　例如，配制 0.05 mol/L 的 $Na_2S_2O_3$ 溶液：称取 25 g $Na_2S_2O_3 \cdot 5H_2O$ 和 0.2 g Na_2CO_3 溶于煮沸过并冷却后的蒸馏水中，定容至 1 L，存放于棕色瓶中。一周后用标准重铬酸钾溶液标定。

2. 标准碘液的配制　例如，配制 0.1 mol/L 碘液：称取 40 g 碘化钾，溶于水中。加入 12.7 g 碘，逐渐溶解。加 2~3 滴盐酸，定容至 1 L。

3. 空白滴定　空白滴定是采用空白液(蒸馏水或其他与样品液对应的溶液)，用硫代硫酸钠滴定试剂中全部的碘。各种试剂和空白液的体积可根据情况按比例增减，但体积太少时，误差相对增大。现将滴定过程举例如下。

吸取 10 ml 0.1 mol/L 碘液，置于碘量瓶中。加入 15 ml 0.1 mol/L NaOH 溶液，准确加入 5 ml 空白液，摇匀后于暗处反应 15 min。加 1 ml 1 mol/L 硫酸溶液(必要时可加一些水)，用 0.05 mol/L $Na_2S_2O_3$ 滴至浅黄色，加 0.2 ml 左右 0.5% 淀粉液作指示剂，继续滴定至蓝色消失为止。

4. 样品滴定　以 5 ml 样品液代替空白液按空白滴定的相同条件进行操作。

5. 计算

$$醛糖含量(mg) = \frac{1}{2}(V_0 - V) \times c \times M_r \times a$$

式中，V_0 为空白滴定消耗的 $Na_2S_2O_3$ 溶液体积(ml)；V 为样品滴定消耗的 $Na_2S_2O_3$ 溶液体积(ml)；c 为硫代硫酸钠的物质的量浓度；M_r 为醛糖的相对分子质量；a 为样品的稀释倍数。

四、铜试剂法

铜试剂法又称为 SSH(Somogyi-Shaffer-Hartman)法。此法是将还原糖与二价铜离子反应生成的氧化亚铜用碘氧化,再用硫代硫酸钠滴定反应液中剩余的碘,而测定样品中还原糖的含量。

$$\begin{array}{c}\text{CHO}\\|\\(\text{CHOH})_n\\|\\\text{CH}_2\text{OH}\end{array} + 2 \begin{array}{c}\text{COOK}\\|\\\text{CHO}\\|\\\text{CHO}\\|\\\text{COONa}\end{array}\!\!\!\!\!\text{Cu} + \text{NaOH} + \text{H}_2\text{O} =\!\!=\!\! \begin{array}{c}\text{COONa}\\|\\(\text{CHOH})_n\\|\\\text{CH}_2\text{OH}\end{array} + 2\begin{array}{c}\text{COOK}\\|\\\text{CHOH}\\|\\\text{CHOH}\\|\\\text{COONa}\end{array} + \text{Cu}_2\text{O}\downarrow$$

$$\text{KIO}_3 + 5\text{KI} + 3\text{H}_2\text{SO}_4 =\!\!= 3\text{I}_2 + 3\text{K}_2\text{SO}_4 + 3\text{H}_2\text{O}$$

$$\text{I}_2 + \text{Cu}_2\text{O} =\!\!= \text{CuO} + \text{CuI}_2$$

$$\text{I}_2 + 2\text{Na}_2\text{S}_2\text{O}_3 =\!\!= 2\text{NaI} + \text{Na}_2\text{S}_4\text{O}_6$$

1. 铜试剂的配制 铜试剂的主要作用是提供二价铜离子及碘。所以可根据测定的糖含量范围,适当增加或减少 $CuSO_4$ 和 KIO_3 的量。

以下介绍两种铜试剂的配制:

(1) 称取 $CuSO_4 \cdot 5H_2O$ 7.5 g、酒石酸钾钠 25 g、无水碳酸钠 25 g、碳酸氢钠 20 g、碘化钾 5 g、碘酸钾 0.7133 g,依次溶于水中,再定容至 1000 ml,过滤,放置 2 天后可用(①号铜试剂)。

(2) 称取 $CuSO_4 \cdot 5H_2O$ 3.5 g、酒石酸钾钠 25 g、无水碳酸钠 25 g、碳酸氢钠 20 g、碘化钾 5 g、碘酸钾 0.535 g,依次溶解于水中后,再定容至 1000 ml,过滤,放置 2 天后可用(②号铜试剂)。

2. 标准曲线的制作

(1) 准确称取分析纯的无水葡萄糖(105℃干燥至恒重),用蒸馏水溶解,在容量瓶中配成葡萄糖标准液(用①号铜试剂可配 1 mg/ml 浓度的葡萄糖液;用②号铜试剂则配成 0.5 mg/ml 浓度的葡萄糖液)。

(2) 取 6 个三角瓶,分别加入 0 ml、1 ml、2 ml、3 ml、4 ml、5 ml 的葡萄糖标准液以及 5 ml、4 ml、3 ml、2 ml、1 ml、0 ml 蒸馏水。

(3) 各瓶均加入 5 ml 铜试剂。然后置于沸水浴中加热 10 min,冷却至室温。

(4) 加入 0.5 mol/L H_2SO_4 5 ml,振荡。待红色氧化亚铜沉淀完全溶解后,立即用 0.005 mol/L $Na_2S_2O_3$ 滴定至浅黄色时,加数滴淀粉指示剂(0.5%),继续滴定至蓝色消失为终点。记录所用硫代硫酸钠溶液的毫升数。

(5) 以葡萄糖的含量(毫克数)为纵坐标,以空白滴定值减去标准样品滴定值得出的硫代硫酸钠溶液的毫升数为横坐标,绘出标准曲线。

3. 样品的含糖量测定 若要测样品中还原糖的含量,则将样品适当稀释后,吸取 5 ml 样品液代替标准葡萄糖液,按上述同样方法进行测定。用空白滴定值与样品滴定值的差值,查标准曲线,并考虑稀释倍数,计算样品中还原糖的含量。

若测样品中的总糖含量,则先将样品液经水解后,按还原糖含量的测定方法测定。若要测定淀粉或半纤维的含量,则将淀粉或半纤维素水解后,用测定还原糖的方法测定。然后乘上因数 0.9,则为淀粉或半纤维素的含量。

第二节 蛋白质和氨基酸的化学检测

蛋白质是存在于所有生物体中的含氮化合物。其含氮量几乎是恒定的,平均含氮量为16%。只要测定出蛋白质的含氮量,乘以 6.25,即为蛋白质的含量。

蛋白质含有多个肽键,因此可用双缩脲试剂及由其发展而来的福林-酚(Folin-酚)试剂进行蛋白质的测定。

蛋白质的基本组成单位是氨基酸。通过末端氨基酸分析,可弄清蛋白质中氨基酸的种类和排列顺序。

一、定氮法测定蛋白质的含量

测定氮含量的方法很多,通常采用凯氏(Kjeldahl)定氮法和微量凯氏定氮法进行蛋白质的测定。

1. 原理 凯氏定氮法与微量凯氏定氮法的原理相同。不同的是后者所需样品量少,适应于含氮量低的样品。

将样品与浓硫酸共热时(称为消化)蛋白质分解,其中氮与硫酸反应生成$(NH_4)_2SO_4$,然后碱化蒸馏使氨游离。氨由硼酸吸收生成硼酸铵以标准酸滴定,即可计算出含氮量。

$$\text{蛋白质} \xrightarrow[\text{硫酸}]{+nH_2O} nR-\underset{NH_2}{CH}-COOH$$

$$R-\underset{NH_2}{CH}-COOH + H_2SO_4 = CO_2 + H_2O + (NH_4)_2SO_4$$

$$(NH_4)_2SO_4 + 2NaOH = Na_2SO_4 + 2NH_3 + 2H_2O$$

$$NH_3 + H_3BO_3 = NH_4H_2BO_3$$

$$NH_4H_2BO_3 + HCl = H_3BO_3 + NH_4Cl$$

滴定时可用甲基红-溴甲酚绿混合液为指示剂,滴定至溶液变为紫红色为终点。

碱化蒸馏出的氨也可用标准酸吸收,然后用标准碱滴定剩余的酸(以甲基橙为指示剂,黄色为终点)。

$$2NH_3 + H_2SO_4 = (NH_4)_2SO_4$$

$$H_2SO_4 + 2NaOH = Na_2SO_4 + 2H_2O$$

2. 操作要点

(1) 消化:取一定量的样品放进凯氏定氮瓶中(常量法可用1~3 g蛋白质样品;微量法取0.1~0.5 g蛋白质样品),加入一定量的硫酸钾、硫酸铜和浓硫酸(常量法加3 g硫酸钾、1 g硫酸铜、20 ml浓硫酸;微量法加0.3~0.5 g硫酸钾-硫酸铜混合物、3 ml浓硫酸),瓶口放一个小三角瓶,用电炉或煤气灯加热,置于通风橱内消化。开始用微火加热,至不发生泡沫时,升高温度,保持微沸状态,消化至溶液清澈透明为止。冷却后用蒸馏水将消化液全部洗入100 ml容量瓶中,定容至刻度,摇匀备用。

(2) 蒸馏:定量吸取上述稀释消化液 10~50 ml,置入蒸馏器中,加一些水洗器壁。再加10~50 ml 30%氢氧化钠溶液,立即盖严,防止漏气。开始加热蒸馏,放出的氨经过冷凝管进入接受瓶。接受瓶中可放入一定量的标准酸溶液(如 25 ml 0.05 mol/L 硫酸溶液),或放进

5 ml 2%硼酸溶液加几滴甲基红-溴甲酚绿指示剂。

（3）滴定与计算：根据接收液的不同，用不同的标准试剂进行滴定。

若用硼酸溶液接收，用 0.01 mol/L 标准盐酸滴定，直至混合液的颜色由绿色变为淡紫红色即为滴定终点。

$$样品中的总氮量(mg) = (A-B) \times c \times 14 \times a$$

式中，A 为样品滴定所耗用的盐酸体积(ml)；B 为空白滴定所耗用的盐酸体积(ml)；c 为标准盐酸溶液的物质的量浓度；14 为氮的相对分子质量；a 为稀释倍数。

若用标准硫酸接收蒸馏出的氨，则用 0.1 mol/L 标准氢氧化钠溶液滴定。以 0.1%甲基红为指示剂，滴定至混合液呈黄色为终点。

$$样品中的总氮量(mg) = (2c_1V_1 - c_2V_2) \times 14 \times a$$

式中，c_1、V_1 分别为接收瓶中标准硫酸的物质的量浓度和体积(ml)；c_2、V_2 分别为滴定时氢氧化钠的物质的量浓度和消耗的体积(ml)；14 为氮的相对分子质量；a 为稀释倍数。

从样品的含氮量可计算蛋白质含量：

$$蛋白质含量 = 样品的总氮量 \times 6.25$$

因凯氏定氮法测出的氮是样品中全部的氮，所以计算的蛋白含量称为粗蛋白含量。

二、双缩脲试剂法测定蛋白质含量

蛋白质含有两个以上的肽键，因此有双缩脲反应。双缩脲反应是指蛋白质在碱性溶液中与二价铜离子结合，生成紫红色络合物的反应。其颜色的深浅与蛋白质的含量成正比，而与蛋白质的相对分子质量和氨基酸组成无关。

双缩脲试剂法操作简便、快速，常用于需要快速但不需要十分精确的测定。硫酸铵不干扰此反应，但 Tris 缓冲液等给予阳性反应，干扰蛋白质的测定。

双缩脲试剂法的测定范围为 1～10 mg 蛋白质。其操作要点如下所述。

1. 双缩脲试剂的配制　　称取 1.50 g $CuSO_4 \cdot 5H_2O$ 和 6.0 g 酒石酸钾钠($NaKC_4H_4O_6 \cdot 4H_2O$)，用 500 ml 左右的蒸馏水溶解，在搅拌下加入 300 ml 10%氢氧化钠溶液，定容至 1 L，贮存于塑料瓶中，可长期使用。若出现黑点或红色沉淀时，则不能再用。加入 0.1%KI 可防止铜析出。

2. 标准曲线的制作　　于试管中分别加入 0 ml、0.2 ml、0.4 ml、0.6 ml、0.8 ml、1.0 ml 的 1%标准酪蛋白溶液(用 0.05 mol/L NaOH 溶液配制，酪蛋白可用微量凯氏定氮法测定其纯度)，用水补足至 1 ml。然后各加入 4 ml 双缩脲试剂，充分摇匀在室温下反应 30 min，于 540 nm 波长下测定光吸收率(光密度)。以酪蛋白的含量为横坐标，光吸收率值为纵坐标，绘制标准曲线。

3. 样品测定　　取样品溶液 1 ml，加入 4 ml 双缩脲试剂，摇匀后在室温下反应 30 min 测定 A_{540}，从标准曲线查出蛋白质含量。

三、福林-酚试剂法测定蛋白质含量

福林-酚试剂法又称劳里(Lowry)法，是双缩脲试剂法的发展。该法比双缩脲试剂法灵敏得多(约 100 倍)，但需时较长，而且对双缩脲反应有干扰的物质对福林-酚试剂法的影响更大，酚类和柠檬酸也有干扰。

福林-酚试剂由两种试剂组成：一种为碱性铜试剂，它能与蛋白质中的肽键发生双缩脲反应生成蛋白质-铜复合物;另一种为稀释的苯酚试剂,它可与酪氨酸、色氨酸等芳香族氨基酸残基反应,呈现蓝色。这两种呈色反应可以叠加,所以其灵敏度特别高。

1. 福林-酚试剂的配制

试剂 A:0.2 mol/L NaOH 溶液与 4% 无水碳酸钠溶液等体积混合液,即含 0.1 mol/L NaOH 和 2% Na_2CO_3 的溶液。

试剂 B:2% 酒石酸钾钠溶液与 1% $CuSO_4 \cdot 5H_2O$ 溶液的等体积混合液。

在使用的当天把试剂 A 和试剂 B 按 50:1 的比例混合,即为福林-酚试剂甲(碱性铜试剂)。

试剂乙(稀释的苯酚试剂;稀释的福林-Ciocalteu 试剂):将市售的苯酚试剂加 1 倍体积左右的蒸馏水稀释而成,用 1 mol/L NaOH 滴定,酸浓度应为 1 mol/L。若自己配制,则按下述程序进行:在 2 L 容积的磨口回流装置内加入 100 g 钨酸钠($NaWO_4 \cdot 2H_2O$)、25 g 钼酸钠($Na_2MoO_4 \cdot 2H_2O$)、700 ml 蒸馏水,再加 50 ml 85% 磷酸及 100 ml 浓盐酸,充分混合后,以小火回流 10 h。再加 150 g 硫酸锂(Li_2SO_4)、50 ml 蒸馏水及数滴液体溴。然后开口继续沸腾 15 min,以驱除过量的溴,冷却后定容至 1 L。过滤后置冰箱保存。使用时稀释 1 倍左右。

2. 蛋白质标准溶液的配制　　准确称取一定量的结晶牛血清白蛋白,溶于 0.9% 的 NaCl 溶液中,配制成适当浓度的标准液。也可用酪蛋白,但需经凯氏定氮法测定其蛋白质含量。

3. 样品的测定　　取 1 ml 样品液(含蛋白质 15～500 μg),加入 5 ml 试剂甲(碱性酮试剂),混匀于室温(20～25℃)放置 10 min。再加入试剂乙(稀释的苯酚试剂)0.5 ml,立即混匀,于室温反应 30 min(也可在 50℃反应 10 min)。然后选择 500～750 nm 的一个波长,测定吸光率。以 1 ml 蒸馏水代替样品为空白对照。样品液和各种试剂的用量可根据情况按比例增减。蛋白质含量高时,选择靠近 500 nm 的波长测定;含量低时,选择靠近 750 nm 的波长测定。

4. 计算

$$蛋白质含量(\mu g) = \frac{A - A_0}{A_S - A_0} \times P_S$$

式中,A 为样品测定时的吸光率;A_0 为空白测定时的吸光率;A_S 为标准蛋白质测定时的吸光率;P_S 为标准蛋白质的含量(μg)。

也可以用不同浓度的标准样品进行测定,然后作出标准曲线。样品测定后,从标准曲线查出蛋白质含量。

四、蛋白质 N 端氨基酸丹磺酰化测定法

DNS 测定法,即丹磺酰化测定法,是 1970 年由 Hartley 提出的测定蛋白质一级结构的基本方法之一。

1. 原理　　蛋白质(多肽或氨基酸)的 α-氨基与荧光试剂丹磺酰氯(dansylchloride,二甲氨基萘磺酰氯)在碱性条件下反应,生成丹磺酰-蛋白质(DNS-蛋白质)。DNS-蛋白质经水解可生成 DNS-氨基酸,DNS-氨基酸可用聚酰胺薄膜层析进行分离和检测,从而可知道蛋白质的 N 端氨基酸。

此法灵活度高,比茚三酮法高 10 倍以上,比二硝基氟苯(FDNB)法高 100 倍,也适用于蛋白质的氨基酸组成的测定。

其反应过程见实验 7-5。

2. 操作要点

(1) 丹磺酰化反应:取 0.2～0.5 mg 蛋白质样品置于有塞的微型试管中,加入 0.5 ml

0.2 mol/L 碳酸氢钠溶液,再加入 0.5 ml 0.2% DNS-Cl 丙酮溶液,用三乙胺调 pH 至 9.0~9.5,塞好,于 40℃烘箱中反应 2 h,或室温反应 2~4 h。反应后,用真空干燥除去丙酮。

(2) 水解:将上述干燥的反应物用 0.5 ml 6 mol/L 盐酸水解后,移至水解管,抽真空密封管口,于 105~110℃水解 18~24 h。开管后,蒸去盐酸。

(3) 检测:将上述水解产物用 0.5 ml 50%吡啶溶液溶解后,进行聚酰胺薄膜层析。或将上述水解物用 0.5 ml 乙酸乙酯抽提,将抽提液干燥除去乙酸乙酯,用少量丙酮溶解后,进行聚酰胺薄膜层析。

层析后,在 360 nm 或 280 nm 波长的紫外线灯下可看到层析谱呈黄色荧光的 DNS-氨基酸斑点与标准 DNS-氨基酸层析图谱相互对照,可以确定蛋白质样品的 N 端氨基酸为何种氨基酸。

五、蛋白质的氨基酸排列顺序测定——埃德曼分析法

异硫氰酸苯酯(phenyl isothiocyanate,PITC)分析法,是 1950 年由埃德曼(Edman)首先提出的测定蛋白质 N 端氨基酸及分析蛋白质分子中氨基酸排列顺序的办法,故又称为 Edman 分析法。

DNS 测定法反应过程

Edman 分析法的优点是在切下 N 端氨基酸残基时，链的其他氨基酸残基不受影响，而且 Edman 试剂很容易和大多数的 N 端氨基酸残基起反应，所以广泛应用于蛋白质和多肽的氨基酸排列顺序的分析。10 肽以下肽段的氨基酸排列顺序仅用 Edman 法可全部确定。1976 年合成了 4-*N*，*N*-二甲基偶氮苯-4′-异硫氰酸酯（DABITC），常称为有色 Edman 试剂，可简单、快速、灵敏地确定20～30 肽的氨基酸排列顺序。

1. 原理　蛋白质（或多肽）的游离 α-氨基与异硫氰酸苯酯反应，形成苯氨基硫甲酰-蛋白质，简称 PTC-蛋白质（phenyl thiocarbamyl-蛋白质）。

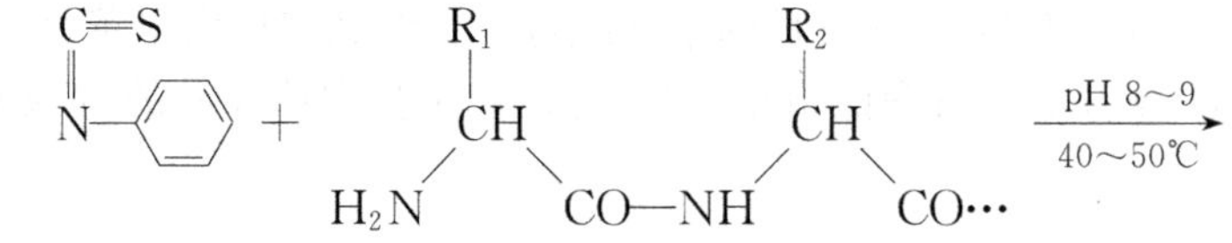

异硫氰酸苯酯　　蛋白质（肽）

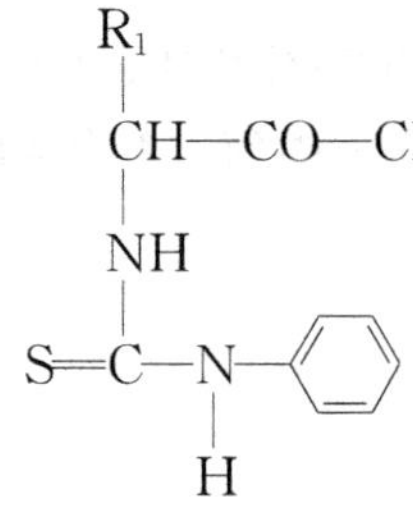

PTC-蛋白质

PTC-蛋白质在无水的酸中裂解产生噻唑啉酮衍生物，而肽的其他部分被完整地释放出来：

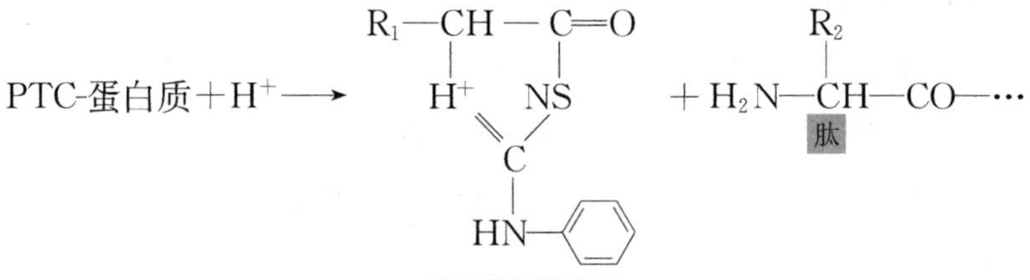

噻唑啉酮衍生物

噻唑啉酮衍生物水解生成苯氨基硫甲酰-氨基酸（PTC-氨基酸），然后再环化生成乙内酰苯硫脲氨基酸（phenyltohiohydantoin-氨基酸，PTH-氨基酸）。

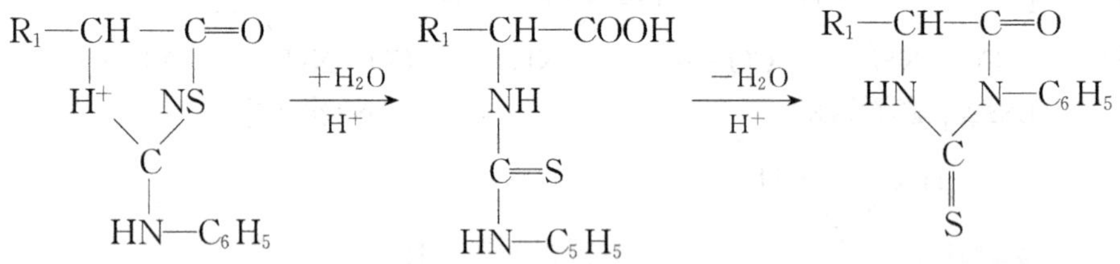

PTC-氨基酸　　PTH-氨基酸

PTH-氨基酸可用有机溶剂抽提，经过聚酰胺薄膜层析，再与标准 PTH-氨基酸层析图谱相比较，便可确定蛋白质（肽）的 N 端氨基酸。剩余的肽段又可进行 PTC 分析，如此反复进行，就可确定蛋白质（肽）的氨基酸排列顺序。

2. 操作要点

1）蛋白质的 PTC 化　取 0.2～10 mg 蛋白质（肽），用 0.1 ml 水溶解，加入等体积的吡啶，用 0.1 mol/L NaOH 调 pH 到 8.7～9.0，加入 0.1 ml 异硫氰酸苯酯，摇匀，在室温反应 2 h

(或 40℃,45 min;50℃,30 min),生成 PTC 蛋白质后,真空干燥除去吡啶。

2) PTC 衍生物的环化　　上述 PTC-蛋白质中加入 0.2 ml 无水三氟乙酸,盖严于 40℃保温 30 min(或 50℃保温 10 min),生成 PTC-氨基酸后,再真空干燥,除去三氟乙酸。然后加入 0.2 ml 蒸馏水,水解、环化生成 PTH-氨基酸。

3) PTH-氨基酸的抽提　　于上述 PTH-氨基酸和残肽混合液中加入 0.15 ml 有机溶剂(苯、乙酸乙酯或乙醚等)抽提,振荡分层后,吸取有机相。再重复抽提二次,合并有机相,真空干燥得 PTH-氨基酸。水相含残肽,干燥后,取样测氨基酸组成,其余再测下一个 N 端氨基酸。

4) PTH-氨基酸的检测　　可直接用聚酰胺薄膜层析检出 PTH-氨基酸,也可将其水解成游离氨基酸后用纸层析或用氨基酸自动分析仪检测。

(1) 直接测定法:将 PTH-氨基酸用少量乙醇溶解后,进行聚酰胺薄膜双向层析。采用下列展开剂系统:正庚烷:吡啶=7:3(V/V);正庚烷:正丁醇:90%甲酸=4:2:4(V/V/V)层析后,吹干,用淀粉-碘-叠氮试剂显色。层析膜先用 0.5%淀粉液浸泡,烘干,再浸于叠氮碘试剂中,PTH-氨基酸在蓝色薄膜上显出白点。再与标准 PTH-氨基酸层析谱对照,可知其为何种氨基酸。

(2) 间接鉴定:将 PTH-氨基酸加入 6 mol/L HCl 通氮封管于 150℃酸解 16～22 h,使之水解为游离氨基酸,再进行测定。

5) 氨基酸顺序的确定

(1) 将逐个 PTH-氨基酸的检测结果排列起来,则为从 N 端开始的氨基酸排列次序。

(2) 将每次 Edman 分析法除去 N 端氨基酸后的残肽水解,测定其氨基酸组成,即可确定氨基酸的排列顺序。例如,有一个多肽分子含 A、B、C、D、E、F:

第一次降解后,残肽含:A、C、D、E、F,失去 B;

第二次降解后,残肽含:A、C、D、E,失去 F;

第三次降解后,残肽含:C、D、E,失去 A;

第四次降解后,残肽含:C、E,失去 D;

第五次降解后,含 C 氨基酸,失去 E。

则可确定此多肽的氨基酸排列次序为:从 N 端开始 B—F—A—D—E—C。

六、蛋白质 N 端氨基酸 2,4-二硝基氟苯测定法

2,4-二硝基氟苯(FDNB)测定法是 1945 年由桑格(Sanger)首先提出的测定蛋白质 N 端氨基酸的方法。FDNB 能在温和条件下,定量地与蛋白质反应,因而在测定过程中不会引起肽链断裂。FDNB-衍生物都呈黄色,有利于检测。因 DNP-衍生物对光敏感,应避光进行实验。

1. 原理　　FDNB 能在温和条件下(室温、pH 8～9)与蛋白质的自由 α-氨基酸定量地发生反应,生成 DNP-蛋白质。DNP-蛋白质经酸水解,生成 DNP-氨基酸和氨基酸混合液。用有机溶剂抽提,除了碱性氨基酸的 DNP 衍生物留在水溶液中外,其他的 DNP-氨基酸都在有机相中。由于 DNP-氨基酸都呈黄色,可用聚酰胺薄膜层析或其他层析、电泳方法分离后,进行定性、定量测定。

$$\underset{\text{NO}_2}{\overset{\text{F}}{\underset{\text{NO}_2}{\bigcirc}}} + H_2N-\underset{\text{CO}}{\overset{R_1}{CH}}-NH-\underset{\text{CO}}{\overset{R_2}{CH}}-\cdots \xrightarrow[\text{室温}]{pH\ 8\sim 9}$$

$$\underset{\underset{NO_2}{\bigcirc}_{NO_2}}{NH}-\overset{R_1}{CH}-CO-NH-\overset{R_2}{CH}-CO-\cdots + nH_2O \xrightarrow[105℃]{H^+}$$

$$\underset{\underset{NO_2}{\bigcirc}_{NO_2}}{NH}-\overset{R_1}{CH}-COOH + R_2 \longrightarrow n\ \underset{NH_2}{\overset{R}{CH}}-COOH$$

2. 操作要点

1) 蛋白质的二硝基苯化　　称取一定量的蛋白质($1\sim 2\ \mu mol$),加入等量的碳酸氢钠,溶于 5 ml 水中,再加入 2 倍体积的 5%FDNB 乙醇溶液,混匀,盖紧,于室温下避光振摇 2 h(难溶的蛋白质应延长反应时间)。反应完成后,用一定量的盐酸酸化。离心收集沉淀。沉淀用 1∶1 乙醇-乙醚混合液及乙醚相继洗涤。所得 DNP-蛋白质置于干燥器中避光干燥。

2) DNP-蛋白质的水解　　将上述 DNP-蛋白质放入水解管,加入 2 ml 5.7 mol/L 恒沸点盐酸,抽气封管,于 105℃烘箱中水解 4~24 h(水解后放出的 DNP-氨基酸不同,水解时间也不同。例如,放出 DNP-甘氨酸常水解 4 h,放出 DNP-谷氨酸等需水解 12 h,放出 DNP-天冬氨酸需水解 24 h)。

3) DNP-氨基酸的抽提　　水解完毕启封后,用 2~3 倍体积的蒸馏水稀释,再用乙醚提取 3 次,合并醚层,用 2~3 ml 蒸馏水洗涤醚层,以去除残酸。醚层提取液蒸干乙醚后,得醚溶性 DNP-氨基酸(中性与酸性氨基酸)。水层蒸干后,反复用水溶解和蒸干,得碱性氨基酸的 DNP-衍生物。

4) DNP-氨基酸的检测　　将 DNP-氨基酸加少许丙酮溶解,点样进行聚酰胺薄膜双向层析,用下列溶剂系统展开。

(1) 苯∶冰醋酸=80∶20(V/V)。

(2) 88%甲酸∶水=50∶50(V/V)。

将层析图谱与标准 DNP-氨基酸层析图谱相比较,则可确定蛋白质的 N 端氨基酸。

将图谱中的黄色斑点剪下,用 1% $NaHCO_3$ 溶液洗脱后,在 360 nm(DNP-脯氨酸用 385 nm)的波长下测定其光密度,可进行定量测定。

七、茚三酮显色法测定氨基酸含量

1. 原理 在微酸性条件下,氨基酸与茚三酮反应生成醛、CO_2、NH_3 和还原茚三酮。接着茚三酮与氨和还原茚三酮反应生成紫色化合物。

亚氨基酸——脯氨酸和羟脯氨酸与茚三酮反应生成黄色的化合物。

利用茚三酮显色法,可对氨基酸进行定性、定量测定。此法还可与层析或电泳结合进行氨基酸的定性、定量测定。此法较灵敏,可测定微量的氨基酸($0.5\sim50~\mu g$),操作简便。

2. 茚三酮显色液的配制 茚三酮显色液的配制方法有多种,主要的差别是所用的还原剂及溶剂不同。还原剂可用抗坏血酸、可力丁(甲基乙基氮杂苯)、二甲基吡啶、氯化亚锡、硫酸亚铁、硫酸亚铁胺等,溶剂可用乙二醇甲醚、丙酮、甲醇、丁醇、乙醇等。茚三酮的浓度为 $0.1\%\sim1\%$,举例如下。

(1) 0.3 g 茚三酮溶于 95 ml 乙醇中,再加入 5 ml 2,4-二甲基吡啶。

(2) 0.1 g 茚三酮溶于 10 ml 乙二醇甲醚中。使用前与等体积的 0.2% 维生素 C 溶液混合。

(3) 0.5 g 茚三酮溶于 100 ml 丙酮(或乙醇)中,使用前加入等体积的 0.1% 维生素 C 溶液。

(4) 85 mg 茚三酮和 15 mg 还原茚三酮混合,用 10 ml 乙二醇甲醚溶解。

3. 样品测定　取 1 ml 样品溶液(含氨基酸 0.1～50 μg)加 1 ml 缓冲液(pH 5.0～6.7)。再加 1 ml 茚三酮显色液,于 100℃水浴中加热 15 min。用自来水冷却后,加入 3 ml 60%乙醇溶液,于 570 nm 波长下测光密度。脯氨酸或羟脯氨酸在 440 nm 波长处测定。

若是层析或电泳后,则将茚三酮溶液喷在支持物上,加热即可显色。

八、甲醛滴定法测定氨基酸

氨基酸是两性电解质,一般不能通过氢氧化钠的滴定来测定。而当加进甲醛时,甲醛与氨基生成羟甲基衍生物:

$$\begin{array}{c} R{-}C{-}COOH + HCHO \rightleftharpoons R{-}CH{-}COO^- + H^+ \\ | \qquad\qquad\qquad\qquad\qquad\qquad | \\ NH_2 \qquad\qquad\qquad\qquad\qquad NH{-}CH_2OH \end{array}$$

$$\begin{array}{c} R{-}CH{-}COO^- + HCHO \rightleftharpoons R{-}CH{-}COO^- \\ | \qquad\qquad\qquad\qquad\qquad\qquad | \\ NH{-}CH_2OH \qquad\qquad\qquad N(CH_2OH)_2 \end{array}$$

这样就可以用碱来滴定。

为了避免甲醛引起的误差,甲醛需用氢氧化钠先调 pH 至 7.0,成为中性甲醛才可使用。

由于上述反应可逆,所以甲醛必须过量。一般用 5%～10%的中性甲醛溶液与等体积的样品液(含氨基酸 0%～2%)混合后,用标准氢氧化钠(0.01 mol/L 或 0.1 mol/L)滴定。

第三节　蛋白质的免疫化学检测

利用抗原与抗体之间特异的结合反应而对蛋白质进行定性、定量分析的技术,称为蛋白质的免疫化学检测技术。

免疫反应由于其特异性强、灵敏度高,所以非常适用于蛋白质的检测。

一、基本概念与原理

将外源物质(不同种属的蛋白质或微生物)不经口(避开消化道)进入动物体内后,经过一定时间,动物的血清中就会出现与引入的蛋白质起反应的物质(球蛋白),这些物质称为**抗体**。能引起抗体产生的物质,称为**抗原**。

将溶解的抗原(某种蛋白质)与适当比例的含有相应特异抗体的血清(免疫血清)相混合,抗体与抗原起结合反应,就会形成沉淀。

免疫血清在一定量抗原存在下能显现明确的沉淀反应的最大稀释度的倒数称为抗原滴度,也称为免疫血清的效价。例如,最大稀释度为 1∶5000,其效价是 5000。

蛋白质的抗原特性是由蛋白质的化学结构决定的。蛋白质多肽链组或某些特定的基团可与抗体结合,称为抗原的决定簇或称为抗原的决定基。

抗体是免疫球蛋白,由两条重链(H 链)和两条轻链(L 链)通过多个二硫键连接成 Y 形(图 7-1)。抗体的 N 端是抗体与抗原决定簇的结合部位。不同

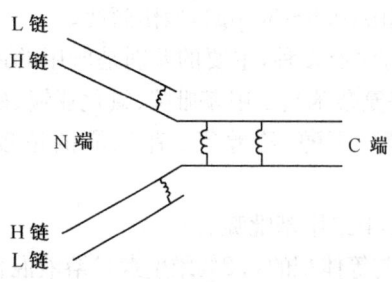

图 7-1　免疫球蛋白结构示意图

的抗体，其 N 端的结构不同，这就决定了抗体的特异性。抗体分子的 C 端结构基本相同，称为不变区。当抗原的决定簇与抗体的 N 端结合时，产生变构效应，使 C 端的某些部位结构改变，而产生一系列的免疫效应，如凝集、沉淀、吞噬等。

二、蛋白质的免疫化学检测方法

利用免疫化学检测蛋白的方法主要有凝集反应和沉淀反应。

1. 凝集反应 细胞性抗原（细菌、病毒、红细胞等）与相应的抗体（抗血清）相混合时，细胞性抗原就会凝集成团，这称为凝集反应。

利用凝集反应可测定抗体（抗血清）的效价，也可用于细菌、病毒等的分类。

凝集反应的操作要点如下所述。

用生理盐水（0.9% NaCl 溶液）将抗血清制成不同的稀释液（如 1∶20、1∶40、1∶80、1∶160 等），然后加入相应抗原的生理盐水悬浮液。将试管置于适当温度（如 37℃）的水浴中，经过一定的时间（一般 24 h 之内），观察结果。抗血清的效价以能显现明确的凝集作用的最大稀释度的倒数表示。能显现明确的凝集作用的抗原为同种抗原，否则为不同种抗原。

2. 沉淀反应 将可溶性抗原（蛋白质）与相应的抗体混合，当两者的比例适当，并有适当的盐类存在时，即可形成沉淀，这称为沉淀反应。

为了沉淀反应的进行，必须选择适当的抗原、抗体比例。抗原过量或抗体过量，往往会引起沉淀的部分溶解或完全溶解。

沉淀的温度一般选在体温（37℃）或室温（25℃）下进行。沉淀的 pH 可在较宽的范围（pH 6.5～8.6）内选择，不影响沉淀的生成。

离子强度对沉淀反应有影响，一般采用生理盐水（0.9% NaCl 溶液）。当离子浓度超过 0.15 mol/L 时，随盐浓度的增加，沉淀逐渐减小。

利用沉淀反应可对抗原和抗体进行定性、定量测定。利用沉淀反应测定蛋白质的方法很多，主要有沉淀试验、界面（环状）试验、免疫扩散、免疫电泳、免疫亲和层析、免疫荧光检测技术等。

1）沉淀试验 分别吸取 0.5 ml 免疫血清至一系列试管中，各加入等体积的抗原稀释液（1∶1、1∶2、1∶4、1∶8、1∶16 等），混合后于 37℃ 水浴中保温 60 min。然后置于冰箱中，第二天检查有无沉淀出现。此外，用 0.5 ml 生理盐水代替抗原溶液加到抗血清中，再用 0.5 ml 生理盐水代替抗血清加到抗原溶液中，作为对照。

若有沉淀出现，则反应为阳性，这说明所试验的抗原与抗血清的已知抗体相对应；也说明，此抗血清中存在有与已知蛋白质抗原相应的特异性抗体。若没有沉淀出现，则反应为阴性。

若抗血清的效价太低，沉淀不明显，则可于 1500 r/min 离心 10 min，再观测有否沉淀。

如果沉淀反应完全，则可取出沉淀，用微量凯氏定氮法测出抗原与抗体的总含氮量。若蛋白质抗原的含氮量为已知，则可测定抗血清中抗体的含量；若抗血清中抗体的含氮量为已知，则可算出蛋白质抗原的含量。

2）界面试验（又称为环状试验） 试验时，取 0.3 ml 抗血清加到一系列试管中，再分别加入 0.3 ml 不同稀释度的抗原液到抗血清的表面，置于 37℃ 或室温下，经数分钟或稍长时间，观察结果。

若抗体与抗原界面上出现乳白色沉淀环则反应为阳性，无白色沉淀则为阴性。另外，用

0.3 ml生理盐水加到抗血清表面作为对照。

3) **免疫扩散** 利用蛋白质在半固体基质上的扩散作用,使抗原和抗体在浓度比例合适的部位产生沉淀带或沉淀环,从而检测蛋白质。

常用的半固体基质为琼脂。此外,聚丙烯酰胺等凝胶也可采用。

免疫扩散有单向扩散和双向扩散之分。

(1) 单向扩散:可溶性抗原扩散到均匀分布于半固体基质中的免疫血清中。当抗原适当过量时,便在琼脂内形成沉淀带。

操作时,将0.6 g琼脂加到100 ml生理盐水中,加热溶解,取5 ml左右在46～48℃与等体积同温度的抗血清混合,加到试管中(注意不要有气泡)。凝固后,加5 ml抗原溶液于琼脂表面,于室温下观察沉淀带的形成情况,从而检测抗原与抗体是否相应。

(2) 双向扩散:可溶性抗原和对应的抗血清在琼脂平板内互相扩散就会在琼脂平板内出现沉淀带。

操作时,取1～1.5 g琼脂加到100 ml生理盐水或pH 7.1的磷酸缓冲液中,加热溶解,加入0.1%叠氮钠(NaN_3)作为防腐剂,在培养器中制成3 mm左右厚度的平板。凝固后,用打孔器在平板中央和周围打几个对称小孔。中央小孔加入蛋白质溶液,周围小孔加入等体积的不同稀释度的抗血清;或者在中央小孔加入抗血清,而在周围小孔加入不同的蛋白质溶液,于室温或37℃条件下自然扩散24 h,观察呈现的沉淀带。

4) **免疫电泳** 将电泳技术与免疫扩散结合起来,称为免疫电泳。其原理是首先将抗原中的各蛋白质组分在琼脂平板中用电泳方法分离。然后,取出琼脂板,于平行槽中加入相应的抗血清,进行双向免疫扩散,根据沉淀带的位置对蛋白质的各组分进行检测。有关电泳技术原理及操作要点请参阅本书第五章。

5) **免疫亲和层析** 抗原和相应的抗体是具有特异亲和力的生物分子对,只要将其中一方(抗原或抗体均可)作为配基偶联在不溶性母体上,就可以使样品溶液中的另一方通过亲和层析方法得以分离纯化。有关亲和层析技术原理和操作要点请参阅本书第四章。

6) **免疫荧光检测技术** 用荧光试剂与抗体(免疫球蛋白)的伯氨基结合,制成免疫荧光试剂,再在特定条件下使免疫荧光试剂与抗原结合,通过荧光检测仪(荧光显微镜、荧光光度计等)检测抗原。

有关荧光检测的技术原理和操作请参阅本书第八章第二节。

第四节 核酸的化学检测

根据核酸中所含的磷及戊糖的化学性质,可用定磷法、二苯胺法和地衣酚法等进行检测。

一、定磷法测定核酸含量

核酸中含的磷,用强酸(5 mol/L H_2SO_4 或60%过氯酸)消化,变成无机磷,无机磷在酸性条件下与钼酸铵反应生成磷钼酸。在还原剂的作用下,磷钼酸生成蓝色的化合物——钼蓝。

$$H_3PO_4 + 12(NH_4)_2MoO_4 + 12H_2SO_4 \rightleftharpoons H_3PO_4 \cdot 12MoO_3 + 12(NH_4)_2SO_4 + 12H_2O$$

$$H_3PO_4 \cdot 12MoO_3 + 8H^+ \rightleftharpoons (2MoO_2 \cdot 4MoO_3)_2 \cdot H_3PO_4 \cdot 4H_2O$$

磷钼酸钼蓝

钼蓝的最大吸收峰在 650~660 nm 波长处,可通过测定 OD_{650} 测定磷的含量,进一步计算出核酸含量。其操作要点如下所述。

1. 核酸的消化　　取 1 ml 1% 的核酸溶液,加入 2~3 ml 5 mol/L H_2SO_4 于凯氏烧瓶中,于 140~160℃ 消化 2~4 h。待溶液呈黄褐色后取出,稍冷,加入 1~2 滴 30% 过氧化氢继续消化,至溶液透明为止。取出冷却后加 1 ml 蒸馏水,在沸水浴中加热 10 min,以分解消化过程中形成的焦磷酸。然后移至 100 ml 容量瓶中定容至刻度。

2. 磷的测定　　取上述样品液 1 ml 加进蒸馏水 2 ml 和定磷试剂(3 mol/L 硫酸：水：2.5% 钼酸铵：10% 维生素 C=1∶2∶1∶1,当天混合使用)3 ml,摇匀,于 45℃ 恒温水浴中反应 25 min。冷却至室温,于 650 nm 波长处测光密度 OD_{650}。减去空白值就可以从标准曲线查出总磷含量。

另取 1 ml 1% 的核酸溶液,不经消化,稀释 100 倍。然后取 1 ml 照上述方法测 OD_{650},从标准曲线查出无机磷的含量。

标准曲线的制作是以不同含量的无机磷溶液代替样品液,照上述方法分别测出 OD_{650}。然后以标准磷含量(微克)为横坐标,OD_{650} 为纵坐标,绘出标准曲线。

3. 核酸含量的计算　　不同来源的核酸其含磷量有所差别,一般 DNA 含磷量为 9.5%,RNA 含磷量为 9.2%。根据磷测定的结果,就可以计算核酸(DNA 或 RNA)的含量。

$$RNA 量 = (总磷量 - 无机磷量) \times \frac{100}{9.2}$$

$$DNA 量 = (总磷量 - 无机磷量) \times \frac{100}{9.5}$$

二、二苯胺法测定 DNA 含量

DNA 中的 2-脱氧核糖在酸性环境中与二苯胺试剂一起加热产生蓝色反应,在 595 nm 处有最大吸收峰。在 40~400 μg 时,OD_{595} 与 DNA 的浓度成正比。少量乙醛可提高反应灵敏度。

1. 二苯胺试剂的配制　　取 1.5 g 二苯胺溶于 100 ml 冰醋酸中,添加 1.5 ml 硫酸,暗处保存备用。在使用前加入 1 ml 1.6% 乙醛溶液。

2. 标准曲线的制作　　取一定量的标准 DNA,用 0.01 mol/L 氢氧化钠溶液配成 200 μg/ml 的 DNA 标准液。

分别吸取 0 ml、0.4 ml、0.8 ml、1.2 ml、1.6 ml、2.0 ml 的 DNA 标准液,添加蒸馏水,使之均为 2 ml。然后各加入 3 ml 二苯胺试剂,混匀,于 60℃ 水浴中保温 1 h。冷却后分别测定 OD_{595}。以 DNA 浓度为横坐标,OD_{595} 为纵坐标,绘制出标准曲线。

3. 样品中 DNA 含量的测定　　准确称取一定量的样品,用 0.01 mol/L NaOH 溶液配成一定浓度。取 2 ml 样品液,加入 3 ml 二苯胺试剂,按照上述方法测得 OD_{595}。然后从标准曲线查出样品液中 DNA 的含量。

从样品中的 DNA 含量与样品质量可算出样品中 DNA 的百分含量。

三、地衣酚法测定 RNA 含量

核糖核酸(RNA)在浓盐酸和三氯化铁的存在下,与 3,5-二羟甲苯(地衣酚)反应,生成绿色物质。该绿色物质的光吸收高峰在 670 nm 处。在一定的浓度范围内,吸光度与 RNA 浓度成正比。因所有戊糖均可进行此反应,所以 DNA 对 RNA 浓度的测定也有干扰,测定时要考虑。

1. 地衣酚试剂的配制　0.1 g $FeCl_3 \cdot 6H_2O$ 溶于 100 ml 浓盐酸中,使用前再加入 0.1 g 地衣酚。

2. 标准曲线的制作　称取标准 RNA,用蒸馏水配成 100 μg/ml 的 RNA 标准液。

分别吸取 0 ml、0.5 ml、1.0 ml、1.5 ml、2.0 ml、2.5 ml 的标准液添加蒸馏水,使之都成为 2.5 ml。然后各加入 2.5 ml 地衣酚试剂,混匀,于沸水浴中加热 20～30 min,冷却后测定 OD_{670}。以 RNA 含量为横坐标,OD_{670} 为纵坐标,绘出标准曲线。

3. 样品 RNA 的测定　取 2.5 ml 样品液,加入 2.5 ml 地衣酚试剂,如前所述测定 OD_{670},从标准曲线查出样品液中 RNA 的含量。再算出样品中 RNA 的百分含量。

第五节　实　　验

实验 7-1　斐林试剂置换法测定还原糖

【原理】

还原糖可以将斐林试剂中的二价铜离子还原为一价铜离子。

反应终点可由次甲基蓝指示,根据一定量的斐林试剂完全还原所需的还原糖量,可计算所加入样品中还原糖的含量。

【试剂和材料】

(1) 斐林试剂。

甲液:称取 69.3 g 硫酸铜($CuSO_4 \cdot 5H_2O$),用蒸馏水溶解,定容至 1000 ml。

乙液:称取 346 g 酒石酸钾钠、100 g 氢氧化钠,用蒸馏水溶解,定容至 1000 ml。

(2) 1% 次甲基蓝溶液:称取 1 g 次甲基蓝溶解于 100 ml 蒸馏水中,于棕色瓶中贮存。

(3) 标准葡萄糖液:准确称取 2 g 无水葡萄糖(预先于 105℃烘 2 h 左右至恒重),加水溶解,定容至 1000 ml。此为 0.2% 的标准葡萄糖液。

(4) 碱式滴定管。

(5) 电炉。

(6) 样品糖液。

【操作方法】

1. 斐林试剂的标定　吸取斐林试剂甲液、乙液各 5 ml,置于 250 ml 三角瓶中,加入 10 ml 蒸馏水,并从滴定管中加入 0.2% 标准葡萄糖液若干毫升(其量应控制在后滴定时消耗 0.2% 的标准葡萄糖液 0.5～1.0 ml)。摇匀,于电炉上加热至沸,并保持微沸 2 min,加 2 滴 1% 次甲基蓝溶液,继续用 0.2% 标准葡萄糖溶液滴定至蓝色消失为终点。此滴定操作需在 1 min 内完成,记录耗用的 0.2% 标准葡萄糖溶液体积为 V_0(ml)。

2. 定糖预备试验　吸取斐林甲液、乙液各 5 ml,置于 250 ml 三角瓶中,准确加入 10 ml 样品糖液,摇匀,于电炉上加热至沸。加 2 滴 1% 次甲基蓝溶液,用 0.2% 标准葡萄糖液滴定至蓝色消失。消耗标准葡萄糖液为 V_1(ml)。

3. 样品中还原糖的测定　准确吸取斐林甲液、乙液各 5 ml,置入 250 ml 三角瓶中,准确加入 10 ml 样品糖液,补加(V_0-V_1)(ml)蒸馏水,并从滴定管中预先加入(V_1-1)(ml) 0.2%标准葡萄糖液。摇匀,于电炉上加热至沸,保持微沸 2 min,加入 2 滴 1%次甲基蓝溶液,继续用 0.2%标准葡萄糖液滴定至蓝色消失。此操作在 1 min 内完成。记录消耗标准葡萄糖液的总体积为 V(ml)。

【计算】

$$还原糖含量(g/ml,以葡萄糖计)=(V_0-V)\times 0.2 \times \frac{1}{10} \times n$$

式中,V_0 为斐林试剂标定值(ml);V 为样品糖液测定值(ml);0.2 为标准葡萄糖液浓度(g/ml);10 为样品糖液体积(ml);n 为样品稀释倍数。

实验 7-2 葡萄糖淀粉酶的活力测定

【原理】

葡萄糖淀粉酶(糖化酶)在一定条件下能水解淀粉生成葡萄糖。葡萄糖的醛基被弱氧化剂次碘酸钠氧化。过量的碘用硫代硫酸钠滴定。从碘的减少量计算葡萄糖的量,从而计算酶活力。

【试剂和材料】

(1) 2%可溶性淀粉液:称取可溶性淀粉 2 g(预先在 105℃烘至恒重),以少许蒸馏水调匀,倾入 80 ml 左右沸水中,继续煮至透明状。冷却后,加水定容至 100 ml。

(2) 0.1 mol/L 乙酸缓冲液(pH 4.6):0.1 mol/L 乙酸溶液与 0.1 mol/L 乙酸钠溶液等体积混合。

(3) 0.1 mol/L 碘液:称取 36 g 碘化钾,溶于 100 ml 蒸馏水中,加入 14 g 碘,逐渐溶解,加 3 滴盐酸,定容至 1000 ml。

(4) 0.1 mol/L 氢氧化钠溶液:称取 4 g 氢氧化钠,用水溶解,定容至 1000 ml。

(5) 1 mol/L 硫酸溶液:量取 56 ml 浓硫酸,缓缓倒入适量水中,用水稀释至 1000 ml。

(6) 0.05 mol/L 硫代硫酸钠溶液:称取 25 g 硫代硫酸钠($Na_2S_2O_3 \cdot 5H_2O$)、0.2 g 碳酸钠,溶于 1000 ml 煮沸冷却后的水中,存于棕色瓶中。放置一周后,用 0.1 mol/L 重铬酸钾标定。

(7) 0.5%淀粉指示剂:称取 0.5 g 可溶性淀粉用少量水调匀,倾入 80 ml 沸水中,继续煮至透明,冷却后,定容至 100 ml。

(8) 葡萄糖淀粉酶液。

【操作方法】

(1) 吸取 2%可溶性淀粉液 10 ml,加入 pH 4.6 乙酸缓冲液 5 ml,混匀后于 40℃水浴中预热 10 min。

(2) 加入酶液 1 ml(空白试验以煮沸失活的酶液代替正常酶液),于 40℃反应 10 min。反应结束时,于沸水浴中煮 10 min,以终止酶反应。

(3) 吸取上述反应液 5 ml 于碘量瓶中,加入 0.1 mol/L 碘液 5 ml 及 0.1 mol/L 氢氧化钠溶液 5 ml。摇匀,于室温下在暗处放置 15 min。加入 2 ml 1 mol/L 硫酸酸化。

(4) 以 0.5% 可溶性淀粉液为指示剂,用 0.05 mol/L 硫代硫酸钠滴定至蓝色消失为终点。记录 0.05 mol/L 硫代硫酸钠消耗的毫升数(A)及空白试验消耗的硫代硫酸钠毫升数(B)。

【计算】

在上述条件下,将每小时催化淀粉水解生成 1 mg 葡萄糖的酶量定义为一个酶活力单位。

$$酶活力(单位) = (B - A) \times c \times 90.05 \times \frac{16}{5} \times \frac{60}{10}$$

式中,B 为空白试验消耗的硫代硫酸钠溶液的毫升数;A 为测定时消耗硫代硫酸钠的毫升数;c 为硫代硫酸钠的物质的量浓度;90.05 为葡萄糖的 $\frac{1}{2}$ 相对分子质量(mg);$\frac{60}{10}$ 为反应时间 10 min,折算为每小时,计算酶活力单位;$\frac{16}{5}$ 为反应液总体积为 16 ml,取 5 ml 测定。

硫代硫酸钠溶液的标定:准确称取 0.1 g 重铬酸钾(预先于 130 ℃烘 2 h),置入 500 ml 碘量瓶中,加 20 ml 水溶解,加 1.8 g 碘化钾、15 ml 2 mol/L 盐酸溶液。摇匀,盖好,于暗处反应 10 min,加约 200 ml 水稀释,立即用 0.05 mol/L 硫代硫酸钠溶液滴定至浅黄色。加约 1 ml 0.5% 可溶性淀粉指示剂,继续滴定至蓝色消失,溶液呈绿色。

计算:

$$N_{Na_2S_2O_3} = \frac{W}{\frac{M}{6} \times V} \times 1000$$

式中,W 为称取的重铬酸钾质量(g);V 为消耗 0.05 mol/L 硫代硫酸钠体积(ml);$\frac{M}{6}$ 为重铬酸钾的摩尔量(69.03 g)。

实验 7-3 微量凯氏定氮法测定总氮量

【原理】

有机含氮化合物与浓硫酸共热消化,氮转变为氨,再与硫酸结合成硫酸铵。

硫酸铵与强碱反应,放出氨。将氨蒸馏到过量的标准无机酸溶液中,再用标准碱溶液进行滴定。根据测得的氨量,计算样品的总氮量。

【试剂和材料】

(1) 浓硫酸。

(2) 硫酸钾-硫酸铜混合物粉末:称取 80 g 硫酸钾和 20 g 硫酸铜($CuSO_4 \cdot 5H_2O$)、0.3 g 二氧化硒(SeO_2)研细混合。

(3) 30% 氢氧化钠溶液。

(4) 2% 硼酸溶液。

(5) 0.01 mol/L 标准盐酸。

(6) 混合指示剂(田氏指示剂)贮存液：取 50 ml 0.1%亚甲蓝(甲烯蓝)乙醇溶液与 200 ml 0.1%甲基红溶液混合，贮存于棕色瓶中备用。此指示剂在 pH 5.2 时为紫红色、pH 5.4 时为暗蓝色或灰色、pH 5.6 时为绿色，变色点为 pH 5.4。

(7) 硼酸-田氏指示剂混合液：100 ml 2%硼酸溶液，滴加约 1 ml 田氏指示剂，摇匀后，溶液呈紫红色。

(8) 蛋白质样品。

(9) 容量瓶。

(10) 吸管。

(11) 凯氏烧瓶。

(12) 凯氏定氮蒸馏装置。

(13) 微量滴定管(5 ml，精确到 0.01 ml)。

(14) 电炉。

【操作方法】

1. 样品处理　　固体样品应在 105℃干燥至恒重。液体样品可直接吸取一定量，也可经适当稀释后，吸取一定量进行测定，使每一蒸馏样品的含氮量为 0.2~1.0 mg。

2. 消化　　取一定量样品于 50 ml 干燥的凯氏烧瓶内。加入 300 mg 硫酸钾-硫酸铜混合粉末，再加入 3 ml 浓硫酸。用电炉加热，在通风橱中消化，瓶口加一个小漏斗。先以文火加热，避免泡沫飞溅，不能让泡沫上升到瓶颈，待泡沫停止发生后，加强火保持瓶内液体沸腾。时常转动烧瓶使样品全部消化完全，直至消化液清澈透明。

另取凯氏烧瓶一个，不加样品，其他操作相同，作为空白试验，用以测定试剂中可能含有的微量含氮物质，以对样品进行校正。

3. 蒸馏　　将微量凯氏蒸馏装置洗涤(先用水洗涤，然后用水蒸气洗涤)干净。

将凯氏烧瓶中的消化液冷却后，全部转入 100 ml 容量瓶中。用蒸馏水将凯氏烧瓶洗涤 3 次，洗涤液也全部转入容量瓶，用蒸馏水定容至刻度。吸取 20 ml 稀释消化液，置于蒸馏装置的反应室中，加入 10 ml 30%氢氧化钠溶液，将玻璃塞塞紧，于漏斗中加一些蒸馏水，作为水封。

取一个三角瓶，加入 10 ml 硼酸-田氏指示剂混合液，置于冷凝管之下口，冷凝管口应浸没在硼酸液面之下，以保证氨的吸收。

加热水蒸气发生器，沸腾后，夹紧夹子，开始蒸馏。三角瓶中的硼酸-指示剂混合液吸收蒸馏出的氨，由紫红色变为绿色。蒸馏 15 min，让硼酸液面离开冷凝管口，再蒸 1~2 min 以冲洗冷凝管口。

空白试验按同样操作进行。

4. 滴定　　样品和空白均蒸馏完毕后，用 0.01 mol/L 标准盐酸滴定，至硼酸-指示剂混合液由绿色变回淡紫红色，即为滴定终点。

【计算】

$$样品总氮量(mg) = (A-B) \times c \times 14 \times \frac{100}{20}$$

式中，A 为样品滴定时消耗的标准盐酸体积(ml)；B 为空白滴定时消耗的标准盐酸体积(ml)；c 为标准盐酸的物质的量浓度；14 为氮的相对分子质量；20 为用于蒸馏的稀释消化液体积

(ml);100 为稀释消化液的体积(ml)。

$$\text{样品中粗蛋白含量(mg)} = \text{样品总氮量(mg)} \times 6.25$$

实验 7-4 福林-酚试剂法测定蛋白质含量

【原理】

蛋白质与福林-酚试剂反应,生成深蓝色复合物。蓝色的深浅与蛋白质含量成正比。可用分光光度计于 500 nm 波长下进行测定,并与标准曲线对照,确定蛋白质含量。

【试剂和材料】

(1) 标准酪蛋白溶液(250 μg/ml):酪蛋白预先用微量凯氏定氮法测定纯度,再称量配制。也可用 250 μg/ml 牛血清白蛋白标准溶液。

(2) 福林-酚试剂甲:吸取试剂 A(0.2 mol/L NaOH 溶液与 4% 无水碳酸钠溶液等体积混合)100 ml,加入试剂 B(2% 酒石酸钾钠溶液与 1% $CuSO_4 \cdot 5H_2O$ 溶液等体积混合)2 ml,混合而成。

(3) 福林-酚试剂乙:吸取 5 ml 苯酚试剂加入 5 ml 蒸馏水稀释而成(参看本章第二节"三、福林-酚试剂法测定蛋白质含量")。

(4) 分光光度计。

(5) 恒温水浴槽(冬天室温低时使用)。

(6) 蛋白质样品液。

【操作方法】

1. 标准曲线的制作 分别吸取 0 ml、0.2 ml、0.4 ml、0.6 ml、0.8 ml、1.0 ml 标准酪蛋白溶液于小试管中,分别加进不同量的蒸馏水,补足到 1 ml。各加入 5 ml 试剂甲,混匀后于室温下(25℃左右)放置 10 min。再加入 0.5 ml 试剂乙,立即混匀,于室温下(25℃左右)反应 30 min。于 500 nm 波长下测定光密度。

以 OD_{500} 为纵坐标,蛋白质含量为横坐标,绘制标准曲线。

2. 样品蛋白质含量的测定 取 1 ml 样品溶液,加入 5 ml 试剂甲,混匀,于 25℃左右放置 10 min。再加入 0.5 ml 试剂乙,立即摇匀,于 25℃左右反应 30 min,测定 OD_{500},从标准曲线查出样品蛋白质含量。

实验 7-5 丹磺酰化法分析蛋白质 N 端氨基酸

【原理】

蛋白质的 α-氨基与丹磺酰氯(DNS-Cl)反应,生成 DNS-蛋白质,经水解可生成 DNS-氨基酸。通过分析 DNS-氨基酸,可确定蛋白质的 N 端氨基酸。

【试剂和材料】

(1) 层析纯标准氨基酸。

(2) DNS-Cl 丙酮溶液:称取丹磺酰氯 250 mg 溶于 100 ml 丙酮之中,贮于棕色瓶,置冰箱保存,一个月内稳定。

(3) 6 mol/L 盐酸。

(4) 0.2 mol/L 碳酸氢钠溶液。

(5) 三乙胺:重蒸后使用。

(6) 1 mol/L 盐酸。

(7) 乙酸乙酯。

(8) 真空干燥器。

(9) 水解管:硬质玻璃制成。

(10) 烘箱。

(11) 紫外分析仪。

(12) 有塞磨口玻璃试管:5 ml 体积。

(13) 蛋白质样品:胰岛素 B 链或其他纯蛋白质。

【操作方法】

1. 标准氨基酸的丹磺酰化　　分别称取 2.3 μmol 层析纯的各种氨基酸,溶于 0.5 ml 0.2 mol/L 碳酸氢钠溶液中。取 0.1 ml 于有塞玻璃试管中,加入 0.1 ml DNS-Cl 丙酮溶液,检查 pH,必要时用三乙胺调 pH 至 9.0～9.5,于室温(25℃左右)下放置 2～4 h。再用无离子水稀释 10 倍,贮存于暗处。经层析,得 DNS-氨基酸的标准图谱。

2. 蛋白质 N 端氨基酸的 DNS 化　　取 0.5 mg 蛋白质样品,置于有塞玻璃管中。用少量水溶解后,加入 0.5 ml 0.2 mol/L 碳酸氢钠溶液。再加入 0.5 ml DNS-Cl 丙酮溶液,用三乙胺调 pH 至 9.0～9.5,塞好塞子,于 40℃烘箱中反应 2 h,或室温(25℃左右)放置 2～4 h,生成 DNS-蛋白质。

3. DNS-蛋白质的水解　　DNS 化反应结束后,真空蒸去丙酮,加入 0.5 ml 6 mol/L 盐酸溶解 DNS-蛋白质。全部移入水解管,抽真空封管,于 111℃烘箱中水解 18～24 h。开管后蒸去盐酸,加少量水,再蒸干。重复 2 次或 3 次以除尽盐酸。

4. DNS-氨基酸的抽提　　将上述水解产物加 0.5 ml 水,用 1 mol/L 盐酸调 pH 至 2～3。加入 0.5 ml 乙酸乙酯抽提,分层可在细长滴管中进行。重复抽提 2 次或 3 次,将上层抽提液合并于小试管中,抽去乙酸乙酯,置于干燥器中备用。

5. DNS-氨基酸的层析与检测　　样品生成的 DNS-氨基酸和标准 DNS-氨基酸分别进行聚酰胺薄膜层析(参看实验 4-6)。

将图谱用 360 nm 或 280 nm 波长的紫外线灯检测。比较样品 DNS-氨基酸和标准 DNS-氨基酸的层析图谱,从而确定蛋白质样品的 N 端氨基酸(若用胰岛素 B 链,其 N 端氨基酸为苯丙氨酸)。

实验 7-6　异硫氰酸苯酯分析法测定肽链的氨基酸排列次序

【原理】

异硫氰酸苯酯(PITC)分析法又称为埃德曼(Edman)分析法。肽链(蛋白质)先与 PTC 作用,生成 PTC-肽。PTC-肽裂解,生成 PTH-氨基酸和少了一个末端氨基酸残基的剩余肽段经层析,可确定肽链的 N 端氨基酸。剩余肽段又可进行 PTC 分析。如此反复进行,就可确定肽链的氨基酸排列次序。

【试剂和材料】

(1) 各种层析纯氨基酸。
(2) 肽链样品:胰岛素 B 链或其他纯肽链。
(3) 10% 异硫氰酸苯酯的吡啶溶液。
(4) 吡啶。
(5) 三氟乙酸。
(6) 苯。
(7) 1 mol/L 及 6 mol/L 盐酸。
(8) 正庚烷。
(9) 正丁醇。
(10) 90% 甲酸。
(11) 0.5% 淀粉溶液。
(12) 碘-叠氮显色液:0.01 mol/L 碘、0.5 mol/L 碘化钾溶于水,与 0.5 mol/L 叠氮钠(NaN_3)水溶液等体积混合。
(13) 纯氮气。
(14) 硬质玻璃离心管。
(15) 微量离心真空浓缩器。
(16) 烘箱。
(17) 真空干燥器。
(18) 聚酰胺薄膜电泳装置。
(19) 聚酰胺薄膜。
(20) 石蜡薄膜(Parafilm)。
(21) 紫外分析仪。

【操作方法】

1. PTH-氨基酸的制备 称取各种层析纯氨基酸各 0.2 mg,分别置于离心管中。各加入 100 μl 50% 吡啶、40 μl 10% 异硫氰酸苯酯吡啶溶液,通氮气数分钟,盖严(用石蜡薄膜封口),于 50℃ 烘箱中保温 30 min。作用完毕,用 500 μl 苯分 3 次抽提过剩的异硫氰酸苯酯,再用空气流除尽苯。加入 0.5 ml 1 mol/L 盐酸,于 40℃ 环化作用 2~4 h。作用完毕后置于冰箱中,即析出 PTH-氨基酸结晶。粗结晶可用乙醇-水溶液重结晶。

2. 肽链 N 端氨基酸的 PTH 化 称取 2~10 nmol 的样品(0.2 mg 胰岛素 B 链)置于离心管中。加入 80 μl 50% 吡啶,再加入 20 μl 10% 异硫氰酸苯酯吡啶溶液,通氮数分钟,盖严,于 50℃ 烘箱中保温 30 min,生成 PTC-肽。取出离心管,置于微量离心真空浓缩器中离心真空干燥,加入 50 μl 水,再真空离心干燥至无吡啶味。加入 100 μl 三氟乙酸,通氮数分钟,盖严,于 50℃ 保温 8 min,裂解生成 PTH-氨基酸和剩余肽段。离心真空干燥。加 100 μl 水后再干燥。重复 2 次,以除尽三氟乙酸。

加入 100 μl 水,用 500 μl 苯分 3 次抽提。吸收上层有机相,合并,真空干燥得 PTH-氨基酸。水相为去掉一个 N 端氨基酸的肽段。干燥后,可供测定下一个 N 端氨基酸。如此反复多次,鉴定每一次生成的 PTH-氨基酸,便可确定肽链的氨基酸排列次序。

3. PTH-氨基酸的鉴定　　将每次 PTH 化生成的 PTH-氨基酸溶于少量乙醇中,点样进行聚酰胺薄膜双向层析(操作方法见实验 4-6)。利用下述展开溶剂系统。

(1) 正庚烷：吡啶＝7∶3(V/V)。

(2) 正庚烷：正丁醇：90%甲酸＝4∶2∶4(V/V/V)。

将层析完毕的薄膜吹干,浸泡于 0.5%淀粉液中。取出吹干后,再将薄膜浸入碘-叠氮显色液中,吹干后,PTH-氨基酸即在蓝色背景上呈现出白点。与标准 PTH-氨基酸的层析图谱对照,可鉴定其属于何种氨基酸。

若不用显色液,可把层析薄膜在紫外线灯下观察斑点分布的位置,与标准 PTH-氨基酸层析图谱对照,可鉴定氨基酸的种类。

实验 7-7　茚三酮显色法测定氨基酸含量

【原理】

茚三酮溶液与氨基酸共热,生成氨。氨与茚三酮和还原性茚三酮反应,生成紫色化合物。颜色的深浅与氨基酸的含量成正比,可通过测定 570 nm 处的光密度,测定氨基酸的含量。

【试剂和材料】

(1) 标准氨基酸溶液：配制成 0.3 mmol/L 溶液。

(2) 2 mol/L 乙酸缓冲液(pH 5.4)：量取 86 ml 2 mol/L 乙酸钠溶液,加入 14 ml 2 mol/L 乙酸混合而成。用 pH 计检查校正。

(3) 茚三酮显色液：配制方法参看第 115 页本章第二节"七、茚三酮显色法测定氨基酸含量"。

(4) 60%乙醇。

(5) 样品液：每毫升含 0.5～50 μg 氨基酸。

(6) 分光光度计。

(7) 水浴锅。

【操作方法】

1. 标准曲线的制作　　分别取 0 ml、0.2 ml、0.4 ml、0.6 ml、0.8 ml、1.0 ml 0.3 mmol/L 的标准氨基酸溶液于试管中,用水补足至 1 ml。各加入 1 ml 2 mol/L pH 5.4 乙酸缓冲液；再加入 1 ml 茚三酮显色液,充分混合后,盖住试管口,在 100℃水浴中加热 15 min,用自来水冷却。放置 5 min 后,加入 3 ml 60%乙醇稀释,充分摇匀,用分光光度计测定 OD_{570}(脯氨酸和羟脯氨酸与茚三酮反应呈黄色,应测定 OD_{440})。

以 OD_{570} 为纵坐标,氨基酸含量为横坐标,绘制标准曲线。

2. 氨基酸样品的测定　　取样品液 1 ml,加入 2 mol/L pH 5.4 乙酸缓冲液 1 ml 和茚三酮显色液 1 ml,混匀后于 100℃沸水浴中加热 15 min,自来水冷却。放置 5 min 后,加 3 ml 60%乙醇稀释,摇匀后测定 OD_{570}(生成的颜色在 60 min 内稳定)。

将样品测定的 OD_{570} 与标准曲线对照,可确定样品中氨基酸含量。

实验 7-8　双向免疫扩散法测定抗血清效价

【原理】

抗原和抗体(抗血清)在琼脂平板上扩散。当抗血清与适当比例的抗原接触时出现沉淀带,从而可测定抗血清的效价。

【试剂和材料】

(1) 琼脂:若不纯,需经下述方法净化。取 30 g 优质琼脂加 970 ml 水,加热融化,趁热用三层纱布过滤,滤液凝成平板状,切成 1 cm×1 cm 左右小块,放在容器中,用流动自来水冲洗 3 天。然后将琼脂粒在蒸馏水中浸泡 2~3 天,每天换水 2 次或 3 次,即为净化琼脂,加 0.1% NaN_3 防腐,置冰箱保存。此为3%琼脂。

(2) 离子强度 0.05、pH 8.6 巴比妥缓冲液:称取 10.3 g 巴比妥钠、1.82 g 巴比妥酸,溶于水稀释至 1000 ml。

(3) 抗原。

(4) 抗血清,与抗原对应。

(5) 培养皿。

(6) 打孔器。

(7) 滴管。

(8) 试管。

(9) 生理盐水:称 0.9 g NaCl,加水溶解至 100 ml。

【操作方法】

1. 离子琼脂平板的制备　　称净化的 3%琼脂块,加热融化后,加入等体积离子强度 0.05、pH 8.6 巴比妥缓冲液,加热混匀,即为离子强度 0.025、pH 8.6 1.5%的离子琼脂,趁热加进 0.01%硫柳汞或 0.1% NaN_3 防腐。

取融化的离子琼脂倒进培养皿,制成厚度 3 mm 左右的平板,凝固后用打孔器打成梅花形小圆孔(图7-2),孔直径 4 mm 左右、间距 5 mm 左右。

2. 抗原稀释　　用生理盐水,采用 2 倍连续稀释法将抗原稀释成 1、$\frac{1}{2}$、$\frac{1}{4}$、$\frac{1}{8}$、$\frac{1}{16}$、$\frac{1}{32}$、$\frac{1}{64}$等不同浓度。

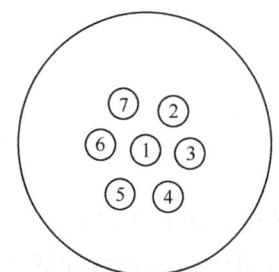

图 7-2　双向免疫扩散试验

3. 加样　　于中心孔(1)中加入抗血清。于周围小孔中按编号顺序(2~7)分别加进抗原液及 $\frac{1}{2}$、$\frac{1}{4}$、$\frac{1}{8}$、$\frac{1}{16}$、$\frac{1}{32}$ 浓度的抗原稀释液,至与琼脂表面相平为止。

4. 扩散试验　　在培养皿盖的内侧贴一张润湿的滤纸,盖在培养皿上,置培养皿于湿润的小室内,在室温下扩散 24 h,可看见沉淀带出现。

【抗血清效价的确定】

观察沉淀带的出现情况。在有沉淀出现的稀释抗原中,稀释倍数最大的一孔的抗原稀释倍数即为抗血清效价。例如,2#、3#、4#、5#孔与1#孔之间都有沉淀带出现,即抗血清的效价为8(5#孔的稀释倍数为8)。

实验7-9 定磷法测定核酸含量

【原理】

核酸经消化生成无机磷,无机磷在酸性条件下与钼酸铵反应生成磷钼酸,在还原剂的作用下,磷钼酸还原成钼蓝。颜色的深浅与无机磷含量成正比。通过测定OD_{650},可测定磷的含量,进一步计算出核酸含量。

【试剂和材料】

(1) 标准磷溶液:准确称取分析纯磷酸氢二钾(预先于105℃烘干至恒重)0.2195 g,用水溶解,定容至50 ml(含磷量1 mg/ml),存于冰箱备用。使用时稀释100倍,成为含磷量为10 μg/ml的标准磷溶液。

(2) 定磷试剂:先配制3 mol/L硫酸、2.5%钼酸铵溶液和10%抗坏血酸溶液,于冰箱保存。抗坏血酸溶液在冰箱中可保存1个月。

使用当天,按水:3 mol/L硫酸:2.5%钼酸铵:10%抗坏血酸=2:1:1:1的体积比配成定磷试剂。配制时按上述顺序加入。硫酸加入水中时要小心,应慢慢加入。

(3) 沉淀剂:称取1 g钼酸铵溶于14 ml 70%过氯酸中,加386 ml水。

(4) 5 mol/L硫酸。

(5) 30%过氧化氢。

(6) 离心机。

(7) 凯氏烧瓶。

(8) 烘箱。

(9) 分光光度计。

(10) 恒温水浴。

(11) 核酸样品液,含RNA 1~10 mg/ml。

【操作方法】

1. 标准曲线的制作　　分别取0 ml、0.2 ml、0.4 ml、0.6 ml、0.8 ml、1.0 ml标准磷溶液加入试管中,用水补足至3 ml。各加入定磷试剂3 ml,摇匀,于45℃水浴中保温25 min。冷却至室温,用分光光度计测OD_{650}。

2. 核酸的消化　　吸取核酸样品液1 ml于凯氏烧瓶中(空白试验以1 ml蒸馏水代替),加入2 ml 5 mol/L硫酸。置于140~160℃烘箱内消化2~4 h,待溶液呈黄褐色后,将其取出冷却,加入1~2滴30%过氧化氢,继续消化,至溶液透明为止。将其取出冷却后加1 ml蒸馏水,于沸水浴中加热10 min,以分解消化过程中形成的焦磷酸。然后将消化液用蒸馏水转移至 100 ml 容量瓶中,定容至刻度。

3. 总磷的测定　　分别取上述样品消化稀释液和空白液 1 ml,各加入蒸馏水 2 ml 和定磷试剂 3 ml,摇匀,于 45℃保温 25 min,冷却至室温,测定 OD_{650},从标准曲线查出含磷量,乘以 100(稀释倍数)即为每毫升样品的总磷量。

4. 样品中无机磷的测定　　取 1 ml 核酸样品液(空白试验以 1 ml 蒸馏水代替),各加沉淀剂 1 ml,摇匀,以 3500 r/min 离心 15 min。取 0.2 ml 上清液,加 2.8 ml 水和 3 ml 定磷试剂,如上述方法测 OD_{650},从标准曲线查出含磷量,乘以 100(稀释倍数)即为每毫升样品的无机磷含量。

【核酸含量的计算】

RNA 的平均含磷量为 9.2%,按下式计算样品中 RNA 含量:

$$RNA 含量 = (总磷量 - 无机磷量) \times \frac{100}{9.2}$$

DNA 平均含磷量为 9.5%,样品中 DNA 含量为:

$$DNA 含量 = (总磷量 - 无机磷量) \times \frac{100}{9.4}$$

实验 7-10　地衣酚显色法测定核糖核酸(RNA)含量

一、原理

在三氯化铁及盐酸存在下,RNA 与 3,5-二羟基甲苯(地衣酚)反应,生成绿色物质,其吸收高峰在 670 nm 处。

【试剂和材料】

(1) RNA 标准溶液:取标准 RNA(预先经定磷法确定其纯度)配成 100 μg/ml 的溶液。
(2) RNA 样品液:含 RNA 50~100 μg/ml。
(3) 地衣酚试剂:先称取 100 mg 三氯化铁溶于 100 ml 浓盐酸中备用。在使用前加入 100 mg 地衣酚配制而成。
(4) 分光光度计。

【操作方法】

1. 标准曲线的制作　　分别吸取 0 ml、0.5 ml、1.0 ml、1.5 ml、2.0 ml、2.5 ml RNA 标准溶液,用蒸馏水补充至 2.5 ml,各加入 2.5 ml 地衣酚试剂,混匀,于沸水浴中加热 20 min。自来水冷却后测定 OD_{670}。以 RNA 含量为横坐标,OD_{670} 为纵坐标,绘制标准曲线。

2. 样品的测定　　取样品溶液 2.5 ml,加入地衣酚试剂 2.5 ml,如前述方法测定 OD_{670},从标准曲线查出 RNA 含量。

【计算】

$$样品中 RNA 浓度(\mu g/ml) = \frac{样品测得的 RNA 含量(\mu g)}{2.5(ml)}$$

$$样品中 RNA 含量(\%) = \frac{样品测得的 RNA 含量(\mu g)}{样品的质量(\mu g)} \times 100\%$$

注意:凡戊糖均可与地衣酚反应,因此测定 RNA 含量时,要考虑 DNA 等杂质的影响。

实验 7-11　二苯胺显色法测定 DNA 含量

【原理】

DNA 在酸和乙醛存在下,与二苯胺反应形成蓝色物质,可在 600 nm 处进行测定。脱氧木糖和阿拉伯糖也有此反应。

【试剂和材料】

(1) DNA 标准溶液:取标准 DNA 钠盐(预先经定磷法确定纯度),以 0.01 mol/L 氢氧化钠溶液配成 200 μg/ml 的 DNA 标准溶液。

(2) DNA 样品液:含 DNA20～200 μg/ml。

(3) 二苯胺试剂:称取 1 g 重结晶的二苯胺溶于 100 ml 冰醋酸中,再加入 10 ml 高氯酸(含 60%～70% 的高氯酸),混匀存于暗处。使用时加入 1 ml 1.6% 乙醛溶液,配成无色试剂。

(4) 恒温水浴锅。

(5) 分光光度计。

【操作方法】

1. 标准曲线的制作　　分别取 0 ml、0.4 ml、0.8 ml、1.2 ml、1.6 ml、2.0 ml DNA 标准溶液,用蒸馏水补充至 2 ml。各加 4 ml 二苯胺试剂,混匀,于 60℃ 恒温水浴中反应 1 h。冷却后于 600 nm 处测定光密度。以 DNA 含量为横坐标,OD_{600} 为纵坐标,绘制标准曲线。

2. 样品的测定　　取 2 ml 样品液,加 4 ml 二苯胺试剂,混匀,于 60℃ 反应 1 h,冷却后测定 OD_{600},从标准曲线中查出 DNA 含量。

【结果计算】

$$DNA 浓度(\mu g/ml) = \frac{DNA 含量(\mu g)}{2(ml)}$$

$$DNA 含量(\%) = \frac{样品中测得的 DNA 含量(\mu g)}{样品的质量(\mu g)} \times 100\%$$

第八章 光学检测技术

利用物质所具有的各种光学性质,对物质进行定性、定量及结构分析的技术称为光学检测技术。

光学检测技术多种多样,如旋光检测、折光检测、荧光检测、分光光度检测及散射光谱检测等。本章着重介绍在生化领域常用的旋光检测、荧光检测和分光光度检测。

第一节 旋光检测技术

利用旋光计测量出旋光物质(光学活性物质)对偏振光旋转角度的方向(左旋或右旋)和大小,从而进行定性与定量分析的技术,称为旋光检测技术。

旋光检测仪器简单,操作方便,分析快速。但仅适用于光学活性物质的检测。

一、原理

分子中具有不对称碳原子的物质,如糖类、大多数氨基酸、羟基酸等,能够使偏振光的偏振面产生旋转作用,即所谓旋光作用,这些物质称为旋光物质,又称为光学活性物质。

旋光物质对偏振光的旋转方向和角度大小是该物质的固有特性。偏振光旋转的方向和角度称为旋光度。旋转的方向有左旋和右旋之分。通常左旋用"-"表示,右旋用"+"表示。

物质的旋光度主要取决于物质本身的结构。此外还与入射光的波长及温度有关。对溶液而言,旋光度还与溶剂性质、溶液浓度和溶液厚度有密切关系。

在溶剂确定以后,物质的旋光度可用下式表示:

$$\alpha = [\alpha]_\lambda^t \cdot L \cdot \frac{c}{100}$$

式中,α 为旋光度;$[\alpha]_\lambda^t$ 为波长为 λ、温度为 t℃时物质的比旋光度,即在 L 为 1 dm、c 为 100 ml 溶液中含 100 g 物质时的旋光度;L 为溶液厚度,即旋光管长度(dm);c 为溶液浓度,以 100 ml 溶液中所含物质的克数表示。

通常采用的比旋光度是 $[\alpha]_D^{20}$。它表示 20℃时对钠光 D 线(波长 589.3 nm)的比旋光度,是由纯物质测出的一个常数,从有关手册中可以查到。例如,

蔗糖 $[\alpha]_D^{20} = +66.5$ (浓度在 14% 以下适用)

果糖 $[\alpha]_D^{20} = -101.22 - 0.5t$ (t 为溶液温度)

麦芽糖 $[\alpha]_D^{20} = +138.3$ (浓度在 10% 以下适用)

纯大麦淀粉 $[\alpha]_D^{20} = +198$

玉米淀粉 $[\alpha]_D^{20} = +201.5$

L-谷氨酸 $[\alpha]_D^{20}$ (水溶液) $= +12.1 + 0.06(20-t)$ (t 为溶液温度)

L-谷氨酸 $[\alpha]_D^{20}$ (2 mol/L HCl) $= +32.0 + 0.06(20-t)$ (t 为溶液温度)

根据物质的比旋光度 $[\alpha]_D^{20}$ 和实际测出的旋光度 α,就可算出物质的浓度:

$$c = \frac{\alpha \times 100}{[\alpha]_D^{20} \times L}$$

二、操作要点

1. 样品溶液的配制　　准确称取一定量的样品,按要求配制成一定浓度范围的样品溶液,使用的溶剂和酸碱度都要适宜。

2. 旋光度的测定　　在测定样品溶液旋光度之前,先用空白液(蒸馏水或配制样品溶液的溶剂)测定旋光度,得到的校正值,在正式样品旋光度测定时加上或减去。

样品溶液测定旋光度时,要装满旋光管,并注意测定旋光度时溶液的温度。若温度不是20℃,要考虑温度校正系数。

第二节　荧光检测技术

荧光检测技术可分为原子荧光检测和分子荧光检测。原子荧光检测主要用于元素分析,而在生物化学领域中使用的荧光检测大多数是分子荧光检测。

有些物质的分子吸收了一定波长的光(辐射能),分子内电子被激发到较高的能级以后,由于电子旋转或酸离解等消耗一部分能量,当电子返回到低能级状态时,重新放出较长波长的光,这就是荧光。不同的物质放射的荧光光谱不同,荧光的强度与物质的浓度有关。

在生物化学领域应用荧光检测的方法可分为3类(表8-1中列出一些物质的荧光特性)。

表 8-1　荧光检测在生化领域的应用

物质名称	荧光试剂、处理及检测条件	激发光波长/nm	荧光波长/nm
色氨酸	本身的荧光,pH 11	287	348
维生素 A	本身的荧光,苯溶液	325	470
维生素 B_2	本身的荧光,pH 4~9	450	520
NADH	自身的荧光,碱性	260	457
NADPH		340	457
蛋白质、胺多肽	①荧光胺,pH 8~9,水-丙酮溶液	390	457
氨基酸	②MDPF	390	475
	③邻苯二甲醛,碱性,加巯基乙醇	340	455
糖类	硫酸乙二胺,加 pH 8.0 磷酸缓冲液	400	460

(1) 直接用荧光性物质进行检测,如色氨酸、还原型辅酶Ⅰ、还原型辅酶Ⅱ、维生素 A 等。

(2) 利用非荧光物质与荧光试剂反应,成为荧光性物质,再进行检测。例如,蛋白质、肽、氨基酸类、糖类等与特定的荧光试剂反应可生成荧光性物质。

(3) 在荧光性物质溶液中加入消光物质,测定荧光的减少。

现举例说明氨基酸和蛋白质(肽)的荧光检测技术。

一、邻苯二甲醛荧光分析法测定氨基酸

1971年 Roth 提出了以邻苯二甲醛(O-phthalaldehyde,OPT)作为荧光试剂,用于氨基酸、多肽和蛋白质的检测。

OPT 在碱性介质中,当有还原剂,如巯基乙醇、二巯基苏糖醇等存在下,与氨基酸或肽反应产生强荧光性化合物。其激发波长为 340 nm,荧光波长为 455 nm。

OPT 与氨基酸(肽)的反应不需加热;作用迅速,荧光试剂与氨基酸混合后,在室温放置 5 min 便可测定荧光;灵敏度高,比茚三酮显色法高 5~10 倍;荧光产物有一定稳定性,可用于氨基酸自动分析仪系统,因此已日益得到广泛应用。其主要缺点是不与脯氨酸及羟脯氨酸反应,与半胱氨酸及赖氨酸反应不完全,故其应用受到一定限制。

操作要点简述如下。

1. 荧光试剂的配制　称取 15 mg 邻苯二甲醛溶于 1.5 ml 无水乙醇后,加入 90 ml 0.05 mol/L 四硼酸钠溶液,再加入 1.5 ml 巯基乙醇溶液(5 μl 巯基乙醇加入 1 ml 无水乙醇),混匀后,置暗处保存。有结晶析出时,可用水浴温热溶解后再用。

2. 氨基酸的荧光检测

(1) 将荧光计的激发波长调在 340 nm,荧光波长(发射波长)调在 455 nm。

(2) 每次测定前,均用 5 μg/ml 的硫酸奎宁溶液作为常规标准,对仪器定位,调节荧光强度为 100。所测样品值为相对荧光强度。

(3) 用微量注射器量取 0.1 ml 样品液(氨基酸含量为 5~30 nmol),加入 2.9 ml 荧光试剂,立即混匀,在室温下放置 5 min 后进行荧光测定。将所测样品的相对荧光强度与标准曲线对照,可查出氨基酸含量。

(4) 标准曲线的制作。量取不同含量的丙氨酸标准液 0.1 ml,分别加进 2.9 ml 荧光试剂,按上述方法分别测定相对荧光强度。以丙氨酸含量为横坐标,相对荧光强度为纵坐标,绘制标准曲线。

二、荧光胺荧光分析法测定肽含量

1972 年 Weigale 等提出了以荧光胺为荧光试剂,用于蛋白质、肽和氨基酸等的检测。随后又合成了类似的荧光试剂——MDPE。

荧光胺(fluorescamine)或 MDPF(2-甲氧基-2,4-二苯基-3-呋喃酮)与含有伯胺基的化合物(蛋白质、氨基酸等)在 pH 8~9 的条件下反应,生成强荧光性化合物。这种荧光性化合物的最大激发波长为 390 nm,最大发射波长(荧光波长)为 475 nm。

荧光胺荧光检测适用于含有伯氨基的各种化合物的微量研究。可分析到皮摩尔(10^{-12} mol)的水平。它们的化学结构如下:

利用荧光胺荧光技术测定多肽的含量,常与各种层析技术配合使用。举例说明如下。

(1) 荧光试剂的配制:称取 20 mg 荧光胺或 MDPF,溶于 100 ml 无水丙酮中,置冰箱保存。

(2) 将含多肽的样品液进行柱层析,分步收集洗脱液。

(3) 分别吸取 0.1 ml 各洗脱液(含 0.01~1 mmol 肽)加入 1.4 ml pH 8.5 的硼酸缓冲液,然后在强烈搅拌下加入 1.5 ml 荧光试剂,放置几秒钟,即可在荧光计上测定荧光值。

在每次测定荧光值前以不含肽的洗脱液作为空白液,调到荧光强度为零。

激发波长调为 390 nm,荧光波长调为 475 nm。

以洗脱液体积为横坐标,荧光强度为纵坐标,可以画出洗脱曲线。

用此法绘出的洗脱曲线可以对样品液中的肽进行定性分析。若在层析前于样品液中加入某已知量的肽作为内标物,则可进行肽的定量分析。

此法所使用的样品液中,若有 N 端为脯氨酸残基或乙酰化氨基酸残基的多肽时,由于 N 端不是—NH_2,所以不能与荧光胺反应。为此,需将样品先用碱水解,使脯氨酸水解为 ε-氨基丁醛,乙酰氨基酸水解为氨基酸,然后与荧光胺反应后,进行荧光检测。其操作过程如下:将洗脱液放在试管底部,置于 110℃ 烘箱中干燥。加 0.2 ml 0.5 mol/L 的氢氧化钠,封口后于 120℃ 水解 220 min。冷却后加入 0.2 ml 0.5 mol/L 的盐酸中和,再加 1 ml 0.5 mol/L pH 8.5 的硼酸缓冲液,在激烈搅拌下加入 1.5 ml 荧光试剂,几秒钟后即可在荧光计上测定荧光值。

第三节　分光光度检测技术

分光光度检测又称为分子吸收光谱检测,是利用物质分子所特有的吸收光谱而对物质进行定性、定量分析的检测技术。

不同的物质有不同的吸收光谱,根据吸收光谱的不同,分光光度检测可以分为紫外分光光度检测(200~400 nm)、可见光分光光度检测(400~760 nm)和红外分光光度检测(760~10 000 nm)等。例如,核酸、蛋白质等可用紫外分光光度检测,各种有色物质可用可见光分光光度检测,饱和脂肪酸、醇类等可用红外分光光度检测。

分光光度检测技术具有仪器简单、操作方便、检测快速等特点,已在各种物质的检测中广泛应用。

一、原理

物质分子内部的电子具有不同的能级状态,当物质分子吸收了一定波长的光(辐射能)以后,分子内的电子就由低能级的基态跃迁到高能级的激发态。

基态的能量(E_0)与激发态能量(E)之差(ΔE)与光的频率(v)或波长(λ)之间的关系如下:

$$\Delta E = E - E_0 = hv = h\frac{c}{\lambda}$$

式中,h 为普朗克常数(6.625×10^{-27} erg[①] · s);v 为光的频率;λ 为光的波长;c 为光速(2.998×10^8 m/s)。

不同的物质分子由于结构不同,其基态与激发态之间的能差不同,所以在电子跃迁过程中吸收光的特性也不一样,故此,可以通过吸收光谱对物质进行定性分析。

---

① 1 erg=10^{-7} J

当某一波长的光通过溶液时,溶液的消光度(E)与溶液的浓度(c)及液层的厚度(L)有关,即

$$E = kcL$$

式中,E为消光度(也即吸光度A、光密度OD);k为消光系数,仅与入射光的波长有关;c为溶液浓度(mol/L);L为液层厚度(cm)。

这个公式就是有名的朗伯-比尔(Lambert-Beer)定律。

根据朗伯-比尔定律,当入射光的波长确定、液层厚度不变的情况下,k和L均为常数,此时物质的消光度与溶液中物质的浓度成正比,通过测定消光度即可得知物质的浓度。所以可以通过测定消光度,对物质进行定量分析。

当$L=1$ cm、$c=1$ mol/L时的消光度称为摩尔消光系数,以ε表示,可以从有关文献中查到。

二、操作要点

分光光度检测的操作要点如下所述。

1. 选择分光光度计 根据待测物质的光吸收特性,选择适宜的紫外分光光度计、可见光分光光度计或红外分光光度计。

2. 样品溶液的配制

(1) 有些物质分子对紫外线、可见光或红外线具有选择性吸收的特性,在配制样品溶液时只需要选择适当的溶剂(通常用水或者缓冲液),将样品配制成一定浓度范围的样品液。例如,蛋白质具有紫外线吸收特性,在280 nm波长处有最大吸收峰,配制用于紫外分光光度分析的蛋白质溶液时,以水为溶剂,蛋白质溶液的浓度控制在0.1~1 mg/ml。

(2) 有些原来没有颜色的物质不能进行可见光分光光度分析,可以通过适当的试剂与之反应,转变为有色物质,再配制成一定浓度范围的溶液,就可以进行可见光分光光度分析。例如,蛋白质本身通常不能采用可见光分光光度法进行分析,如果用考马斯亮蓝R250与蛋白质反应,生成蓝色复合物,此复合物在595 nm波长下呈现最大吸收峰,而且在蛋白质浓度为0.01~1 mg/ml时,A_{595}与蛋白质浓度成正比,可以通过可见光分光光度分析法测定蛋白质含量。

3. 选择入射光的波长 根据物质的光吸收特性,选择好用于分光光度检测的入射光波长,通常选择待测物质呈现最大吸收峰的波长。

4. 样品的分光光度检测 将一定量的空白对照溶液和样品液分别装进石英皿或玻璃皿,抹干外壁后装进样品架上,盖好。首先用蒸馏水或者其他空白对照溶液调零,有时需要反复调整多次,直至稳定为止,然后进行样品液的检测,记录**吸光度**(A)。如果有多个样品,在每个样品检测前都必须调整零点。

5. 结果分析与计算 根据上述检测结果,可以对待测物质进行定性分析或定量分析。

1) 样品的定性分析 定性分析是判断样品属于哪一类物质的分析方法。根据测定得到的吸收光谱可以采用下述方法对样品进行定性分析。

(1) 将样品溶液在一定的温度、pH和缓冲液等条件下检测得到的吸收光谱(吸光度-波长曲线)与有关物质的标准吸收光谱对照,可以推断样品属于什么物质。

(2) 根据样品溶液检测得到的吸收光谱中峰顶与峰谷吸光度的比值与在相同条件下标准吸收光谱的对应比值比较,推断样品是何种物质。例如,

ATP:$A_{280}/A_{260}=0.85$,$A_{250}/A_{260}=0.90$

AMP：$A_{280}/A_{260}=0.22$，$A_{250}/A_{260}=0.85$

(3) 将分光光度检测与层析分离、电泳分离等配合，使待测物质与样品中的其他组分分开，再综合判断，进行定性分析。

2) 样品的定量分析　　定量分析是确定样品中某种物质含量的分析方法。在测定得到吸光度以后，可以通过下述方法对样品进行定量分析。

(1) 在入射光波长和液层厚度不变的条件下（k、L 为常数），测定得到吸光度（A）；然后根据朗伯-比尔定律，计算样品中的物质浓度：$c=A/kL$。

(2) 首先将标准品配制成系列浓度，在一定的条件下分别测定吸光度，以浓度为横坐标，对应的吸光度为纵坐标，绘制吸光度-浓度标准曲线，然后在相同的条件下测定样品的吸光度，再从标准曲线查得样品浓度。

(3) 利用经验公式进行定量分析。例如，用 280 nm 波长的紫外线来检测蛋白质含量时，如果样品中有核酸类物质干扰，则可以用下述经验公式计算：

$$\text{蛋白质浓度(mg/ml)} = 1.45 A_{280} - 0.74 A_{260}$$

(4) 与层析分离、电泳分离等技术相配合，进行定量分析。

第四节　实　　验

实验 8-1　旋光法测定味精的纯度

【原理】

味精在 2 mol/L 盐酸溶液中以谷氨酸形式存在，此时，纯谷氨酸的比旋光度 $[\alpha]_D^{20}=+32$。在一定温度下测定样品的旋光度，与该温度下纯 L-谷氨酸的比旋光度比较，可计算出味精纯度。

【试剂和材料】

(1) 分析纯盐酸。
(2) 味精样品。
(3) 旋光仪。
(4) 容量瓶：100 ml 容积。

【操作方法】

1. 样品溶液配制　　精确称取味精样品 10.00 g，加 40~50 ml 蒸馏水溶解。搅拌下加入分析纯盐酸 16 ml，使味精全部溶解。冷却至室温，全部转入 100 ml 容量瓶，定容至刻度。

2. 旋光仪零点校正　　打开电源开关，经预热 10 min，使钠光灯发出稳定的光，放进滤色镜（波长 589.3 nm，钠光 D 线）。取 16 ml 分析纯盐酸，用蒸馏水定容至 100 ml。装满旋光管，放进样品室，调零。

3. 样品液测定　　用样品液洗涤旋光管 3 次，装满旋光管，放进样品室，打开开关，记录旋光仪的读数。并记录测定时该样品液的温度。

【计算】

(1) 根据测定的旋光度 α，可计算出样品液中 L-谷氨酸的浓度 c。

$$c = \frac{\alpha \times 100}{L \times [\alpha]_D^t}$$

式中,c 为谷氨酸浓度,即 100 ml 样品中所含 L-谷氨酸的克数;α 为测得的旋光度;L 为旋光管的长度(dm);$[\alpha]_D^t$ 为测定温度为 t℃时 L-谷氨酸的比旋光度。

$$[\alpha]_D^t = 32 + 0.06 \times (20 - t)$$

(2) 根据样品中 L-谷氨酸的浓度,计算样品中味精的纯度。

样品中味精的浓度:
$$c_{味} = c \times \frac{187.13}{147.13}$$

$$味精纯度 = \frac{V \times c_{味}}{样品质量} = \frac{V \times c \times \frac{187.13}{147.13}}{样品质量}$$

$$= \frac{V \times \alpha \times 100 \times \frac{187.13}{147.13}}{L \times [32 + 0.06 \times (20 - t)] \times 样品质量}$$

式中,V 为味精溶液的体积。

实验 8-2 荧光法测定核黄素含量

【原理】

核黄素(维生素 B_2)在 pH 4~9 的条件下,用 450 nm 波长的光激发,可发出波长为 520 nm 的荧光。在核黄素的含量为 0.1~10 μg 时,荧光的强度与核黄素浓度成正比,硫代硫酸钠可消除核黄素的荧光性。

【试剂和材料】

(1) 标准核黄素溶液:1.0 μg/ml。
(2) 样品液:含核黄素 0.01~1 μg/ml。
(3) 荧光红钠溶液:5 μg/ml。
(4) 荧光消光剂:0.2 g 硫代硫酸钠,加水溶解至 10 ml。
(5) 0.1 mol/L 盐酸。
(6) 荧光光度计。
(7) 容量瓶。

【操作方法】

1. 仪器定位 在每次测定前,均需用荧光红钠溶液作为标准对荧光光度计定位。调好激发波长 450 nm,荧光波长 520 nm。调到荧光强度为 100。

2. 标准核黄素荧光测定 吸取样品液 10 ml,加入标准核黄素溶液 1 ml,用 0.1 mol/L 盐酸调 pH 至 5.0,测定荧光强度为 A。

3. 样品荧光测定 各吸取 10 ml 样品液于试管中,分别加入 1 ml 蒸馏水和 1 ml 消光剂溶液。用 0.1 mol/L 盐酸调 pH 至 5.0 于荧光光度计中测定各自的荧光强度。加水者为 B,加消光剂者为 C。

【计算】

$$核黄素浓度(\mu g/ml) = \frac{B-C}{A-B} \times \frac{标准液浓度(\mu g/ml) \times 标准液体积(ml)}{样品液体积(ml)}$$

实验 8-3　荧光法测定氨基酸含量

【原理】

荧光试剂邻苯二甲醛(OPT)在碱性介质中，在还原剂巯基乙醇存在下，与氨基酸(脯氨酸和羟脯氨酸不反应)反应，生成强荧光化合物。在波长为 340 nm 的紫外线激发下，产生波长为 455 nm 的荧光，通过测定荧光强度可以确定氨基酸的含量。

【试剂和材料】

(1) 标准氨基酸溶液：1 mmol/L 标准丙氨酸溶液。
(2) 样品氨基酸溶液：氨基酸含量为 5～30 μmol/ml。
(3) 硫酸奎宁溶液：用 0.05 mol/L 硫酸配成 5 mg/ml。
(4) 巯基乙醇溶液：取 0.5 ml 巯基乙醇，加 100 ml 无水乙醇。
(5) 邻苯二甲醛。
(6) 0.25 mol/L 硼酸溶液：称取 7.729 g 硼酸溶于水，定容至 500 ml(样品碱性太强时，用酸调 pH 至 8.5)。
(7) 0.05 mol/L 四硼酸钠溶液：称取 9.534 g 四硼酸钠($Na_2B_4O_7 \cdot 10H_2O$)溶于水，定容至 500 ml。
(8) 荧光试剂：称取 15 g 邻苯二甲醛溶于 1.5 ml 无水乙醇中，加入 90 ml 0.05 mol/L 四硼酸钠溶液，再加 1.5 ml 巯基乙醇溶液，混匀，置暗处保存。
(9) 荧光光度计。
(10) 微量注射器。

【操作方法】

1. 标准曲线的绘制　用微量注射器分别吸取 0 μl、5 μl、10 μl、15 μl、20 μl、25 μl、30 μl 1.0 mmol/L 标准丙氨酸溶液于试管中，用蒸馏水补足至 100 μl。各加入荧光试剂 2.9 ml，立即混匀，室温放置 5 min。调激发波长为 340 nm、荧光波长为 455 nm，每次测定前，用 5 μg/ml 硫酸奎宁溶液对仪器定位，调节荧光强度为 100。将上述不同含量的标准氨基酸反应液进行荧光测定。以丙氨酸含量为横坐标，相对荧光强度为纵坐标，绘制标准曲线。

2. 样品的荧光测定　取 0.1 ml 样品溶液，加入荧光试剂 2.9 ml，立即混匀，室温放置 5 min 后，用上述方法测定样品的荧光强度。与标准曲线对照，可确定样品中氨基酸的摩尔含量。

实验 8-4　紫外线吸收法测定核酸含量

【原理】

核酸分子由于含有共轭双键，所以有强烈的紫外线吸收性质。其最大吸收高峰为 260 nm。在 pH 7.0 时，每毫升溶液含 1 μg RNA 的光密度(OD_{260})为 0.023；每毫升溶液含

1 μg DNA 钠盐的光密度(OD_{260})为 0.020。由此可测定核酸含量。

【试剂和材料】

(1) 样品 RNA 溶液：称取 RNA 样品 5.0 mg 溶于水，定容至 100 ml。
(2) 钼酸铵-过氯酸沉淀剂(0.25% 钼酸铵-2.5% 过氯酸溶液)：取 3.6 ml 70% 过氯酸，加 0.25 g 钼酸铵，溶于水，定容至 100 ml。
(3) 容量瓶。
(4) 离心机。
(5) 紫外分光光度计。

【操作方法】

(1) 取两支离心管，各加入 1 ml 样品 RNA 溶液。甲管加入 1 ml 蒸馏水，乙管加入 1 ml 钼酸铵-过氯酸沉淀剂，摇匀，在冰浴中放置 30 min，以 3000 r/min 离心 10 min。
(2) 分别从两管中吸取 1 ml 上清液到两个容量瓶中，各自定容至 100 ml。
(3) 在紫外分光光度计上分别测定 OD_{260}。

【计算】

$$RNA\ 浓度(\mu g/ml) = \frac{\Delta OD_{260}}{0.023 \times L} \times n$$

式中，ΔOD_{260} 为甲管和乙管稀释液测定的 OD_{260} 的差值；L 为比色杯厚度(cm)；n 为稀释倍数。本实验中：$n = \frac{2}{1} \times \frac{100}{1} = 200$。

$$RNA(\%) = \frac{RNA\ 浓度(\mu g/ml) \times 100(ml)}{5000(\mu g)} \times 100\%$$

实验 8-5 紫外线吸收法测定蛋白质含量

【原理】

蛋白质由于含有苯环等紫外线吸收的基团，故有紫外线吸收性质。吸收高峰在 280 nm 处。OD_{280} 与蛋白质含量成正比，可通过测定 OD_{280} 测定蛋白质含量。

【试剂和材料】

(1) 标准蛋白质溶液：准确称取标准蛋白质(预先用微量凯氏定氮法测定纯度)，配制成 1 mg/ml 的溶液。
(2) 样品蛋白质溶液：含蛋白质 0.1～1 mg/ml。
(3) 紫外分光光度计。

【操作方法】

1. 标准曲线的制作　　分别吸取标准蛋白质溶液 0 ml、1 ml、2 ml、3 ml、4 ml、5 ml，用水补足到 5 ml。在 280 nm 处测定各自的光密度。

以 OD_{280} 为纵坐标，蛋白质浓度为横坐标，绘制标准曲线。

2. 样品测定　　吸取 5 ml 样品液，测定 OD_{280}，从标准曲线查出样品蛋白质浓度。

第九章 酶学检测技术

酶学检测技术是利用酶的催化作用进行物质的定性、定量检测的技术。

酶学检测技术具有专一性强、灵敏度高、检测条件温和、检测速度快、操作简便等特点，已经在医药、食品、工业、农业和环保领域广泛使用。

酶学检测技术主要包括酶法分析技术和酶联免疫吸附检测技术。

第一节 酶学检测技术的特点

酶是一种专一性强、催化效率高、作用条件温和的生物催化剂。利用酶的催化作用进行物质检测的酶学检测技术与其他分析方法相比，具有专一性强、灵敏度高、检测速度快、检测条件温和、操作简便等独特的优点。

一、酶学检测的专一性强

当样品中含有结构和性质与待测物十分相似（如同分异构体）的共存物时，要找到被测物特有的特征性质或者要将被测物分离纯化出来往往非常困难。而利用酶的特异性，不需要分离就能辨别试样中的被测组分，从而对被测物质进行定性和定量分析。所以，酶学检测技术常用于复杂组分中结构和物理化学性质比较相近的同类物质的分离鉴定和分析，而且样品一般不需要进行很复杂的预处理。通过了解酶对底物的特异性，还可以预料可能发生的干扰反应并设法纠正。

在酶学检测过程中，如果采用两种或多种酶进行偶联反应，可以增加检测全过程的特异性。

二、酶学检测的灵敏度高

酶的米氏常数（K_m）较小，在较低的底物浓度条件下仍然可以进行催化反应，并且因具有较高的催化反应速率，加上酶所具有的催化专一性以及其他杂质对反应没有影响或者影响较小，所以酶学检测的灵敏度高，很低浓度的待测物也可以检测出来。

三、酶学检测的速度快

酶的催化效率高，其转换数（K_{cat}）一般达到 $10^3/min$，即每个酶分子每分钟可以催化 10^3 个底物分子进行转化，酶的催化周期（指每个酶分子进行一次催化所需的时间）仅为若干毫秒（ms）或微秒（μs），使所有酶学检测的速率快。

四、酶学检测的条件温和

由于酶催化反应一般在常温、常压、pH近乎中性的温和的条件下进行，不需要强酸、强碱和高温等极端条件,所以酶学检测可以在温和的条件下进行,而且可以节省能源,减少环境污染。此外,酶学检测一般不需采用特殊的仪器设备,具有操作简便易行等特点。

第二节 酶法分析技术

酶法分析技术是利用酶的催化作用,通过测定催化反应产物或者另一种底物的变化而对物质进行定性、定量检测的技术。

一、酶法分析的基本过程

酶法分析的基本过程主要包括酶的选择、待测物质与酶反应、反应产物或另一种底物的测定、待测物质的种类或含量确定4个步骤,现分述如下。

1. 检测用酶的选择 在酶法分析过程中,首先要根据待测物质的特性,选择适宜的检测用酶。例如,根据谷氨酰胺的水解特性,选择谷氨酰胺酶进行检测,根据乳酸的氧化特性,选择乳酸脱氢酶进行检测等;一种待测物质,可以选择几种不同的酶进行监测,如葡萄糖可以选用葡萄糖氧化酶、葡萄糖脱氢酶等进行检测;还可以选择两种或者多种酶通过偶联作用进行检测,如选用葡萄糖氧化酶与过氧化物酶的偶联作用进行葡萄糖的检测等。

2. 待测物质与酶反应 选择好酶以后,根据酶的动力学特性,确定反应的温度、pH等条件,将一定量的含有待测物质的样品与酶混合,在适宜的条件下进行催化反应,在预定的时间终止催化反应。

3. 反应产物或另一种底物的测定 反应完成以后,取出一定量的反应液,测定反应产物或者另一种底物的变化。例如,用尿素酶检测尿素时,可以测定生成的反应产物氨的量,从而确定尿素的含量;用葡萄糖脱氢酶检测葡萄糖时,可以测定另一种底物烟酰胺腺嘌呤二核苷酸(NADH)的变化,从而确定葡萄糖的含量等。

4. 待测物质的种类或含量的确定 根据对反应产物或者另一种底物的测定结果,可以判断待测物质的种类,并根据反应方程式计算待测物质的含量。

二、常用于酶法分析的酶及其检测方法

酶法分析已经广泛应用于医药、食品、工业、农业和环保领域,对各种糖类、氨基酸类、有机酸类、维生素类、尿素、毒素等物质进行定性和定量分析。

常用于酶法分析的酶主要有葡萄糖氧化酶、6-磷酸葡萄糖脱氢酶、碱性磷酸酯酶、过氧化物酶、β-D-半乳糖苷酶、脲酶、乳酸脱氢酶等,举例如下。

1. 利用葡萄糖氧化酶检测葡萄糖含量 葡萄糖氧化酶(glucoseoxidase, EC1.1.3.4)是一种催化葡萄糖与氧反应生成葡萄糖酸和过氧化氢的氧化还原酶。

$$葡萄糖 + O_2 \xrightarrow{葡萄糖氧化酶} 葡萄糖酸 + H_2O_2$$

测定时取一定量的样品,加入适量的葡萄糖氧化酶,在一定条件下反应一段时间,然后测定反应液中生成的葡萄糖酸的量,计算出葡萄糖的量;也可以通过氧电极或铂电极测定氧的消耗量,而得出葡萄糖的量。

2. 利用葡萄糖氧化酶和过氧化物酶的联合作用检测葡萄糖的含量 样品中的葡萄糖

首先在葡萄糖氧化酶的作用下,与氧反应生成葡萄糖酸和过氧化氢。过氧化物酶(peroxidase,EC1.11.1.7)在氧受体存在的条件下,催化过氧化氢生成水和原子氧,新生态的原子氧将无色的氧受体4-氨基安替吡啉氧化生成红色的醌类化合物。

$$葡萄糖 + O_2 \xrightarrow{葡萄糖氧化酶} 葡萄糖酸 + H_2O_2$$

$$H_2O_2 + 4\text{-}氨基安替吡啉 \xrightarrow{过氧化物酶} H_2O + 醌类化合物$$
$$\text{(无色)} \qquad\qquad\qquad \text{(红色)}$$

颜色的深浅与葡萄糖的浓度成正比。在500 nm波长下测定光密度(OD_{500}),同时在相同的条件下测出标准葡萄糖液的OD_{500},再计算得出葡萄糖的量。

这两种酶还可以与邻联甲苯胺一起用明胶进行共固定化在滤纸条上制成酶试纸,将酶试纸与样品接触10～60 s即可显色,从颜色的深浅可以判断样品中葡萄糖的含量。

3. 利用尿素酶测定尿素含量 尿素酶(urease,EC3.5.1.5)是一种专一地催化尿素水解生成二氧化碳和氨的水解酶。

$$(NH_2)_2C\!=\!\!=\!O + H_2O \xrightarrow{尿素酶} CO_2 + 2NH_3$$

反应后加入10%浓度的硫酸溶液,与反应生成的氨结合成硫酸铵。再用铵显色剂显色,在490 nm波长下测定光密度(OD_{490}),同时测定标准硫酸铵溶液在相同条件下显色的OD_{490},从而计算尿素含量。

4. 利用胆固醇氧化酶测定胆固醇含量 胆固醇氧化酶(cholesterol oxidase,EC1.1.3.6)是一种催化胆固醇与氧反应生成胆甾酮(4-胆甾烯-3-酮)的氧化还原酶。

$$胆固醇 + O_2 =\!=\!= 4\text{-}胆甾烯\text{-}3\text{-}酮 + H_2O_2$$

利用胆固醇氧化酶测定胆固醇含量时,胆固醇氧化酶催化样品中的胆固醇与氧反应生成胆甾酮和过氧化氢。可以通过华勃氏呼吸仪或者氧电极测定反应过程中氧的消耗量,再得出胆固醇的含量;反应所产生的过氧化氢可以在过氧化物酶催化下与4-氨基安替吡啉(4-AAP)反应生成红色的醌亚胺类化合物,在500 nm有特异吸收峰,颜色的深浅与总胆固醇含量成正比,通过标准曲线得出胆固醇含量。

5. 利用谷氨酰胺酶测定谷氨酰胺含量 谷氨酰胺酶(glutaminase,EC3.5.1.2)可以催化谷氨酰胺水解,生成谷氨酸和氨。

$$谷氨酰胺 + 水 \xrightarrow{谷氨酰胺酶} 谷氨酸 + 氨$$

反应后,加入10%浓度的硫酸溶液,再用铵显色剂显色,在490 nm波长下测定光密度(OD_{490}),同时测定标准硫酸铵溶液在相同条件下显色的OD_{490},从而计算谷氨酰胺含量。

6. 利用乳酸脱氢酶检测乳酸 乳酸脱氢酶(细胞色素)[lactate dehydrogenase(cytochrome),LDH,EC1.1.2.3]能特异性地作用于L-乳酸,生成丙酮酸。该酶的天然电子受体是细胞色素c,某些化学药剂可以作为其人工的电子受体。本方法以菲咯啉铁复合物作为其电子受体。反应式为

$$L\text{-}乳酸 + 氧化型菲咯啉铁 \xrightarrow{L\text{-}LDH} 丙酮酸 + 还原型菲咯啉铁$$

氧化型菲咯啉铁(O-phenanthroline-Fe^{3+})复合物是黄色的,经反应后生成的还原型菲咯啉铁(O-phenanthroline-Fe^{2+})是桃红色的,在510 nm处被强烈地吸收,由其吸光度可以计算发酵液中的L-乳酸的含量。

7. 碱性磷酸酯酶 碱性磷酸酯酶(alkaline phosphatase, AP, EC3.1.3.1)是一种磷酸单酯水解酶，能催化磷酸单酯的水解反应，产生无机磷酸和相应的醇。

$$磷酸单酯 + 水 \xrightarrow{碱性磷酸酯酶} 磷酸 + 醇$$

生成的磷酸可以通过定磷法进行测定，即磷酸在酸性条件下与钼酸铵反应生成磷钼酸，磷钼酸在还原剂的作用下还原成钼蓝。钼蓝颜色的深浅与磷酸含量成正比，通过测定 OD_{650} 可以测定磷酸的含量，进而计算磷酸单酯的含量。

8. 葡萄糖脱氢酶 葡萄糖脱氢酶(glucose dehydrogenase, GDH, EC1.1.47)是一种氧化还原酶，以 NAD^+ ($NADP^+$) 作为辅基，特异性地催化 β-D-葡萄糖脱氢生成 D-葡萄糖-δ-内酯，D-葡萄糖-δ-内酯可以水解生成葡萄糖酸。

$$D\text{-}葡萄糖 + NAD^+(NADP^+) + HO_2 \xrightarrow{GDH} 葡萄糖\text{-}\delta\text{-}内酯 + NADH + H^+(NADPH + H^+)$$

$$葡萄糖\text{-}\delta\text{-}内酯 + 水 \longrightarrow \beta\text{-}D\text{-}葡萄糖酸$$

测定其生成的产物葡萄糖酸的生成量或 NADH(NADPH) 在 340 nm 处的吸光度变化，可以计算葡萄糖的含量。

第三节 酶联免疫吸附检测技术

酶联免疫吸附检测(ELISA)是以免疫学反应为基础，将抗原、抗体的特异性反应与酶对底物的高效催化作用相结合的一种敏感性很高的试验技术。

其首先是让抗体与酶复合物结合，然后通过显色来检测。ELISA 技术自 20 世纪 70 年代出现开始，就因其高度的准确性、特异性、稳定性、适用范围宽、检测速率快及费用低等优点，作为基础免疫技术，在疾病诊断与控制、食品卫生、环境保护、农业育种等领域中备受重视，成为检验中最为广泛应用的方法之一。在此将从基本原理、检测方法和应用 3 个方面简要介绍 ELISA。

一、ELISA 的基本原理

ELISA 的基本原理是：通过化学的方法将酶与抗体或抗原结合起来，形成酶标记物；或通过免疫学的方法将酶与抗酶抗体结合起来，形成酶标记物。这些酶标记物仍保持其免疫活性，然后它与相应的抗原或抗体反应，形成酶标记物的免疫复合物，免疫复合物的形成量与待测抗原(或抗体)的含量成正比，免疫复合物中的酶可以与特定的底物反应，生成有色物质或者荧光物质，可以用酶标仪、分光光度计或荧光光度计进行测定，然后计算得出结果。

ELISA 既可用于测定抗原，也可用于测定抗体。在这种测定方法中有 3 种必要的试剂：①固相的抗原或抗体；②酶标记的抗原或抗体；③酶作用的底物。

二、ELISA 常用的标记酶

ELISA 常用的标记酶有碱性磷酸酯酶、辣根过氧化物酶、青霉素酶、β-D-半乳糖苷酶、葡萄糖氧化酶、溶菌酶、脲酶、苹果酸脱氢酶、6-磷酸葡萄糖脱氢酶等，举例介绍如下。

1. 碱性磷酸酯酶 碱性磷酸酯酶是一种非特异性磷酸单酯水解酶，能催化磷酸单酯的水解反应[底物通常为对-硝基苯酚磷酸酯(pNPP)]，产生无机磷酸和相应的醇类，还可以催化磷酸基团的转移反应，且大肠杆菌 AP 还是一种依赖亚磷酸盐的氢化酶，也能催化磷酸基团的转移反应。反应产物对-硝基苯酚为黄色,在405 nm处有最大吸收峰。AP广泛存在于微生物和动物体内,在磷生物地球化学循环过程中有重要作用,广泛应用于诊断学、生物化学及分子生物学等领域。

AP催化磷酸单酯水解或磷酸基转移的反应如图9-1所示。

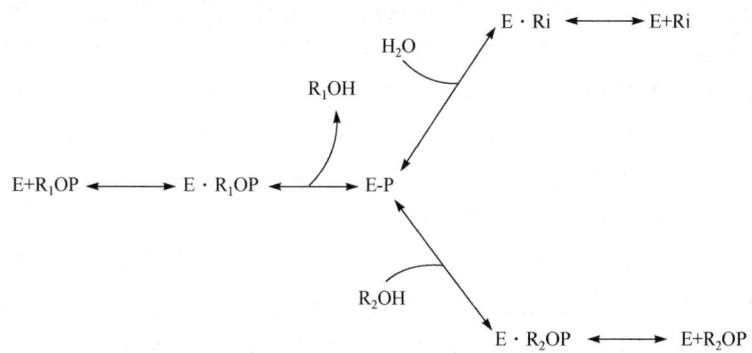

图9-1 碱性磷酸酯酶催化磷酸单酯水解或磷酸基转移的反应示意图

2. 辣根过氧化物酶 辣根过氧化物酶(horseradish peroxidase,HRP)是ELISA中应用最为广泛的标记用酶。HRP催化的反应式为

$$DH_2 + H_2O_2 \longrightarrow D + 2H_2O$$

式中,DH_2为供氢体,习惯称为底物;H_2O_2为受氢体。

辣根过氧化物酶对受氢体的专一性很高,作用底物有多种,主要有邻苯二胺(OPD)、四甲基联苯胺(TMB)、5-氨基水杨酸(5-ASA)、2,2′-氨基-二(3-乙基-苯并噻唑啉磺酸-6)铵盐(ABTS)。

邻苯二胺与酶反应后显橙黄色,加酸终止反应后呈棕黄色,测定波长492 nm;四甲基联苯胺与酶反应后显蓝色,加酸终止反应后呈黄色,测定波长450 nm,是ELISA中应用最广泛的辣根过氧化物酶的底物。

3. β-D-半乳糖苷酶 β-D-半乳糖苷酶(β-galactosidase,β-Gal,EC3.2.1.23)常用于均相酶免疫测定。其底物经β-D-半乳糖苷酶催化反应后,产生4-甲基伞酮基β-D-半乳糖苷(4MUG),经酶进一步作用后生产高强度荧光物,用酶标仪或荧光光度计测量计算得出结果。

4. 葡萄糖脱氢酶 葡萄糖脱氢酶(glucose dehydrogenase,GDH,EC1.1.1.47)是一种氧化还原酶,催化下列反应:

$$\beta\text{-D-葡萄糖} + NAD^+ (NADP^+) \xrightarrow{GDH} \beta\text{-D-葡萄糖酸} + NADH + H^+ (NADPH + H^+)$$

GDH特异性的催化β-D-葡萄糖生成葡萄糖酸(D-葡萄糖-δ-内酯),并以NAD^+($NADP^+$)作为辅基,测定其产物葡萄糖酸的生成量或NADH(NADPH)在340 nm处的吸光度对该酶或其底物进行量化分析。

在特定的反应条件下,以NAD^+作为其辅基的酶促效率低于$NADP^+$,但NAD^+因为廉价,且不影响其最终结果而被人们广泛接受和应用。葡萄糖脱氢酶目前被广泛地应用于食品工业及医药工业领域。葡萄糖脱氢酶被作为临床血糖测定的诊断用酶。用葡萄糖脱氢酶酶法测定血糖与传统方法葡萄糖氧化酶(GOD)法和己糖激酶(HK)法相比,操作简便,成本低,一步法、单个酶即可完成,采用连续监测法或终点法分析($\lambda = 340$ nm),可运用于若干自动化分析仪。该方法不受一般浓度抗凝剂或防腐剂干扰,灵敏度高。目前葡萄糖脱氢酶法被大多数人认可,可作为血糖测定的参考方法。

三、常用的 ELISA 方法

ELISA 方法有多种,其中最为常用的是双抗体夹心法测抗原和间接法测抗体。

1. 双抗体夹心法 双抗体夹心法是检测抗原最常用的方法,本法首先将特异性抗体包被于固相载体,利用待测抗原上的两个抗原决定簇分别与固相载体上的抗体和酶标记抗体结合,形成抗体-待测抗原-酶标抗体复合物,复合物的形成量与待测抗原含量成正比。由于加了一层抗体,因此它具有更高的灵敏性。其实现主要步骤有:①将特异性抗体包被固相载体;②加待检标本;③加酶标抗体;④加底物显色。

2. 间接法 间接法是检测抗体最常用的方法,其原理为利用酶标记的抗抗体检测已与固相结合的受检抗体,故称为间接法。操作步骤如下所述。①将特异性抗原与固相载体连接,形成固相抗原:洗涤除去未结合的抗原及杂质。②加稀释的受检血清:其中的特异抗体与抗原结合,形成固相抗原抗体复合物。经洗涤后,固相载体上只留下特异性抗体。其他免疫球蛋白及血清中的杂质由于不能与固相抗原结合,在洗涤过程中被洗去。③加酶标抗抗体:与固相复合物中的抗体结合,从而使该抗体间接地标记上酶。洗涤后,固相载体上的酶量就代表特异性抗体的量。例如,欲测人对某种疾病的抗体,可用酶标羊抗人 IgG 抗体。④加底物显色:颜色深度代表标本中受检抗体的量。本法只需更换不同的固相抗原,可以用一种酶标抗抗体检测各种与抗原相应的抗体。

3. 竞争法 竞争法可用于抗原及半抗原的定量测定,也可用于测定抗体。以测定抗原为例,将特异性抗体吸附于固相载体上,加入待测抗原和一定量的已知酶标抗原,使二者竞争地与固相载体上的特异性抗体相结合,经过充分的洗涤分离,最后结合于固相载体上的酶标抗原与待测抗原含量呈负相关。

4. 多步法 多步法要比间接法繁琐但灵敏度高。该方法以亲和素(avidin,卵白中发现的一种糖蛋白)或 9 链亲和素(streptavidin,为 *Streptomyces avidinii* 菌中的一种糖蛋白)与生物素(biotin,蛋黄中的一种糖蛋白)之间的高亲和力为基础。亲和素含有 4 个亚基,组成了三级结构中含有 4 个疏水性生物素的结合位点,但亲和素含有的低聚糖残基对组织成分具有一定的亲和力导致非特异性结合。链亲和素缺乏低聚糖残基且其等电点为中性,因此产生的背景较低。通常生物素连接到二抗或酶上(每分子免疫球蛋白可连接多达 150 分子的生物素)。亲和素-生物素方法中的标记分子通常为亲和素分子(第三层试剂)。该方法是目前免疫组织化学中灵敏度高,且应用最为广泛的方法。

为了提高检测灵敏度,酶联免疫常规的检测方法有所改进,主要有小分子夹心 ELISA、双抗原夹心 ELISA 测定抗体、组合单克隆抗体夹心 Dot-ELISA 测抗原、同步 ELISA 测定多种抗体、模块法(blocking ELISA)测抗体等。目前还开展了新的测定方法,即双位点一步法、捕获法测 IgM 抗体、亲和素-生物素的 ELISA、斑点酶联免疫吸附试验、硝酸纤维素(NC)膜微粒 ELISA、磁颗粒 ELISA、酶联免疫荧光测量法(ELIFA)、免疫印迹技术与层析-ELISA 等。

捕获法测 IgM 抗体的原理是:血清中针对某些抗原的特异性 IgM 常和特异性 IgG 同时存在,后者会干扰 IgM 抗体的测定。因此测定 IgM 抗体多用捕获法,先将所有血清 IgM(包括异性 IgM 和非特异性 IgM)固定在固相上,在去除 IgG 后再测特异性 IgM。

酶联免疫荧光测量法又称为点免疫结合法或抗原斑点试验,是 Hawkes 等参照核酶的斑点杂交法改良而成的,是以纤维素膜为载体的一种新型免疫检测技术。该技术在多孔硝酸纤维素微量板上进行,先在微量板上包被特异性抗原,以检测抗体生成细胞,或包被单克隆捕获抗体,以检测特异性细胞因子(CK)分泌细胞,后者称为反向酶联免疫斑点技术(enzyme linked immunospot assay,ELISPOT)。

另外,双位点一步法是在双抗体夹心法测定抗原时,如应用针对抗原分子上两个不同抗原决定簇的单克隆抗体分别作为固相抗体和酶标抗体时,在测定时可使标本的加入和酶标抗体的加入两步并作一步。这种双位点一步不但简化了操作、缩短了反应时间,如应用高亲和力的单克隆抗体,测定的敏感性和特异性也显著提高。单克隆抗体的应用使测定抗原的 ELISA 提高到新水平。

此外,在使用 ELISA 技术时还要注意几个问题:①试剂盒的选用;②临界值(cut-off)的确定;③检测限的测定;④ELISA 方法验证等。

四、ELISA 技术的应用

目前,ELISA 技术被广泛应用于医药、食品等领域,简介如下。

1. ELISA 技术在医学中的应用

(1) 在细菌学方面的应用:ELISA 可测定微生物抗原及其产物,如霍乱毒素、大肠杆菌等。

(2) 在病毒学方面的应用:ELISA 可成功地检测病毒的抗原和抗体。目前,ELISA 在病毒学中的应用主要包括 3 个方面的内容:抗原的检测、抗体的检测和抗原-抗体免疫复合物的检测。抗体的检测又可分为:IgE 抗体的检测,IgG 抗体及其亚类的检测,IgA、IgD 和 IgE 抗体的检测等。

(3) 在寄生虫学方面的应用:应用 ELISA 诊断原虫和蠕虫感染,如疟疾、阿米巴病的诊断和流行病学调查。

(4) 在肿瘤学方面的应用:ELISA 在临床诊断上主要用于甲胎蛋白(AFP)和癌胚抗原(CEA)检测,敏感性接近放免法。

(5) 在免疫病理学方面的应用:采用 ELISA 测定血中 IgG 和 IgE 的水平及特异性 IgE 抗体检测,也用于自身抗体检测。

(6) 在内分泌学方面的应用:ELISA 已成功的检测多种激素,如人绒毛膜促性腺激素、黄体激素等。

(7) 在血液学方面的应用:ELISA 可用于鉴定血液中的一些成分,循环免疫复合物、铁蛋白、肌球蛋白、纤维蛋白原及降解产物等。

(8) 在发酵产物检测技术中的应用:如乳酸、丙酮酸、乙醇等的定量检测。

2. 酶联免疫吸附检测技术在食品分析中的应用 酶联免疫吸附检测技术也越来越多的应用到了食品检测领域。

(1) 检测食品中的毒素。例如,陈靖等应用进口的酶联法试剂盒(TECRA)对十几株金黄色葡萄球菌株进行肠毒素的检测;Holzhauser 分别采用多克隆抗体间接竞争 ELISA 法和抗体夹心 ELISA 法测定食品中的痕量花生蛋白和榛子蛋白等。

(2) 检测食品中的残留农药。1983 年以来,ELISA 成为许多国际权威分析机构分析残留农药的首选方法。迄今为止,应用 ELISA 检测食品中的残留农药主要是除草剂、杀菌剂和杀虫剂。

(3) 检测食品中的微生物。例如,目前可用 ELISA 检测李斯特菌、大肠杆菌、哈氏弧菌及

6 种普遍的霉菌(如曲霉、毛霉、青霉等)的存在。

(4) 检测食品中其他成分。韩雅珊等首次将 ELISA 应用于食品中营养素的测定。Chem 应用单克隆抗体的间接 ELISA 检测猪肉中的热稳定性的肌肉蛋白。Pelissero 等合成 7 种异黄酮的羟酸半抗原,用于 ELISA 分析植物雌激素。牡蛎蛋白是牡蛎精粉的主要活性成分。吴谦等采用斑点酶联免疫吸附法(Dot2ELISA)测定牡蛎蛋白的含量等。

随着食品工业的发展对分析检测的要求越来越高,从而也使 ELISA 方法将更趋完善。为提高 ELISA 方法的灵敏度和特异性,制备单克隆抗体技术的发展将和 ELISA 法互相结合,从而使食品卫生分析达到 DNA 分子结构水平,促使食品工业的健康发展。

第四节 实 验

实验 9-1 利用酶法分析测定鸡蛋中总胆固醇的含量

【原理】

在自然界中,胆固醇以游离胆固醇和胆固醇酯两种形式存在,酯化的胆固醇经胆固醇酯酶水解后,经胆固醇氧化酶氧化生成胆甾-4-烯-3-酮,所产生的过氧化氢在过氧化物酶催化下与 4-氨基安替吡啉(4-AAP)和二氯羟基苯磺酸钠(DHBS)反应生成红色的醌亚胺类化合物,醌亚胺在 500 nm 有特异吸收峰,反应产生的颜色与总胆固醇含量成正比,通过标准曲线得出胆固醇含量。

$$胆固醇酯 + H_2O \xrightarrow{胆固醇酯酶} 胆固醇 + 脂肪酸$$

$$胆固醇 + O_2 \xrightarrow{胆固醇氧化酶} 胆甾\text{-}4\text{-}烯\text{-}3\text{-}酮 + H_2O_2$$

$$H_2O_2 + 4\text{-}氨基安替吡啉 + DHBS \xrightarrow{过氧化物酶} 醌亚胺色原 + H_2O$$

【试剂与材料】

(1) 乙醚(分析纯)、甲醇(分析纯)。

(2) 氢氧化钾溶液(40 g/100 ml)。

(3) 氯化钠溶液(5 g/100 ml)。

(4) 胆固醇标准溶液(200 mg/100 ml):精确称取胆固醇标准物质 200 mg 用甲醇溶解并定容至 100 ml。

(5) 总胆固醇试剂盒(上海荣盛生物技术有限公司)成分包括:

a. 缓冲液(R_1):哌嗪-N,N-双乙磺酸(PIPES)35 mmol/L、胆酸钠 1.0 mmol/L、苯酚 28 mmol/L,pH 7.0。

b. 酶试剂(R_2):PIPES 35 mmol/L、胆固醇酯酶(CEH)>0.2 U/ml、胆固醇氧化酶(CHOD)>0.1 U/ml、过氧化物酶(POD)0.8 U/ml、4-氨基安替吡啉 1.0 mmol/L。

c. 工作液配制:R_1 与 R_2 等量混匀(由于不同公司生产的总胆固醇试剂盒成分略有不同,实际检测中根据所购买的试剂盒说明书进行配制)。

【实验方法步骤】

1. 样品处理

(1) 取同一枚鸡蛋称取重量,滤去蛋清,称取蛋黄总重量,计算蛋黄比率。

(2) 将蛋清和蛋黄混匀,取已匀浆好的鸡蛋约 2 g(约含胆固醇 9 mg),精密称定,放入 100 ml 烧杯中,加入氢氧化钾溶液 5 ml、甲醇 20 ml,摇匀,在 60~65℃水浴中皂化 1 h。皂化时每隔 20~30 min 振摇一次使皂化完全

(3) 皂化完毕取出烧杯,冷却,加入 20 ml 蒸馏水及 3 ml 氯化钠溶液,将样液移入 125 ml 分液漏斗中,用乙醚萃取 3 次,每次 15 ml。收集 3 次乙醚溶液于 125 ml 分液漏斗中,用蒸馏水洗醚层至中性。

(4) 将醚层移入 50 ml 容量瓶,乙醚定容至刻度,摇匀。准确移取 5 ml 置试管中,于 65℃水浴中用氮气吹干,2 ml 甲醇溶解残渣,作为分析样液。

2. 样品分析 将酶试剂与酶稀释液按说明书混匀,配制为酶工作液,分别于工作液中加入一定量的蒸馏水、标准液及样品溶液(具体操作见表 9-1)。混匀后置于 37℃水浴中反应 15 min 后即可进行测定。以空白管校零,分光光度计测定其在 500 nm 波长处的吸光度。

表 9-1 显色反应操作表

添加物	空白管	标准液/(mg/100ml)							样品管
		6.25	12.5	25	50	100	200	300	
工作液/ml	2	2	2	2	2	2	2	2	2
蒸馏水/μl	20	—	—	—	—	—	—	—	—
标准液/μl	—	20	20	20	20	20	20	20	—
样品/μl	—	—	—	—	—	—	—	—	20
A_{500}									

3. 实验结果分析 样品中胆固醇含量的计算。

因标准曲线是一条接近原点的直线,所以胆固醇的含量可以用下式计算出鸡蛋中总胆固醇的含量。

$$C_{样} = \frac{A_{样}}{A_{标} \times m_{样}} \times \frac{V_1}{V_2} \times 2 \times C_{标}$$

式中,$C_{样}$ 为样品的浓度(mg/100 g);$A_{样}$ 为样品的吸光度;$A_{标}$ 为标准品的吸光度;$C_{标}$ 为标准品的浓度(mg/100 ml);$m_{样}$ 为样品的质量(g);V_1 为定容后乙醚的体积(50 ml);V_2 为从乙醚中吸取的体积数(5 ml)。

实验 9-2 利用酶法分析快速测定发酵液中的 L-乳酸

【原理】

乳酸又称为 2-羟基丙酸,是以淀粉为原料,经过生物发酵精制而成的一种有机酸,为无色澄清黏性液体,水溶液显酸性。其与水、乙醇或乙醚能任意混合,在氯仿中不溶。煮沸浓缩时酸合成乳酰乳酸,稀释并加热水解成乳酸。因其左旋的特征,具有很好的生物相容性,能与哺乳动物相容,可直接参与人体代谢而无任何副作用,被广泛应用于食品、医药等领域。

酶法能够用于 D 型、L 型乳酸的分别定量。本实验采用不依赖 NAD 的 L-乳酸脱氢酶(L-LDH)测定米根霉发酵液中 L-乳酸的含量。

本实验原理,是由酵母提取的 L-LDH 能特异性地作用于 L-乳酸。该酶的天然电子受体是细胞色素 c,某些化学药剂可以作为其人工的电子受体。本方法以菲咯啉铁复合物作为其

电子受体。反应式为 L-乳酸＋氧化型菲咯啉铁 $\xrightarrow{\text{L-LDH}}$ 丙酮酸＋还原型菲咯啉铁,氧化型菲咯啉铁复合物为黄色,经反应后生成的还原型菲咯啉铁为桃红色,在 510 nm 处有强烈吸收,由其消光值可以算出发酵液中 L-乳酸的含量。本法具有简便、快速、灵敏度高的特点,且专一性强,不受其他有机酸的干扰。

【试剂与材料】

L-乳酸(结晶)标准品和酵母 L-LDH 均为 Sigma 公司产品;其余化学试剂均为国内生产。L-乳酸发酵液样品由米根霉摇瓶发酵所得。

【实验方法】

1. 试剂的制备

(1) 硼酸-硼砂缓冲液:取 0.2 mol/L 的硼酸溶液 27.5 ml 与 0.05 mol/L 的硼砂溶液 22.5 ml 混合得 50 ml 硼酸-硼砂缓冲液,缓冲液 pH 为 8.4,是 L-LDH 进行酶促反应的最适 pH。

(2) 显色液。

A 液:2.5 mol/L $FeCl_3$ 饱和溶液;

B 液:0.008 mol/L 菲咯啉,此溶液在 4℃至少 7 天内可保持稳定。

使用前将 A 液稀释 300 倍,取 B 液 25 ml 与稀释后的 A 液 3 ml 混合,用水定容至 50 ml,即为显色液。显色液必须现配现用。

(3) L-LDH 溶液。原装 6 ml 共 25 U,使用前用 pH 8.7 的硼酸-硼砂缓冲液稀释至所需的浓度。

2. 测定方法

(1) 测定条件:波长 510 nm,光程 1 cm,温度 35～37℃,pH 8.4。酶促反应时间为 15 min。以蒸馏水为对照在 751 分光光度计上读取 OD 值,样品最高测定浓度为 2.5 mmol/L 的 L-乳酸。

(2) 标准曲线方程:L-乳酸标准溶液(2.5 mmol/L)用蒸馏水配制(使用前新鲜制备)。各种试剂及酶的添加量见表 9-2。以 OD_{510} 的值为 y,以 L-乳酸浓度为 x,对所得数据进行线性回归得标准曲线方程 $y=-0.06+0.3532x$。

表 9-2 制作标准曲线时各种试剂的添加量及测定结果

添加物	L-乳酸的含量/(mmol/L)									
	0.5		1.0		1.5		2.0		2.5	
	试样	空白	试样	空白	试样	空白	试样	空白	试样	空白
2.5 mmol/L L-乳酸/ml	0.2	0	0.4	0	0.6	0	0.8	0	1	0
蒸馏水/ml	0.8	1	0.6	1	0.4	1	0.2	1	0	1
显色液/ml	1	1	1	1	1	1	1	1	1	1
缓冲液/ml	1.07	1.07	1	1	0.92	0.92	0.85	0.85	0.77	0.77
1 U/ml 的酶液/ml	0.08	0.08	0.15	0.15	0.23	0.23	0.30	0.30	0.38	0.38
测得 OD_{510}										

(3) 样品的测定:发酵液加热后滤去菌体,得澄清的滤液。稀释滤液,使 L-乳酸的浓度为 0.17～2.5 mmol/L。取样品 1.0 ml 与 1.0 ml 且 pH 8.7 的硼酸-硼砂缓冲液混合后,加入 1.0 ml 的显色液,空白用蒸馏水代替样品,其余试剂同样加入。两支试管同时放入恒温水浴

待水温升至37℃加入适量的L-LDH 0.15 ml,使酶与样品中乳酸量比约为0.15 U∶1 mmol/L。保温15 min后,在510 nm处读取OD值,查标准曲线后乘以稀释倍数即得到L-乳酸的含量。

【结果分析】

(1) 以标准乳酸样品的含量为纵坐标,其OD_{510}为横坐标,制作乳酸含量的标准曲线。

(2) 在标准曲线上求得待测样品中乳酸的含量。

实验9-3 利用酶法分析测定发酵液中葡萄糖的浓度

【原理】

酶法测定发酵液中葡萄糖的浓度利用葡萄糖氧化酶(GOD)和过氧化氢酶(POD)进行测定,葡萄糖在有氧的条件下被GOD氧化生成葡萄糖酸和过氧化氢,过氧化氢 4-氨基安替吡啉和酚在POD的作用下,生成红色醌亚胺燃料和水。醌亚胺燃料在波长500 nm处有吸收峰,其颜色的深浅与葡萄糖的浓度成正比。实验时通过已知浓度的葡萄糖溶液做标准曲线,待测样品的浓度在标准曲线上求得。

$$葡萄糖 + O_2 \longrightarrow 葡萄糖酸 + H_2O_2$$
$$H_2O_2 + 4\text{-}氨基安替吡啉 + 酚 \longrightarrow 醌亚胺燃料(红色) + H_2O$$

【试剂与材料】

(1) 酶试剂:GOD>1200 U、POD>1200 U与4-氨基安替吡啉0.8 mmol/L混合组成。

(2) 磷酸缓冲液(pH 7.2)。

(3) 葡萄糖标准液:葡萄糖40 mmol/L。

(4) 发酵液样品。

【实验方法】

(1) 酶工作液配制:酶试剂与磷酸缓冲液根据样品量临用前按体积比1∶4混匀备用,2~8℃可保存1个月使用有效。

(2) 样品处理:发酵液取样后,5000 r/min离心5 min,取上清液,稀释10倍,备用。

(3) 取试管7支编号,按下表进行操作。各管加好试剂和酶后,混匀,于37℃水浴10 min,以空白管为对照,测定各管在500 nm处的吸光度。

添加物	空白管	1	2	3	4	5	样品管
葡萄糖标准液/μl	0	5	10	20	30	40	—
待测血清/μl	—	—	—	—	—	—	40
酶工作液/ml	40	40	40	40	40	40	40
蒸馏水/μl	40	35	30	20	10	0	0
A_{500}							

【实验结果】

(1) 由葡萄糖标准管测得的吸光值,以A为纵坐标,浓度为横坐标,做标准曲线。

(2) 由标准曲线求出发酵液样品管的浓度,然后再乘以 10,即得到发酵液中葡萄糖的浓度。

实验 9-4　酶联免疫吸附检测法(双抗体夹心法)检测艰难梭菌毒素

【原理】

本实验以 96 孔聚苯乙烯酶标板为固相载体进行艰难梭菌毒素酶联免疫吸附检测,利用辣根过氧化物酶标记的抗艰难梭菌毒素单克隆抗体及抗艰难梭菌毒素单克隆抗体两种已知的抗体进行检测,酶催化反应后,测定 405 nm 处测定吸光值,可以精确检测艰难梭菌毒素。

【试剂与材料】

(1) 96 孔聚苯乙烯酶标板、酶联免疫阅读仪、多功能洗板机。

(2) 碳酸盐缓冲液(CB):0.05 mol/L、pH 9.6。

Na_2CO_3 1.5 g $NaHCO_3$ 2.9 g 加超纯水 H_2O 800 ml 溶解,用 NaOH 调 pH 至 9.6 后超纯水定容至 1000 ml。

(3) 磷酸盐缓冲液(PBS):0.02 mol/L、pH 7.4。

称 15.8 g NaCl、0.4 g KCl、2.88 g Na_2HPO_4 和 3.6 g K_2HPO_4,溶于 800 ml 蒸馏水中,用 HCl 调节溶液的 pH 至 7.4,最后加超纯水定容至 1 L。

(4) 洗涤液:1 L 磷酸盐缓冲液中添加 0.5 ml Tween 20。

(5) 封闭缓冲液:取 3 g 牛血清白蛋白和 50 μl Tween 20 加至 100 ml 磷酸盐缓冲液中。

(6) 抗原抗体稀释液:取 1 g 牛血清白蛋白和 50 μl Tween 20 加至 100 ml 磷酸盐缓冲液中。

(7) 艰难梭菌毒素抗原。

(8) 抗体 1:抗艰难梭菌毒素单克隆抗体。

(9) 抗体 2:辣根过氧化物酶标记的抗艰难梭菌毒素单克隆抗体,抗体识别的抗原表位与抗体 1 不相同。

(10) 四甲基联苯胺(TMB):可溶型单组分 TMB 底物溶液(PA107)(购于北京天根)。

(11) 2 mol/L H_2SO_4。

【操作步骤】

(1) 包被:将抗体 1 用碳酸盐包被缓冲液(pH 9.6)稀释至终浓度 4 μg/μl,每孔包被 100 μl,37℃孵育过夜。

(2) 次日用洗涤液洗涤 1 min、5 min。

(3) 每孔加入封闭缓冲液(BSA)200 μl,37℃孵育 120 min。

(4) 洗涤液洗涤 1 次,5 min。

(5) 将艰难梭菌毒素用抗原稀释液稀释至 10 μg/μl、1 μg/μl、0.1 μg/μl 及 0.01 μg/μl 后加入酶标板中(阴性对照用 PBS 代替),每孔 100 μl,37℃孵育 60 min。

(6) 洗涤液洗涤 3 次,每次 5 min。

(7) 将抗体 2 用抗体稀释液稀释 2000 倍后加入酶标板中,37℃孵育 30 min。

(8) 洗涤液洗涤 3 次,每次 5 min。

(9) 加入 100 μl TMB 发色液,室温暗处发色 15～30 min,405 nm 测定吸光值。

【实验结果】

读取测定孔(P)和阴性对照(N)吸光值,若 $P/N>2.1$ 则为阳性,结果为检出,抗原浓度最低的阳性孔中的抗原浓度即为双抗夹心法的检测灵敏度。若 $P/N<2.1$ 则为阴性,表明结果为未检出。

实验 9-5 酶联免疫吸附检测法(间接法)测定兔血清免疫球蛋白 IgG

【原理】

酶联免疫吸附检测(ELISA)也称为酶标记免疫吸附测定,是指固定相载体吸附技术和免疫酶测定技术相结合的一类方法。它先将抗原或抗体吸附(也称为包被)在固相支持物表面,再通过免疫反应形成酶标记的抗原抗体复合物,然后加入该酶的适当底物使之生成有色产物,测定其吸光度以计算出抗原或抗体的数量。

此法具有特异性高、灵敏性好、重复性强的优点,比放射免疫测定(RIA)安全和简便。

本实验采用标记的羊抗兔 IgG 抗体,用 ELISA 测定兔抗人血清类黏蛋白 IgG。

【试剂与材料】

(1) 0.15 mol/L 磷酸盐缓冲盐水(pH 7.2):称取 9.67 g Na_2HPO_4、1.43 g KH_2PO_4、2.125 g NaCl,重蒸水溶解并定容至 1000 ml。

(2) 0.1 mol/L 磷酸盐缓冲液(pH 6.8):称取 17.765 g Na_2HPO_4、6.86 g KH_2PO_4,重蒸水溶解并定容至 1000 ml。

(3) 12.5 mol/L 戊二醛溶液:1.25 ml 戊二醛,加 0.1 mol/L 磷酸缓冲液(pH 6.8)至 100 ml。

(4) 辣根过氧化物。

(5) 羊抗兔 IgG。

(6) 生理盐水:0.8 g NaCl 蒸馏水定容至 100 ml。

(7) 饱和硫酸铵溶液和半饱和硫酸铵溶液。

(8) 1 mol/L 碳酸盐缓冲液(包被液),0.05 mol/L、pH 9.6:Na_2CO_3 1.5 g、$NaHCO_3$ 2.9 g 加超纯水 H_2O 800 ml 溶解,用 NaOH 调 pH 至 9.6 后蒸馏水定容至 1000 ml。

(9) 0.2 mol/L 赖氨酸溶液。

(10) 1 mol/L 碳酸盐缓冲液,pH 9.5。

(11) 辣根过氧化物酶底物溶液:0.1 mol/L 柠檬酸 12.2 ml、0.2 mol/L Na_2HPO_4 12.8 ml、邻苯二胺 20 mg、30% 过氧化氢 20 μl、蒸馏水 25 ml,临用前过滤。

(12) 0.01 mol/L 磷酸盐缓冲液(PBST)(pH 7.4):NaCl 8 g、$Na_2HPO_4 \cdot H_2O$ 2.9 g、KH_2PO_4 0.2 g、KCl 0.2 g、Tween 20 0.5 ml,蒸馏水定容至 1 L。

(13) 含 0.5 mol/L Tween 20、10 g/L 牛血清白蛋白、0.8 g/L NaCl 的 0.01 mol/L 磷酸盐缓冲液,pH 7.4。

(14) 辣根过氧化物酶标记羊抗兔 IgG 抗体。

(15) 人血清类黏蛋白溶液(可溶性抗原溶液):根据所测得的蛋白质浓度,用包被液稀释成 1~10 μg/ml 的溶液。

(16) 兔抗人血清类黏蛋白 IgG 提取液(待测抗体溶液)或抗血清:用 PBST 将提取液或抗血清稀释至适当浓度(一般的多克隆抗体需稀释 500~1000 倍)。

(17) 3 mol/L 硫酸(反应终止液)。

【实验方法】

1. 酶标抗体的制备(也可用市售的酶标抗体) 本试验采用戊二醛二步法。

(1) 取辣根过氧化物酶 10 mg,加入用 0.05 mol/L、pH 6.8 磷酸缓冲液配制的 12.5 ml/L 戊二醛溶液 0.2 ml,置室温下过夜。

(2) 对生理盐水透析,以除去游离的戊二醛。

(3) 加入 5 mg 羊抗兔 IgG,用生理盐水稀释至 1 ml,即要求最终浓度为 5 g/L。

(4) 加入 1 mol/L 碳酸盐缓冲液 0.1 ml,充分摇匀,4℃放置 24 h,使形成酶标抗体。

(5) 加入 0.2 mol/L 赖氨酸溶液 0.1 ml,于室温下搅拌 1 h,以封闭剩余的活性基团。

(6) 对生理盐水透析,除去未结合的赖氨酸。

(7) 取出透析袋中的液体,加等量饱和硫酸铵盐析,4000 r/min 离心 15 min,弃上清液。

(8) 沉淀用 50%饱和硫酸铵溶液洗涤 2 次。将沉淀溶于少量 pH 7.2、0.15 mol/L 磷酸盐缓冲盐水。于 4℃下对同样缓冲液透析,直至无铵离子或硫酸根离子。

(9) 将透析袋内的液体于 10 000 r/min 离心 30 min。取上清液分装入小管内冰冻保存,或加等量 6000 ml/L 甘油置 4℃冰箱中保存。

2. 酶标抗体的纯化和酶活鉴定

(1) 酶标抗体可用 Sephadex G-150 柱进一步纯化。

(2) 酶标抗体的免疫反应和酶活力可用抗免疫球蛋白血清作双向琼脂扩散或免疫电流试验,看是否能生产沉淀,然后用酶的底物对沉淀弧显色。

3. 酶联免疫吸附测定间接法步骤

(1) 抗原包被:往酶标板的小孔内加入 100 μl 人血清类黏蛋白溶液,然后将此板置 4℃冰箱内过夜(或 37℃,1 h)。吸去孔内的抗原液,加入 PBST 溶液,缓缓震荡 3 min 后倾去,如此重复洗涤 3 次。然后往小孔内加 PBST-BSA 溶液 150 μl,室温下放置 1 h(或 37℃,0.5 h)。按上法洗涤 3 次。包被后的反应板可立即使用,或置 -70℃冰箱保存。

(2) 加入待测的兔抗人血清类黏蛋白 IgG 提取液 100 μl/孔,室温下放置 2~3 h(或 37℃,1 h),同上法洗涤。

(3) 加入酶标抗体 100 μl/孔,室温下放置 2~3 h(或 37℃,1 h),同上法洗涤。

(4) 加入底物溶液 100 μl/孔,室温下黑暗处放置 1 h(或 37℃,0.5 h),时间必须准确一致。然后加入 3 mol/L 硫酸 100 μl/孔以终止反应。

(5) 在酶标仪上测定 492 nm(或 449 nm)处的吸光度。

第十章　气体检测技术

利用物质在生化反应或化学反应中放出或吸收气体的性质,通过测量气体量的变化而对物质进行定性、定量分析的技术称为气体检测技术。

在生物化学领域,气体检测技术广泛应用于细胞呼吸、酶反应动力学、氧化还原反应以及氨基酸、酮酸、尿素等的测定,对生化理论研究和工业生产应用都有重要意义。

应用气体检测技术进行检测的气体主要有氧气、二氧化碳和氮气。

应用于气体检测技术的仪器主要有以下两种。

1. 华勃氏呼吸仪　华勃氏(Warburg)呼吸仪的结构如图 10-1 所示。其主要部分为一个带有主室(A)和侧室(B)的反应瓶以及和它相连的检压管。

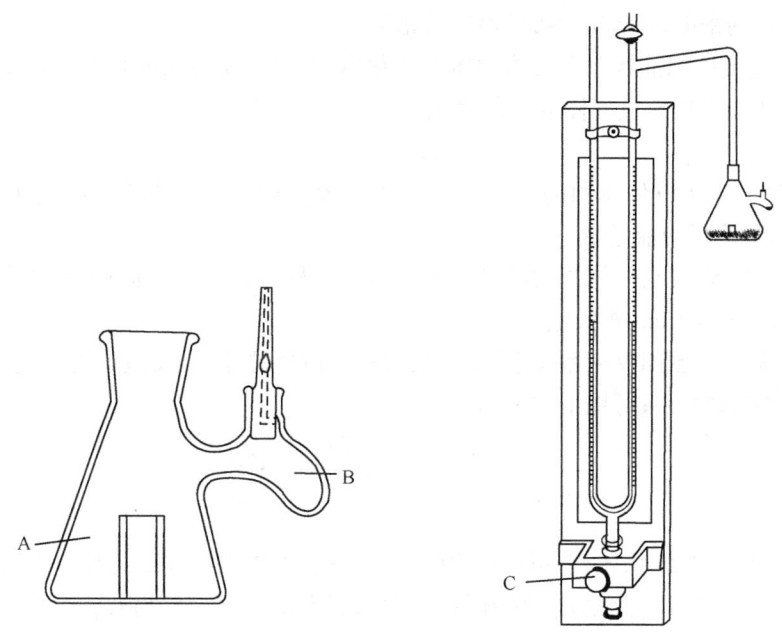

图 10-1　华勃氏呼吸仪

检压管固定在金属板上,金属板夹在振荡器上。反应瓶可浸没在恒温水浴中,检压管的底端套有一段小橡皮管,橡皮管的另一端用玻璃珠塞住。橡皮管和检压管的下半部充满了密度为 1.0336 的布氏(Brodie)检压液作为检压计的液柱,液柱的高低可通过压在橡皮管上的螺旋压板(C)来调节。检压管有 3 个口,一个侧向向下,可与反应瓶连接;另一个与反应瓶同侧的上端开口上装有三通活塞,关闭三通活塞时,从反应瓶到检测液液面之间形成密闭系统;另一个侧上端开口,与大气相通。

华勃氏呼吸仪主要用于反应过程中氧气的吸收量或二氧化碳放出量的测定。

2. 范·斯莱克(Van Slyke)检测仪 范·斯莱克检测仪的装置主要由反应器、量气管和气体吸收瓶3部分构成。范·斯莱克检测仪主要用于检测α-氨基酸与亚硝酸反应所产生的氮气,从而计算氨基酸的含量。

第一节 华勃氏呼吸仪检压法

华勃氏呼吸仪检压法又称为微量检压法。它是在恒温、恒容的密闭系统中,利用气体压力的变化而测定气体变化量的方法。

根据理想气体状态方程:$pV=nRT$,当体积和温度恒定时,n 与 p 成正比。故此,只要测出压力的变化,就可算出气体量的变化。

$$n = p\frac{V}{RT} = kp$$

华勃氏呼吸仪是根据理想气体定律而设计的。为计算方便,气体压力用布氏检压液柱高 h(mm)表示,1 标准大气压(760 mmHg[①])相当于 10 000 mm 布氏检压液柱。

$$760 \times 13.6 \div 1.033 \approx 10\ 005.8$$

式中,13.6 为汞的密度;1.033 为布氏检压液密度。

气体的变化量以标准状态下气体的体积变化 X 表示。因在标准状态下,1 mol 气体的体积为 22.4 L,所以可换算成气体的摩尔变化量,即

$$X = kh$$

式中,X 为标准状态下气体体积的变化(μl);h 为恒容、恒温下,气体压力的变化(毫米布氏液柱);k 为常数,称为反应瓶常数。

反应瓶常数 k 定义为气体压力改变 1 mm 布氏液柱时,相当于标准状态下气体体积改变的微升数。单位为 μl/mm 布氏液柱。

反应瓶常数 k 与密闭反应系统总体积、反应瓶中液体总体积、反应温度及气体在液体中的溶解度有关。它们的关系可用下式表示:

$$k = \frac{(V-V_f)\dfrac{273}{273+t} + V_f a}{p_0}$$

式中,V 为密闭反应系统总体积(μl);V_f 为反应瓶中液体体积(μl);t 为反应温度(℃);a 为标准大气压 p_0 下该气体的溶解度(毫升气体/毫升液体),可查表得到;p_0 为标准大气压,即 10 000 mm 布氏液柱。

华勃氏呼吸仪检测法主要用于氧气吸收量的检测和二氧化碳放出量的检测。

1. 氧气吸收量的测定 许多生化反应都要吸收氧气。例如,细胞呼吸和琥珀酸氧化酶、多酚氧化酶等各种氧化酶及加氧酶催化底物反应时均需吸收氧气。

不论用何种材料,测定氧气吸收量的方法基本相同。其操作要点如下所述。

(1) 反应系统总体积 V 的测量:一般采用重量法进行测量,即在一定温度下,将纯净的水银充满到配套的反应瓶和检压管的某一刻度之间的全部空间。然后称取水银质量,根据水银在该温度时的密度换算出体积。

[①] 1 mmHg=133.322 Pa

(2) 布氏检压液的配制：胆酸钠 5 g、NaCl 23 g，溶解后混合调整密度为 1.033。配好后，每 500 ml 加 0.1 g 伊文氏蓝。

(3) 加样品：将反应瓶洗净干燥，调节好恒温水浴的温度后，将样品加在反应瓶中，反应液加在反应瓶的侧管（指管）中。若反应在吸收氧气的同时还有二氧化碳放出，可加少许饱和 KOH 溶液于反应瓶的中央小杯中，以吸收 CO_2。各反应瓶所加的各种液体体积都必须相同，然后将反应瓶与检压管紧密连接，扣好弹簧或橡皮筋，使之密封后把检压仪装好，反应瓶应全部浸入恒温水浴。关闭三通活塞，启动振荡器，振荡 5～10 min，使反应瓶内外温度一致。然后打开三通活塞使检压管压力平衡。

有些氧气吸收量大的样品，在加完各种液体后，可通过氧气瓶和检压阀，由检测管的三通活塞向反应瓶内充进氧气达到一定的压力。另外，要有一个反应瓶作为对照管的温压瓶，温压瓶中装进等体积的蒸馏水代替样品液和反应液，用于校正气压的变化和水槽中温度的变化。在计算时应将样品测定值加上或减去空白测定值。

(4) 测定：在反应瓶的压力和温度达到平衡后，关闭三通活塞，调节施压板使检压液柱的高度调节到测反应系统总体积时的标准点（如 150 mm 处），记录检压管开口一侧的检压液高度，振荡一定时间。当此值恒定不变时，用手指压住开口，取出检压计，迅速将指管中的反应液全部倾入反应瓶中，放回恒温水浴槽中。继续振荡，每隔一定时间记录检压管开口一侧的检压液高度（密闭一侧的液柱应调回到标准点）

(5) 计算：首先根据反应系统总体积（V）、反应瓶内液体总体积（V_f）、反应温度 t 及查表得到的气体溶解度 a，运用公式：

$$k = \frac{(V - V_f)\dfrac{273}{273+t} + V_f \cdot a}{p_0}$$

计算出反应瓶常数 k。

再根据测得的压力变化值 h，计算出在标准状态下气体体积的变化值 X，$X = kh$。

若要计算反应物的量，即 $n = X \div 22.4 \times 10^6$ 可得到气体的摩尔数。再根据反应方程式，计算出反应物的量。

2. 二氧化碳放出量的测定　　许多生化反应和化学反应都释放二氧化碳，可用华勃氏呼吸仪测定。例如，

丙酮酸脱羧：$CH_3COCOOH \xrightarrow{\text{丙酮酸脱羧酶}} CH_3CHO + CO_2$

β-酮酸脱羧：$\underset{\underset{O}{\|}}{R-C}-CH_3-COOH \xrightarrow[\text{苯胺催化}]{pH\ 5,5℃} \underset{\underset{O}{\|}}{R-C}-CH_2 + CO_2$

尿素水解：$\underset{\underset{NH_2}{|}}{\overset{\overset{NH_2}{|}}{C}}=O + H_2O \xrightarrow[+2H^+]{\text{脲酶}} 2NH_4^+ + CO_2$

L-氨基酸脱羧：$R-\underset{\underset{NH_2}{|}}{CH}-COOH \xrightarrow{\text{L-氨基酸脱羧酶}} RCH_2NH_2 + CO_2$

二氧化碳放出量的测定与氧吸收量的测定方法大致相同。只是前者反应后压力升高，后者反应后压力降低。

若反应在放出 CO_2 的同时又吸收 O_2,则可用两套测压计,一套的反应瓶中央小杯加 KOH 测出氧气的吸收量;一套不加 KOH,测出的数值为 CO_2 放出量与氧气吸收量的差值。将此差值加上氧气吸收量即为 CO_2 放出量。

$$X_{CO_2}=h_1 k_{CO_2}+h_2 k_{O_2}$$

式中,X_{CO_2} 为二氧化碳放出量;k_{CO_2} 为测定 CO_2 的反应瓶常数;h_1 为不加 KOH 的检测计测出的压力差;h_2 为加进 KOH 的检测计测出的压力差;k_{O_2} 为测定 O_2 吸收的反应瓶常数。

第二节 范·斯莱克检测仪测定 α-氨基酸含量

α-氨基酸与亚硝酸反应生成羟基酸并放出氮气:

R—CH(NH₂)—COOH + HNO₂ ══ R—CH(OH)—COOH + H₂O + N₂↑

亚硝酸由亚硝酸钠和冰醋酸反应生成:

$$NaNO_2 + HAc \Longrightarrow NaAc + HNO_2$$

亚硝酸在反应过程中容易分解成氧化氮:

$$3HNO_2 \Longrightarrow HNO_3 + 2NO\uparrow + H_2O$$

氧化氮干扰氮气的测量,须用碱性高锰酸钾完全吸收后才能准确测量氮的体积:

$$NO + 3KMnO_4 + 4KOH \Longrightarrow KNO_3 + 3K_2MnO_4 + 2H_2O$$

释放出的 N_2 一半来自氨基酸,一半来自亚硝酸,故应把测得的氮气体积除以 2,再换算成标准状态下氮的体积。因在标准状态下,1 mol 气体所占体积为 22.4 L。故可计算出样品液中氨基酸的含量。

范·斯莱克法测定氨基酸的含量,数据重现性好,较为准确。但由于仪器的活塞较多又复杂,操作很烦琐,所以除了某些生产部门外,已很少采用,在此不再赘述,需要时,可从有关文献中查到。

第三节 实　　验

实验 10-1　酵母细胞耗氧量的测定

【原理】

酵母细胞的呼吸作用要消耗氧气,可用华勃氏呼吸仪测定其耗氧量。由于在耗氧的同时放出二氧化碳,需用 KOH 加以吸收。

【试剂和材料】

(1) 酵母细胞悬浮液:每毫升含 $1×10^8$~$10×10^8$ 个细胞。

(2) 3% 葡萄糖溶液。

(3) 0.02 mol/L KH_2PO_4 溶液。

(4) 20% KOH 溶液。

(5) 华勃氏呼吸仪。

【操作方法】

(1) 取已知总体积(预先经水银重量法测定)的反应瓶。在反应瓶中心小杯加 20% KOH 溶液 0.2 ml，在反应瓶中加入 0.02 mol/L KH_2PO_4 1 ml、3% 葡萄糖液 1 ml 和酵母细胞悬浮液 1 ml。同时取一个反应瓶作为温压计，瓶中加入 3.2 ml 蒸馏水，并检查系统保证不漏气。

(2) 把反应瓶装置好，于 28℃ 振荡 15 min，以达温度平衡(平衡过程，开三通活塞，与大气相通)。

(3) 关闭活塞，将检压计密闭端的液柱调节到参比点，记录开口端液柱高度。继续振荡，每隔 10 min 读数一次，记录 60 min 内液柱高度的变化。

【计算】

根据反应瓶总体积 V、反应瓶内液体体积 V_f(3.2 ml)、反应温度 t(28℃)、28℃时氧的溶解度 a_{O_2}(0.027 ml O_2/ml)、p_0(10 000 mm)，计算反应瓶常数：

$$k = \frac{(V-3200) \times \frac{273}{273+28} + 3200 \times 0.027}{10\ 000}$$

再根据液柱高度变化 Δh，计算 60 min 氧气消耗的体积：

$$X_{O_2} = \Delta h \times k \quad (\mu l/h)$$

再根据酵母细胞悬浮液的浓度(细胞数/ml)计算出每个细胞每小时的平均耗氧量。

实验 10-2　华勃氏呼吸仪测定 L-谷氨酸脱羧酶活力

【原理】

L-谷氨酸脱羧酶在一定条件下催化 L-谷氨酸脱羧，生成 CO_2 和 γ-氨基丁酸：

$$\begin{array}{c}\text{COOH}\\|\\\text{CH}_2\\|\\\text{CH}_2\\|\\\text{CHNH}_2\\|\\\text{COOH}\end{array} \xrightarrow{\text{L-谷氨酸脱羧酶}} \begin{array}{c}\text{COOH}\\|\\\text{CH}_2\\|\\\text{CH}_2\\|\\\text{CH}_2\text{—NH}_2\end{array} + CO_2$$

L-谷氨酸　　　　　　　　　γ-氨基丁酸

用华勃氏呼吸仪测定生成的 CO_2 体积，换算成 CO_2 的摩尔数，可测定 L-谷氨酸脱羧酶的活力。

在一定温度(37℃)、一定 pH(pH 4.2)的条件下，每分钟催化 L-谷氨酸分解、生成 1 μmol CO_2 的酶量定义为酶的一个活力单位。

【试剂和材料】

(1) 底物溶液(40 mmol/L L-谷氨酸溶液)：称取分析纯 L-谷氨酸 588.5 mg，用蒸馏水溶解，定容至 100 ml。

(2) 酶液：1% 酶粉悬浮液。

(3) 2 mol/L pH 4.2 乙酸-乙酸钠缓冲液:取 2 mol/L 乙酸溶液 73.5 ml 与 2 mol/L 乙酸钠溶液 26.5 ml 混合。

(4) 华勃氏呼吸仪。

【操作方法】

(1) 在已知体积(预先经水银重量法标定)的反应瓶主室中加入酶液 0.5 ml pH 4.2 缓冲液 0.5 ml、蒸馏水 1 ml。在反应瓶侧管里加入底物溶液 0.5 ml,装置好,检查有否漏气。同时取一个反应瓶,内装 2.5 ml 水,作为温压瓶。

(2) 开动振荡器,在 37℃平衡 15 min。旋动螺旋压板,使液柱上升到 200 mm 以上,关闭三通活塞,使右侧管液柱调至 150 mm(参比点),记录左侧管液柱读数。此为初读数 h_1。

(3) 用手指压紧左侧管口取出检压计,迅速将底物倒入主室,记录时间,继续振荡,准确反应 5 min。将右侧管液柱调至参比点(150 mm 处),记录左侧管读数 h_2,同时记录温压管的液柱变化 a。校正检测时液柱的变化 h,$h=h_2-h_1-a$(mm)。

【计算】

(1) 根据反应瓶体积 V、瓶内液体体积 V_f(2.5 ml)、反应温度 t(37℃)、37℃时 CO_2 溶解度系数 α_{CO_2}(0.567)计算反应瓶常数:

$$k_{CO_2} = \frac{(V-2500) \times \frac{273}{273+37} + 2500 \times 0.567}{10\,000} \quad (\mu l/mm)$$

(2) 根据 k_{CO_2} 和液柱高度的变化 h,计算生成的 CO_2 体积:

$$X_{CO_2} = k_{CO_2} \times h \quad (\mu l)$$

(3) 换算成 CO_2 的微摩尔数:在标准状态下,1 μmol 气体,体积为 22.4 μl。

$$M_{CO_2} = \frac{X_{CO_2}}{22.4} = \frac{k_{CO_2} \times h}{22.4} \quad (\mu mol)$$

(4) L-谷氨酸脱羧酶活力计算:在一定条件下,每分钟催化底物分解生成 1 μmol CO_2 的酶量定义为一个酶活力单位。

$$酶活力(单位) = \frac{CO_2 \text{微摩尔数}}{反应时间(min)} = \frac{M_{CO_2}}{5} = \frac{X_{CO_2}}{22.4 \times 5} = \frac{k_{CO_2} \times h}{22.4 \times 5}$$

酶比活力的计算:

$$每毫升酶的活力(单位/ml) = \frac{测定的酶活力(单位)}{酶液体积(ml)} = \frac{酶活力(单位)}{0.5(ml)}$$

$$每克酶粉的活力(单位/g) = \frac{每毫升酶液活力(单位/ml)}{酶液浓度(g/ml)} = \frac{每毫升酶液活力}{0.01}$$

实验 10-3 华勃氏呼吸仪测定 L-谷氨酸含量

【原理】

L-谷氨酸在 L-谷氨酸脱羧酶作用下,脱羧生成 CO_2 和 γ-氨基丁酸。

通过华勃氏呼吸仪测定生成的 CO_2 体积,可换算成 L-谷氨酸含量。

【试剂和材料】

(1) 样品溶液:本法要求检测样品中含谷氨酸 0.05%～0.15%,即每毫升检样中含 L-谷氨酸 0.5～1.5 mg。若原来样品浓度过高,需先行稀释。例如,谷氨酸生产中,发酵液一般含谷氨酸 1%～12%,应稀释 10～100 倍后使用。

(2) 酶液:2% L-谷氨酸脱羧酶粉悬浮液。

(3) 2 mol/L 乙酸-乙酸钠缓冲液(pH 4.2):取 2 mol/L 乙酸溶液 73.5 ml 与 2 mol/L 乙酸钠溶液 26.5 ml 混合而成。

(4) 华勃氏呼吸仪。

【操作方法】

(1) 在已知体积的反应瓶主室中加入样品溶液 1.0 ml,加 pH 4.2 乙酸-乙酸钠缓冲液 1.2 ml。在反应瓶侧管里加入酶液 0.3 ml,装好,检查有否漏气。同时取一个反应瓶,内装 2.5 ml 水,作为温压瓶。

(2) 开动振荡器,在 37℃平衡 15 min。旋动螺旋压板,使液柱上升到 210 mm 以上高度,关闭三通活塞,使右侧管液柱调至 150 mm 参比点处。记录左侧管液柱高度的读数(mm),此为初读数 h_1。再振荡一段时间,至 h_1 恒定。

(3) 用手指紧按左侧管口,取出检压计,迅速将侧管中的酶液倾入主室。继续振荡,15 min 后,将右侧管液柱调回到 150 mm 参比点处,记下左侧管液柱高度。然后继续振荡,每隔 5 min 左右重复读数一次,直至左侧管液柱高度稳定为止,此为 h_2。同时记录温压管的液柱高度变化 a,得到检测时液柱高度的变化 $h=h_2-h_1-a$。

【计算】

(1) 反应瓶常数:

$$k_{CO_2} = \frac{(V-V_f)\frac{273}{273+t}+V_f a}{p_0} = \frac{(V-2500)\frac{273}{310}+2500 \times 0.567}{10\,000}$$

(2) CO_2 体积:

$$X_{CO_2} = k_{CO_2} h = k_{CO_2}(h_2-h_1-a) \quad (\mu l)$$

(3) 谷氨酸含量。根据反应方程式,1 mol 谷氨酸(147.13 g)脱羧后生成 1 mol CO_2(标准状态下体积为 22.4 L),所以,检样中谷氨酸的量为

$$W_{Glu} = \frac{X_{CO_2} \times 147.13 \times 10^3}{22.4 \times 10^6} h = 0.006\,568 \times k_{CO_2} h \, (mg)$$

原来样品中谷氨酸含量:

$$C_{Glu} = 0.006\,568 k_{CO_2} hn \frac{100}{1000} = 0.000\,656\,8 k_{CO_2} hn \, (g/100\,ml)$$

式中,n 为样品稀释倍数。

第十一章 生物检测技术

生物检测(bioassay)技术是利用生物体对被检测物质的特有反应而检测物质的质量和功效的技术。

用于生物检测用的生物体可以是各种微生物、动物和植物,常用的是微生物和某些动物。生物检测的范围主要包括安全性试验和生物效价测定。

1. 安全性试验 当外源物质进入体内时,可能会产生某些不良反应,危害机体的健康和安全。为此需要进行一系列安全性试验。安全性试验的主要内容包括毒性试验、刺激性试验、溶血试验、热原试验、过敏试验等。

2. 生物效价测定 生物效价是指某一物质引起生物反应的功效单位。生物反应是生物体对某一物质的特有反应。利用生物检测方法检测生物效价的物质主要包括抗生素等生长抑制物质和维生素、氨基酸等生物生长促进物质。

第一节 安全性试验

为了保证机体的健康和安全,对于各种进入体内的物质,特别是各种药物,必须进行一系列安全性试验。药物的安全性试验应严格按照药典的规定进行。现将安全性试验的基本知识简介如下。

一、毒性试验

毒性试验是检测样品毒性大小的一种生物检测方法。所有的新药、新的制剂等在临床使用之前都必须进行毒性试验。

毒性试验可以分为一般毒性试验和特殊毒性试验。一般毒性试验包括急性毒性试验和长期毒性试验;特殊毒性试验包括致突变试验、致癌试验和致畸试验等。

1. 急性毒性试验 急性毒性试验是指药物一次剂量给药,或一次剂量在 24 h 内分两次给药,然后观察受试动物在 2~10 天产生的毒性反应和死亡情况。以了解供试样品在毒性方面是否有异常现象,毒性的大小及毒性症状的表现等。急性毒性试验常用小白鼠作为试验动物。

供试样品毒性的大小常用半致死剂量(LD_{50})来衡量。LD_{50} 越大,表明药物的毒性越小。反之,LD_{50} 越小,药物的毒性越大。半致死剂量是指被试验动物中,死亡率为 50% 时的药物剂量。药物剂量的对数与死亡率的关系曲线呈 S 形,如图 11-1 所示。

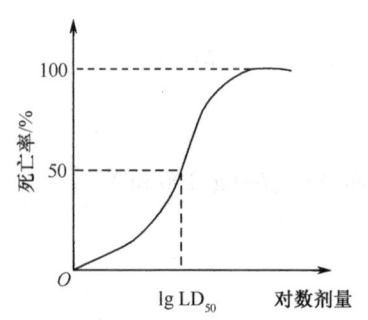

图 11-1 对数剂量与死亡率的关系曲线

从图 11-1 中可以看出,死亡率在 50% 左右时,曲线的斜率最大,剂量稍有变动,死亡率将发生明显变化。

2. 长期毒性试验 长期毒性试验是指采用不同剂量的药物定时重复给药,然后观察受试动物由于药物的蓄积作用而产生的毒性反应及其严重程度、可能的受损害器官及其停药后恢复的情况等,为临床提供确切的无毒性反应剂量,以确定安全用药剂量。

长期毒性试验常以大白鼠作为试验动物。试验至少设 3 个剂量组和 1 个对照组。其中最低剂量为预计每天人用剂量的 3 倍以上;中剂量为使受试动物产生轻微或中等程度毒性反应的剂量;高剂量为使受试动物产生明显或严重毒性反应的剂量;对照组为不给供试药物,或者不作任何处理。

长期毒性试验的内容主要包括体征、行为等的观察,血液学检查,血液生化指标检测,系统尸检和病理组织学检查,恢复性观察等。

3. 特殊毒性试验 特殊毒性试验是评价药物是否具有致突变性、生殖毒性和潜在致癌性等特殊毒性的试验。通常包括致突变试验、致癌试验和致畸试验等。

致突变试验是为了检测药物等物质是否引起生物产生突变,通常用微生物或动物进行试验,试验内容主要有微生物和动物细胞基因突变试验、动物细胞染色体畸变试验、DNA 损伤修复试验、动物微核试验等。试验方法均需按照药典的规定进行。

致癌试验是为了检测药物等物质是否引起癌症,常以小鼠或大鼠作为试验动物,按照药典的规定,进行短期致癌试验和长期致癌试验。

致畸试验是为了检测药物等物质是否引起畸胎发生,是生殖毒性试验的主要内容。通常以大鼠、小鼠或家兔微试验动物,按照药典的规定进行试验。

二、局部刺激性试验

局部刺激性试验是将受试药物注射、针刺、涂布或滴入到动物的肌肉、皮肤、眼、鼻等部位,观察受试区域是否出现充血、红斑、水肿、变性、坏死等各种刺激性反应现象。

局部刺激性试验根据试验部位的不同,可以分为皮肤刺激性试验,肌肉刺激性试验,眼、鼻刺激性试验和直肠、阴道刺激性试验等。

局部刺激性试验通常以家兔、大鼠、豚鼠作为试验动物。

局部刺激性试验必须按照药典的有关规定进行。根据试验结果,与对照组的情况相比较,判断药物是否具有局部刺激性反应及其严重程度。呈阳性反应的药物,不宜临床使用或者慎用。

三、溶血试验

溶血试验是检测药物是否引起红细胞膜破裂而释放出血红蛋白的试验。

试验时,取 0.3 ml 一定浓度的被检测药物溶液,加入 2.2 ml 生理盐水和 2.5 ml 2% 的红细胞生理盐水混悬液,混合均匀,置于 37℃ 水浴中,观察是否有溶血现象。如果在 30 min 内试验的混悬液变清并呈红色,即表示该药物有溶血反应,不宜临床使用。必要时可以用显微镜观察红细胞是否破裂或凝集。

四、热原试验

热原试验是检测药物中是否有使动物体温升高的致热性物质存在的试验。这种致使动物体温升高的致热性物质称为热原。

热原试验通常以家兔作为试验动物。初试每批用3只动物,复试每批用5只动物。试验前,家兔应禁食2 h以上,先测定正常体温,通常测定两次,间隔30~60 min。两次测定的体温温差不得大于0.2℃,其平均值为该兔的正常体温。同组个体之间的体温差不得大于1.0℃。

测量正常体温15 min后,将一定剂量的预热至38℃的受试药物经肌肉或静脉注射到家兔体内,每隔30 min测量体温一次,连续6次。若第6次测量比第5次测量温度升高0.2℃以上并高于正常体温,应继续测量,直至与前一次测量相比升温不超过0.2℃为止。出现体温降低的情况时,如果降温≤0.4℃,属于正常体温波动范围,以"0"计;如果降温≥0.6℃,需要重新试验。

将试验结果与对照组的正常体温比较,按照药典规定的标准,判断热原含量是否符合规定。

五、过敏试验

过敏试验是检测药物中有无引起过敏反应物质存在的试验。过敏反应是一种变态反应,是指外源物质进入机体或与机体接触以后,所表现的一种反应性增高现象。引起过敏反应的物质称为致敏原。

当动物接受某种致敏原刺激以后,机体对该物质的敏感性提高,当再次接受较大量的同一种致敏原的时候,就会引起过敏反应。如果机体多次小量接受同一种致敏原,就可以不再引起过敏反应,称之为脱敏。

过敏试验通常以豚鼠为试验动物,这是由于豚鼠对致敏原比较敏感,变态反应的症状比较典型。

过敏试验有速发型过敏试验和皮肤过敏试验等。

速发型过敏试验一般隔日腹腔注射药液0.5 ml,连续注射3次,然后分为两组,分别在第一次注射后14天和21天再静脉注射1 ml药液,若在15 min内出现过敏反应,如兴奋不安、咳嗽、惊厥、干呕、呼吸困难、痉挛、大小便失禁,甚至休克、死亡等,即为阳性反应,不能临床使用。

皮肤过敏试验通常将药物涂布在豚鼠的皮肤上,观察是否出现红斑或水肿现象,并判断致敏强度。

致敏强度通常用致敏率表示。致敏率是指所试验的动物中,引起过敏反应(红斑或水肿)的动物数占试验动物总数的比例,即

$$致敏率(\%) = \frac{出现红斑动物数 + 出现水肿动物数}{试验动物总数}$$

第二节 生长抑制物质的生物效价测定

生长抑制物质是对生物的生长繁殖有抑制或者杀灭作用的物质。例如,青霉素等各种抗生素对细菌的生长有抑制作用,干扰素抑制病毒和肿瘤细胞的生长,草甘膦抑制杂草的生长等。

生长抑制物质多种多样,化学结构千差万别,无法从化学角度进行系统的检测。有些生长

抑制物质虽然可以采用化学、光学等测定方法进行定性、定量分析，但是要确定其生物效价和安全性，只有通过生物检测方法才能做到。

生物效价是指某种物质引起生物反应的功效单位，不同的物质有各自不同的效价单位的定义，往往没有可比性。相同的一种物质，其效价单位的定义有时也会有不同。为此各个国家都会制定药典或者各种法规，把有关药物或者生物制品的生物效价的测定方法和效价单位的定义以法律形式加以规范。在研究和使用时，必须严格执行有关规定。

要测定生长抑制物质的功效，必须使待测物质直接进入生物体内或者与某种生物体直接接触，然后根据待测物质对生物体生长的影响效果确定其效价。

用于生物效价检测的试验生物可以是小鼠、大鼠、豚鼠、家兔等动物及各种离体培养的动物细胞，大肠杆菌、枯草杆菌等微生物，各种植物或者各种离体培养的植物细胞等。其中微生物作为试验对象进行效价测定的应用最为广泛。本节主要以抗生素的效价测定为例，说明生长抑制物质的生物效价测定方法。

抗生素等生长抑制物质的效价测定方法主要有稀释法和扩散法两种。

一、稀释法

稀释法是将待测样品与标准抗生素等生长抑制物质进行不同稀释度的稀释，分别加到平板培养基或者液体培养基中，然后用指定的适宜的微生物细胞、离体培养的动物细胞或植物细胞接种，在一定条件下培养一段时间，将添加样品后细胞的生长情况与添加系列标准品后细胞的生长情况进行比较，从而测定样品的效价或者抑制细胞生长的能力。

采用固体培养的可以从生长的菌落或者细胞团的数目进行比较，采用液体培养的则可以通过细胞数目、细胞质量、光密度(OD)等进行比较。

用稀释法进行测定，还可以得出抗生素等生长抑制物质的最低抑制浓度(MIC)和半致死剂量(LD_{50})。

二、扩散法

扩散法是利用抗生素等生长抑制物质在琼脂培养基中的扩散作用，形成连续的浓度梯度，使试验菌在生长抑制物质最低抑制浓度范围内的生长受到抑制，而形成抑菌圈，通过抑菌圈的直径与标准品抑菌圈的直径进行比较，可以测定抗生素等生长抑制物质的效价。

采用扩散法进行样品的效价测定时，要在同一个平板培养基上同时用标准品进行对照试验，而且培养条件应当是试验菌的最佳生长条件。

扩散法可以用于已知生长抑制物质的效价测定，也可以用于未知生长抑制物质的检出和研究。

扩散法又可以分为纸片-平板法、圆筒-平板法、双层试管法和生物生长图谱法等。

1. 纸片-平板法 纸片-平板法(paper disc-plate method)简称为纸碟法，其基本操作过程如下：首先配制好含有 1.5%～2% 的培养基，灭菌后，冷却至 45～48℃，每 50 ml 培养基加入 1 ml 已经预先培养好的试验菌液，混合均匀，取 20 ml 置于培养皿中，水平放置，让其凝固，然后将直径为 5 mm 的圆形滤纸片分别浸入标准抗生素和样品液中，风干后均匀放置在平板培养基的表面，轻压使之固定，然后将平板置于 37℃ 培养 16～18 h，测定抑菌圈直径，根据标准品的抑菌圈直径与浓度的关系画出标准曲线，再根据样品的抑菌圈直径从标准曲线中查出待测样品的效价。

2. 圆筒-平板法 圆筒-平板法(cylinder-plate method, cup method)又称为管碟法或杯碟法,是应用最广泛的一种生物效价测定方法。

管碟法的基本操作过程如下所述。

(1) 配置双层固体平板培养基。先在培养皿上注入 20 ml 含 2% 琼脂的固体培养基(底层),水平放置,冷却凝固后,再在上面注入 4 ml 含有试验菌和 1% 琼脂的固体培养基(表层),凝固后成为双层固体平板培养基。

(2) 加样。在上述双层固体平板培养基的表面均匀排布 4 个不锈钢小圆筒(内径 6 mm,高 10 mm),轻压固定,然后在 4 个圆筒上分别注入等体积的样品原液、1/4 样品稀释液、标准抗生素原液和 1/4 浓度标准抗生素液。

(3) 测定抑菌圈直径。将上述平板于 37℃ 的条件下培养 16~18 h,在小圆筒周围形成不同直径的抑菌圈,移去小圆筒,测定各个抑菌圈的直径。

(4) 确定效价。根据测定得到的抑菌圈直径,可以通过预先制作的标准曲线查出待测样品的效价,也可以通过下式计算得到样品的效价:

$$\lg \frac{C_U}{C_S} = \frac{(U_H + U_L) - (S_H + S_L)}{(U_H + S_H) - (U_L + S_L)} \times \lg A$$

式中,C_U 为样品抗生素浓度(U/ml);C_S 为标准抗生素浓度(U/ml);S_H 为标准抗生素原液的抑菌圈直径(mm);S_L 为 1/4 浓度标准抗生素液的抑菌圈直径(mm);U_H 为样品抗生素原液的抑菌圈直径(mm);U_L 为 1/4 浓度样品抗生素液的抑菌圈直径(mm);A 为标准液和样品液共同的稀释倍数,这里为 4。

3. 双层试管法 双层试管法是在试管中配制含有试验菌和指示剂的固体培养基,加入抗生素后,根据试验菌生长与否而显示出两层不同的颜色,从而测定抗生素的效价的方法。

双层试管法的操作过程如下:在直径匀称的小试管中注入相同体积的含有试验菌和指示剂美蓝(最终浓度为 1 μg/L)的固体培养基,垂直放置,凝固后,在培养基表面分别加入相同体积的标准抗生素液和样品液,然后置于适宜的温度下培养一段时间。由于抗生素的扩散作用,在培养基中形成由上而下逐步降低的浓度梯度,在最低抑菌浓度以下的培养基中,试验菌可以生长繁殖,使美蓝还原为无色,而在靠近抗生素液的上层培养基中,试验菌受到抑制,不能生长,而保持原来的蓝色。分别测定蓝色抑菌层的高度,可以从标准抗生素测定的标准曲线中查出样品抗生素的效价。也可以同时用 4 根试管配制相同的培养基,在各根试管的培养基表面分别加入标准抗生素液、1/4 浓度标准抗生素液、样品液和 1/4 浓度样品液,在相同的条件下培养后,分别测定各管的抑菌层高度,然后从标准曲线得出样品的效价,或者按照下式计算样品的效价:

$$\lg \frac{C_U}{C_S} = \frac{\lg \dfrac{S_H - S_L}{U_H - U_L}}{\lg \dfrac{S_L - U_L}{S_H - U_H}} \times \lg A$$

式中,C_U/C_S 为样品液与标准液的浓度比;S_H,S_L 分别为高浓度标准液和低浓度标准液的抑菌层高度;U_H,U_L 分别为高浓度样品液和低浓度样品液的抑菌层高度;A 为标准液与样品液共同的稀释倍数,这里为 4。

4. 生物生长图谱法 生物生长图谱法是先将样品进行纸层析(或薄层层析、薄膜层析、纸电泳、薄层电泳、薄膜电泳等),使样品中各组分分离,然后将层析后的滤纸风干除去溶剂,平铺在含有试验菌的固体培养基表面(尺寸与层析滤纸相同),在 4℃放置若干小时,让滤纸上的各组分扩散到培养基中,然后移开滤纸,将固体培养平板置于 37℃培养 16~18 h,在有抑菌组分存在的位置,试验菌无法生长,其他无抑菌组分存在的部分,试验菌可以生长,从而得到生物生长图谱。从生物生长图谱可以检测出样品中的抑菌组分,并得知其层析时的 R_f 值。

第三节 生长促进物质的生物效价检测

生长促进物质是对生物的生长繁殖有促进作用或者是生物生长繁殖不可欠缺的物质。例如,人生长激素促进人体和动物的生长,2,4-二氯苯氧乙酸(2,4-D)促进植物细胞的生长,各种维生素、氨基酸等是许多生物生长不可欠缺的物质。

要确定某种生物生长促进物质对生物体的功效,必须使待测定物质直接进入生物体内或者与生物体直接接触,然后根据此待测物质对生物体生长的促进效果确定其效价。

用于生长促进物质的生物效价检测,可以采用各种动物、植物、微生物及离体培养的各种动植物细胞等作为试验对象。

生长促进物质的效价测定大多数以各种微生物或离体培养的动植物细胞作为试验对象。生长促进物质的效价测定方法主要有以下几种。

一、稀释法

稀释法是将不同稀释度的待测样品与标准品分别加到全合成培养基中,然后用适宜的微生物细胞或者离体培养的动植物细胞接种,在一定条件下培养一段时间,将添加样品后细胞的生长情况与添加标准品后细胞的生长情况进行对比,从而测定生长促进物质的效价。其基本操作过程与生长抑制物质的操作过程相同。

二、扩散法

采用扩散法测定生长促进物质的效价与其测定生长抑制物质效价时的原理和方法基本相同。试验时,要选用以待测生长促进物质作为生长因子的细胞,固体培养基采用不含有待测生长促进物质的全合成培养基,培养后通过测定长菌圈直径或长菌层高度而得到生长促进物质的效价。

三、比浊法

采用适宜的试验菌和全合成液体培养基,在培养液中分别加入不同浓度的待测样品或者标准品,于 37℃培养 18~24 h,在 550 nm 波长下测定光密度(OD_{550}),与标准曲线对照,可以得知该生长促进物质的浓度和效价。

四、滴定法

在以乳酸菌为试验菌进行生长促进物质的效价测定的依据是,随着试验菌的生长会生成乳酸,在一定的范围内,生成乳酸的量与生长促进物质的添加量成正比,所以可在培养基中添加某种生长促进物质。在一定条件下培养一定时间以后,用 0.05 mol/L 或 0.1 mol/L 的标准 NaOH 溶液滴定生成的乳酸,再与标准曲线对照,得出生长促进因子的含量和效价。

第四节 实 验

实验 11-1 卡那霉素的效价测定

【原理】

卡那霉素能抑制枯草杆菌等细胞的生长。以枯草杆菌 6633 为试验菌,采用杯碟法,比较被测样品和标准样品在相同条件下形成的抑菌圈直径,可确定样品的效价。

【试剂和材料】

(1) 试验菌液:将枯草杆菌 6633 接种于液体培养基中,37℃培养 24 h,离心收集菌体,用无菌水配制成 0.55%的菌体悬浮液。

(2) 标准抗生素溶液:准确称取适量的标准抗生素,用无菌水配成 1000 单位/ml 的标准母液,在 4℃保存备用。

(3) 样品溶液:准确称取适量样品,溶于无菌蒸馏水中,配成 1~3 单位/ml 的样品液。

(4) 0.1 mol/L pH 7.8 磷酸缓冲液:称取 K_2HPO_4 55.96 g、KH_2PO_4 4.10 g,用蒸馏水溶解,定容至 100 ml,过滤,灭菌备用。

(5) 底层琼脂培养基:蛋白胨 1%、牛肉膏 0.5%、NaCl 0.25%、琼脂 2%,pH 7.8,加热灭菌而成。

(6) 培养皿。

(7) 不锈钢圆筒:外径 8 mm,内径 6 mm,高 10 mm。

(8) 吸管。

(9) 容量瓶。

(10) 卡尺。

【操作方法】

1. 检测用平板的制备 将底层琼脂培养基融化,用无菌吸管吸取 20 ml 于培养皿中,保持水平,让其凝固。然后取混有枯草杆菌细胞(100 ml 底层琼脂培养基融化后,冷却至 48℃时,加入 2 ml 试验菌液,混匀)的琼脂培养基 4 ml,均匀地铺在底层培养基表面,冷却、凝固后,在表面均匀排布 6 个不锈钢圆筒,轻压固定。

2. 标准曲线的制作 将标准母液稀释成 0.5 单位/ml、1.0 单位/ml、1.5 单位/ml、2.0 单位/ml、2.5 单位/ml、3.0 单位/ml,取相同体积,分别加到平板上的小圆筒中,液面形成凸起,放置于 37℃培养箱中培养 16~18 h,量取各抑菌圈直径。以标准液浓度为横坐标,抑菌圈直径(mm)为纵坐标,绘制标准曲线。

3. 样品的效价测定 将准备好的平板上的小圆筒做好标记,在圈筒中分别加入相同体积的样品液和 1.0 单位/ml、1.5 单位/ml、2.0 单位/ml、2.5 单位/ml、3.0 单位/ml 的标准液(液面形成凸起),置于 37℃培养箱中培养 16~18 h。

量取各抑菌圈直径,经校正后,从标准曲线中查出样品的效价。

实验 11-2　二环素的杀菌能力测定

【原理】

二环素(bicyclomycin)是由亮氨酸和异亮氨酸通过肽键连接起来的环肽衍生物(图 11-2)，对大肠杆菌等革兰氏阴性菌有杀菌作用。

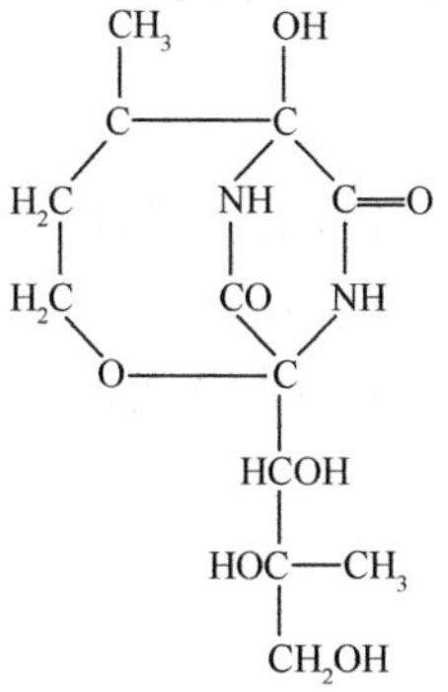

图 11-2　二环素的化学结构

以大肠杆菌为试验菌，通过稀释法，从菌落形成的数量可判断其杀菌能力。

【试剂和材料】

(1) 试验菌：大肠杆菌 K_{12}。
(2) 标准抗生素：氯霉素，配成 1 mg/ml。
(3) 样品溶液：配制 1 mg/ml 的二环素溶液。
(4) 培养基：营养肉汤培养基。
(5) 平板培养基：营养肉汤培养基加进 1.2% 的琼脂制成。

【操作方法】

(1) 将活化的大肠杆菌细胞接种于营养肉汤培养基中，于 37℃ 振荡培养 16 h，作为种子液。

(2) 将 5% 的种子液接种于新鲜的营养肉汤培养基中，于 37℃ 振荡培养 4～6 h。当达到对数生长期时，分装于 4 支试管中，每管含 10 ml 培养液，分别编号为 1 号、2 号、3 号、4 号。

(3) 按下表所列出的试剂分别加到各管中：

管　号	培养液/ml	二环素液/ml	氯霉素液/ml	水/ml
1	10	0	0	0.5
2	10	0	0.1	0.4
3	10	0.1	0	0.4
4	10	0.5	0	0

即 1 号管作对照；2 号管含氯霉素 10 μg/ml；3 号管含二环素 10 μg/ml；4 号管含二环素 50 μg/ml。

(4) 将 4 根管都置于同一振荡器中,于 37℃振荡培养。每隔 30 min 各取出 0.1 ml 培养液,用生理盐水适当稀释后,分别涂布在平板培养基上,于 37℃培养 24 h,计算各个平板上的菌落数。

(5) 以加抗生素后的培养时间为横坐标,以各管形成的菌落数(个/ml)为纵坐标画出曲线,对照曲线比较氯霉素与二环素的杀菌能力。

实验 11-3　细胞病变抑制法测定干扰素的效价

【原理】

干扰素(interferon,IFN)是一类具有抗病毒、抗肿瘤功效和免疫调节功能的多肽细胞因子。根据结构和抗原性的不同,干扰素可以分为 α-干扰素、β-干扰素和 γ-干扰素 3 种。

由于干扰素对细胞中病毒的复制具有抑制作用,从而抑制细胞病变,故可以根据其抑制作用的强弱进行干扰素的效价测定。

【试剂和材料】

(1) 干扰素样品。

(2) 人羊膜传代细胞(WISH 细胞)。

(3) 滤泡性口腔炎病毒印第安纳株(VSV indiana),-70℃保存,使用前用病毒培养液稀释。

(4) 96 孔微量培养板。

(5) MEM 培养液:按照产品说明书配制。

(6) PBS 液:NaCl 8 g、KCl 0.2 g、Na_2HPO_4 1.44 g、K_2HPO_4 0.24 g,用蒸馏水配制成 1000 ml,121℃灭菌 15 min。

(7) 消化液:在 PBS 液中加入 0.02%的 EDTA、0.1%的胰蛋白酶。

(8) 细胞培养液:MEM 培养液加 10%小牛血清,pH 7.2。

(9) 测定培养液:MEM 培养液加 7%小牛血清,pH 7.2。

(10) 攻毒培养液:MEM 培养液加 3%小牛血清,pH 7.2。

(11) 染色液:取 50 mg 结晶紫,加入 20 ml 乙醇溶解后,用蒸馏水定容至 100 ml。

(12) 脱色液:50%乙醇加 0.1%乙酸。

(13) 干扰素标准品:使用前用测定培养液配制成 10^3 U/ml。

【操作方法】

(1) 将 WISH 细胞接种于 30 ml 的细胞培养液中,于 37℃培养。

(2) 细胞形成单层后,倾去培养液,加入消化液 1 ml,室温放置 2~3 min,至细胞层成毛玻璃状时倾去消化液,加入少量 MEM 培养液,轻轻搅拌使细胞分散,再加入细胞培养液,配制成 $2×10^5$~$5×10^5$ 个细胞/ml 的细胞悬液。

(3) 在 96 孔微量培养板上,每孔各加入细胞悬液 0.1 ml,在 5%CO_2 培养箱中于 37℃培养 4~8 h。

(4) 将待测干扰素样品用测定培养液以 2 倍等比稀释法,稀释成 1:32(2^5)、1:64(2^6)、1:128(2^7)、1:256(2^8)、1:512(2^9)、1:1024(2^{10}),分别加到上述 96 孔微量培养板中,每个

稀释度加到3个微孔中，每孔加入稀释样品0.1 ml，每块培养板同时设置细胞对照、病毒对照和标准干扰素对照，然后继续于37℃、5% CO_2 培养箱中培养。

(5) 培养7 h后，每孔各加入100 $TCID_{50}$（50%感染剂量）的滤泡性口腔炎病毒0.1 ml，继续培养24 h，部分细胞受到病毒感染而发生病变，最后导致细胞破裂，受到干扰素保护的细胞不发生病变。

(6) 弃上清液，每孔加入50 μl染色液，室温放置30 min。

(7) 弃染色液，吸干残留水分后，每孔加入100 μl脱色液，放置5 min。

(8) 在570 nm波长下，分别测定各孔细胞悬浮液的 OD_{570}，记录测定结果，与无加入病毒和干扰素的对照细胞相比，得出细胞病变保护率。

$$细胞病变保护率 = \frac{加入病毒和干扰素的细胞培养液 OD_{570}}{不加入病毒和干扰素的对照细胞 OD_{570}}$$

(9) 结果计算。

a. 根据测定结果（假设测定结果见表11-1），首先计算待测样品的半效稀释倍数，即细胞病变保护率达到50%时样品的稀释倍数。

从表11-1可以知道，半效稀释倍数为256～512，按照比例估算半效稀释倍数：

表11-1　不同稀释倍数的干扰素对细胞病变的保护率

干扰素稀释倍数	细胞病变保护率/%
32(2^5)	100
64(2^6)	100
128(2^7)	90
256(2^8)	60
512(2^9)	20
1024(2^{10})	0

$$半效稀释倍数 = 256 + (512 - 256) \times \frac{60-50}{60-20} = 256 + 64 = 320$$

即待测干扰素样品的稀释倍数为320的时候，可以使半数细胞免受病毒破坏。

b. 用标准干扰素进行校正，按照下式计算待测干扰素的效价：

$$样品效价(U) = 标准品效价 \times \frac{样品的半效稀释倍数}{标准品的半效稀释倍数}$$

实验11-4　热原试验

【原理】

有些药物或生化制品中含有某些引起动物体温升高的称为热原的致热性物质。将一定剂量的待测样品通过静脉注射进入家兔体内，在规定的时间内观察家兔体温升高情况，可以判定待测样品中热原是否符合有关规定。

【试剂和材料】

(1) 试验动物：健康无伤、体重1.7～2.5 kg的家兔，初试每批用3只，复试每批用5只。

(2) 体温探测计。

(3) 注射器。

【操作方法】

1. 测量正常体温　　试验前,家兔应禁食 2 h 以上,先测定正常体温,通常测定两次,间隔 30~60 min。两次测定的体温温差不得大于 0.2℃,其平均值为该兔的正常体温。同组兔之间的体温差不得大于 1.0℃。

2. 注射样品　　测量正常体温 15 min 后,将一定剂量的预热至 38℃ 的受试药物经肌肉或静脉注射到家兔体内。

3. 体温测定　　每隔 30 min 测量家兔体温一次,连续 6 次,若第 6 次测量比第 5 次测量温度升高 0.2℃ 以上并高于正常体温,应继续测量,直至与前一次测量相比升温不超过 0.2℃ 为止。

4. 结果判定

(1) 初试结果符合下列情况者判定为合格:3 只供试家兔体温升高均低于 0.6℃,并且 3 只家兔升温总和不超过 1.4℃。

(2) 3 只家兔中 1 只升温达 0.6℃ 或 0.6℃ 以上,或者 3 只家兔升温总和超过 1.4℃,则要进行复试一次。

(3) 有下列情况之一者判定为不合格:3 只家兔中有 2 只升温达 0.6℃ 或 0.6℃ 以上;3 只家兔升温总和达到或超过 1.8℃。

(4) 复试结果如果符合下列条件判定为合格:初试、复试 8 只家兔中只有 2 只或 2 只以下升温 0.6℃ 或 0.6℃ 以上,并且 8 只家兔升温总和不超过 3.5℃。如果 8 只家兔中有 2 只以上升温 0.6℃ 或 0.6℃ 以上,或者 8 只家兔升温总和超过 3.5℃,则判定为不合格。

(5) 出现体温降低的情况时,如果降温≤0.4℃,属于正常体温波动范围,以"0"计;如果降温≥0.6℃,需要重新试验。降温值为 0.4~0.6℃ 时,如果只有 1 只家兔降温在此范围,以"0"计,若有 2 只或 2 只以上家兔降温在此范围,需重新试验。

第十二章 放射性同位素检测技术

利用放射性同位素研究物质的运动和变化的技术称为放射性同位素检测技术。

放射性同位素检测技术的主要特点有：①放射性同位素与相应的元素在化学性质上没有差别，所以它不影响物质的正常运动和变化规律；②放射性物质能不断地放出射线，易于发现并可进行定量的测量；③灵敏度高，极微量的放射性物质都可准确地测定；④强的射线对人体有伤害，所以实验时要求一定的设备条件和防护设施。

放射性同位素检测技术在生物化学领域的研究中是一种非常有效的工具，广泛用于研究生物体内物质的生物合成、新陈代谢及结构与功能等方面。

第一节　基本知识

一、放射性同位素

凡是原子序数相同而质量数不同的元素称为同位素。也就是说原子核内质子数相等而中子数不同的元素称为同位素，如 H^1、H^2 和 H^3 是同位素。

同位素有稳定同位素和不稳定同位素之分。稳定同位素是指原子核结构稳定，不会自行发生变化的同位素。不稳定同位素又称为放射性同位素，它的原子核结构不稳定，会自行发生变化，不断地放出各种射线，最后衰变为另一种元素。

二、放射性同位素的衰变与射线

放射性同位素的原子核自发地按一定规律变化，同时放出各种射线的过程称为衰变或蜕变。

不同的放射性同位素的衰变规律和衰变速率不同，放出的射线也有差别。然而，相同的放射性同位素有相同的衰变规律，其衰变速率不受温度、压力等外界因素的影响。

衰变过程中放射出的射线主要有 3 种。

(1) α射线：α射线是带正电荷的高速粒子流。这种粒子称为 α 粒子，就是氦的原子核（$_2He^4$）。

α 粒子从放射性同位素的原子核中以每秒约 2 万 km 的速率（$1.40 \times 10^7 \sim 2.60 \times 10^7$ m/s）放射出来。α 粒子由于质量较大，为直线行进，射程较短，在空气中的射程为 0.3～9 cm；在液体和固体中穿透力更小，射程只有百分之一毫米左右。

α 粒子带正电荷，在通过物质时会产生电离。若 α 粒子进入体内，由于强烈的电离效应，对生物有较大的伤害。

(2) β射线：β射线是带负电荷的高速粒子流。这种粒子称为 β 粒子，也就是电子。

β 粒子的速率很快，每秒 20 万 km。β 粒子的射程较长，在空气中的射程从数十厘米到数米。但电离作用比 α 粒子弱得多。

原子核经β衰变后，质量不变，但原子序数增高一位，如$_{15}P^{32} \longrightarrow {}_{16}S^{32} + {}^{-1}e^0$。

同一种放射性同位素放射出的β粒子具有不同的能量。这是与α粒子的重要差异之一。

（3）γ射线：γ射线是不带电的以光速（每秒30万km）运动的粒子流。这种粒子就是光子。

γ射线在空气中射程可达几十米，穿透力强，但不直接产生电离作用。

在生物化学领域使用的放射性同位素多数是发射β射线或γ射线的。

三、衰变规律

放射性同位素的衰变按一定的规律进行，原子核发射射线的过程，即衰变过程不是同时发生，而是有先有后的。它们在单位时间内衰变的原子核数目$\frac{\Delta N}{\Delta t}$与该时间尚未衰变的原子核总数$N$成正比，即

$$\frac{\Delta N}{\Delta t} \propto N \quad \text{或} \quad \frac{\Delta N}{\Delta t} = -\lambda N$$

式中，负号为随时间t的增加，N的值减少；λ为比例常数，称为衰变常数。

若所取时间间隔非常短，则上式可用微分式表示：

$$\frac{dN}{dt} = -\lambda N, \quad \frac{dN}{N} = -\lambda dt$$

若时间由0到t，未衰变原子核由N_0到N，积分：

$$\int_{N_0}^{N} \frac{dN}{N} = -\lambda \int_0^t dt$$

$$\ln \frac{N}{N_0} = -\lambda t \quad \text{或} \quad \ln \frac{N_0}{N} = \lambda t$$

变为指数方程：

$$\frac{N}{N_0} = e^{-\lambda t}$$

即

$$N = N_0 e^{-\lambda t}$$

式中，N_0为$t=0$时，放射性元素的原子核数；N为时间t时，未衰变的原子核数；e为常数（e=2.718）；t为时间；λ为该放射性元素的衰变常数。

上式称为衰变公式，即为衰变定律的数学式。

衰变常数λ表示单位时间内衰变的原子核与原有放射性核之比，量纲为s^{-1}、min^{-1}或h^{-1}。每一种放射性同位素都有固定的衰变常数，它属于特征性常数，不受物质数量和外界因素的影响。例如，^{32}P，$\lambda = 0.56 \times 10^{-6} s^{-1}$；$^{226}Ra$，$\lambda = 1.38 \times 10^{-11} s^{-1}$。

此外，可用半衰期来表示放射性元素的特性。半衰期$T_{1/2}$是指放射性元素的原子核数目因衰变而减少到原来的一半时所需的时间，即$N = N_0/2$时，$t = T_{1/2}$。根据衰变公式：

$$\frac{N}{N_0} = e^{-\lambda t}, \quad \frac{1}{2} = e^{-\lambda T_{1/2}}$$

$$\lambda T_{1/2} = \ln 2, \quad T_{1/2} = \frac{\ln 2}{\lambda} = \frac{0.693}{\lambda}$$

四、放射线的防护

放射性同位素发出的射线超过一定的剂量就会对人体有伤害。因此在进行放射性同位素

实验时,应注意安全防护。

放射性同位素危害人体的途径有内照射和外照射两种。

为了防止放射性同位素进入体内,引起内照射,应严格防止放射性物质由呼吸道、口腔及皮肤进入体内,严格遵守实验室规则,按规定地点放置衣物,严禁在实验室吃东西,严禁用口吸移液管,严禁用手直接接触放射性物质。操作完毕应在规定的地方洗手,并在探测仪上检查,无污染后,方可脱去手套,再洗手。

为了防止外照射,在进行 β 射线和 γ 射线实验时,均需采用屏蔽。β 射线穿透力较弱,只需加大距离,用玻璃、塑料、铝片等作屏蔽物即可,但铅、铁等原子量高的物质不宜作为 β 射线的屏蔽物。而 γ 射线则要用铅、铁、水泥等作屏蔽物。

应尽量增加人体与放射性源的距离,因为辐射剂量与距离的平方成反比。减少人体受照射的时间也是主要的防护措施之一。因为所接受的剂量与时间成正比。所以操作应熟练、快速,不要在有放射性物质的周围作不必要的停留。

一切放射性废物,无论固体、液体,都应单独分别处理,不应与普通废水、废物混在一起。

第二节　放射性同位素的检测

放射性同位素在发生衰变时放出各种射线,射线通过物质时与物质相互作用而产生一些特殊的效应。通过探测这些特殊效应,就可以间接发现射线的存在及其性质,从而对放射性物质进行探测。

放射性同位素在单位时间内发生衰变的原子核数目越多,放射性就越强。可用射线探测装置测量放射性强度。

放射性强度是指单位时间内原子核衰变的数目,单位是居里(Curie,Ci)。1 Ci 的放射性是指每秒钟有 3.7×10^{10} 个原子核衰变。

在实际应用中常用毫居里、微居里、纳居里等单位。

1 居里(Ci)=10^3 毫居里(mCi)=10^6 微居里(μCi)=10^9 纳居里(nCi)=3.7×10^{10} 个核衰变/s。

为比较两个样品的放射性强弱,常用比放射性来表示。**比放射性**是指单位质量(克)或体积(毫升)样品在单位时间内原子核衰变的数目。

检测放射性的方法很多。在生物化学领域内常用的有放射自显影技术、盖革计数管探测及闪烁计数器探测等。

一、放射自显影技术

利用样品中放射性物质放出的射线作用于核子乳胶片,而在胶片上显影,从而探测放射性物质的位置和分布情况。这种技术称为放射自显影技术。

放射自显影技术对于研究生物体内物质代谢的规律很有成效。从整体水平到细胞、亚细胞及分子水平都可利用放射自显影进行检测。

放射自显影中所使用的核子乳胶片与普通照相菲林相似,其化学成分相同,只是核子乳胶的溴化银晶粒小而浓度高。当样品中的放射性物质发射出的带电粒子通过核子乳胶时,溴化银晶粒被还原,经化学显影,就可观察到带电粒子的径迹。

若放射性同位素射出的射线能量低,电离能力小,如 $_1H^3$ 射出的 β 射线,曝光时间要很长,为此可用荧光试剂 PPO(2,5-二甲苯噁唑)处理。通过 PPO 受射线激发而发出的荧光,在核子乳胶片上显影。这称为放射荧光显影。

二、盖革计数管探测

盖革计数管(Geiger-Muller,G-M 管)是较广泛应用的简单探测器。它的形式有多种,但其结构基本相同(图 12-1),即在密闭的玻璃管内安装两个电极。中央的钨丝为阳极,管内壁的金属圆筒为阴极。抽去管内空气后,再充入一些惰性气体和少量猝灭气体(如乙醇、乙醚、甲烷等)。

当带电粒子进入 G-M 管后,使管内惰性气体产生电离现象(γ 射线进入盖革管后从管壁打击一个次级电子,次级电子使惰性气体产生电离),负离子(电子)趋向阳极,并与其他气体分子碰撞产生新的电离,产生许多个次级电子。当电子快到阳极时,次级电子急剧倍增,产生"雪崩"现象。当电子(约经 10^{-6}s)被阳极全部吸收后在阳极附近只剩下大量的正离子,称为正离子鞘。正离子鞘受阴极吸引,向阴极移动,约经 10^{-4}s,到达阴极,即形成瞬时电流——脉冲电流,在电阻 R 上产生脉冲电压。由于猝灭气体的作用(吸收光子,避免再打击次级电子),使正离子鞘到达阴极后即停止放电。利用计数器把每一次脉冲电压记录下来,即记录下进入盖革计数器的粒子数。

实验证明,在放射性强度不变时,G-M 管的计数率随外加电压的变化而变化。以计数率为纵坐标,以电压为横坐标绘出一条曲线(图 12-2),称为坪曲线。

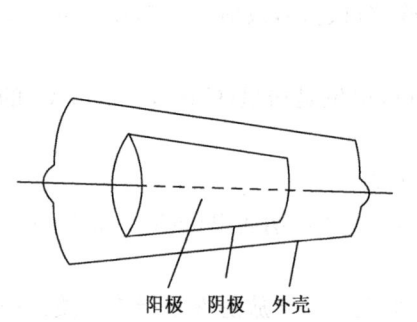

图 12-1 G-M 管计数示意图

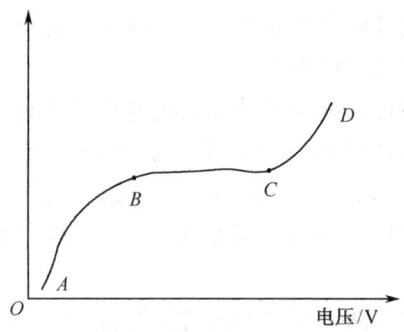

图 12-2 G-M 管的坪曲线

从坪曲线可以看出,当电压很小时,计数管并不计数;当电压增加到 V_S 时,计数管开始计数,但数目很少,V_S 称为阈电压。曲线上的 AB 段,计数率随电压的升高而升高。在 BC 段,尽管电压增加而计数率几乎是一个常数,这一段称为计数管的坪。一般计数管的工作电压应选在坪前半部的 $\frac{1}{3} \sim \frac{1}{2}$。在曲线的 CD 段,计数率随电压的升高而急剧上升,因为在如此高的电压下猝灭气体已逐渐失去其猝灭作用,管内发生了连续放电。连续放电会大大缩短计数管的寿命,使用时必须注意避免。

G-M 管一般不宜作 α 粒子的探测,能量大的 β 粒子计数率可达 100%;能量低的 β 射线宜用很薄云母窗的计数管,以便让粒子进入管内。而对 γ 射线的探测效率很低,一般仅为 1%~2%。因为 γ 射线不带电,不能直接产生电离作用,而是利用 γ 射线打到管内壁时产生次级电子,才引起放电而间接探测。

三、闪烁计数器探测

闪烁计数器探测是利用放射性元素放出的射线到闪烁剂上,使闪烁剂激发,产生荧光,然后利用光电倍增管将此荧光转变为电脉冲而用计数器记录下来。

闪烁计数器主要有两种:一种是固体闪烁计数器,其闪烁剂为固体,如碘化钠晶体(用于测量 γ 射线和 X 射线)、硫化锌晶体(测量 α 射线)等。另一种是液体闪烁计数器,其闪烁剂为液体,广泛用于低能量 β 粒子的测量。例如,$_1H^3$、$_6C^{14}$ 等所产生的 β 射线的检测在生物化学领域的应用越来越广泛。这里主要介绍液体闪烁计数测量法。

1. 液体闪烁剂与荧光的发射　　液体闪烁剂通常由 3 部分组成,即溶剂、初级闪烁剂和次级闪烁剂。有些情况下需加入乳化剂,以保证样品与闪烁剂之间稳定均匀。

在液体闪烁测定时,将闪烁剂和样品一起溶于某种溶剂中(常用的溶剂有甲苯、萘、1,4-二噁烷等)。

样品中放射性同位素发生衰变,将一部分能量转给溶剂分子,使溶剂分子激发。激发的溶剂分子回复到基态时,占总能量的 5% 左右的能量转化为波长为 260～340 nm 的光,其余 95% 转化为热。溶剂发出的光由初级荧光剂{如 PPO、2,5-二苯噁唑、BBOT、2,5-双-[5′-叔丁基苯噁唑(2′)]-噻吩等}吸收,再射出荧光(波长 340～400 nm),此荧光再被次级闪烁剂{如 POPOT、1,4-双-[2′-(5′-苯基噁唑)]-苯、二甲基-POPOT 等}吸收,然后发出最大波长为 420～440 nm 的荧光。

2. 液体闪烁测定　　闪烁剂受 β 射线激发而发射的光量很小,必须经过光电倍增管转化为电压脉冲,再由记录器记录下来。有些液体闪烁计数器对 340～400 nm 波长的荧光敏感,则不必再使用次级闪烁剂。而有的液体闪烁计数器必须有初级闪烁剂和次级闪烁剂,因为这种计数器只能测出波长为 420～440 nm 的荧光。

3. 样品处理　　供测量的样品一般需经提纯或消化处理。测量前,需把样品与闪烁剂均匀混合,为此需选择适宜的溶剂使之成为溶液。一般使用甲苯作溶剂,不溶于甲苯的则要选用其他溶剂。例如,蛋白质、多肽、糖类等可用二甲砜:乙醇:甲苯=1:4:5作溶剂,DNA、RNA可与十六烷基三甲基溴化铵(CTAB)生成复合物而溶于乙二醇甲醚-甲苯混合溶剂中。不能制成溶液的则采用表面活性剂制成乳浊液进行非均相测量。常用的表面活性剂是 Triton X-100(乙二醇聚氧乙烯异辛基酚醚)。也可将样品吸附在滤纸上,干后将纸片浸入闪烁剂溶液中进行测量。

4. 本底值与熄灭剂　　**本底值**是指在未加样品前,进行空白测量时所测得的计数。这是由于仪器本身的原因,或由于宇宙射线,或其他放射线等引起的。在测量前,要注意测量系统的本底值不能过高,样品的计数率大些可以减少本底值的误差影响。

熄灭又称为猝灭,是液体闪烁测量系统内使射线探测效率下降的现象。能引起熄灭作用的物质称为熄灭剂。例如,有颜色的物质可引起化学熄灭(颜色熄灭)。此外,下列物质均属于熄灭剂:—SH、—NH_2、—NO_2、—CHO、R—OR、O_2、H_2O_2、HCl、HCOOH、C_2H_5OH、CH_3COOH 等。在测量时,需进行熄灭校正。

第三节　放射性同位素的掺入

放射性同位素通过一定方法与物质分子结合,成为分子结构的一部分,这个过程称为放射性同位素的掺入。

放射性同位素掺入物质分子的方法很多,主要的有化学结合法、生物合成法和酶促合成法等。

(1) 化学结合法:用化学方法将放射性同位素引入到物质分子中。例如,通过氧化剂(氯胺 T 等)将放射性的 ^{125}I 掺入到酪氨酸等芳香环中:

$$HO-C_6H_4-CH_2-CH(NH_2)-CO-R + 2\,^{125}I_2 \xrightarrow{\text{氯胺 T}} HO(^{125}I)_2C_6H_2-CH_2-CH(NH_2)-CO-R + 2H^+ + 2\,^{125}I$$

(2) 生物合成法:在生物体内,经过新陈代谢,将放射性同位素引入到物质分子中。例如,将 ^{3}H-氨基酸加进培养基中培养微生物。通过微生物代谢,将合成 ^{3}H-蛋白质。

(3) 酶促合成法:利用酶的催化作用,将放射性同位素引入物质分子。例如,利用 3-磷酸甘油酸激酶和 3-磷酸甘油醛脱氢酶的联合作用,可使 ^{32}P-磷酸与 ATP 的 γ-位上的磷进行交换,而生成 γ-^{32}P-ATP:

$$3\text{-}\textcircled{P}\text{-甘油酸} \xrightleftharpoons[\text{ATP} \quad \text{ADP}]{\text{3-磷酸甘油酸激酶}} 1,3\text{-二磷酸甘油酸} \xrightarrow{\text{3-磷酸甘油醛脱氢酶}} 3\text{-}\textcircled{P}\text{-甘油醛} + H_3PO_4$$

这两种酶都催化可逆反应,当有 ^{32}P-H_3PO_4 存在时,可通过逆反应生成 γ-^{32}P-ATP。

第四节 实 验

实验 12-1 γ-^{32}P-ATP 的酶促合成

【原理】

ATP 在 3-磷酸甘油酸激酶和 3-磷酸甘油醛脱氢酶的催化下,使 ATP γ-位上的磷酸与 ^{32}P-磷酸之间进行交换,生成放射性标记的 γ-^{32}P-ATP。

【试剂和材料】

(1) ^{32}P-磷酸:10~25 mCi/ml。

(2) 3-磷酸甘油酸激酶。

(3) 3-磷酸甘油醛脱氢酶。

(4) 3-磷酸甘油酸钠溶液:称取 3.6 mg(0.01 mmol)3-磷酸甘油酸钠二水合物及 3.2 mg(0.01 mmol)硫酸钠($Na_2SO_4 \cdot 10H_2O$),两者分别溶于水后合并至一个离心管中,总体积为 5 ml。充分混匀后,离心取上清液。

(5) 反应贮液:取 0.75 ml 1 mol/L pH 8.0 Tris-HCl 缓冲液;0.9 ml 0.1 mol/L $MgCl_2$ 溶液;2.5 ml 3-磷酸甘油酸钠溶液,混匀后,再将 5.3 mg 半胱氨酸盐酸盐水合物及 10.3 mg ATP 二钠溶于混合液中,定容至 10 ml,贮存备用。

(6) 恒温水浴槽。
(7) 盖革计数管。

【操作方法】

1. γ-^{32}P-ATP 的酶促合成　　吸取反应贮液 2 ml,加入 ^{32}P-磷酸 1 ml(10~25 mCi),再加入等量活力单位的 3-磷酸甘油酸激酶和 3-磷酸甘油醛脱氢酶溶液。混匀后,于 30℃ 保温反应 60 min。

反应结束后,冷却至 0℃,用蒸馏水稀释至 18 ml。

2. γ-^{32}P-ATP 检测　　将上述反应稀释液经离子交换层析(参看实验 4-3)分离 γ-^{32}P-ATP。再经纸层析,用下述溶剂系统展开:叔丁醇:异丙醇:20%三氯乙酸:浓氨水 = 13:10:10:0.1(体积比)。将 ATP 斑点剪下(用紫外线灯找出斑点),用盖革计数管测定放射性。

实验 12-2　^{3}H-蛋白质的生物合成

【原理】

在大肠杆菌培养液体中,加入 ^{3}H-亮氨酸掺入到新合成的蛋白质中,生成放射性的 ^{3}H-蛋白质。

【试剂和材料】

(1) M_9 培养基:Na_2HPO_4 0.6%,KH_2PO_4 0.3%,NaCl 0.05%,NH_4Cl 0.1%,葡萄糖 0.4%,$MgSO_4 \cdot 7H_2O$ 1 mmol/L,$CaCl_2$ 0.1 mmol/L,酪蛋白水解物 0.1%。
(2) ^{3}H-亮氨酸。
(3) 大肠杆菌菌株。
(4) 离心机。
(5) 水浴恒温振荡器。
(6) 超声波细胞破碎器。

【操作方法】

1. ^{3}H-蛋白质的生物合成　　将大肠杆菌种子液以 5% 种量接入 10 ml M_9 培养基中,并加入 25 μCi(2.5 μCi/ml)的 ^{3}H-亮氨酸,于 37℃ 振荡培养。达到对数生长期后(OD_{550} 约 0.4),离心收集细胞,并用新鲜 M_9 培养基洗涤 2 次。

2. ^{3}H-蛋白质的检测　　将上述细胞经超声波破碎(操作见实验 1-1),取溶胞液,经聚丙烯酰胺凝胶电泳(操作方法参看实验 5-4)。然后 ^{3}H-蛋白质凝胶按实验 12-3 进行放射荧光显影。

实验 12-3　^{3}H-蛋白质凝胶的放射荧光显影

【原理】

^{3}H 标记的蛋白质发出的 β 射线较弱,用放射自显影方法效果较差。为此,将 ^{3}H-蛋白质电

泳后的凝胶用荧光试剂处理。荧光试剂受射线激发而发出荧光,在原子核乳胶片上显出 ^{3}H-蛋白质的斑点位置。

【试剂和材料】

(1) ^{3}H-蛋白质凝胶片:含 ^{3}H-蛋白质的样品经聚丙烯酰胺平板凝胶电泳(参看实验5-4),得到的含 ^{3}H-蛋白质的凝胶片。

(2) 二甲基亚砜$(CH_3)_2SO$:简称 DMSO。

(3) 荧光试剂-PPO(2,5-二苯噁唑)的 DMSO 溶液:配成 20%(m/V) PPO 的 DMSO 溶液。

(4) 凝胶干燥装置。

(5) 原子核乳胶片:X 射线菲林。

(6) 显影盒。

(7) 低温冰箱:-70℃。

(8) X 射线菲林显影液。

(9) 暗房。

【操作方法】

(1) 将 ^{3}H-蛋白质凝胶在 20 倍体积 DMSO 液中浸泡 30 min,再在新换的 DMSO 液中浸 30 min。

(2) 将凝胶转用 4 倍体积的 20%PPO 在 DMSO 溶液中浸泡 3 h。

(3) 取出凝胶在 20 倍体积的水中浸泡 1 h。

(4) 取出凝胶,在凝胶干燥装置中真空干燥。

(5) 干燥后的凝胶片与原子核乳胶片紧贴在一起,固定在显色盒中。此操作需在暗房中进行。

(6) 将显色盒在-70℃的低温冰箱中进行放射荧光显影。根据放射性的强弱,时间 20 天左右。

(7) 在暗房中取出原子核乳胶片,在显影液中冲洗菲林。

注:用过的 PPO 溶液,可用 5%~10%的甲醇水溶液使 PPO 析出而回收。

第三篇 酶、基因和细胞操作技术

20世纪70年代以来,生物科学与工程技术相结合而形成的新学科——生物工程(又称为生物技术)迅速崛起,已在理论与应用领域取得了举世瞩目的成果,为新物种的形成和新物质的生产开辟了崭新的途径。生物工程已经发展成为世界新技术革命的主要内容之一。

生物科学与生物工程的迅速发展提出了许多新的设想和要求,大力推动了生化技术的发展;生化技术的发展又反过来大大加快了生物科学与生物工程的发展步伐。

本篇着重介绍近40多年来迅速发展起来的,并在生物科学与生物工程领域广泛使用的基本操作技术的原理及其操作要点,主要包括酶操作技术、基因操作技术和细胞操作技术。

第十三章 酶操作技术

以酶为操作对象的各种生化技术称为酶操作技术(enzyme operation technique)。主要包括酶生物合成的调节技术，酶反应动力学研究技术，酶、细胞和原生质体固定化技术，酶分子修饰技术及酶分子定向进化技术。

第一节 酶生物合成的调节技术

根据雅各(Jacob)和莫诺德(Monod)于1960年提出的操纵子学说，酶的生物合成是在基因的控制之下进行的。这些基因包括调节基因、启动基因、操纵基因和结构基因。它们在DNA分子中按一定的次序排列，操纵基因和受它控制的若干个结构基因一起被称为操纵子。

如图13-1所示，调节基因能产生阻抑蛋白。当阻抑蛋白与操纵基因结合时，有关的结构基因不能转录，所对应的酶无法合成；而当阻抑蛋白与操纵基因分开时，结构基因转录生成mRNA，进而翻译成对应的酶。

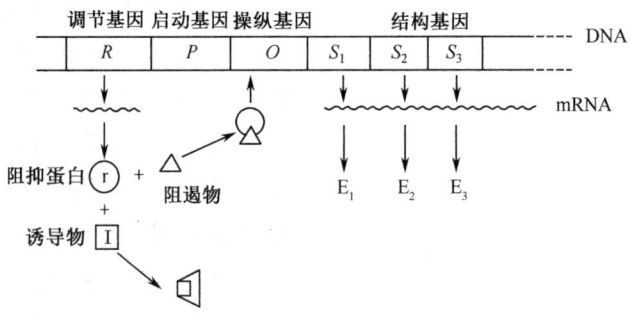

图13-1 酶生物合成的调节机制示意图

阻抑蛋白是一种变构蛋白，它可与特定的物质结合，发生变构效应，从而改变它与操纵基因的亲和力。

能够使阻抑蛋白发生变构效应的物质可分为两类。一类称为阻遏物。当它与阻抑蛋白结合时，能增加阻抑蛋白与操纵基因的结合力，从而阻止酶的合成，这称为**阻遏作用**。另一类称为诱导物。当它与阻抑蛋白结合时，能降低阻抑蛋白与操纵基因的结合力，使酶的合成顺利进行，这称为**诱导作用**。

一、酶的诱导合成

通过添加某种物质，可使酶的合成开始或加速进行，这种作用称为诱导作用。能够起诱导作用的物质称为诱导物。

许多酶的生物合成都是通过诱导作用而进行的，如β-半乳糖苷酶、淀粉酶、蛋白酶、果胶酶、酰胺酶等。只要在适当的时候添加适宜的诱导物，就可大大提高酶的产量。

1. 诱导物的选择　　酶的种类繁多。一般来说，不同的酶，其诱导物也不一样。但是受同一操纵基因控制的若干个结构基因所对应的酶，往往可由同一诱导物诱导产生。例如，β-半乳糖苷可对β-半乳糖苷酶、透过酶和β-半乳糖乙酰化酶3种酶进行诱导。而同一种酶往往有几种诱导剂，因此必须根据酶的特性、诱导物的来源和诱导效果进行选择。

诱导物可分为三类。

(1) 酶的作用底物：许多酶都可由其作用底物诱导产生。例如，大肠杆菌生产β-半乳糖苷酶，在以葡萄糖为单一碳源的培养基中，每个细胞平均只含1分子β-半乳糖苷酶，如果将细胞转移到含乳糖而不含葡萄糖的培养基中，2 min后即开始大量合成β-半乳糖苷酶，直至每个细胞含有3000分子的β-半乳糖苷酶。此外，淀粉酶、蛋白酶、纤维素酶、果胶酶等都可由各自的作用底物诱导产生。

(2) 酶的反应产物：实验证明，有些酶的反应产物对该酶也有诱导作用。例如，没食子酸可诱导单宁酶的合成，纤维二糖对纤维素酶有诱导能力，半乳糖醛酸对果胶酶的诱导效果比果胶更好。

(3) 酶的底物类似物：随着研究的深入，人们发现，酶生物合成的最有效诱导物往往不是酶作用的底物，也不是其反应产物，而是不被酶作用（或很少作用）的底物类似物。例如，异丙基-β-D-硫代半乳糖苷(IPTG)对β-半乳糖苷酶的诱导效果比乳糖好上千倍。此外，2,6-二甲氧基苯基青霉素对青霉素酶的诱导、丙二酸对丁烯二酸顺反异构酶的诱导、N-甲基乙酰胺对脂肪族酰胺酶的诱导等，其诱导效果均比各自的作用底物或反应产物的诱导效果好得多。

2. 酶诱导合成的条件　　酶的诱导合成不是任何情况下都可进行的，而是有条件的。主要有下列3点。

第一点基因必须完整。酶的合成是在基因的控制下进行的，若基因受到破坏或变异，酶的合成将受影响。①若酶所对应的结构基因改变，该酶将无法合成。②若同一操纵子中，第一位的结构基因受破坏，则第二位及其以后的各个结构基因即使完好，也无法合成相应的酶。③若操纵基因变异，将出现两种相反的情况：一是操纵基因变异后，阻抑蛋白不能与之结合，那么将不受诱导物或阻遏物的影响，酶都可以合成；二是操纵基因变异后，与阻抑蛋白牢固结合，不管是否有诱导物，酶均无法合成。④若调节基因变异，不能合成相应的阻抑蛋白，那酶的合成也不受诱导物或阻遏物的影响。只有各有关基因完整，才能在添加诱导物时，有可能使酶诱导合成。

第二点阻抑蛋白本来与操纵基因的亲和力强，两者原来结合在一起，使酶不能合成。当添加诱导物时，诱导物与阻抑蛋白结合，使其与操纵基因分离，才能进行酶的合成。

第三点在添加诱导物时，细胞所处环境中不能有高浓度的分解代谢阻遏物或其他强阻遏剂存在，否则酶将无法诱导合成。因此，只有阻遏解除后，酶才能诱导合成。例如，β-半乳糖苷酶的诱导合成，只有在葡萄糖（起分解代谢物阻遏作用）不存在或含量很低时，添加乳糖或其他诱导物，该酶才能诱导合成。此外，在有分解代谢阻遏物存在时，添加环腺苷酸(cAMP)后再添加诱导物，也可起诱导酶合成的作用。

3. 酶诱导合成的检测　　为了确定诱导物对酶合成的诱导效果，一般通过测定酶活力的方法进行检测。

若为胞外酶，可在诱导一定时间以后，每隔一定时间取一定量的培养基连同细胞一起测定酶活力，同时测定细胞的量。计算单位细胞量的酶活力（单位/单位细胞量），与不添加诱导物的酶活力数值对照，可知酶合成诱导效果如何。

若为胞内酶，则在添加诱导物后，每隔一定时间取出一定量的细胞，经细胞破碎后，测定酶活力，算出单位细胞量的酶活力。与无诱导的酶活力数值比较，可检测其诱导效果。

二、酶生物合成的阻遏

通过添加某种物质,使酶的生物合成停止或减慢合成速率的作用称为**阻遏作用**。能够起阻遏作用的物质称为阻遏物。

1. 阻遏作用的分类 酶生物合成的阻遏作用有产物阻遏和分解代谢物阻遏之分。

1) 产物阻遏作用 酶的反应产物或代谢途径的末端产物对酶合成的阻遏作用统称为产物阻遏作用。前者如碱性磷酸酶受其反应产物——无机磷酸的阻遏;后者如组氨酸合成途径中,末端产物组氨酸对组氨酸合成酶系的阻遏等。

产物阻遏是由于产物与阻抑蛋白结合后,使原来不与操纵基因结合的阻抑蛋白变构,而与操纵基因结合在一起,使酶的合成受阻。

2) 分解代谢物阻遏作用 葡萄糖等容易利用的碳源对某些酶生物合成的阻遏作用称为分解代谢物阻遏作用。

分解代谢物阻遏作用与环腺苷酸(cAMP)的浓度有关。在容易利用的碳源充足时,cAMP浓度低,呈现分解代谢物阻遏作用。在容易利用的碳源不存在或缺乏时,cAMP浓度增高,可使分解代谢物阻遏作用解除。这是因为cAMP浓度高时,易与cAMP受体蛋白(CRP)形成复合物。此复合物与启动基因结合,RNA聚合酶才能结合到启动基因位点上,通过转录和翻译进行酶的合成。而cAMP浓度低时,CRP不能与cAMP形成复合物,就不能与启动基因结合,RNA聚合酶也无法结合,酶就无法合成,即呈现分解代谢物阻遏。

2. 酶合成的阻遏与解除阻遏作用 欲使酶的合成受阻,可在细胞进行酶合成的过程中添加一定量的阻遏物,如末端产物、反应产物或葡萄糖等容易利用的碳源。

欲使酶合成的阻遏作用解除,则必须除去阻遏物,控制阻遏物的含量或添加cAMP。除去阻遏物可使酶的合成迅速恢复。控制阻遏物的含量后,经过一定时间,随着细胞生长,消耗了起阻遏作用的物质,就可使阻遏作用解除。此时若有诱导物存在,就可使酶的合成迅速进行。添加一定量的cAMP,可使分解代谢物的阻遏作用解除,若同时添加诱导物,则可使酶迅速诱导合成。

此外,通过选育突变型菌株,也可达到解除阻遏的目的,这方面的内容可参考微生物学等课程。

3. 酶阻遏作用与解除阻遏合成的检测 为了检测阻遏物对酶合成的影响,可在酶合成的过程中添加不同量的阻遏物,然后每隔一段时间取样分析酶活力和细胞量,与空白试验进行对照,即可检测该物质的阻遏效果。

将细胞从含有阻遏物的培养基中取出,洗净后,重新在含有阻遏物和不含阻遏物的培养基中培养,再比较两者的酶活力和细胞量,也可检测阻遏物的阻遏效果,并检测到酶的解除阻遏合成。

将细胞分别培养在:①容易利用的碳源(葡萄糖)培养基中;②其他单一碳源的培养基中;③葡萄糖与另一碳源的混合培养基中;④加进cAMP的混合碳源培养基(含葡萄糖和另一碳源)中,培养一定时间,分别测定细胞生长情况和酶活力。比较各培养基中单位细胞量的酶活力,即可检测到是否存在分解代谢物阻遏作用,也可检测cAMP在解除分解代谢物阻遏作用方面的功效。例如,将大肠杆菌细胞分别培养在:①葡萄糖培养基中;②乳糖为单一碳源的培养基中;③葡萄糖和乳糖同时存在的混合碳源培养基中;④含有cAMP的混合碳源培养基中,分别培养一定时间以后,测定各培养基中β-半乳糖苷酶的活力和细胞生长情况,进行比较,则可检测到诱导作用、分解代谢物阻遏作用及cAMP的解除阻遏作用等。

第二节 酶反应动力学的研究技术

酶反应动力学是研究酶催化反应的速率及其影响因素的学科。

通过酶反应动力研究,可以了解酶的催化特性,掌握酶反应的最适条件,了解酶与底物的结合机制和作用方式,激活剂和抑制剂的影响及其抑制类型等。

酶反应动力学的研究主要包括:酶反应初速率的测定,底物浓度对酶反应速率的影响,米氏常数 K_m 和最大反应速率 v_{max} 的测定,温度对酶反应速率的影响,酶反应活化能的测定,pH 对酶反应速率的影响,激活剂的作用,抑制剂对反应速率的影响及抑制类型的确定等。

一、酶反应初速率的测定

酶催化反应的速率可用单位时间内底物的减少量或产物的增加量来表示。一般多采用单位时间内产物的增加量来表示。

测定酶反应速率时,一般步骤如下所述。

(1) 根据酶的催化专一性,选择适宜的底物。

(2) 根据文献资料或初步试验结果,确定酶反应的温度和 pH 条件,温度也可选在 25℃。

(3) 在一定条件下,将一定量的酶液加到底物中,开始反应,记录时间。

(4) 每隔一定时间,取出适量的反应液测定产物生成量或底物减少量。时间间隔开始阶段可短些,后期可间隔长些,如分别在反应的第 1、3、5、7、10、15、20、30……分钟取样测定。

(5) 以反应时间为横坐标,产物生成量或底物减少量为纵坐标作出酶反应过程曲线(图 13-2)。

从酶反应过程曲线可以看出,在反应初期,即 O—A 段呈直线,其斜率,即反应速率是一个常数;而 A—B 段各点的斜率是不断变化的;到 B—C 段,产物量几乎不变,即反应速率几乎为零。

为此在研究酶反应速率时必须采用反应初期(即 O—A 段)的速率表示,称为酶反应初速率。

二、底物浓度对反应速率的影响——K_m 和 v_{max} 的测定

底物浓度与酶反应速率的关系一般符合米氏理论。按照米氏方程:

$$E+S \rightleftharpoons ES \longrightarrow P+E$$

在酶浓度一定的条件下,反应速率随底物浓度[S]的增加而增大。当底物浓度达到一定量以后,所有的酶都结合成 ES,反应速率达到最大反应速率 v_{max}。若再增加底物浓度,反应速率都不再增加(图 13-3)。

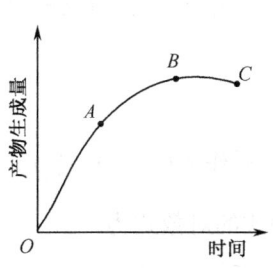
图 13-2 酶反应过程曲线

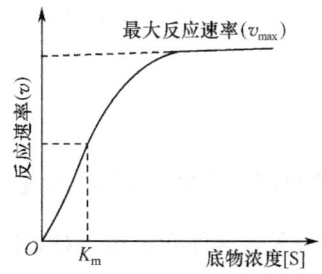
图 13-3 底物浓度对反应速率的影响

当反应速率达到最大反应速率一半时的底物浓度称为米氏常数(K_m)。

通过测定底物浓度对反应速率的影响,可以测定最大反应速率v_{max}和米氏常数K_m。

测定时,首先确定反应的条件,包括温度、pH、酶浓度等。然后取不同浓度的底物与酶反应,分别测定不同底物浓度下的酶反应速率。以底物浓度为横坐标,酶反应速率为纵坐标,绘出曲线。从曲线可确定v_{max}和K_m。

从图 13-3 求出v_{max}和K_m,常常要测定许多不同底物浓度下的反应速率才能确定。为方便起见,常常采用其他图解法求得v_{max}和K_m。常用的有双倒数作图法和单倒数作图法等。

(1) 双倒数作图法(Lineweaver-Burk 法)。将米氏公式改写成倒数形式,即将 $v=\dfrac{v_{max}[S]}{K_m+[S]}$ 改写成:

$$\frac{1}{v} = \frac{K_m}{v_{max}} \cdot \frac{1}{[S]} + \frac{1}{v_{max}}$$

以$\dfrac{1}{v}$对$\dfrac{1}{[S]}$作图,得一条直线(图 13-4),其纵轴截距为$\dfrac{1}{v_{max}}$,横轴截距为$-\dfrac{1}{K_m}$,斜率为$\dfrac{K_m}{v_{max}}$。

(2) 单倒数作图法。将米氏公式改写成:

$$\frac{[S]}{v} = \frac{K_m}{v_{max}} + \frac{1}{v_{max}}[S]$$

以$\dfrac{[S]}{v}$对[S]作图(图 13-5)得一条直线,其横轴截距为$-K_m$,纵轴截距为$\dfrac{K_m}{v_{max}}$,斜率为$\dfrac{1}{v_{max}}$。

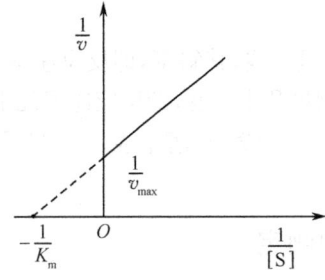
图 13-4 双倒数作图法测定

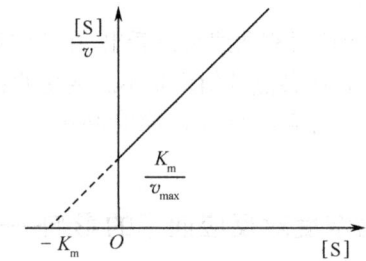
图 13-5 单倒数作图法求v_{max}和K_m

(3) Eadie-Hofstee 法。将米氏公式改写成下式:

$$v = v_{max} - K_m \cdot \frac{v}{[S]}$$

以v对$\dfrac{v}{[S]}$作图(图 13-6)得一条直线,斜率为K_m,纵轴截距为v_{max},横轴截距为$\dfrac{v_{max}}{K_m}$,将$v_{max} \div \dfrac{v_{max}}{K_m}$,即为$K_m$。

(4) 此外也可将米氏公式改写为对数式,以v对$-\lg[S]$作图(13-7),当$v=\dfrac{1}{2}v_{max}$时,所对应的$\lg[S]$为$-\lg K_m$,这种方法称为对数作图法。米氏公式的对数式为

$$-\lg[S] = \lg K_m + \lg \frac{v_{max}-v}{v}$$

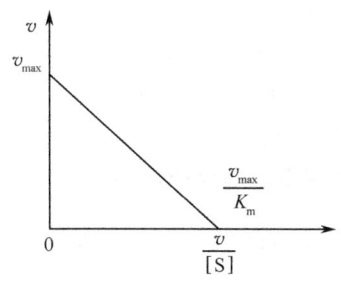

图 13-6　Eadie-Hofstee 法测定 v_{max} 和 K_m

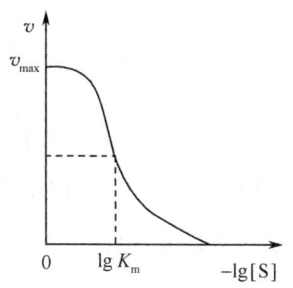

图 13-7　对数作图法求 K_m 和 v_{max}

此法需测定较多数据，不常采用。

三、最适温度、热稳定性和活化能的测定

1. 最适温度测定　任何酶反应都有一个最适温度范围。在测定时，只要把其他的反应条件固定，只改变反应温度，通过测定不同温度下的反应速率，以温度为横坐标，以相对酶反应速率（最高反应速率为100%，其余温度下的反应速率除以最高反应速率得出相对酶反应速率）为纵坐标绘图，就可得出反应最适温度（图13-8）。

2. 热稳定性测定　通过测定温度对酶反应速率的影响还可测定酶的热稳定性。热稳定性测定的试验有两种方法。

（1）在底物浓度、酶浓度、pH等条件不变的条件下，在不同的温度下（一般选在40℃以上的温度），测定相同时间内的酶反应速率，计算出不同温度下的相对酶反应速率。

（2）在底物浓度、酶浓度、pH等条件不变的情况下，测定在某一较高温度下不同时间的酶反应速率，以反应时间为横坐标，反应速率为纵坐标，绘出曲线（图13-9）。

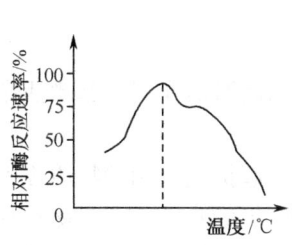

图 13-8　最适温度的测定

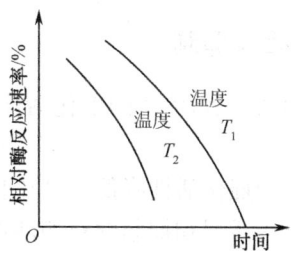

图 13-9　热稳定性的测定

3. 活化能测定　根据阿累尼乌斯（Arrhenius）方程：$K = ae^{-E_a/(RT)}$

取对数：

$$\ln K = -\frac{E_a}{RT} + C$$

积分得

$$\ln \frac{K_2}{K_1} = \frac{E_a}{R}\left(\frac{1}{T_1} - \frac{1}{T_2}\right)$$

化为常用对数：

$$\lg \frac{K_2}{K_1} = \frac{E_a}{2.303R}\left(\frac{1}{T_1} - \frac{1}{T_2}\right) = \frac{E_a}{4.57}\left(\frac{1}{T_1} - \frac{1}{T_2}\right)$$

$$\lg \frac{K_1}{K_2} = -0.219 E_a \left(\frac{1}{T_1} - \frac{1}{T_2}\right)$$

式中，E_a 为活化能；K_1、K_2 分别为温度 T_1 和 T_2(K)时测得的酶反应速率常数。

若以 $\lg K$ 对 $\frac{1}{T}$ 作图，可得一条直线（图 13-10）。直线的斜率为 $-0.219E_a$。

所以只要测出在不同温度下的酶反应速率常数 K，即可通过作图法求出活化能 E_a。

四、最适 pH 的测定

酶促反应均有其最适 pH。通过测定不同 pH 条件下酶的催化反应速率就可以找出其最适 pH。测定时，其他条件保持一定，通过使用不同 pH 的缓冲液，测定在不同 pH 的酶反应速率。然后以 pH 为横坐标，相对酶反应速率为纵坐标，绘出曲线，求出最适 pH（图 13-11）。

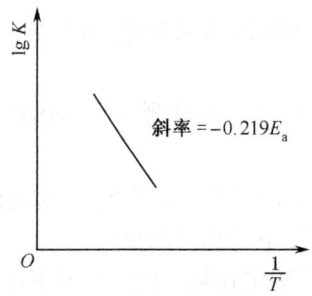

图 13-10　活化能的测定曲线

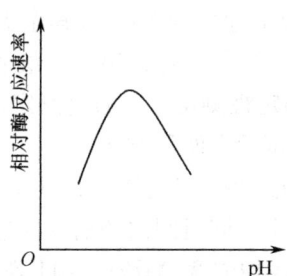

图 13-11　最适 pH 测定

五、酶的激活与抑制

添加某种物质后，使酶的催化活性增强的现象，称为酶的激活作用。起激活作用的物质称为激活剂。

凡是使酶的催化活性降低的现象称为酶的抑制作用。起抑制作用的物质称为抑制剂。

为了测定激活剂和抑制剂对酶活性的影响，可在一定的条件下于反应液中添加不同量的激活剂或抑制剂，然后分别测定酶反应速率。以激活剂或抑制剂的浓度为横坐标，相对酶反应速率为纵坐标，可绘出酶的激活曲线或抑制曲线。

抑制作用有竞争性抑制、非竞争性抑制和反竞争性抑制等。为了辨别抑制的类型，可以按测定底物浓度对酶反应速率影响的方法将反应分成几组（3 组以上），每组的各试管中加入不同浓度的抑制剂，而各组的其他条件均相同，分别测定酶反应速率。然后以底物浓度的倒数 $\frac{1}{[S]}$ 为横坐标，$\frac{1}{v}$ 为纵坐标，把各组的变化曲线画在同一幅图中（图 13-12），便可从图中辨别出抑制类型。

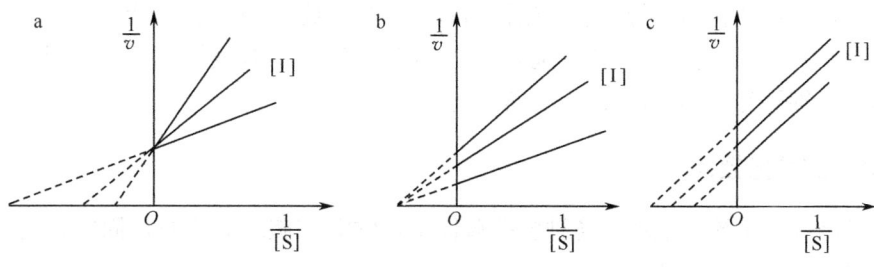

图 13-12 抑制曲线

a. 随着抑制剂浓度[I]的增加，K_m 增加，v_{max} 不变，属于竞争性抑制；b. 随着[I]增加，K_m 不变，v_{max} 值减小，属于非竞争性抑制；c. 随着[I]增加，K_m 和 v_{max} 值都减小，K_m/v_{max} 不变，属于反竞争性抑制

第三节　酶、细胞和原生质体固定化技术

通过物理或化学的方法，将水溶性的酶、菌体内的酶、活细胞或原生质体与水不溶性载体结合，使酶、活细胞或原生质体固定在一定的空间范围内进行催化反应或进行生命活动的技术，称为酶、细胞或原生质体固定化技术。

固定在载体上，在一定的空间范围内进行催化反应的酶称为固定化酶。用于固定化的酶可以是经提取分离纯化的酶，也可以是结合在无生命细胞或细胞碎片上的酶或酶系。酶经固定化后可保持其催化特性，酶活性应无明显下降，而且稳定性有所提高，可反复使用或连续使用较长的时间。由此，固定化酶已广泛应用于工业、食品、医药、检测和理论研究等领域。

固定在载体上，在一定的空间范围内进行生命活动的细胞称为固定化细胞。又称为固定化活细胞、固定化增殖细胞或固定化完整细胞。固定化细胞是在固定化酶的基础上发展起来的技术。由于固定化细胞保持了细胞的生命活动能力，可反复或连续进行发酵，有利于提高生产能力和产物的分离纯化。它不但比游离细胞的发酵优越，也比固定化酶有更多的优点。这是因为固定化细胞省去了制备酶或含酶细胞的处理过程，所需酶系完整，并能不断产生新酶及其所需的辅助因子，而且固定化方法也较简便，成本较低。

固定在载体上，在一定的空间范围内进行新陈代谢的原生质体称为固定化原生质体。微生物细胞和植物细胞通过酶的作用破坏细胞壁后，可以获得原生质体。原生质体保持了原有细胞的新陈代谢能力，但由于没有细胞壁的保护作用，稳定性差，容易破裂，必须悬浮在高渗溶液中，若用多孔交联凝胶将原生质体包埋起来，可制成固定化原生质体，由于载体的保护作用，使原生质体的稳定性提高。固定化原生质体由于去除了细胞壁这一扩散障碍，可使原来存在于细胞内的胞内酶等物质分泌到细胞外，同时有利于氧的传递和其他营养成分的吸收，可以提高产率。固定化原生质体为胞内酶等胞内物质的生产开辟了新途径。

固定化方法很多，主要可分为吸附法、包埋法、结合法和交联法 4 类。

一、吸附法固定化技术

利用各种固体吸附剂将酶或细胞吸附在其表面上而使酶或细胞固定化的方法称为吸附法固定化技术，简称为吸附法。

吸附法常用的吸附剂有活性炭、氧化铝、高岭土、多孔玻璃、多孔陶瓷等。

吸附法制备固定化酶或固定化细胞时,操作简便,条件温和,载体可反复使用。但由于结合不牢固,酶或细胞易脱落,所以使用受到限制。

二、包埋法固定化技术

将酶、细胞或原生质体包埋在各种多孔载体中,使酶、细胞或原生质体固定化的技术称为包埋固定化技术,简称为包埋法。

包埋法是应用最广泛的固定化方法,许多酶、各种细胞都可应用包埋法进行固定化。

使用的包埋载体多种多样,主要有琼脂、海藻酸钠、κ-角叉菜胶、聚丙烯酰胺、明胶、聚酰胺、火棉胶等。

1. 琼脂凝胶包埋法　　将一定量的琼脂加到一定体积的水中,加热溶解后,冷却至48℃左右,加入一定量的酶液、细胞或原生质体悬浮液。混匀后,分散在冷的甲苯溶液或四氯乙烯溶液中,形成小球。或冷却凝固后,切成一定形状。琼脂凝胶的机械强度较差,氧、底物及产物的扩散较困难。

2. 海藻酸钙凝胶包埋法　　先配制一定浓度的海藻酸钠溶液,加进一定量的酶、细胞或原生质体悬浮液。混合均匀后,用注射器或滴管将混合液滴到一定浓度的氯化钙溶液中,形成小球。该法操作简便,条件温和,但磷酸盐会使其溶解,必须控制反应液或培养液中磷酸盐的含量,同时环境中要保持一定浓度的 Ca^{2+}。

3. κ-角叉菜胶包埋法　　配制一定浓度的 κ-角叉菜胶,加热溶解后,冷却至35℃以上,与酶液、细胞或原生质体悬浮液混合均匀,滴到氯化钾溶液中或与二价、三价阳离子接触制成小球,也可冷却后切块。

若稳定性不够、强度不足,可用戊二醛或己二胺再进行交联处理。

4. 聚丙烯酰胺凝胶包埋法　　配制一定浓度的丙烯酰胺溶液(其中 N, N'-甲叉双丙烯酰胺占丙烯酰胺总浓度的5%左右),与一定量的酶液、细胞或原生质体悬浮液混合均匀后,加入催化剂过硫酸铵和四甲基乙二胺(TEMED),聚合成网状结构的多孔凝胶,做成所需的形状。单体丙烯酰胺对酶和细胞有一定的毒性,要控制好固定化的温度和速率,以减少毒性对酶和细胞的影响。

5. 明胶包埋法　　配制一定浓度的明胶(一般为10%左右),加热熔化后,冷至32℃以上,与酶、细胞或原生质体混合均匀后,做成所需形状,可再用戊二醛进行交联,以增加机械强度和稳定性。

6. 半透膜包埋法(微胶囊法)　　将酶包埋在各种多聚物(如聚酰胺、火棉胶等)制成的半透膜小球(微胶囊)内。由于半透膜仅允许小分子物质通过,所以仅适用于那些以小分子物质为底物的酶的固定化,如脲酶、天冬酰胺酶、尿酸酶、过氧化氢酶等。

半透膜包埋法一般在互不相溶的两种液体的界面上进行,所以又称为界面聚合包埋法。操作时,先将酶及亲水性单体(如己二胺等)溶于水制成水溶液,另将疏水性单体(如癸二酰氯等)溶于有机溶剂中。然后将两种互不相溶的液体倒在一起,用乳化剂(如Span85)进行乳化。此时,亲水性的己二胺和疏水性的癸二酰氯就在两相的界面上聚合。于是含酶的液滴就被聚合成的半透膜包藏起来。再加进Tween 20破乳化,即可离心分离得到用半透膜包埋的固定化酶。

三、结合法固定化技术

选择适宜的载体,使之通过共价键或离子键与酶结合在一起,而使酶固定化的方法称为结合法。

1. 离子键结合法 通过离子键使酶和载体结合的固定化方法称为离子键结合法。

离子键结合法的载体是某些离子交换剂,如 DEAE-纤维素、DEAE-葡聚糖凝胶等。

此固定化法条件温和、操作简便,只需在一定条件(包括 pH、温度、离子强度等)下将酶与载体混合,或将酶液通过离子交换剂柱,即可结合成固定化酶。

由此法制备的固定化酶,活力损失较少,然而结合力不很强,使用时要控制好 pH、温度和离子强度等条件,否则酶容易脱落。

2. 共价键结合法 通过共价键将酶与载体结合的方法称为共价键结合法。

共价键结合法的载体主要有纤维素、琼脂糖凝胶、葡聚糖凝胶及氨基酸共聚物、甲基丙烯酸共聚物、聚苯乙烯等。

酶分子中能形成共价键的基团主要有氨基、羧基、巯基、咪唑基、酚基和羟基等。

用共价键结合法制备的固定化酶,结合牢固、不易脱落,但操作比较复杂。因为要使载体与酶结合,必须使载体活化,即借助某些方法,先在载体上生成或引进某一活泼基团,才能与酶偶联结合。

使载体活化的方法很多,常用的有下列几种。

(1) 重氮法。用亚硝酸钠和稀盐酸使含苯氨基的不溶性载体活化,形成重氮盐衍生物。例如,对氨基苯甲基纤维素用此法活化:

$$R-O-CH_2-\underset{}{\bigcirc}-NH_2 \xrightarrow[0℃]{NaNO_2+HCl} R-O-CH_2-\underset{}{\bigcirc}-N^+\equiv N$$

活化载体上的重氮基团可与酶分子中的酚基或咪唑基发生偶联反应:

$$R-O-CH_2-\underset{}{\bigcirc}-N^+\equiv N + 酶 \longrightarrow R-O-CH_2-\underset{}{\bigcirc}-N=N-酶(固定化酶)$$

(2) 叠氮法。含酰肼基的载体可用亚硝酸活化,生成叠氮化合物。例如,羧甲基纤维素的酰肼衍生物可用亚硝酸活化:

$$R-O-CH_2-CO-NHNH_2 + HNO_2 \longrightarrow R-O-CH_2-CO-N_3$$

羧甲基纤维素的酰肼衍生物(羧甲基纤维素的叠氮活化载体)的叠氮基团可与酶分子的氨基形成肽键结合:

$$R-O-CH_2-\overset{O}{\overset{\|}{C}}-N_3 + H_2N-酶 \longrightarrow \underset{固定化酶}{R-O-CH_2-\overset{O}{\overset{\|}{C}}-NH-酶}$$

(3) 溴化氰活化。用溴化氰将载体(含—OH,如纤维素、琼脂糖等)活化:

$$\begin{matrix} R_1 \\ | \\ HC-OH \\ | \\ HC-OH \\ | \\ R_2 \end{matrix} + BrCN \longrightarrow \begin{matrix} R_1 \\ | \\ HC-O \\ \quad \diagdown \\ C=NH + HBr \\ \quad \diagup \\ HC-O \\ | \\ R_2 \end{matrix}$$

活化载体在微碱性条件下可与酶偶联,制成固定化酶。

$$
\begin{array}{c}
R_1 \\
HC-O \\
C=NH + H_2N-酶 \\
HC-O \\
R_2
\end{array}
\longrightarrow
\begin{cases}
\begin{array}{c} R_1\ \ \ NH \\ HC-C-NH-酶 \\ HC-OH \\ R_2 \end{array} \\[2ex]
\begin{array}{c} R_1 \\ HC-O \\ C=N-NH\,酶 \\ HC-O \\ R_2 \end{array} \\[2ex]
\begin{array}{c} R_1\ \ \ O \\ HC-C-NH-酶 \\ HC-OH \\ R_2 \end{array}
\end{cases}
$$

可见，用共价键结合法制备固定化酶的难点在于使载体活化。若买到活化载体，即可简便地用此法制备固定化酶。活化载体的商品名为偶联凝胶（coupling gel）。例如，溴化氰活化的琼脂糖凝胶 4B、活化氨基琼脂糖凝胶 4B、活化羧基琼脂糖凝胶 4B 等。

四、交联固定化技术

借助双功能团试剂使酶蛋白分子之间发生交联，可制成网状结构的固定化酶。此固定化法称为交联固定化技术。

常用的双功能团试剂有戊二醛、己二胺、双偶氮苯等。其中应用最广泛的是戊二醛。

戊二醛能与酶蛋白的氨基形成希夫氏碱而使酶蛋白分子交联。其反应如下式所示：

$$
m\ \text{OHC}-(CH_2)_3-\text{CHO} + n\ \boxed{E} \longrightarrow
\begin{array}{c}
\cdots-CH=N-\boxed{E}-N=CH-(CH_2)_3-CH=N-\boxed{E} \\
|\|\\
NCH\\
\|\vdots\\
CH\\
|\\
(CH_2)_3\\
|\\
CH\\
\|\\
N\\
\cdots-CH=N-\boxed{E}-N=CH\cdots
\end{array}
$$

交联固定化技术可用于酶分子，也可用于含酶菌体或细胞碎片的交联。用戊二醛交联时的 pH 与被交联蛋白质的等电点相同。

此外交联法还可以与吸附法或包埋法联用，以取长补短。例如，先用角叉菜胶包埋，然后再用戊二醛交联；先用硅胶吸附，再用戊二醛交联等。这种固定化法称为双重固定法，在酶和细胞的固定化方面广泛应用。

第四节　酶分子修饰技术

通过各种方法使酶分子的结构发生某些改变,从而改变酶的某些特性和功能的技术过程称为酶分子修饰。

酶分子是具有完整化学结构和空间结构的生物大分子。酶分子的结构决定了酶的性质和功能。当酶分子结构发生改变时,将会引起酶的性质和功能的改变。

通过酶分子修饰,可以使酶分子结构发生某些改变,就有可能提高酶的活力、增强酶的稳定性、降低或消除酶的抗原性等。同时通过酶分子修饰,研究和了解酶分子中主链、侧链、组成单位、金属离子和各种物理因素对酶分子空间构象的影响,可进一步探讨其结构与功能之间的关系,所以酶分子修饰在酶学和酶工程研究方面具有重要的意义。

酶分子修饰技术主要包括金属离子置换修饰、大分子结合修饰、侧链基团修饰、肽链有限水解修饰、核苷酸链剪切修饰、氨基酸置换修饰、核苷酸置换修饰和酶分子的物理修饰等。

一、金属离子置换修饰

把酶分子中的金属离子换成另一种金属离子,使酶的特性和功能发生改变的修饰方法称为金属离子置换修饰。

通过金属离子置换修饰,可以了解各种金属离子在酶催化过程中的作用。有利于阐明酶的催化作用机制,并有可能提高酶活力,增强酶的稳定性,甚至改变酶的某些动力学性质等。

金属离子置换修饰的过程主要包括如下步骤。

1. 酶的分离纯化　首先将欲进行修饰的酶经过分离纯化,除去杂质,获得具有一定纯度的酶液。

2. 除去原有的金属离子　在经过纯化的酶液中加入一定量的金属螯合剂,如乙二胺四乙酸(EDTA)等,使酶分子中的金属离子与 EDTA 等形成螯合物。通过透析、超滤、分子筛层析等方法,将 EDTA-金属螯合物从酶液中除去。此时,酶往往成为无活性状态。

3. 加入置换离子　在去离子的酶液中加入一定量的另一种金属离子,酶蛋白与新加入的金属离子结合,除去多余的置换离子,就可以得到经过金属离子置换后的酶。

金属离子置换修饰只适用于那些在分子结构中本来含有金属离子的酶。用于金属离子置换修饰的金属离子一般都是二价金属离子,如钙离子(Ca^{2+})、镁离子(Mg^{2+})、锰离子(Mn^{2+})、锌离子(Zn^{2+})、钴离子(Co^{2+})、铜离子(Cu^{2+})、铁离子(Fe^{2+})等。

二、大分子结合修饰

采用水溶性大分子与酶的侧链基团共价结合,使酶分子的空间构象发生改变,从而改变酶的特性与功能的方法称为大分子结合修饰。

通过大分子结合修饰,可以提高酶活力、增加酶的稳定性、降低或消除酶的抗原性等。

大分子结合修饰是目前应用最广泛的酶分子修饰方法。其修饰的主要过程如下所述。

1. 修饰剂的选择　大分子结合修饰采用的修饰剂是水溶性大分子,如聚乙二醇(PEG)、右旋糖酐、蔗糖聚合物(Ficoll)、葡聚糖、环状糊精、肝素、羧甲基纤维素、聚氨基酸等。要根据酶分子的结构和修饰剂的特性选择适宜的水溶性大分子。

在众多的大分子修饰剂中,相对分子质量为 1000~10 000 的聚乙二醇应用最为广泛。其具有既能够溶解于水,又能够溶于大多数有机溶剂;通常没有抗原性也没有毒性;生物相容性好等特点。分子末端具有两个可以被活化的羟基，可以通过甲氧基化将其中一个羟基屏蔽起来，成为只有一个可被活化羟基的单甲氧基聚乙二醇(MPEG)。

2. 修饰剂的活化 作为修饰剂使用的水溶性大分子含有的基团往往不能直接与酶分子的基团进行反应而结合在一起，在使用之前一般需要经过活化，经过活化的基团才能在一定条件下与酶分子的某侧链基团进行反应。

例如，常用的大分子修饰剂单甲氧基聚乙二醇可以采用多种不同的试剂进行活化，制成可以在不同条件下对酶分子上不同基团进行修饰的聚乙二醇衍生物。用于酶分子修饰的主要聚乙二醇衍生物有以下几种。

(1) 聚乙二醇均三嗪衍生物：单甲氧基聚乙二醇的羟基与均三嗪(三聚氯氰)在不同的反应条件下反应，制得活化的聚乙二醇均三嗪衍生物 $MPEG_1$ 和 $MPEG_2$。通过这些衍生物分子上的活泼的氯原子，可以对天冬酰胺酶等酶分子上的氨基进行修饰。

(2) 聚乙二醇琥珀酰亚胺衍生物：单甲氧基聚乙二醇的羟基与琥珀酰亚胺类物质反应，生成 MPEG 琥珀酰亚胺琥珀酸酯(SS-MPEG)、MPEG 琥珀酰亚胺琥珀酸胺(SSA-MPEG)、MPEG 琥珀酰亚胺碳酸酯(SC-MPEG)等衍生物。这些衍生物可以在 pH 7~10 的条件下对酶分子的氨基进行修饰。

(3) 聚乙二醇马来酸酐衍生物：聚乙二醇与马来酸酐反应生成具有蜂巢结构的聚乙二醇马来酸酐共聚物(PM)。共聚物中的马来酸酐可以通过酰胺键对酶分子上的氨基进行修饰。

(4) 聚乙二醇胺类衍生物：单甲氧基聚乙二醇上的羟基与胺类化合物反应，生成的聚乙二醇胺类衍生物，可以对酶分子上的羧基进行修饰。

3. 酶的修饰 将带有活化基团的大分子修饰剂与经过分离纯化的酶液，以一定的比例混合，在一定的温度、pH 等条件下反应一段时间，使修饰剂的活化基团与酶分子的某侧链基团以共价键结合，对酶分子进行修饰。例如，右旋糖酐先经过高碘酸(HIO_4)活化处理。然后与酶分子的氨基共价结合。

4. 修饰酶的分离 酶经过大分子结合修饰后，不同酶分子的修饰效果往往有所差别，有的酶分子可能与一个修饰剂分子结合，有的酶分子则可能与 2 个或多个修饰剂分子结合，还可能有的酶分子没有与修饰剂分子结合。为此，需要通过凝胶层析等方法进行分离，将具有不同修饰度的酶分子分开，从中获得具有较好修饰效果的修饰酶。

三、酶的侧链基团修饰

采用一定的方法(一般为化学法)使酶的侧链基团发生改变，从而改变酶分子的特性和功能的修饰方法称为侧链基团修饰。

酶的侧链基团修饰可以用于研究酶分子的结构与功能，可以提高酶的活力、增加酶的稳定性、降低酶的抗原性，并且可能引起酶催化特性和催化功能的改变，以提高酶的使用价值。通过酶的侧链基团修饰，还可能获得自然界原来不存在的新酶种，如某些抗体酶和人工改造的核酸类酶等。

酶的侧链基团修饰方法很多，主要有氨基修饰、羧基修饰、巯基修饰、胍基修饰、酚基修饰、咪唑基修饰、吲哚基修饰、磷酸基修饰、分子内交联修饰等，简介如下。

1. 氨基修饰 采用某些化合物使酶分子侧链上的氨基发生改变，从而改变酶蛋白的空间构象的方法称为氨基修饰。

凡能够使酶分子侧链上的氨基发生改变的化合物称为氨基修饰剂，主要有亚硝酸、2,4-二硝基氟苯(DNFB)、丹磺酰氯(DNS)、2,4,6-三硝基苯磺酸(TNBS)、乙酸酐、琥珀酸酐、二硫化碳、乙亚胺甲酯、O-甲基异脲、顺丁烯二酸酐等。这些氨基修饰剂作用于酶分子侧链上的氨基,可以产生脱氨基作用或与氨基共价结合将氨基屏蔽起来。例如,用亚硝酸修饰天冬酰胺酶,使其氨基末端的亮氨酸和肽链中的赖氨酸残基上的氨基产生脱氨基作用,变成羟基。经过修饰后,酶的稳定性大大提高,使其在体内的半衰期延长2倍。

2. 羧基修饰 采用各种羧基修饰剂与酶蛋白侧链的羧基进行酯化、酰基化等反应,使蛋白质的空间构象发生改变的方法称为羧基修饰。

可与蛋白质侧链上的羧基发生反应的化合物称为羧基修饰剂,如碳化二亚胺、重氮基乙酸盐、乙醇-盐酸试剂、异噁唑盐等。

碳二亚胺可以在比较温和的条件下与酶分子的羧基发生酯化反应:

$$\underset{\text{酶}}{E-\underset{\underset{O}{\parallel}}{C}-OH} + \underset{\text{碳二亚胺}}{R-N=C=N-R'} \Longrightarrow \underset{\text{酶-碳二亚胺衍生物}}{E-\underset{\underset{O}{\parallel}}{C}-O-\underset{\underset{NH-R'}{|}}{C}=N-R}$$

碳二亚胺是酶分子羧基修饰最普遍采用的修饰剂。用此修饰法可以定量测定酶分子中羧基的数目。

3. 巯基修饰 蛋白质分子中半胱氨酸残基的侧链含有巯基。巯基在许多酶中是活性中心的催化基团,巯基还可以与另一个巯基形成二硫键,所以巯基对稳定酶的结构和发挥催化功能有重要作用。

采用巯基修饰剂与酶蛋白侧链上的巯基结合,使巯基发生改变,从而改变酶的空间构象、特性和功能的修饰方法称为巯基修饰。

通过巯基修饰,往往可以显著提高酶的稳定性。

常用的巯基修饰剂有酰化剂、烷基化剂、马来酰亚胺、二硫苏糖醇、巯基乙醇、硫代硫酸盐、硼氢化钠等。

其中烷基化试剂(如碘乙酸等)是一种重要的巯基修饰剂,经过烷基化修饰的酶分子非常稳定,而且通过荧光检测技术很容易检测其修饰结果。

$$\underset{\text{酶}}{E-SH} + \underset{\text{碘乙酸}}{ICH_2COOH} \Longrightarrow \underset{\text{酶-乙酸衍生物}}{E-S-CH_2COOH} + HI$$

4. 胍基修饰 蛋白质分子中精氨酸残基的侧链含有胍基。采用二羰基化合物与胍基反应生成稳定的杂环,从而改变酶分子的空间构象的方法称为胍基修饰。

用作胍基修饰剂的二羰基化合物主要有丁二酮、1,2-环己二酮、丙二醛、苯乙二醛等。它们可以在中性或者弱碱性的条件下与精氨酸残基上的胍基反应,生成稳定的杂环类化合物。

5. 酚基修饰 蛋白质分子的酪氨酸残基上含有酚基。通过修饰剂的作用使酶分子上的酚基发生改变,从而改变酶蛋白的空间构象和特性的修饰方法称为酚基修饰。经过酚基修饰,可以改变酶的某些动力学性质、提高酶的催化活性、增强酶的稳定性等。

酚基修饰的方法主要有碘化法、硝化法、琥珀酰化法等。其中四硝基甲烷(TNM)可以高度专一地对酚羟基进行修饰。例如,枯草杆菌蛋白酶的第104位酪氨酸残基上的酚基经四硝基甲烷硝化修饰后,生成3-硝基酪氨酸残基,由于负电荷的引入,使酶对带正电荷的底物的结合力显著增加。

6. 咪唑基修饰 蛋白质分子中的组氨酸含有咪唑基。咪唑基是许多酶活性中心上的必需基团,在酶的催化过程中起重要作用。

通过修饰剂与咪唑基反应，使酶分子中的组氨酸残基发生改变，从而改变酶分子的构象和特性的修饰方法称为咪唑基修饰。

常用的咪唑基修饰剂有碘乙酸、焦碳酸二乙酯等。

其中焦碳酸二乙酯(DPC)在近中性的条件下对组氨酸残基上的咪唑基具有较好的特异修饰能力，而且修饰产物在 240 nm 波长处有最大吸收峰。可以通过修饰得知分子中咪唑基的数量。

7. 吲哚基修饰 蛋白质分子中的色氨酸含有吲哚基。通过改变酶分子上的吲哚基而使酶分子的构象和特性发生改变的修饰方法称为吲哚基修饰。

N-溴代琥珀酰亚胺(NBS)可以对吲哚基进行修饰，但是酪氨酸也可以与它反应，而产生干扰作用。

2-羟基-5-硝基苄溴(HNBB)和 4-硝基苯硫氯可以比较专一地对吲哚基进行修饰，但是它们也可以与巯基反应，所以在应用这两种修饰剂对吲哚基进行修饰时，要对巯基进行保护。

8. 磷酸基修饰 核酸类酶都含有磷酸基，通过修饰剂与磷酸基团反应，使磷酸基团发生改变，从而改变酶的催化特性和功能的修饰方法称为磷酸基修饰。

通过磷酸基修饰，可以增加 RNA 抵抗核糖核酸酶水解的能力，提高核酸类酶的稳定性。

磷酸基修饰方法主要有硫代反应、甲基化反应、胺化反应、酯化反应等。这些反应都是修饰剂与磷酸基上的羟基反应，生成各种衍生物。

9. 分子内交联修饰 含有双功能基团的化合物（又称为双功能试剂），如戊二醛、己二胺、葡聚糖二乙醛等，可以在酶蛋白分子中相距较近的两个侧链基团之间形成共价交联，从而提高酶的稳定性的修饰方法称为分子内交联修饰。

通过分子内交联修饰，可以使酶分子的空间构象更为稳定，从而提高酶分子的稳定性。

同型双功能基团化合物的两端具有相同的功能基团。例如，己二胺 $[H_2N—(CH_2)_6—NH_2]$ 的两端都含有氨基，可以与酶分子中的羧基反应形成酰胺键；戊二醛 $[OHC—(CH_2)_3—CHO]$ 的两端都含有醛基等，可以与酶分子中的氨基反应形成酰胺键或者与羟基反应形成酯键。

异型双功能基团化合物的两端所含的功能基团不相同。可以与酶分子上不同的侧链基团反应。例如，一端与酶分子的氨基作用，另一端与酶分子的巯基或羧基作用等。

交联剂的种类繁多，不同的交联剂具有不同的分子长度，其交联基团、交联速率和交联效果也有所差别，可以通过试验找出适宜的交联剂进行分子内交联修饰。

要注意的是分子内交联是在同一个酶分子内进行的交联反应，如果双功能试剂的两个功能基团分别在两个酶分子之间或在酶分子与其他分子之间进行交联，则可以使酶的水溶性降低，而成为不溶于水的固定化酶。

四、肽链有限水解修饰

肽链是酶蛋白分子结构的基础，肽链一旦改变，酶的结构和特性将随之有某些改变。

在肽链的限定位点进行水解，使酶的空间结构发生某些精细的改变，从而改变酶的特性和功能的方法，称为肽链有限水修饰。

利用具有高度专一性的蛋白酶对酶原进行肽链有限水解修饰，除去一部分肽段或若干个氨基酸残基，就可以使其空间结构发生某些精细的改变，有利于活性中心与底物结合并形成正确的催化部位，从而显示出酶的催化活性或提高酶活力。例如，胰蛋白酶原本没有催化活性，当受到胰蛋白酶或肠激酶的修饰作用，从 N 端去一个六肽后，就显示胰蛋白酶的催化功能。

有些酶的活性较低，通过酶分子修饰，使酶的活性中心更好地与底物结合并进行催化，可以显著提高酶的催化活性。例如，天冬氨酸酶通过胰蛋白酶修饰，从其羧基末端切除 10 个氨基酸残基的肽段，可以使天冬氨酸酶的活力提高 5 倍左右。

酶蛋白的抗原性与其分子大小有关，大分子的外源蛋白往往有较强的抗原性。若采用适当的方法使酶分子的肽链在特定的位点断裂，其相对分子质量减少，就可以使酶的抗原性降低或消失。例如，酵母的烯醇化酶经肽链有限水解，除去由 150 个氨基酸残基组成的肽段后，酶活力仍然可以保持，抗原性却显著降低。

酶蛋白的肽链有限水解修饰的方法主要有外加酶修饰法和化学修饰法。

1. 外加酶修饰法　　酶蛋白的肽链有限水解修饰通常外加某些专一性较高的蛋白酶或肽酶作为修饰剂，在适宜的修饰剂浓度、底物浓度、温度、pH 等条件下，修饰剂对酶蛋白作用一段时间，使酶蛋白的肽链在限定的位点进行水解，然后进行分离，获得所需的修饰酶。

2. 化学修饰法　　肽链有限水解修饰有时也可以采用化学方法使酶蛋白的肽链部分水解，而达到修饰目的。例如，枯草杆菌中性蛋白酶，首先加入一定量的 EDTA 进行处理，然后，将处理酶液对纯水或稀盐缓冲液进行透析，结果可以使该酶的肽链部分水解，得到仍然具有蛋白酶活性的小分子肽段，用作消炎剂使用时，不产生抗原性，表现出良好的治疗效果。然而化学修饰法专一性差、水解位点不确定、获得的修饰酶不均一，较少采用。

五、核苷酸链的剪切修饰

在核苷酸链的限定位点进行剪切，使核酸类酶的结构发生改变，从而改变酶的特性和功能的方法，称为核苷酸链剪切修饰。

某些 RNA 分子原本不具有催化活性，经过适当的修饰作用，在适当位置去除一部分核苷酸残基以后，可以显示酶的催化活性，成为一种核酸类酶。例如，四膜虫 26S rRNA 前体经过自我剪接作用形成成熟的 26S rRNA，同时生成由 414 个核苷酸(nt)组成的线性间隔系列(LIVS)。LIVS 的 5′端切除 15 nt 后环化，开环后进行第二次环化，又失去 4 nt，最后开环得到一个在 5′端失去 19 个核苷酸残基的多功能核酸类酶 L-19 IVS。

核苷酸链的剪切修饰主要是采用具有较强专一性的核酸类酶或蛋白质类酶在核苷酸链的特定位点上进行剪切。在操作过程中要控制好温度、pH、离子强度等各种反应条件，反应结束后，用超滤、层析等方法进行分离，以获得所需的修饰酶。

六、氨基酸置换修饰

将酶分子肽链上的某一个氨基酸换成另一个氨基酸的修饰方法，称为氨基酸置换修饰。

酶分子经过氨基酸置换修饰后，可以提高酶活力、增加酶的稳定性或改变酶的催化专一性。

氨基酸置换修饰的方法主要有化学修饰法和定点突变修饰法。

1. 化学修饰法　　氨基酸或核苷酸的置换修饰可以采用化学修饰方法。例如，Bender 和 Kosland 成功地利用化学修饰法将枯草杆菌蛋白酶活性中心的丝氨酸转换为半胱氨酸，修饰后，该酶失去对蛋白质和多肽的水解能力，却出现了催化硝基苯酯等底物水解的活性。但是化学修饰法难度大，成本高，专一性差，而且要对酶分子逐个进行修饰，操作复杂，难以工业化生产。

2. 定点突变修饰法　　现在常用的氨基酸置换修饰的方法是定点突变技术。

定点突变技术用于氨基酸置换修饰的主要过程如下所述。

1) 新的酶分子结构的设计　　根据已知的酶蛋白的化学结构和空间结构及其特性,特别是根据酶在催化活性、稳定性、抗原性和底物专一性等方面存在的问题,设计出欲获得的酶蛋白的氨基酸排列次序,确定欲置换的核苷酸或氨基酸及其位置。

2) 突变基因碱基序列的确定　　首先根据欲获得的酶蛋白的氨基酸排列次序,充分考虑物种间的差异,对照遗传密码,确定其对应的mRNA上的核苷酸序列,并确定需要置换的碱基及其位置。

3) 突变基因的获得　　根据欲获得的突变基因的碱基序列及其需要置换的碱基位置,用DNA合成仪合成有1个或2个碱基被置换了的寡核苷酸作为引物,通过聚合酶链反应(PCR)或M_{13}质粒等定位突变技术获得所需的大量突变基因。

利用定位突变技术进行酶分子修饰,突变基因中所需置换的碱基数目一般只有1个或2个,就能达到修饰目的。例如,酪氨酰-tRNA合成酶的修饰是将51位的苏氨酸由脯氨酸置换,苏氨酸的密码子为ACU、ACC、ACA、ACG,而脯氨酸的密码子为CCU、CCC、CCA、CCG,在mRNA上只需将密码子上的第一个碱基A换成C,在对应的基因上只需将T换成G即可达到置换目的。

4) 新酶的获得　　将上述定位突变获得的突变基因进行体外重组,插入到适宜的基因载体中,然后通过转化、转导、介导、基因枪、显微注射等技术,转入到适宜的宿主细胞,再在适宜的条件下进行表达,就可获得经过修饰的新酶。

七、核苷酸置换修饰

将酶分子核苷酸链上的某一个核苷酸换成另一个核苷酸的修饰方法称为核苷酸置换修饰。

核酸类酶的基本组成单位是核苷酸。在特定位置上的核苷酸是核酸类酶的化学结构和空间结构的基础。核苷酸链上某个核苷酸的改变将会引起酶的化学结构和空间构象的改变,从而改变酶的某些特性和功能。例如,L-19 IVS活性中心由第22～27位的6个核苷酸残基(—GGAGGG—)组成,只要将其中的碱基置换一个,就可以使其底物专一性发生改变。

通常采用定位突变技术进行核苷酸置换修饰。其主要过程与上述氨基酸置换修饰相类似。将定位突变获得的突变基因进行体外重组,插入到适宜的基因载体中,然后通过转化、转导、介导、基因枪、显微注射等技术,转入到适宜的宿主细胞,再在适宜的条件下进行表达,就可获得经过核苷酸置换修饰的新RNA。

八、酶分子的物理修饰

通过各种物理方法使酶分子的空间构象发生某些改变,从而改变酶的某些特性和功能的方法称为酶分子的物理修饰。

通过酶分子的物理修饰,可以了解在不同物理条件下,特别是在高温、高压、高盐、低温、真空、失重、极端pH、有毒环境等极端条件下,由于酶分子空间构象的改变而引起酶的特性和功能的变化情况。极端条件下酶催化特性的研究对于探索太空、深海、地壳深处及其他极端环境中,生物的生存可能性及其潜力有重要的意义,同时还有可能获得在通常条件下无法得到的各种酶的催化产物。

通过酶分子的物理修饰,还可能提高酶的催化活性、增强酶的稳定性,或者使酶的催化动力学特性发生某些改变。

酶分子物理修饰的特点在于不改变酶的组成单位及其基团，酶分子中的共价键不发生改变。只是在物理因素的作用下，副键发生某些变化和重排，使酶分子的空间构象发生某些改变。例如，羧肽酶γ经过高压处理，底物特异性发生改变，其水解能力降低，而有利于催化多肽合成反应；用高压方法处理纤维素酶，该酶的最适温度有所降低，在 30～40℃ 的条件下，高压修饰的纤维素酶比天然酶的活力提高 10%。

酶分子的空间构象的改变还可以在某些变性剂的作用下，首先使酶分子原有的空间构象破坏，然后在不同的物理条件下，使酶分子重新构建新的空间构象。例如，首先用盐酸胍使胰蛋白酶的原有空间构象破坏，通过透析除去变性剂后，再在不同的温度条件下，使酶重新构建新的空间构象。结果表明，20℃ 的条件下重新构建的胰蛋白酶与天然胰蛋白酶的稳定性基本相同，而在 50℃ 的条件下重新构建的酶的稳定性比天然酶提高 5 倍。

第五节 酶分子定向进化技术

酶分子定向进化（enzyme molecular directed evolution）又称为酶定向进化（enzyme directed evolution），是指模拟自然进化过程（随机突变和自然选择），在体外进行酶基因的人工随机突变，建立突变基因文库，在人工控制条件的特殊环境下，定向选择得到具有优良催化特性的酶的突变体的技术过程。

酶定向进化的基本过程包括基因体外随机突变、构建突变基因文库、定向选择等步骤，其中构建基因文库的有关技术在本书第十四章阐述，本节简单介绍基因体外随机突变技术和突变基因的定向选择技术。

一、基因体外随机突变技术

基因体外随机突变技术有多种，在此仅介绍成熟而又常用的几种。

1. 易错 PCR 技术　　易错 PCR 技术（error-prone PCR）是指从酶的单一基因出发，在改变反应条件的情况下进行聚合酶链反应（PCR），使扩增得到的基因出现碱基配对错误，而引起基因突变的技术。

易错 PCR 技术的关键就是控制目的基因的突变频率。如果 DNA 突变频率过高，很多酶将失去活性；如果突变频率太低，野生型的基因背景太高，基因的突变库容量就太小，获得的中性突变太多。对于一般 1000 bp 左右的 DNA 序列来说，合适的碱基突变数为 2～7 个。理想的碱基突变率和易错 PCR 条件则依赖于随机突变的目的基因序列大小。

易错 PCR 技术与常规 PCR 技术的基本过程相同，包括双链 DNA 的变性、引物与单链 DNA 退火结合、引物延伸 3 个步骤（参看第十四章图 14-1）。

（1）双链 DNA 的变性（解链）：将待扩增的模板 DNA 升温至 85～95℃，使 DNA 双链之间的氢键断开，解离为单链 DNA。

（2）引物与单链 DNA 退火结合：单链 DNA 在温度逐步降低至 50～70℃ 时，使其与引物结合形成双链，引物是经过人工设计合成的与模板 DNA 某一片段互补的寡核苷酸链，长度为 15～30 个碱基。

（3）引物延伸：引物结合后，将温度升高至 70～75℃，在 DNA 聚合酶的作用下，以引物为起点，以 4 种脱氧核苷三磷酸为底物，以单链 DNA 链为模板，按照碱基配对原则，由 5′端向 3′端的方向延伸，进行 DNA 复制。

易错 PCR 技术与常规 PCR 技术的反应条件有所不同,其主要不同点如下所述。

(1) 在易错 PCR 中镁离子浓度较高:常规 PCR 扩增时,镁离子浓度为 0.5~2.5 mmol/L,进行易错 PCR 时,在原有基础上提高镁离子的浓度,以稳定非互补的碱基对。

(2) 在易错 PCR 中可添加一定浓度的锰离子,以降低聚合酶对模板的特异性,而常规 PCR 不添加锰离子。

(3) 在易错 PCR 中 4 种底物(dATP、dTTP、dCTP、dGTP)的浓度比改变,即采用浓度不平衡的各种底物,使 DNA 聚合酶在催化基因扩增时碱基配对错误的出现频率增加,而容易引起基因突变。

(4) 采用低保真度的 Taq DNA 聚合酶。

采用易错 PCR 技术进行基因体外随机突变,所获得的正突变基因不多,大多数为负突变基因或者中性突变基因,经过一次易错 PCR 往往难以获得满意的结果。由此发展了连续易错 PCR(sequential error-prone PCR)技术,即把经过一次易错 PCR 扩增得到的正突变基因作为下一轮易错 PCR 的模板,再进行易错 PCR,如此反复进行,直至获得较为满意的结果。

2. DNA 重排技术　　DNA 重排技术(DNA shuffling)又称为 DNA 改组技术,是指从两种以上同源正突变基因出发,用酶切割成随机片段,经过不加引物的多次 PCR 循环,使 DNA 的碱基序列重新排布而引起基因突变的技术。

DNA 重排技术是 1994 年由斯田沫(Stemmer)等提出的。其基本过程如图 13-13 所示。

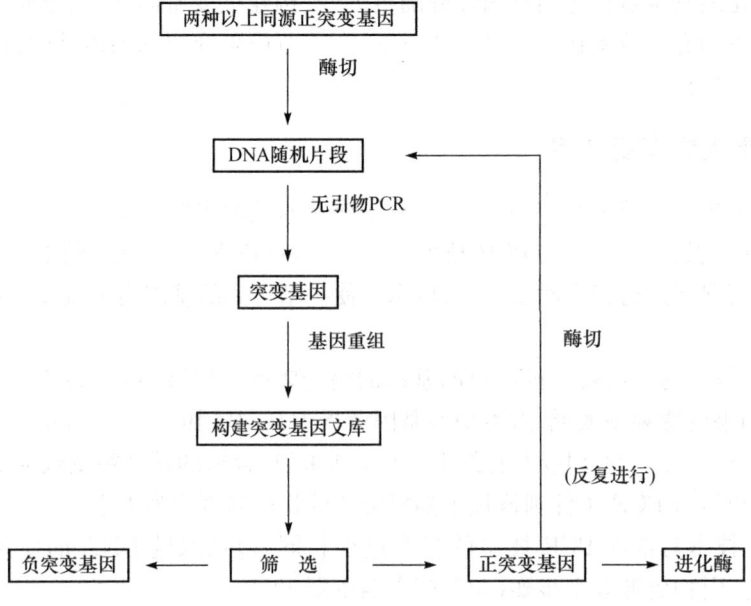

图 13-13　DNA 重排技术的基本过程

用于 DNA 重排的基因可以从酶的单一基因出发,经过上述易错 PCR 技术,再从构建的突变基因文库中分离得到两种以上正突变基因;也可以通过诱变等方法获得两种以上正突变基因。

该技术克服了易错 PCR 只能发生点突变而不能进行序列小区域间交换的缺点,大大提高了进化效率。正是由于该技术包括了 DNA 重新组装的过程,使它与以往的诱变技术有了质的不同,属于有性进化的范畴。

当 DNA 重排用来重组一套在进化上相关的基因时,被称为基因家族重排(family shuffling)。基因家族重排是指目的基因由单一基因发展为相关基因家族或一组有利突变体,要求基因家族有一定程度上的同源性。基因家族重排使正效率提高并相应提高基因多样性,同时使有益突变快速积累,可以删除个体中的有害突变和中性突变。

基因家族重排技术与DNA重排技术的基本过程大致相同,都要经过基因的随机切割、无引物PCR等步骤以获得突变基因,然后经过构建突变基因文库,采用高通量筛选技术筛选获得正突变基因。

基因家族重排技术与DNA重排技术的主要不同点在于前者从基因家族的若干同源基因出发进行DNA序列的重新排布,而后者从易错PCR等技术获得的两个以上的正突变基因出发进行DNA序列的重新排布。

3. 随机引物体外重组技术 随机引物体外重组(random-priming in vitro recombination,RPR)技术用一套随机序列引物,先产生大量互补于模板不同位点的短DNA片段,由于碱基的错配,这些短DNA片段中也会有少量的点突变。然后进行类似于DNA改组的全基因装配。与常规DNA改组相比,RPR技术具有如下优点。①可利用单链DNA作为模板,故可直接用mRNA或cDNA为亲本进行进化。②在该方法中,随机片段不是由亲本基因切割获得,所以大大降低了亲本DNA的制备量。③在DNA改组中,片段重新装配前必须彻底去除DNase I,所以该方法更为简单。另外,由于DNase I 在切割DNA时总是作用于嘧啶脱氧核苷酸附近,产生的DNA片段在重组时具有一定的序列偏向性,RPR则避免了这一点。④合成的随机引物具有相同长度,无序列倾向性。在理论上,PCR扩增时模板上每个碱基都应被复制或以相似的频率发生突变。⑤随机引发合成的DNA片段的大小不受DNA模板长度的限制。

4. 交错延伸PCR技术 交错延伸PCR技术(staggered extension process,SEP)是简化的DNA重排技术。它不是由短片段组装全长基因,而是在PCR反应时,含有不同点突变的模板混合,将常规的退火和延伸合并为一步,获得大量短的新生链,在每一轮PCR循环中,新生链可以随机地杂交到含不同突变的模板上继续延伸,由于模板转换而实现不同模板间的重组,这样重复直到获得全长基因片段。这样的全长基因含有大量的突变组合。此法省去了用DNase I 切割成DNA片段的步骤,从而简化了DNA重排的程序,操作更为简单。

5. 截断状模板重组延伸技术 截断状模板重组延伸(recombined extension on truncated template,RETT)是Lee等于2003年建立的,RETT技术是以单向单链DNA(ssDNA)片段为模板,通过由引物开始单向生成多(聚)核苷酸的模板转换来产生随机重组基因库。该法的两个关键之处在于:首先,制备用于重组目标基因单向ssDNA片段和以ssDNA为模板,通过PCR重组合成全长基因;其次,利用在PCR中单向延长的特定引物的模板变换,制得随机重组的目标基因。在随机引物存在的情况下,体外转录的目标RNA通过反转录而获得ssDNA,开始重组合成反应,其过程大致为:①特定引物结合到ssDNA片段上;②特定引物在一个PCR循环中延伸;③从引物延伸而来的短的片段在另一个PCR循环中,通过模板变换结合到另外的ssDNA片段上,然后再延伸;④重复以上步骤,直至获得全长ssDNA基因。

二、突变基因的高通量筛选技术

酶突变基因的定向选择是在人工控制条件的特殊环境下,按照人们所设定的进化方向对突变基因进行选择,以获得具有优良催化特性的酶的突变体的技术过程。

通过上述易错PCR、DNA重排或基因家族重排等技术对酶基因进行体外随机突变,可以获得丰富多样的突变基因。然而由于采用随机突变，所获得大多数是负突变或中性突变，只有少数是正突变。为此需要在特定环境条件下进行定向选择，以便排除众多的无效突变，把具有新催化特性的酶突变基因筛选出来。

要从众多的突变基因中将人们所需的突变基因筛选出来，首先要通过 DNA 重组技术将随机突变获得的各种突变基因与适宜的载体进行重组，获得重组载体；再通过细胞转化等方法将重组载体转入适宜的细胞或进行体外包装成为有感染活性的重组 λ 噬菌体，形成突变基因文库；然后采用各种高通量的筛选技术，在人工控制条件的特定环境中对突变基因进行筛选，从突变基因文库中筛选得到所需的突变基因。

所采用的高通量筛选方法主要有平板筛选法、荧光筛选法、噬菌体表面展示法、细胞表面展示法、核糖体和 mRNA 展示法等，现简介如下。

1. 平板筛选法 平板筛选法是一种传统的筛选方法，是在特殊条件下（如利用营养缺陷型或添加抗生素的培养基、高温、酸碱性环境等）培养突变菌，通过宿主菌的生长与不生长、培养基颜色变化、特定反应的出现等，判断是否具有目的基因。

1) 依据细胞生长情况筛选突变基因　　在平板筛选法中，依据细胞生长情况筛选突变基因是一种常用的快速高效的筛选方法。在提高酶的热稳定性、抗生素耐受性、pH 稳定性和对其他极端环境条件的耐受能力等方面广泛应用。例如，在以提高酶的热稳定性为目标的定向进化中，将接种有重组细胞的平板置于某一较高温度的环境条件下培养，结果只有一部分具备较好热稳定性的重组细胞可以在此温度条件下生长，从这些生长的重组细胞中可以得到热稳定性较好的突变基因，同时排除包含在那些不能生长的重组细胞中的负突变基因或中性突变基因，然后在逐步增高的温度条件下经过突变-筛选的循环操作，经过几次循环，就可以筛选获得热稳定性更好的酶突变体。

2) 依据培养基颜色变化筛选突变基因　　依据颜色变化筛选突变基因也是一种常用的筛选方法。通过颜色变化可以简单地排除无效重组细胞，选择得到高活力的酶突变体。例如，在采用噬菌体 DNA 载体构建突变基因文库时，可以用大肠杆菌 β-半乳糖苷酶的基因片段（$lacZ'$）插入到噬菌体 DNA 的间隔区段中，当它感染了相应的大肠杆菌宿主细胞，会产生有活性的 β-半乳糖苷酶，在含有诱导物异丙基硫代半乳糖苷（IPTG）和底物 X-gal（5-溴-4-氯-3′-吲哚-β-D-半乳糖苷）的平板培养基上可以形成蓝色噬菌斑；而当外源 DNA 片段插入到 $lacZ'$ 区段上时，β-半乳糖苷酶不会产生，形成的噬菌斑为白色，从而可以通过选择白色的噬菌斑而排除没有插入突变基因的无效的重组细胞。在对磷酸酯酶进行定向进化过程中，可以在平板培养基中加入硝基酚磷酸（NPP），接种重组细胞培养一段时间后，有些重组细胞周围出现黄色，这是由于重组细胞产生了磷酸酯酶，该酶催化 NPP 水解，生成黄色的硝基酚所致，颜色越深，表明磷酸酯酶的活力越高；有些重组细胞周围无黄色出现，表明该重组细胞产生的磷酸酯酶活力低或者不产生磷酸酯酶。选取颜色深的重组细胞，可以获得磷酸酯酶活力较高的突变基因，经过几次突变-筛选循环，就可以选择得到活力更高的酶突变体。

3) 依据透明圈情况筛选突变基因　　依据透明圈情况筛选突变基因是在平板培养基中加入目的酶的作用底物，然后接种重组细胞，在一定条件下进行培养，培养一段时间后，在一些重组细胞的菌落周围会出现较大的透明圈，说明这些重组细胞表达出的目的酶活力较高；另一些重组细胞周围透明圈较小或没有透明圈，则表明这些重组细胞表达出的目的酶活力较低或根本不产生目的酶。从产生大透明圈的重组细胞中可以获得高活性酶的突变基因，经过多次突变-筛选循环，可以筛选得到高活性的酶突变体。例如，在平板培养基中加入淀粉制成淀粉平板培养基,用于筛选高活性的淀粉酶;在平板培养基中加入果胶制成果胶平板培养基,用以筛选出高活性的果胶酶突变体等。

2. 荧光筛选法　　荧光筛选法是通过荧光产生与否及荧光的强度情况进行突变基因筛选的方法。

荧光筛选法通常是将具有荧光激发特性物质的基因作为报告基因,与突变基因一起克隆到载体中,形成重组细胞,在突变基因表达的同时报告基因也进行表达,由于报告基因的表达产物可以激发荧光,所以通过检测荧光的产生情况,就可以获得能够在重组细胞中表达的突变基因,而将不能表达的无效突变基因排除。

例如,可以将绿色荧光蛋白的基因作为报告基因,该基因能够通过表达生成具有荧光激发特性的绿色荧光蛋白,因此,可以根据绿色荧光的激发情况及其强度进行突变基因筛选。

再如,可以将辣根过氧化物酶(HRP)的基因与单加氧酶的基因融合一起作为报告基因,当此报告基因表达时,在有萘存在的条件下可以激发出荧光。这是由于表达出的单加氧酶能催化萘氧化生成萘酚,萘酚再在过氧化物酶的催化作用下生成具有荧光激发特性的醌类物质。根据荧光的激发情况可以筛选出能够表达的突变基因。

荧光筛选法具有直观、明确、容易判断等特点,但是需要利用具有荧光激发特性物质的基因作为报告基因。

3. 噬菌体表面展示法　　噬菌体表面展示法是利用丝状噬菌体的外膜结构蛋白与某些特定的外源蛋白或多肽分子形成稳定的复合物,使目标外源蛋白或多肽富集在噬菌体表面的一种分子展示方法。

丝状噬菌体的外膜结构蛋白有多种,如P3蛋白、P6蛋白、P8蛋白等。外源蛋白与噬菌体外膜结构蛋白的结合方法主要有两种。一种方法是在构建突变基因文库时,通过基因重组技术,构建外源基因与噬菌体外膜蛋白基因的融合基因,融合基因表达生成外源蛋白与噬菌体外膜蛋白的融合蛋白,再通过噬菌体外膜蛋白的锚定作用而展示在噬菌体表面。另一种方法是外源基因与噬菌体外膜蛋白基因分别与可以相互作用的介导蛋白的基因形成融合基因,表达的两种融合蛋白可以通过介导蛋白的相互作用结合在一起,通过噬菌体外膜蛋白的锚定作用而展示在噬菌体表面。

通过噬菌体表面展示法可以从突变基因文库中将能够表达出与噬菌体外膜蛋白相结合的蛋白基因进行富集,筛选获得有效基因,而排除大量的无效基因。

4. 酵母细胞表面展示法　　酵母细胞表面展示法是通过可以锚定在酵母细胞表面的特定蛋白质(凝集素蛋白、絮凝素蛋白等)与某些外源蛋白或多肽形成稳定的复合物,使这些外源蛋白或多肽富集在酵母表面的一种分子展示方法。

凝集素(或絮凝素)蛋白与外源蛋白的结合可以通过基因重组技术,构建凝集素基因与外源蛋白基因的融合基因,通过表达生成凝集素(或絮凝素)蛋白与外源蛋白的融合蛋白,再通过凝集素(或絮凝素)蛋白的锚定作用而展示在酵母细胞表面。

酵母细胞表面展示法可以用来筛选在突变基因文库中能够与凝集素(或絮凝素)蛋白形成融合蛋白的目标蛋白基因,而将大量的无效基因排除。

酵母细胞表面展示系统主要有3种,目的蛋白分别与α凝集素、a凝集素或絮凝素融合后,展示于酵母细胞表面。

5. 细菌细胞表面展示法　　细菌细胞表面展示分为革兰氏阴性菌表面展示和革兰氏阳性菌表面展示两大类。

1) 革兰氏阴性菌表面展示　　革兰氏阴性菌的外膜蛋白可以与细胞外膜结合,将外源基因与革兰氏阴性菌(大肠杆菌等)外膜蛋白 Lam B、Omp A 和 Pho E 的基因融合,融合基因表达的融合蛋白可以与细菌外膜结合,展示在细胞表面。

2) 革兰氏阳性菌表面展示　　某些抗原蛋白或表面受体蛋白具有锚定到革兰氏阳性菌表面的特性,将外源基因与某些抗原蛋白或表面受体蛋白的基因融合后,其表达的融合蛋白可以展示于细胞表面。

6. 核糖体和 mRNA 展示法　　核糖体和 mRNA 展示法是一种在体外筛选和展示功能蛋白的方法。

核糖体表面展示技术将编码目的蛋白的 DNA 在体外进行转录和翻译,由于对 DNA 进行了加工与修饰,使转录得到的 mRNA 的 3′端缺失终止密码子,当多肽链翻译到 mRNA 末端时,由于缺乏终止密码子,阻止 mRNA 和多肽从核糖体中释放,因而形成目的蛋白-核糖体-mRNA 三聚体,展示在核糖体表面。

核糖体表面展示法具有通量大、筛选效率高、目的蛋白基因在体外进行转录和翻译、有效基因通过核糖体表面展示进行富集等特点。但需要对目的基因进行加工与修饰,使其体外翻译时能够形成蛋白质-核糖体-mRNA 三聚体。

与核糖体展示相似,mRNA 展示技术也是以 mRNA 和多肽复合体作为筛选的基本单元。区别之处在于,复合体中 mRNA 与蛋白质通过一个小分子衔接子共价连接,如嘌呤霉素。且该复合体的产生完全在体外,因此很容易构建大型突变文库(含 $10^{12} \sim 10^{13}$ 个独立序列)。另外,利用 mRNA 展示技术,还可分析鉴定蛋白质功能及小分子药物。应用 mRNA 展示的多肽大部分都是 10~110 个氨基酸残基,对较大的蛋白质如分子质量为 24 kDa 的 λ 蛋白磷酸酶也有研究,但活性比较低。

这两种体外展示技术的应用取得了很多成果,但它们都需要大量核糖体来翻译蛋白质。然而,核糖体能将蛋白质完全翻译并正确折叠的概率很小。在 mRNA 展示技术中,由于翻译完的蛋白质折叠成球状在核糖体通道的一端,嘌呤霉素-DNA/mRNA 却在核糖体通道另一端,这就需要将蛋白质-嘌呤霉素-DNA/mRNA 与核糖体分离。

第六节　实　验

实验 13-1　β-半乳糖苷酶的诱导合成

【原理】

大肠杆菌细胞在培养过程中添加诱导剂(乳糖或其他半乳糖苷),能迅速诱导 β-半乳糖苷酶的合成。该酶的诱导合成受葡萄糖的阻遏,称为分解代谢物阻遏。而环腺苷酶(cAMP)可使分解代谢物阻遏作用解除。

【试剂和材料】

(1) 大肠杆菌菌株。
(2) 营养肉汤培养基(pH 7):蛋白胨 1%、牛肉膏 1%、NaCl 10.5%。
(3) 0.1 mol/L 葡萄糖溶液。
(4) 0.1 mol/L 乳糖溶液。
(5) cAMP 钠盐溶液:配成 0.1 mol/L。

(6) 甲苯。

(7) 邻-硝基酚-β-D-半乳糖苷(ONPG)溶液:称取 40 mg ONPG,溶解于 100 ml、0.1 mol/L pH 7.4 的磷酸缓冲液中。

(8) 0.1 mol/L pH 7.4 的磷酸缓冲液。

(9) 水浴恒温振荡器。

(10) 恒温水浴槽。

(11) 分光光度计。

【操作方法】

(1) 将 5% 培养过夜的大肠杆菌种子液接种于 40 ml 营养肉汤培养基中,于 37℃ 振荡培养。当 OD_{550} 达 0.3 左右时,分装到 4 根试管中,每管 8.5 ml 培养液。

(2) 4 根试管分别添加:①1.5 ml 无菌水;②0.5 ml 乳糖溶液和 1 ml 无菌水;③0.5 ml 乳糖溶液、0.5 ml 葡萄糖溶液和 0.5 ml 无菌水;④乳糖溶液、葡萄糖溶液和 cAMP-Na 溶液各 0.5 ml。

(3) 将 4 根试管同时于 37℃ 振荡培养,每隔 20 min 分别取出 1 ml 培养液于小试管中,各加一滴甲苯,于 37℃ 振荡 30 min,置冰箱以备酶活力测定。

(4) β-半乳糖苷酶的活力测定:取上述甲苯处理的细胞悬浮液,分别加入 2 ml ONPG 溶液作为底物,于 30℃ 反应 10 min 分别测定反应前后的 OD_{420}。

在 420 nm 波长下,按上述条件测定的光密度每变化 0.001 定义为酶的一个活力单位,即

$$酶活力(单位) = \Delta OD_{420} \times 1000$$

【结果处理】

以加试剂后的培养时间为横坐标,取样测定的酶活力为纵坐标。分别画出加入不同试剂后各管的酶活力变化曲线。

从曲线分析乳糖、葡萄糖和 cAMP 对 β-乳糖苷酶生物合成的作用。

实验 13-2 无机磷酸对枯草杆菌碱性磷酸酶生物合成的阻遏作用

【原理】

碱性磷酸酶[EC3.1.3.1]在碱性条件下催化磷酸单酯水解,生成无机磷酸。枯草杆菌在无机磷限制量的培养基中能迅速合成碱性磷酸酶。而碱性磷酸酶的生物合成受其催化反应产物——无机磷的阻遏作用。

【试剂和材料】

(1) 枯草杆菌 AS 1.398。

(2) Tris-培养基:葡萄糖 0.4%、NaCl 0.5%、$(NH_4)_2 \cdot SO_4$ 1%、KCl 0.1%、$CaCl_2$ 0.1 mmol/L、$MgCl_2$ 1 mmol/L、Na_2HPO_4 20 μmol/L、酪蛋白水解物 0.1%,溶解于 0.1 mol/L Tris-HCl 缓冲液(pH 7.4)中。

(3) 1.0 mol/L Tris-HCl 缓冲液(pH 9.5)。

(4) 0.1 mol/L Tris-HCl 缓冲液(pH7.4)冰箱避光保存。

(5) 甲苯。

(6) 0.04 mol/L 硝基酚磷酸(NPP)溶液。

(7) 20 mmol/L Na_2HPO_4 溶液。

(8) 分光光度计。

(9) 吸管、水浴恒温振荡器、恒温水浴槽。

【操作方法】

(1) 将 5%培养过夜的枯草杆菌种子液接种于 Tris 培养基中,于 37℃振荡培养。每 30 min测定培养液的 OD_{550},当 OD_{550}达到 0.3 左右时,培养液中无机磷已基本用完,开始合成碱性磷酸酶。

(2) 分装成 3 根试管,每管 10 ml,分别加入 0.1 μmol/ml、0.5 μmol/ml、1.0 μmol/ml 的 Na_2HPO_4,于 37℃振荡培养。每隔 30 min 分别测定各管的 OD_{550},并从各管中取出 1 ml 培养液于小试管中,各加一滴甲苯,迅速混匀后,于 37℃保温 30 min,制成酶液,存于冰箱,以备碱性磷酸酶活力测定。

(3) 酶活力测定:取上述酶液 0.5 ml,加入 1 mol/L Tris-HCl 缓冲液(pH 9.5)1 ml,置于 30℃恒温 5 min。然后加入 0.5 ml 0.04 mol/L NPP 溶液迅速混匀,开始计时,迅速测定 OD_{420},置 30℃恒温水浴中反应 10 min,取出迅速测定 OD_{420}。

【计算与结果处理】

1. 酶活力计算 在上述条件下,反应前后 OD_{420}每变化 0.001 定义为酶的一个活力单位,即

$$酶活力(单位)=\Delta OD_{420} \times 1000$$

2. 单位细胞浓度的酶活力计算 单位细胞浓度(以 OD_{550}表示)的酶活力为

$$\frac{\Delta OD_{420} \times 1000}{OD_{550}} \quad (单位)$$

3. 结果处理 以加入无机磷后的培养时间为横坐标,以单位细胞浓度的酶活力单位为纵坐标,分别绘出不同无机磷含量的酶活力变化曲线,从中分析无机磷对酶合成的阻遏作用(已知无机磷的浓度在 1 μmol/ml 以下时对碱性磷酸酶的活力无抑制作用)。

实验 13-3 碱性磷酸酶的反应动力学性质

【原理】

碱性磷酸酶在碱性条件下催化磷酸单酯水解,通过测定催化反应速率确定酶活力。根据米氏方程 E+S⇌ES⟶E+P 可推导出米氏公式:

$$v = \frac{v_{\max}[S]}{K_m + [S]}$$

通过测定不同底物浓度[S]下的反应速率 v,可以确定酶催化的最大反应速率 $v_{\max}$ 和米氏常数 K_m。

通过在不同 pH、温度、激活剂和抑制剂条件下测定酶活力,可确定 pH、温度、激活剂和抑

制剂对酶催化作用的影响。

【试剂和材料】

（1）枯草杆菌碱性磷酸酶酶液：枯草杆菌 AS 1.398 接种于 Tris-培养基中，37℃振荡培养 10 h，取出加入 5%甲苯，37℃保温 30 min，制成酶液，存于冰箱备用。

（2）1 mol/L Tris-HCl 缓冲液：pH 8.0、pH 8.5、pH 9.0、pH 9.5、pH 10.0。

（3）0.10 mol/L NPP 溶液（冰箱避光保存）。

（4）80 mmol/L、40 mmol/L、20 mmol/L、10 mmol/L NPP 溶液，由 0.1 mol/L（100 mmol/L）的 NPP 溶液稀释而成。

（5）1 mol/L $MgCl_2$ 溶液。

（6）1 mol/L $ZnCl_2$。

（7）10 mmol/L $ZnCl_2$。

（8）吸管。

（9）容量瓶。

（10）恒温水浴槽。

（11）分光光度计。

【操作方法】

1. 底物浓度对酶反应速率的影响——v_{max} 和 K_m 的测定　　取 5 支试管，各加入 0.5 ml 酶液和 1 ml 1 mol/L Tris-HCl 缓冲液(pH 9.5)，于 30℃恒温 5 min，再分别加入 100 mmol/L、80 mmol/L、40 mmol/L、20 mmol/L、10 mmol/L NPP 溶液 0.5 ml，于 30℃反应 10 min，分别测定反应前后的 OD_{420}。

在上述条件下，OD_{420} 每变化 0.001 定义为酶的一个活力单位，即

$$酶活力(单位) = \Delta OD_{420} \times 1000 = (OD_{420反应后} - OD_{420反应前}) \times 1000$$

在反应液中，底物浓度[S]分别为 0.025 mol/L、0.02 mol/L、0.01 mol/L、0.005 mol/L、0.0025 mol/L，那么 $\frac{1}{[S]}$ 分别为 40、50、100、200、400。

$\frac{1}{v}$ 分别为各自测得的酶活力的倒数。

以 $\frac{1}{v}$ 为纵坐标，$\frac{1}{[S]}$ 为横坐标作图。根据双倒数作图法，求出最大反速率 v_{max} 和米氏常数 K_m。

2. pH 对反应速率的影响　　取 5 支试管，各加入酶液 0.5 ml，分别加入 1 ml pH 10.0、pH 9.5、pH 9.0、pH 8.5、pH 8.0 的 1 mol/L Tris-HCl 缓冲液。按上述方法，各加入 0.5 ml 0.04 mol/L NPP 溶液，分别测定并计算不同 pH 的酶活力。

以 pH 为横坐标，酶活力为纵坐标作图。从图中看到 pH 对反应速率的影响，并找出最适 pH。

3. 温度对反应速率的影响　　取 5 支试管，各加入 0.5 ml 酶液，1 ml 1 mol/L Tris-HCl 缓冲液(pH9.5)，然后加入 0.5 ml 0.04 mol/L NPP 溶液，按上述方法，分别测定 30℃、37℃、42℃、47℃、52℃、57℃下的酶活力。

以温度为横坐标,酶活力为纵坐标作图,确定温度对酶促反应速率的影响,得出酶反应最适温度。

4. 二价阳离子对酶活力的影响 在反应液中分别加进 0 mmol/L、5 mmol/L、10 mmol/L、50 mmol/L、100 mmol/L 的 Mg^{2+}、Ca^{2+}、Zn^{2+},按上述方法分别测定酶活力。

以离子浓度为横坐标,以相对酶活力(以不添加离子时的酶活力为 100 计算相对酶活力)为纵坐标作图,分析不同离子对酶活力的影响。

实验 13-4　L-谷氨酸脱羧酶的固定化

【原理】

将 L-谷氨酸脱羧酶用 12.0% 的聚丙烯酰胺包埋。酶包藏在凝胶的网状结构的小孔中,制成固定化酶,可起催化作用但不溶于水,可反复使用。

【试剂和材料】

(1) L-谷氨酸脱羧酶液。

(2) 30% 丙烯酰胺贮存液:称取丙烯酰胺 28.5 g,N,N'-甲叉双丙烯酰胺 1.5 g,加蒸馏水至 100 ml,置于棕色瓶中,于 4℃冰箱保存备用。

(3) TEMED。

(4) 10% 过硫酸铵溶液:当天配制使用。

(5) 0.2 mol/L 乙酸缓冲液(pH 4.6):取 0.2 mol/L 乙酸与 0.2 mol/L 乙酸钠溶液,等体积混合而成。

(6) 标准 L-谷氨酸溶液:配成 40 mmol/L 浓度。

(7) 茚三酮显色液:参看实验 7-7。

(8) 恒温水浴槽。

(9) 水浴恒温振荡器。

(10) 三角瓶。

(11) 吸管。

(12) 分光光度计。

【操作方法】

1. 固定化酶的制备 吸取 30% 丙烯酰胺贮存液 4 ml,加入 L-谷氨酸脱羧酶液 2 ml,再加入 0.2 mol/L 乙酸缓冲液(pH 4.6) 4 ml。混匀后,加入 10% 过硫酸铵溶液 100 μl,混匀,再加入 TEMED 50 μl,迅速混匀后,倒在容器上,让其聚合而成。

聚合好后,切成一定体积和形状的小颗粒,用乙酸缓冲液(pH 4.6)冲洗凝胶粒表面,以除去表面的 L-谷氨酸脱羧酶。浸在乙酸缓冲液(pH 4.6)中备用。

2. 固定化酶活力测定 称取固定化 L-谷氨酸脱羧酶 5 g,置于三角瓶中,加入水 12 ml 和 pH 4.6 的乙酸缓冲液 6 ml,于 37℃恒温 10 min。再加入 40 mmol/L 谷氨酸标准液 2 ml,于 37℃振荡反应 30 min。反应前后分别取样。经适当稀释后,用茚三酮显色法(参看实验 7-7)测定 L-谷氨酸含量。

3. 计算 在上述条件下,每分钟催化 1 μmol 谷氨酸脱羧的酶量定义为一个酶活力单位。

$$酶活力(单位) = \frac{谷氨酸的减少量(\mu mol)}{30(min)}$$

比活力计算:求每克固定化酶的酶活力单位。

$$比活力 = \frac{酶活力(单位)}{固定化酶质量(g)} = \frac{谷氨酸减少量(\mu mol)}{30(min) \times 5(g)}$$

实验 13-5 枯草杆菌细胞固定化

【原理】

把细胞悬浮在海藻酸钠溶液中,再滴进氯化钙溶液中,形成海藻酸钙凝胶小球,细胞包埋在凝胶的小孔中,制成固定化细胞。

【试剂和材料】

(1) 枯草杆菌细胞:将枯草杆菌在培养液中培养,在对数生长期离心(3000 r/min,20 min)收集细胞。
(2) 海藻酸钠溶液:用蒸馏水配成 1.5% 的海藻酸钠溶液,灭菌后备用。
(3) 氯化钙溶液:配成 0.1 mol/L,灭菌后备用。
(4) 注射器。
(5) 无菌水。
(6) 固定化细胞培养液。

【操作方法】

(1) 取枯草杆菌湿细胞 2 g,悬浮在 10 ml 海藻酸钠溶液中混合均匀。
(2) 用注射器吸取上述悬浮液,逐滴滴入到 50 ml 氯化钙溶液中,浸泡 30~120 min。
(3) 滤出凝胶珠用无菌水洗涤,除去凝胶珠表面的细胞,得到固定化细胞。
(4) 将固定化细胞 1 g 放进 25 ml 培养液中,于 37℃ 振荡培养 16~24 h。观察细胞生长情况,以及凝胶珠直径和质量的变化。

注意:磷酸盐会破坏凝胶结构。故固定化细胞培养液应限制磷酸盐含量,同时要有一定浓度的钙离子。

实验 13-6 谷氨酸棒杆菌原生质体固定化

【原理】

对数生长期的谷氨酸棒杆菌细胞经青霉素预处理,在溶菌酶的作用下,细胞壁受破坏,释放出原生质体。原生质体与海藻酸钠溶液混合后,滴入氯化钙溶液中,形成小球状的固定化原生质体。

【试剂和材料】

(1) 谷氨酸棒杆菌菌株。

(2) 培养基:
　　a. 斜面培养基(pH 7.0):蛋白胨 1%、牛肉膏 1%、NaCl 0.5%、琼脂 1.5%。
　　b. 了液体培养基(pH 6.8~7.0):葡萄糖 2%、玉米浆 0.5%、尿素 0.5%、K_2HPO_4 0.1%、$MgSO_4 \cdot 7H_2O$ 0.04%、$MnSO_4$ 2 mg/L、$FeSO_4$ 2 mg/L。
(3) 溶菌酶:蛋清溶菌酶、生物试剂。
(4) 磷酸缓冲液(pH 7.0):0.1 mol/L。
(5) Tris-HCl 缓冲液(pH 7.0):0.1 mol/L,加进 NaCl 0.5 mol/L、$MgCl_2$ 0.01 mol/L。
(6) 青霉素 G:药用品。
(7) 海藻酸钠溶液:6%海藻酸钠溶液,用 0.5 mol/L NaCl 溶液配制。
(8) 氯化钙溶液:0.5 mol/L。

【操作方法】

(1) 细胞培养:谷氨酸棒杆菌菌株接种于斜面培养基,31℃培养 24 h,使菌种活化。然后接种于液体培养基,31℃振荡培养 12 h 得到液体种子。取 4 ml 液体种子接种于 50 ml 液体培养基中(250 ml 三角瓶),31℃振荡培养 12 h。

(2) 青霉素预处理:上述培养液,3000 r/min 离心 15 min,收集细胞,用 0.1 mol/L 的磷酸缓冲液(pH 7.0)离心洗涤 2 次。细胞转入 50 ml 新鲜液体培养基中,31℃振荡培养 2~3 h 后,加入 0.4 IU/ml 的青霉素。在 31℃振荡处理 3 h,3000 r/min 离心 15 min,细胞用磷酸缓冲液离心洗涤 2 次,收集细胞用于制备原生质体。

(3) 原生质体的制备:上述经青霉素预处理的细胞用 Tris-HCl 缓冲液配成 10% 的细胞悬浮液,加入 1 mg/ml 溶菌酶,于 30℃作用 12 h,3000 r/min 离心 5 min,弃上清液,再用 Tris-HCl 缓冲液离心洗涤 2 次,收集原生质体。

(4) 原生质体固定化:原生质体用 Tris-HCl 缓冲液配成 20% 的悬浮液,与等体积的 6% 海藻酸钠溶液混合均匀,用注射器缓慢滴入 0.5 mol/L 的氯化钙溶液中,浸泡 30~60 min,制得球状固定化原生质体。

(5) 固定化原生质体可于 4℃保存备用,也可直接用于发酵生产谷氨酸脱氢酶。参看实验 13-7。

实验 13-7　固定化原生质体生产谷氨酸脱氢酶

【原理】

谷氨酸脱氢酶是一种胞内酶。在谷氨酸棒杆菌培养时,它完全不分泌到胞外。利用固定化原生质体发酵,由于解除了细胞壁这一扩散障碍,它可分泌到细胞外的发酵液中。

谷氨酸脱氢酶催化谷氢酸脱氢生成 α-酮戊二酸。在谷氨酸棒杆菌中,该酶以 $NADP^+$ 为专一辅酶,在测定酶活力时,需加入 $NADP^+$ 和 L-谷氨酸。用紫外分光光度计测定 340 nm 处的吸光度 A_{340} 的变化,可确定 $NADP^+$ 还原生成 NADPH 的量,从而测定酶活力。

【试剂和材料】

(1) 固定化原生质体:由谷氨酸棒杆菌 T6-13 原生质体通过海藻酸钙凝胶包埋法制备而成(参看实验 13-6)。

(2) 发酵培养基(pH 7.0)：葡萄糖 5%、L-谷氨酸 1.5%、K_2HPO_4 0.05%、$MgSO_4 \cdot 7H_2O$ 0.04%、Fe^{2+} 8 mg/L、Mn^{2+} 2 mg/L、生物素 50 μg/L、NaCl 0.3 mol/L、$CaCl_2$ 1%。

(3) 甘氨酸缓冲液：0.1 mol/L，pH 9.5。

(4) L-谷氨酸溶液：1 mol/L，加少量 0.1 mol/L NaOH 溶解。

(5) $NADP^+$ 溶液：0.01 mol/L。

【操作方法】

1. 固定化原生质体发酵产酶 取 10 g(湿重)固定化谷氨酸棒杆菌原生质体，加到 25 ml 发酵培养基中(250 ml 三角瓶)，于 31℃ 振荡培养，每隔 12 h 取样，测定谷氨酸脱氢酶活力。

2. 谷氨酸脱氢酶(GDH)活力测定 取出的发酵液样品，用 10 000 g、4℃ 离心 15 min。弃沉淀，上清液为酶液。

取酶液 0.5 ml，加入 1.9 ml 甘氨酸缓冲液，于 30℃ 水浴中恒温 5 min。再加入 0.3 ml 1 mol/L 谷氨酸溶液和 0.3 ml 0.01 mol/L 的 $NADP^+$ 溶液，摇匀，立即计时，于 30℃ 反应 5 min。测定反应前后在 340 nm 处的吸光度变化 ΔA_{340}。

在上述条件下，每分钟催化 1 μmol $NADP^+$ 还原生成 NADPH 的酶量，定义为一个酶活力单位，即

$$酶活力(单位) = \frac{\Delta A_{340} V 10^3}{\varepsilon d \Delta t}$$

式中，ΔA_{340} 为反应前后吸光度变化；V 为反应液总体积(3×10^{-3} L)；ε 为 NADPH 的消光系数 [0.63 L/(mmol·mm)]；d 为光程(10 mm)；Δt 为反应时间(5 min)。

在本实验中，
$$U = \frac{\Delta A \times 3 \times 10^{-3} \times 10^3}{0.63 \times 10 \times \Delta t} = 0.476 \frac{\Delta A}{\Delta t}$$

若以每毫升酶液的酶活力表示，则再除以样品酶液的体积，即

$$U/ml = \frac{U}{V_E} = \frac{0.476 \Delta A}{0.5 \Delta t} = 0.952 \frac{\Delta A}{\Delta t}$$

实验 13-8 采用易错 PCR 技术提高扁桃酸酯酶的立体选择性

【原理】

扁桃酸是合成头孢类抗生素、环扁桃酸酯和扁桃酸乌洛托品等药物的重要原料，它是一种手性分子，其单一对映异构体在药效上存在较大差异。扁桃酸酯酶具有立体选择性，可以用于扁桃酸酯的光学拆分。野生型扁桃酸酯酶的立体选择性较低，通过易错 PCR 技术对扁桃酸酯酶基因进行体外随机突变，再经过定向选择，可能提高扁桃酸酯酶的立体选择性，用于扁桃酸甲酯的光学拆分。

【试剂和材料】

(1) 菌株与质粒：菌株 *Rhodobacter sphaeroides*(CGMCC1.1737)用于提取基因组 DNA，表达质粒 pET-30a(+)和宿主菌 *E. coli* BL21。

(2) 酶与试剂：限制性内切核酸酶，T4 DNA 连接酶，*Taq* DNA 聚合酶，Ni-NTA agarose，

DL-2000 DNA marker,PCR 纯化试剂盒及质粒纯化试剂盒,(R)-和(S)-扁桃酸甲酯;其他试剂。

(3) 培养基:所用菌株均在 LB 培养基(1%蛋白胨、0.5%酵母粉、1%氯化钠,pH 7.4)中添加 50 g/ml 卡那霉素进行 37℃摇床培养。

【操作方法】

1. 用易错 PCR 技术进行基因的体外随机突变　　根据已知菌株(*Rhodobacter sphaeroides*)的酯酶基因 *RSP-2728* 设计引物,进行 PCR 扩增,克隆获得酯酶 RSP-2728。

以含 *RSP-2728* 基因的质粒 DNA 作为模板进行易错 PCR。每 50 μl 反应体系为:5 μl 10 倍的易错 PCR 缓冲液;4 μl Mg^{2+}(25 mmol/L),1 μl dNTP(10 mmol/L dGTP、10 mmol/L dATP、10 mmol/L dCTP 和 10 mmol/L dTTP 混合物),10 pmol 引物 S2a 和 S2b,3 μl 的 5 mmol/L MnCl$_2$;10 pmol 质粒 DNA 模板;*Taq* DNA 聚合酶为 5 U,再加入灭菌的超纯水至总体积为 50 μl。PCR 程序为:95℃ 3 min;95℃ 45 s,54℃ 50 s,72℃ 1 min,35 个循环;72℃ 10 min。

2. 突变文库的构建　　将 PCR 产物以 1%(m/V)的琼脂糖凝胶电泳,用 PCR 纯化回收试剂盒进行纯化回收。纯化后的易错 PCR 产物用限制性内切核酸酶 *Bam* H Ⅰ 和 *Hind* Ⅲ 进行 37℃ 酶切过夜后与 pET-30a(＋)连接,转化到大肠杆菌 BL21 超级感受态细胞,涂布于 LB(含 50 mg/ml 卡那霉素)平板,37℃培养,挑选具有插入片段的克隆,组成突变体库。

3. 扁桃酸酯酶突变体的诱导表达　　将上述 LB 固体培养板上的单菌落逐个挑取,采用 96 微孔板进行培养表达。每孔含有 200 μl LB 培养基(含 50 μg/ml 卡那霉素)的 96 孔板(此板称为母板)于 37℃、200 r/min 转速的摇床中培养过夜。第二天,以 2%的接种量,将母板上每个孔中的菌液接种到新的每孔含有 500 μl LB 培养基(加 50 μg/ml 卡那霉素抗性)的 96 孔微量板(此板称为子板)中。同时,母板中每个孔加 10%的甘油,－80℃ 保存。子板于 37℃、220 r/min 的摇床中进行培养。待每个孔中菌液达到约 OD$_{600}$ 为 0.5 左右,加入 0.1 mmol/L 的 IPTG 进行诱导。诱导 4 h 后,4℃下,4750 r/min 离心 10 min,洗涤,收集菌体。

子板放入－80℃过夜后,每个孔中加入 250 μl 的裂解液[磷酸缓冲液(pH 7.4) 0.1 mol/L,MgCl$_2$ 10 mmol/L,溶菌酶 0.5 mg/ml,DNase Ⅰ 2 U/ml],放于 37℃ 培养约 1 h。4750 r/min 离心 10 min,用 PBS(NaCl 8 g/L、KCl 0.2 g/L、Na$_2$HPO$_4$ · 12H$_2$O 3.63 g/L、KH$_2$PO$_4$ 0.24 g/L,pH 7.4)溶液洗涤后,将酶液转移,保存备用。

4. 对映体选择性突变体的初筛　　选(R)-和(S)-扁桃酸甲酯作为底物,在 96 孔反应板上进行反应。整个反应体系为 250 μl:100 μl 含有 1 mmol/L 溴百里香酚蓝指示剂的 PBS 缓冲液(pH 7.4)、100 μl 粗酶液、50 μl 100 mmol/L 的(R)-和(S)-扁桃酸甲酯分别加于对应的两列反应微孔中,充分混匀后,在室温下进行反应。由于扁桃酸甲酯在酶的水解下会形成酸根离子,使溶液的 pH 下降,致溴百里香酚蓝指示剂从初始的蓝绿色变为黄色,从而使 630 nm 下的吸光度发生变化。直接用酶标仪测得 630 nm 下各个反应孔中吸光度的变化,便可筛选得到具有较高对映体选择性的突变体。

5. 对映体选择性突变体的定向选择　　从初筛结果呈现出较高对映体选择性的菌落中提取出 DNA,分离出突变基因,按照上述步骤再进行一次易错 PCR,获得具有更好手性选择性突变基因,如此反复进行多次,可以获得对映体选择性合乎需要的扁桃酸酯酶突变体。

6. 结果检测　　从保存的母板中挑取对应的突变体菌落于 5 ml LB 培养基(含卡那霉素

50 μg/ml)的试管中,37℃进行培养过夜。第二天,以2%的接种量将试管中菌液接种到含50 ml LB培养基的250 ml摇瓶中(含卡那霉素50 μg/ml),进行37℃、200 r/min培养。待菌液OD_{600}值达到0.5~1.0时,加入0.1 mmol/L的IPTG进行诱导表达。4 h后,离心收集菌体,并用PBS(pH 7.4)进行洗涤,离心收集菌体,溶于4 ml的50 mmol/L Tris-HCl(pH8.0)溶液中,进行超声破碎。破碎后进行离心分离(4750 r/min,20 min),获得扁桃酸酯酶酶液。

酶液按下述方法检测其对映体选择性:在2 ml体系中加入酶液500 μl,消旋的扁桃酸甲酯(100 mmol/L)400 μl(扁桃酸甲酯溶于乙腈中),Tris-HCl(pH 8.0)1 ml,于37℃、180 r/min进行反应;每隔一定时间取出一定量样品,采用高效液相色谱(HPLC)进行检测(Shimadzu,LC-20AT)。色谱柱型号为AD(Daicel,250 mm×4.6 mm)手性柱,用紫外/可变波长检测器检测(SPD-20A,Shimadzu),流动相为异丙醇与正己烷(含千分之一的三氟乙酸),二者之比为1:9,流速为1 ml/min。

对映体选择性根据转化率与对映体过量值(% ee)进行计算:
$$E=\ln[(1-C)(1-ee_s)]/\ln[(1-C)(1+ee_s)]$$

实验13-9 利用DNA重排技术提高β-甘露聚糖酶的温度耐受性

【原理】

β-甘露聚糖酶(β-1,4-D-mannanase;EC 3.2.1.78)是一类能够水解含β-1,4-D-甘露糖苷键的内切水解酶,属于半纤维素酶类。

利用DNA重排技术对β-甘露聚糖酶的基因进行体外随机突变,构建突变基因文库,再用高通量筛选技术对β-甘露聚糖酶进行定向选择,可能获得具有较高温度耐受性的酶突变体。

【试剂和材料】

(1)菌株与质粒:大肠杆菌(*Escherichia coli*)菌株、酿酒酵母(*Saccharomyces cerevisiae*)菌株、大肠杆菌-酿酒酵母穿梭分泌表达质粒pYES2/CT/α-factor(简写为pYCα)。

(2)酶和试剂:PCR试剂,限制性内切核酸酶,T4 DNA聚合酶,DNase Ⅰ小量质粒抽提试剂盒和胶回收试剂盒,PCR引物,槐豆胶G-0753和甘露糖M-6020;其他化学试剂。

(3)培养基:培养基LB、YPD、YPG、SC-U-D、SC-UG-曲利苯蓝平板,按Invitrogen公司操作手册推荐方法配制。

【操作方法】

1. 对β-甘露聚糖酶同源基因的获取 选取两个以上同源β-甘露聚糖酶基因,或者通过易错PCR技术对单一β-甘露聚糖酶基因进行体外随机突变,筛选获得DNA重排所需的两个以上同源亲本基因。

附:通过易错PCR技术获得β-甘露聚糖酶突变基因的操作过程

(1)易错PCR引物设计。

根据β-甘露聚糖酶基因序列,使用Primer Premier 5.0软件设计易错的PCR引物。在引物的末端分别引入限制性内切核酸酶切位点Xho Ⅰ(TCGAG)和Not Ⅰ(GCGGCCGC),并分别在5'端增加3~5个保护碱基。

(2) 易错PCR反应体系。

20 μl反应体系：10×PCR缓冲液2 μl，dATP(10 mmol/L)和dGTP(10 mmol/L)各0.4 μl，dCTP(10 mmol/L)和dTTP(10 mmol/L)各2 μl，模板0.6 μl(6 pmol/μl)，上下游引物(10 μmol/L)各0.6 μl，$MgCl_2$(25 mmol/L) 4.2 μl，$MnCl_2$(2 mmol/L) 2 μl，Taq酶0.2 μl，蒸馏水5 μl。

易错PCR循环程序：94℃，5 min；94℃ 30 s，65℃ 30 s，72℃ 105 s，25个循环；72℃ 10 min。

反应后将PCR产物经琼脂凝胶电泳纯化回收，获得同源突变基因。

(3) 易错PCR突变基因文库的构建。

将回收获得的同源基因用 Xho I、Not I 双酶切，与同样双酶切的穿梭分泌表达载体pYCα相连接，T4 DNA连接酶4℃过夜连接。连接产物与大肠杆菌感受态细胞在42℃热激90 s，涂布于含Amp的LB平板，37℃培养16 h，将平板上的菌落转入含有Amp的液体LB培养基中，37℃、200 r/min培养过夜。抽取大肠杆菌中重组质粒，电转入酿酒酵母感受态细胞后迅速加入预冷1 mol/L的山梨醇。涂布在SC-U-D平板上，30℃培养48 h。

上述感受态细胞按下列方法制备。

大肠杆菌感受态细胞制备：取适量大肠杆菌DH5α菌种于2 ml LB液体培养基中，37℃振荡培养过夜；以1‰接种量转接入50 ml LB液体培养基中，37℃振荡培养，至OD_{600}约为0.4；菌液转入50 ml无菌离心管中，冰浴10 min，4000 r/min、4℃离心10 min，弃上清液；菌体加入10 ml冰浴无菌0.15 mmol/L $CaCl_2$，冰浴20 min，4000 r/min、4℃离心10 min，弃上清液；加入4 ml冰浴的无菌$CaCl_2$制成菌体悬浮液。

酿酒酵母感受态细胞的制备：取适量酿酒酵母(S. cerevisiae BJ5465)菌种于5 ml YPD液体培养基中，30℃、250 r/min振荡培养过夜；以1‰接种量转入50 ml YPD液体培养基中，30℃、250 r/min培养至OD_{600}约为1.5。收集菌液至50 ml离心管中，4000 r/min离心10 min，弃上清液。溶液 I (0.1 mol/L LiAc + 0.01 mol/L DTT + 1 mol/L TE)重悬沉淀，冰浴1 h，4000 r/min离心10 min弃上清液，25 ml冰浴无菌水重悬，4000 r/min离心10 min，弃上清液。5 ml冰浴的溶液 II (1 mol/L 山梨醇)重悬沉淀，4000 r/min离心10 min弃上清液。加入200 μl冰浴的溶液 II，制成菌体悬浮液。

(4) 易错PCR突变文库的筛选。

挑取转化平板上生长的单菌落，点植于含有0.5%魔芋精粉的SC-U-Gal-曲利苯蓝平板，30℃诱导培养96 h，挑选出菌落周围有水解圈的单菌落。

将挑选出的菌落接种到YPG液体培养基的96孔板中进行诱导培养，30℃摇床培养72 h后取上清液进行β-甘露聚糖酶的活性测定。

甘露聚糖酶酶活力的测定采用DNS法。酶活力定义：在pH 6.0、40℃试验条件下，以每分钟水解底物产生1 μmol还原糖的酶量定义为1个甘露聚糖酶单位(U/ml)。

(5) β-甘露聚糖酶的温度耐受性测定。

在不同温度(30℃、40℃、50℃、60℃、70℃、80℃)下按DNS法测定酶活力，以野生型酶液活力为100%，计算各组酶的相对活力。

通过上述步骤，获得若干个具有较高温度耐受性的β-甘露聚糖酶突变基因，从中选用2个以上作为DNA重排的同源亲本基因。

2. 亲本基因随机片段化 将选取的两个以上同源亲本基因等量混合后进行DNase I

随机片段化反应。在酶切体系中加入 8 μl DNase I (0.01 U/μl)，37℃酶切 20~25 min，选取合适大小范围的 DNA 片段(100~250 bp)回收。

3. 无引物 PCR　以获得的片段互为模板、互为引物进行无引物 PCR。

PCR 体系(20 μl)：10×PCR 缓冲液 2 μl，dNTP(2.0 mmol/L) 2 μl，模板 0.5 μl，$MgCl_2$ (25 mmol/L) 0.8 μl，KOD-Plus 0.4 μl，双蒸水 12.8 μl。

PCR 程序：96℃ 5 min；94℃ 30 s，56℃ 1.5 min，68℃ 4 min，35 个循环；68℃ 10 min。

4. 有引物 PCR　设计合成巢式引物，在常规 PCR 条件下进行有引物 PCR，以确保能够获得全长基因。

5. DNA 重排突变文库的组建　将上述基因片段和穿梭质粒分别用 *Xho* I /*Not* I 双酶切并纯化回收，回收产物用 T4 连接酶连接，氯化钙法转化大肠杆菌感受态细胞，抽提重组质粒转化到酿酒酵母细胞，涂布在 SC-U-D 平板上，30℃培养 48 h，获得突变基因文库。

6. DNA 重排突变文库的定向选择　逐个挑取突变基因文库中的单菌落，点植于含有 0.5% 魔芋精粉的 SC-U-Gal-曲利本蓝平板上，30℃诱导培养 96 h，挑选出菌落周围有水解圈的菌落接种到装有 YPG 液体培养基的 96 孔板中进行诱导培养，30℃摇床培养 72 h，取出一定量的上清液(酶液)进行甘露聚糖酶的温度耐受性测定，从中选出温度耐受性较好的甘露聚糖酶突变体。

具有较好温度耐受性的 β-甘露聚糖酶基因可以按照上述 2~5 的步骤再进行 DNA 重排，然后在较高温度条件下(如 35℃、40℃、45℃)进行培养，以筛选获得热稳定性更好的酶突变体，经过几次循环，就可能筛选得到热稳定性符合需要的 β-甘露聚糖酶突变体。

7. β-甘露聚糖酶的温度耐受性检测　β-甘露聚糖酶的温度耐受性检测主要包括温度对突变体酶活力的影响试验和突变体甘露聚糖酶的热稳定性试验。

(1) 温度对 β-甘露聚糖酶突变体酶活力的影响：在不同温度(20~90℃)下按常规法测定酶活力，以原酶液活力为 100%，计算各组酶的相对活力。

(2) β-甘露聚糖酶突变体的热稳定性试验：在 pH 5.0 条件下，将酶液在不同的温度(20~90℃)下温育 30 min，再按常规法测定酶活力，以原酶液活力为 100%，计算各组酶的相对酶活力。

第十四章 基因操作技术

基因操作技术(gene operation technique)是以基因为操作对象的各种生化技术,主要是指基因克隆技术。

基因克隆技术是在分子水平上,通过人工方法将外源基因与 DNA 载体结合,形成重组 DNA,再引入受体细胞,而获得具有新遗传特性的细胞的技术,又称为重组 DNA 技术(recombinant DNA technique)或分子克隆技术(molecular cloning technique)。

基因克隆技术是 20 世纪 70 年代发展起来的新技术,现已广泛应用于生物科学与生物工程的各个领域。

基因克隆技术主要内容包括基因的获取技术、DNA 载体的制备技术、DNA 体外重组技术、重组 DNA 引入受体细胞技术、重组 DNA 的检测技术等。

第一节　基因的获取技术

基因是载有遗传信息的 DNA 片段,是遗传性状在分子水平上的物质基础。要进行基因的重组和转移,首先必须获得所需的目的基因。

获取目的基因的方法有分离法、反转录法、化学合成法和聚合酶链反应技术等。

一、分离法

从动物、植物或微生物的 DNA 分子中分离得到目的基因的方法称为分离法,又称为鸟枪法或基因文库法。

分离法是最早采用的基因获取技术。1969 年,用分离法得到大肠杆菌操纵子基因,在基因克隆技术发展的早期阶段,分离法是普遍采用的方法,特别适用于原核生物基因的分离。对于高等生物,用分离法可以获得含有内含子和外显子的 DNA 片段。对于那些不转录生成 mRNA 的基因,如各种调节基因等,只能通过分离法从 DNA 分子中分离得到。

由于 DNA 分子中含有众多基因,而且含量很低,必须经过扩增才能分离得到所需的目的基因,所以在 DNA 分子切割后得到的 DNA 片段要与适宜的载体结合形成重组 DNA,引入受体细胞或用噬菌体包装,建立基因文库(gene library),经过扩增,再从中筛选得到目的基因。

分离法获取目的基因的基本过程包括以下几个步骤。

1. 从生物体的细胞或组织中分离得到总 DNA　　通常在有 SDS 或 EDTA 存在的条件下,用蛋白酶 K 处理细胞,使细胞外层结构破坏,DNA 从细胞中释放出来,用酚抽提,加入适量的核糖核酸酶(RNase A)除去 RNA,得到总 DNA。

2. 用适宜的限制性内切核酸酶将 DNA 分割成若干片段　　通常采用识别序列为 4 bp 的限制性内切核酸酶,如 Sau3A、MboⅠ、HaeⅢ、AluⅠ等作用于 DNA,将 DNA 分子切割,形成若干个 DNA 片段。

3. DNA 片段的分离　　用琼脂糖凝胶电泳、密度梯度离心或凝胶层析等方法将 DNA 片段按照片段的大小进行分离。

4. DNA 片段与适当的 DNA 载体进行体外 DNA 重组　　将适当的 DNA 载体用相同的限制性内切核酸酶切割，与 DNA 片段混合，用 DNA 连接酶将两者连接，进行体外 DNA 重组，得到重组 DNA。

5. 重组 DNA 引入受体细胞或者用噬菌体外壳包装成重组噬菌体　　通过转化、转导或基因枪等将重组 DNA 引入受体细胞，形成重组受体细胞。在用噬菌体 DNA 为载体时，可以将重组 DNA 用噬菌体外壳包装，形成重组噬菌体。

6. 重组受体细胞在培养基上生长繁殖成为菌落或形成噬菌斑　　将重组受体细胞在平板培养基上培养，生成菌落；或将重组噬菌体与一定量的宿主菌混合，接种于平板培养基上培养，形成噬菌斑。

7. 筛选出含有目的基因的菌落或噬菌斑　　从上述形成的菌落或噬菌斑中，采用抗性标记、核酸探针、表达产物等方法，从中筛选出含有目的基因的菌落或噬菌斑，称为阳性克隆。

二、反转录法

以细胞中分离得到的信使核糖核酸（mRNA）为模板，以寡聚脱氧胸腺嘧啶核苷酸（oligo dT）为引物，在反转录酶的作用下，合成单链互补 DNA（cDNA），再合成双链 cDNA 的方法称为反转录法。

1975 年以来，采用反转录法已经合成许多 cDNA，反转录法已经成为当今广泛使用的获取目的基因的方法，特别适用于真核生物目的基因的获取。

利用反转录法获取基因，可以采用两种方法，即通过构建 cDNA 文库的方法或通过反转录-聚合酶链反应（RT-PCR）的方法。目前广泛应用的是 RT-PCR 法。

1. cDNA 文库法　　通过构建 cDNA 文库，从中获取目的基因。构建 cDNA 文库的方法主要包括如下步骤：

（1）以 mRNA 为模板，用反转录酶在 oligo dT 的引导下合成单链 cDNA-mRNA 杂交体；

（2）用单链 cDNA-mRNA 杂交体为切口平移的模板，通过 RNase I 的作用，在 mRNA 链上造成切口，产生一系列 RNA 引物，再在大肠杆菌 DNA 聚合酶的作用下进行切口平移反应，合成双链 cDNA；

（3）双链 cDNA 与载体 DNA 连接，形成重组 DNA；

（4）重组 DNA 引入受体细胞或者用噬菌体外壳包装成重组噬菌体；

（5）重组受体细胞在培养基上生长繁殖成为菌落或形成噬菌斑；

（6）筛选出含有目的基因的菌落或噬菌斑。

2. RT-PCR 法　　RT-PCR 是近几年发展起来的简便、快捷、高效的获取目的基因的技术，已经广泛应用。通过 RT-PCR 法获得目的基因的基本过程如下所述。

1）总 RNA 的提取　　在异硫氰酸胍和 β-巯基乙醇等存在的条件下，细胞在匀浆器中匀浆，使细胞的外层结构迅速破坏，RNA 从细胞中释放出来，同时使细胞内的 RNA 酶失活，以避免 RNA 的降解。用苯酚、氯仿等有机溶剂处理，可使 RNA 与 DNA、蛋白质、细胞碎片等杂质分离，以获得 RNA。

2）mRNA 的分离纯化　　细胞的总 RNA 中含有 mRNA、tRNA 和 rRNA 等，由于 mRNA 的 3' 端含有 polyA 尾巴，可以采用寡聚脱氧胸腺嘧啶核苷酸（oligo dT）为配基进行亲和层析,将 mRNA 分离纯化。

3) 单链 cDNA 的合成　　以 mRNA 为模板,oligo dT 为引物,在反转录酶的作用下,将底物(dNTP)聚合,生成单链 cDNA-mRNA 复合物。在 37℃反应 30 min,反应完成后,于 95℃加热 5 min,以灭活反转录酶,并使单链 cDNA-mRNA 复合物解链,得到单链 cDNA。

4) 双链 cDNA 的合成　　以单链 cDNA 为模板,加入适宜的与单链 cDNA 互补的引物,在 Taq DNA 聚合酶的作用下,合成所需的双链 cDNA。

三、化学合成法

以脱氧核苷酸为单体,经过一系列化学反应,合成寡聚核苷酸片段,再通过酶的作用,连接成目的基因的方法称为化学合成法。

1970 年,用化学合成法已经合成了面包酵母丙氨酸转移核糖核酸($tRNA^{ala}$)的基因。此后,还采用化学合成法合成了一些结构已经阐明、分子质量相对较小的其他基因。虽然现在已经很少采用化学合成法合成完整的目的基因,但是化学合成法在合成寡核苷酸,作为 PCR 扩增的引物,作为核酸分子杂交的探针,进行基因定点突变等方面具有重要用途。

化学合成法获取目的基因的基本过程如下。

1. 目的基因合成的设计　　要通过化学合成法获取目的基因,首先需要进行合理的设计。设计时必须充分注意下列问题。

(1) 寡核苷酸片段的长度:设计时通常将目的基因分成含有 30~50 nt 的若干片段,分别进行合成,片段过长或过短都会影响合成效率。

(2) 限制性内切核酸酶的作用位点:设计时可以通过密码子的简并性改变部分碱基,以消除所合成的目的基因内部多余的限制性内切核酸酶的位点。

(3) 排除片段之间的正反向重复顺序:设计时应排除片段与片段之间出现正反重复顺序,以免在片段连接时出现重叠,造成拼接错误。

(4) 选择密码子:设计时应根据受体细胞的情况,选择受体细胞偏爱的密码子,以利于基因的高效表达。

(5) 加上起始密码子和终止密码子:设计时应考虑在目的基因的两端加上起始密码子和终止密码子,以利于基因转录生成 mRNA 后,翻译成多肽链。

(6) 其他需要考虑的因素:设计时还需要考虑到有关基因表达等方面的其他因素。例如,根据 DNA 载体的不同,设计适宜的阅读框;必要时加上信号肽序列、保守序列、核糖体结合位点等。

2. 寡核苷酸片段的合成　　以脱氧核苷酸为单体,通过磷酸二酯法、磷酸三酯法、亚磷酸三酯法、固相合成法等合成 30~50 nt 的寡聚核苷酸片段。现在一般都采用 DNA 合成仪进行固相合成。

3. 寡核苷酸片段的分离纯化　　脱氧核苷酸的合成终止后,首先除去寡核苷酸上的保护基团并从固相载体上释放出来,然后用乙醇沉淀寡核苷酸,再经过凝胶层析或凝胶电泳,除去较短的片段,分离得到所需长度的寡核苷酸片段。

4. 目的基因的组装　　将得到的寡核苷酸片段通过酶的作用,连接成为完整的目的基因的过程称为目的基因的组装。

用于目的基因组装的方法主要有下列两种。

(1) 用寡核苷酸激酶-DNA 连接酶组装：先用聚核苷酸激酶催化各个寡核苷酸片段进行 5′-磷酸化，使之带上 5′-磷酸基团，然后将互补的两个寡核苷酸片段混合退火，形成带有黏性末端的双链寡核苷酸片段，再按照片段的顺序依次将相邻的双链寡核苷酸片段混合，用 DNA 连接酶将它们连接，而组装成为完整的目的基因。

(2) 用 DNA 聚合酶-限制性内切核酸酶组装：将两条较长的 3′端互补的寡核苷酸片段混合退火，在 Klenow 聚合酶的作用下，使单链区段合成相应的互补链，形成双链寡核苷酸片段；再用限制性内切核酸酶切割，形成黏性末端或平头末端；然后按照片段的顺序依次用 DNA 连接酶连接，组装成完整的基因，或者将第一个片段与 DNA 载体连接后，再按照片段的顺序依次插入，组装成完整的基因。

四、聚合酶链反应技术

聚合酶链反应（polymerase chain reaction，PCR）技术，是在 DNA 聚合酶的作用下进行体外 DNA 扩增的一种分子生物学技术，简称为 PCR 技术。

PCR 技术具有简便、快速、灵敏的特点，已在基因获取、基因定点突变、DNA 序列分析、医学诊断、基因检测等方面广泛应用。

PCR 技术可以用已知的基因为模板，迅速、大量地获取所需的基因，也可以用反转录酶合成的单链 cDNA 为模板，合成所需的双链 cDNA。

1971 年，H. G. Khorana 等提出了 PCR 技术的基本原理；1985 年，K. Mullis 发明了 PCR 技术，推动基因克隆技术更快速发展。

1. PCR 反应体系的组成　　PCR 通常在 PCR 自动扩增仪中进行，其反应体系主要由模板 DNA、引物、DNA 聚合酶、4 种脱氧核苷三磷酸（dNTP）和缓冲液组成。

(1) 模板 DNA：所使用的模板 DNA 为所需扩增的目的 DNA，可以是双链 DNA，也可以是单链 DNA。反应液中模板 DNA 的用量一般为 $0.1 \sim 2$ μg。

(2) 引物：引物是人工合成的与模板 DNA 的某一片段互补的两段单链寡核苷酸，长度各为 $15 \sim 30$ nt，它是根据所需扩增的 DNA 序列而设计的，通常与模板 DNA 的两端序列互补，成为 DNA 延伸的固定起点。在引物的两端还应分别加上限制性内切核酸酶的酶切位点，以便于扩增得到的基因插入适宜的 DNA 载体中。在 PCR 过程中，使用的引物浓度通常为 $10 \sim 100$ μmol/L、退火温度为 $50 \sim 70$ ℃、退火时间为 $30 \sim 120$ s。两种引物的浓度可以相同，也可以不同，两种引物浓度相同的为对称 PCR，不同的为非对称 PCR，在非对称 PCR 中，两种引物的浓度比可以高达 100∶1。

(3) DNA 聚合酶：DNA 聚合酶有多种。在 PCR 技术创立的初期，使用的 DNA 聚合酶为大肠杆菌 DNA 聚合酶 I 或噬菌体 T_4 DNA 聚合酶。由于这两种酶对热不稳定，只能在 37℃ 进行反应，而解链温度在 90℃ 左右，故此每一循环都要加入新的聚合酶，导致操作麻烦、成本高。现在都采用从耐热水栖菌（*Thermus aquaticus*）中分离得到的或者经过基因重组得到的 *Taq* DNA 聚合酶。其作用温度为 $70 \sim 75$ ℃，在 95℃ 的半衰期为 35 min，所以一次加酶就可以满足 PCR 扩增的要求。*Taq* DNA 聚合酶的用量一般为每 100 μl 反应液中加入 $1 \sim 5$ U。由于明胶、牛血清白蛋白等蛋白质和 Tween 20 等非离子型表面活性剂对 *Taq* DNA 聚合酶有稳定作用，必要时可在反应液中适当添加。

(4) 底物：PCR 的底物为 4 种脱氧核苷三磷酸（dATP、dTTP、dGTP、dCTP）。在反应液中，底物的浓度一般为每种各 $50 \sim 200$ μmol/L。

(5) 缓冲液：PCR 缓冲液的组成如下，Tris-HCl 10～15 mmol/L(pH 8.3,20℃)、KCl 80 mmol/L、$MgCl_2$ 0.5～2.5 mmol/L。缓冲液在20℃时的pH为8.3，由于温度影响 Tris 的解离，在50～95℃的温度下，实际 pH 为6.8～7.8。

2. PCR 的操作过程　　PCR 的基本操作过程包括：双链 DNA 的热变性（解链）、引物与单链 DNA 的结合、DNA 链的延伸 3 个步骤（图 14-1），这 3 个步骤反复进行，一般经过 30 次循环，可使基因扩增几百万倍。

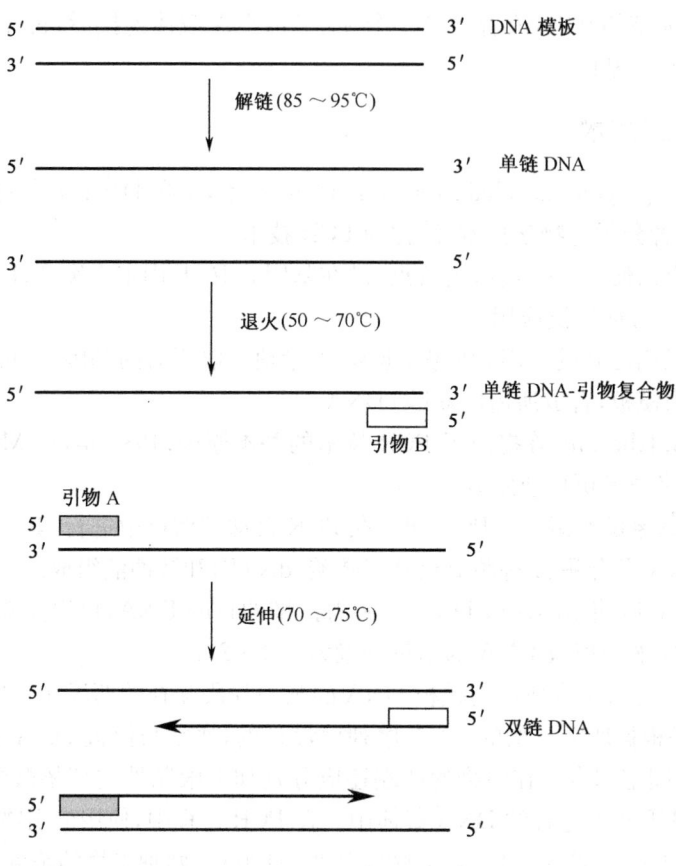

图 14-1　PCR 扩增过程

(1) DNA 的热变性（解链）：聚合酶链反应的第一步是进行 DNA 的热变性。双链 DNA 在加热的条件下，双链之间的氢键断裂，解链成为单链 DNA 的过程称为 DNA 的**变性**。一般 DNA 的解链温度为 85～95℃。不同的 DNA 由于其碱基组成不同，解链温度有所差别。G-C 含量高的 DNA，其解链温度也较高。解链时间很短，一般 30～60 s 即可完成。

(2) 引物与单链 DNA 结合（退火）：DNA 解链以后，将温度逐步降低至50～70℃，使单链 DNA 与互补的引物或者与另一条单链结合，形成双链复合物，这称为**退火**。为了使退火后形成较多的单链 DNA-引物复合物，引物的量应超过 DNA 模板的量（指摩尔比）。

(3) DNA 链的延伸：以单链 DNA 为模板，以结合在单链 DNA 两端的引物为固定起点，在 DNA 聚合酶的作用下，按照碱基互补原则将底物（dNTP）逐个聚合，由 5′端向 3′端的方向使 DNA 链延伸，而获得所需基因。

第二节 载体的制备技术

要将目的基因引进细胞，必须由适宜的载体来携带。载体（vector）是指能够与外源基因共价结合，运载外源基因进入细胞的具有自我复制能力的 DNA 分子。常用的载体包括质粒载体、病毒 DNA 载体、黏粒载体和噬菌粒载体 4 类，在基因克隆过程中使用的载体通常都是经过人工改建而成。

一、载体的分类

根据载体的结构和特性，可以分为 4 类。

1. 质粒载体 质粒是染色体外的遗传因子，是一种具有自我复制能力的环状双链 DNA 分子。

从微生物和植物中分离得到的天然质粒往往有不同程度的局限性，不能直接用作基因载体，必须经过人工改造。现在在基因克隆中广泛使用的质粒，如 pBR322 质粒、pUC 质粒、Ti 质粒等，都是在天然质粒的基础上改建而成。

2. 病毒 DNA 载体 病毒 DNA 是来源于病毒，具有自我复制能力的 DNA 分子。由病毒 DNA 改造而成的具有自我复制能力的 DNA 载体称为病毒 DNA 载体。

天然存在的病毒 DNA 由于其毒性和侵染力强，必须经过改造，才能用作基因载体。常用的病毒 DNA 载体主要有 λDNA 噬菌体载体、M13 噬菌体载体等。

3. 黏粒载体 黏粒（cosmid）是一类人工构建的含有 λDNA 黏性末端（cos 序列）和质粒复制子的质粒载体。又称为柯斯质粒，或音译为柯斯米德。

黏粒载体具有质粒载体的特性，在受体细胞内可以进行自主复制，并带有抗药性标记；同时黏粒载体具有 λ 噬菌体的某些特性，可以由 λ 噬菌体的外壳包装高效地转导进入大肠杆菌细胞；黏粒载体具有很大的组装外源 DNA 的能力，插入的 DNA 片段长度可以高达 35～45 kb。常用的黏粒载体有 pHC79 黏粒载体、pJB8 黏粒载体、c2RB 黏粒载体、pcos1 EMBL 黏粒载体等。

4. 噬菌粒载体 噬菌粒（phagemid）载体是一类人工构建的由 M13 噬菌体单链 DNA 的基因间隔区与质粒载体结合而成的基因载体。常用的噬菌粒载体有 pUC118 噬菌粒载体、pUC119 噬菌粒载体等。

二、载体的制备

用于 DNA 重组的基因载体都是经过人工改造而成的。不同类型的载体，其制备过程有所不同。

1. 质粒载体的制备 质粒载体的制备首先是从宿主细胞中将质粒 DNA 提取分离出来，然后再经过人工改造而成。

（1）质粒 DNA 的提取与分离。从宿主细胞提取分离质粒 DNA 的过程，首先是采用十二烷基磺酸钠（SDS）或者溶菌酶等使细胞裂解，然后经过氯化铯-溴化乙锭（CsCl-EB）密度梯度离心、蔗糖密度梯度离心、聚乙二醇沉淀、碱性变性沉淀等方法，使质粒 DNA 与染色体 DNA、蛋白质、RNA 等分离，得到所需的质粒 DNA。

(2) 质粒载体的改造与构建。在基因克隆中使用的理想质粒载体必须具备如下基本条件:①具有自主的起始复制区,而且在复制区内没有限制性内切核酸酶的切点;②具有某些选择标记,而且经过限制性内切核酸酶作用后,至少保留一个选择标记,以利于重组体的筛选;③具有多种限制性内切核酸酶的单一识别位点,以满足基因克隆的要求。

从细胞中获得的天然质粒往往不能直接用作基因载体,必须经过改造,才能符合使用要求。现在使用的质粒载体都是经过人工改造、构建而成。

a. pBR322 质粒载体:pBR322 质粒载体是最早采用人工方法改建的一种较为理想的质粒载体,总长度 4363 bp,相对分子质量 2.6×10^6。具有分子质量较小、在氯霉素存在下能够扩增 1000~3000 质粒拷贝、含有氨苄青霉素和四环素两种抗性标记、有多种限制性内切核酸酶的单一切割位点等特性。pBR322 质粒载体是从 3 种质粒中切取部分特性片段构建而成的:①来自质粒 pSF2124 的氨苄青霉素抗性基因(amp^r);②来自质粒 pSC101 的四环素抗性基因(tet^r);③来自质粒 ColE1 的复制起始区。

b. pUC 质粒载体:pUC 质粒载体是在 pBR322 质粒载体的基础上,将大肠杆菌乳糖操纵子中含 $lac Z$ 基因 α 序列的片段引入 pBR322 质粒,而构建的具有双功能检测特性的一种常用的基因载体。

c. Ti 质粒载体:Ti 质粒(tumor inducing plasmid)是根瘤农杆菌的质粒,全长 200 kb,其中起主要作用的区域是 T 区(T-DNA)。T-DNA 长度为 13 kb,两端有一对 23 bp 的同向重复序列,中间的几个片段分别对应于生长素、细胞分裂素、生物碱等与根瘤发生有关物质合成的基因。Ti 质粒载体是 T-DNA 经过改造而成的,即除去中间诱发根瘤的片段,保留两端的 23 bp 重复序列(边缘序列),再在边缘序列的中间插入其他质粒,组成嵌合质粒载体,如插入 pBR322 质粒组成 pGV1117 质粒。

2. 病毒 DNA 载体的制备 病毒 DNA 载体的制备过程,首先是从病毒感染的宿主细胞培养物中离心分离除去宿主细胞及细胞碎片,再从离心上清液中分离得到病毒 DNA,然后经过人工改建,而成为病毒 DNA 载体。常用的有 λ 噬菌体载体、M13 噬菌体载体等。

(1) λ 噬菌体载体的构建:λ 噬菌体是一种温和的大肠杆菌噬菌体,在其正二十面体的头部外壳内部含有一条线状双链 DNA 分子,在 DNA 分子两端各有一条 12 nt 的彼此完全互补的 5′-单链突出序列,通常称为黏性末端,将此 DNA 分子溶液加热至 60℃,再经过退火,两条黏性末端可以通过互补碱基的配对而连接起来,形成环状 λDNA 分子。λDNA 溶液加热至 70℃后迅速冷却,即恢复成为线性 λDNA。

λDNA 噬菌体载体的构建主要是通过定点突变等方法,消除过多的限制性内切核酸酶的作用位点,并通过基因置换或者基因敲除等方法,除去 λDNA 中对基因克隆不必要的基因片段。

(2) M13 噬菌体载体的构建:M13 噬菌体是一类大肠杆菌丝状噬菌体,含有长度为 6.4 kb 的环状单链 DNA 分子,M13 DNA 含有 6407 nt、10 个基因,其中有一个长度为 507 nt 的基因间隔区段(IG 区段),间隔区段上有 M13 噬菌体 DNA 的复制起点,但是该区段的完整性对噬菌体的发育功能并不重要,可以将大肠杆菌 β-半乳糖苷酶的基因片段($lacZ$)插入到间隔区段中,当它感染了相应的大肠杆菌宿主细胞,会产生有活性的 β-半乳糖苷酶,在含有诱导物 IPTG 和 X-gal 的培养基上可以形成蓝色噬菌斑;而当外源 DNA 片段插入到 $lacZ$ 区段上时,不会产生 β-半乳糖苷酶,形成的噬菌斑为白色,从而可以通过显色反应鉴别重组子。还可以插入化学合成的具有多克隆位点的 DNA 片段,从而形成具有多种限制性内切核酸酶作用位点的序列,扩展其使用范围。M13 噬菌体载体特别适用于单链 DNA 的克隆。

3. 黏粒载体的制备 黏粒载体是由 λDNA 片段(带有黏性末端 cos 序列)和质粒 DNA 结合而成。

(1) pHC79 黏粒载体:由 λDNA 片段(带有 cos 序列,长度为 1.78 kb)和 pBR322 质粒结合而成。具有 λ 噬菌体载体和 pBR322 质粒载体的特性,可以组装 31~45 kb 的外源 DNA,而且能够为噬菌体外壳包装。

(2) pJB8 黏粒载体:由带有 cos 序列的 λDNA 片段与 pAT153 质粒 DNA 结合而成。可以组装 33~46.5 kb 的外源大片段 DNA。

4. 噬菌粒载体的制备 噬菌粒载体由 M13 噬菌体 DNA 的基因间隔区与质粒载体结合而成,具有 M13 噬菌体 DNA 的复制起点,同时具有质粒载体的特性。噬菌粒载体可以组装比其本身长度长几倍的外源 DNA 片段。

pUC118 和 pUC119 嗜菌粒载体:这两个载体是一对噬菌粒载体,两者的结构除了多克隆位点区域的序列取向彼此相反以外,其他完全相同。当外源基因插入这一对噬菌粒载体的同一种限制性内切核酸酶的位点上,一个重组子将转录外源基因的 DNA 正链,另一个重组子将转录外源基因的 DNA 负链,可以方便地进行核苷酸序列测定和进行体外定点突变。其长度仅为 3.2 kb,却可以克隆 10 kb 的外源 DNA 片段。pUC118 和 pUC119 噬菌粒载体的构建是将 M13 噬菌体 DNA 的基因间隔区分别插入到 pUC18 质粒和 pUC19 质粒的 Nde I 位点上,组建而成。

第三节 DNA 体外重组技术

DNA 体外重组是通过 DNA 连接酶的作用将目的基因(外源 DNA 片段)与载体 DNA 连接,得到重组 DNA 的技术过程。

根据目的基因片段的末端性质和载体 DNA、外源 DNA 分子上限制性内切核酸酶位点的性质,外源 DNA 与载体 DNA 的重组方法主要有下列几种。

一、黏性末端连接

黏性末端连接是外源 DNA 与质粒载体 DNA 连接的常用方法,其主要步骤如图 14-2 所示。

(1) 载体 DNA 用某一种形成黏性末端的限制性内切核酸酶(如 EcoR I、$Hind$ III 等)进行位点特异切割,形成具有黏性末端的线性载体 DNA 分子;

(2) 目的基因(外源 DNA)用同一种限制性内切核酸酶切割,形成与载体 DNA 末端互补的黏性末端;

(3) 经过酶切处理的载体 DNA 与外源 DNA 按照 1:1 的比例混合,经过退火处理,使载体 DNA 与外源 DNA 的黏性末端结合,形成双链接合体;

(4) 在 T4 DNA 连接酶的作用下,于 12~16℃反应 12~15 h,或在 7~9℃反应 48~60 h,双链接合体连接形成稳定的杂种 DNA 分子。

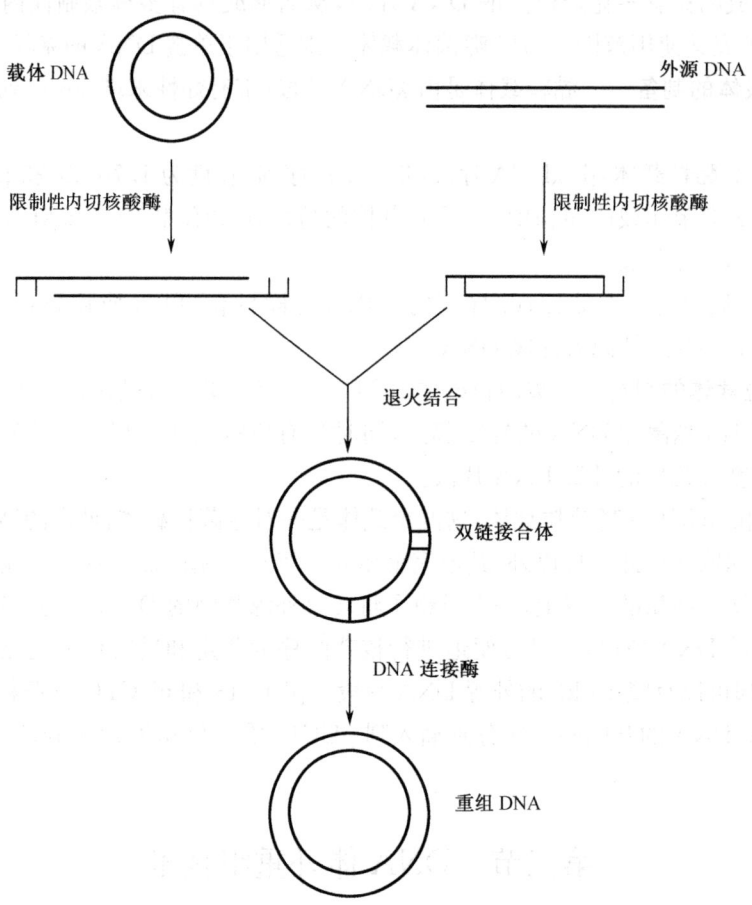

图 14-2 黏性末端连接示意图

由于载体 DNA 和外源 DNA 采用同一种限制性内切核酸酶进行切割,形成的黏性末端相同。在重组过程中,可能发生相同 DNA 片段的自我环化。为了减少自我环化现象的发生,必须调整好两种 DNA 的浓度。也可以用碱性磷酸酶处理载体 DNA 分子,以去除其 $5'$-磷酸基团,可有效防止载体的自我环化。此外,当载体 DNA 和外源 DNA 用相同的限制性内切核酸酶切割时,外源 DNA 的插入可能产生两种相反的取向。为了克服这个问题,可以采用定向克隆(directional cloning)的方法,即用两种不同的限制性内切核酸酶(如用 $BamH$ Ⅰ 和 $Hind$ Ⅲ)同时切割载体 DNA 和外源 DNA,得到两种不同的黏性末端,就可以只按一个方向连接,同时也可以防止自我环化的现象发生。

二、平头末端连接

有些限制性内切核酸酶(如 Hpa Ⅰ、Sma Ⅰ 等)作用于 DNA 分子后,形成的末端不是黏性末端,而是平头末端;通过反转录获得的 DNA 片段和经过 PCR 获得的 DNA 片段也都具有平头末端;此外,黏性末端经过 S_1 酶作用也可以形成平头末端。

具有平头末端的质粒载体 DNA 和外源 DNA 分子,可以在 T4 DNA 连接酶作用下,形成杂种 DNA 分子。

一般来说,平头末端连接的重组效率要比黏性末端连接的效率低得多。采取提高外源

DNA 和质粒载体 DNA 的浓度、提高 T4 DNA 连接酶的浓度、降低 ATP 的浓度、避免亚精胺等多胺物质的存在等措施,可以提高重组效果。

三、修饰末端连接

在某些情况下,用于 DNA 重组的载体 DNA 和外源 DNA,经过限制性内切核酸酶切割后,形成的末端未必是互补的黏性末端,也未必都是平头末端。在此情况下,载体 DNA 和外源 DNA 的末端不相匹配,T4 DNA 连接酶无法进行连接。所以在进行连接之前,必须对两个末端或其中一个末端进行修饰处理,使两种 DNA 的末端互相匹配,以便于连接。主要的修饰方法是引进附加末端。附加末端可以是单链 DNA,也可以是双链 DNA,可以在一个末端附加,也可以在两个末端都附加举例如下。

1. 附加同聚物 经过限制性内切核酸酶切割的载体 DNA 和外源 DNA 片段,可以经过脱氧核苷酸末端转移酶的作用,分别在两种 DNA 片段的 3′-OH 端加上 poly dA 和 poly dT 或者分别加上 poly dG 和 poly dC,由于两种 DNA 末端附加的同聚物互补,两者混合后经过退火处理就可以结合在一起,形成重组 DNA。一般来说,附加 poly dG 和 poly dC 只要 10~30 nt 就可以起作用,而附加 poly dA 和 poly dT 则需要长些才有较好的效果。

2. 附加人工接头 为了提高平头末端的连接效率,可以在平头末端加上人工合成的双链寡核苷酸(人工接头)。人工接头的长度约为 10 bp,带有某些形成黏性末端的限制性内切核酸酶的作用位点。

人工接头可以是双链等长的寡核苷酸,它与载体 DNA 和外源 DNA 的平头末端连接时,首先用多核苷酸激酶处理,使人工接头的 5′端磷酸化,再通过 T4 DNA 连接酶的作用使之连接在一起。然后用适当的限制性内切核酸酶处理,形成互补的黏性末端。

人工接头也可以是双链非等长的寡核苷酸,即一端为平头末端,可以与载体 DNA 或外源 DNA 的平头末端连接;另一端在人工合成时已经是某种限制性内切核酸酶作用位点的黏性末端。它与目标 DNA 的平头末端连接后,不用经过限制性内切核酸酶处理,就已经形成互补的黏性末端。

经过末端修饰的载体 DNA 和外源 DNA 分子,可以在 T4 DNA 连接酶的作用下形成杂种 DNA 分子。

第四节 重组 DNA 引入受体细胞技术

体外组建的重组 DNA(杂种 DNA)只有引入到某种受体细胞,进行扩增和表达,才具有研究和实用意义。

要将重组 DNA 引入受体细胞,首先要获得适宜的受体细胞,然后采用转化、转导、转染、介导、沉淀等方法将外源 DNA 引入受体细胞。

一、受体细胞的筛选与处理

受体细胞是指接受重组 DNA 的细胞,包括各种微生物细胞、植物细胞和动物细胞。在外源 DNA 引入受体细胞之前,要选育适宜的受体细胞,并对受体细胞进行某些必要的处理,受体细胞应当具备下列基本特性。

1. 受体细胞应为感受态细胞 感受态细胞是指具有接受外源 DNA 能力的细胞。将受体细胞培养至对数生长期后期,用一定浓度的钙离子处理后,其细胞膜发生变化,呈现出能够让外源 DNA 分子进入细胞的生理状态,即成为感受态细胞。

2. 受体细胞应为限制缺陷型细胞或者限制-修饰缺陷型细胞 限制缺陷型细胞是指不含有限制性内切核酸酶的细胞,而限制-修饰缺陷型细胞是指同时不含有限制性内切核酸酶和甲基化酶的细胞。

受体细胞内如果含有限制性内切核酸酶,会使引入的外源 DNA 降解;而甲基化酶可以对 DNA 进行修饰而改变 DNA 的特性。通过选育限制缺陷型细胞或者限制-修饰缺陷型细胞,就可以保证引入的外源 DNA 保持原有的遗传特性。常用的大肠杆菌受体细胞一般都采用限制缺陷型或者限制-修饰缺陷型的大肠杆菌 K_{12} 的突变株,如 C600、XB101、X1776 等。

二、外源 DNA 引入受体细胞

将外源 DNA 引入受体细胞获得重组细胞的方法很多,主要有转化、转染、转导、农杆菌介导、磷酸钙沉淀转染、显微注射等。

1. 转化 转化(transformation)是将带有外源基因的重组质粒 DNA 引入受体细胞的技术过程。

在转化过程中,首先用钙离子处理制备感受态细胞,然后将重组质粒 DNA 与感受态细胞混合,在一定温度条件下保温一段时间,将重组质粒 DNA 引入受体细胞。例如,转化大肠杆菌细胞时,首先用 0.1 mol/L 的 $CaCl_2$ 溶液处理细胞,制成感受态细胞,然后与重组质粒 DNA 混合,在 42℃保温 90 s,立即冰浴降温,使重组质粒 DNA 进入受体细胞,再加入适宜的培养基,在一定条件下培养 12～24 h,获得重组细胞(转化子)。该法具有简单、快速、重复性好的特点,广泛应用于大肠杆菌等感受态细胞的转化。

2. 转染 将带有外源 DNA 的重组噬菌体 DNA 直接引入受体细胞的技术过程称为转染(transfection)。有时也将外源 DNA 引入哺乳动物细胞的过程统称为转染。

转染与转化一样,首先制备得到感受态细胞,然后将重组 DNA 与感受态细胞混合,在一定温度下保温一段时间,使重组 DNA 进入受体细胞,获得重组细胞。

3. 转导 将带有外源 DNA 的重组病毒 DNA 首先用病毒外壳蛋白包装成为有感染力的病毒,然后用此病毒去感染受体细胞,将重组 DNA 引入受体细胞的过程称为转导(transduction)。

包装的过程是将含有外源 DNA 的重组病毒 DNA 与含有包装所需的各种蛋白质成分的包装液混合,在一定的温度下保温一段时间,包装成具有感染能力的病毒。

病毒包装好以后,与宿主细胞混合,室温下温育一段时间,然后在适宜的培养基上,于一定条件下培养一定时间使病毒感染宿主细胞,而将外源 DNA 导入宿主细胞中,获得重组细胞。

转导的效率比转染的效率高几个数量级。在将外源 DNA 引入微生物和动物细胞的过程中经常采用。例如,将重组 λ 噬菌体 DNA 导入大肠杆菌细胞时经常采用转导的方法。

4. 农杆菌介导 利用携带外源 DNA 的农杆菌(*Agrobacterium*)与受体植物细胞共培养,将外源 DNA 导入植物细胞的技术过程,称为农杆菌介导。

农杆菌介导是将外源 DNA 导入植物细胞的主要方法。其主要步骤如下:首先将外源 DNA 与 Ti 质粒 DNA 重组,获得重组 DNA,再将重组 DNA 转化进入农杆菌细胞,然后将带有外源基因的农杆菌在液体培养基中与受体植物细胞、植物原生质体或植物组织共培养一定时间,通过农杆菌将重组 Ti 质粒带入植物细胞中,获得重组细胞。

5. 磷酸钙沉淀转染　　磷酸钙沉淀转染是将外源 DNA（必要时可以加入某些载体 DNA）与磷酸钙共沉淀，再将沉淀物与受体细胞一起在 37℃ 温育 4～16 h，通过内吞作用，使外源 DNA 进入细胞，而实现转染的技术过程。

磷酸钙沉淀转染是将外源 DNA 引入哺乳动物细胞的常用方法。通常在中性条件下形成磷酸钙-DNA 共沉淀的 DNA 浓度为 5～30 μg/ml、磷酸钙浓度为 120～130 mmol/L。

6. 显微注射　　显微注射（microinjection）是利用显微注射器直接将外源 DNA 注射到细胞核或细胞质区域，而实现转染的过程。

显微注射无需载体 DNA，引入宿主细胞的外源 DNA 的种类和数量可以严格控制，注射后存活的宿主细胞可以很快进行外源 DNA 的表达，产生稳定转化子的细胞数量可达 1%～30%，广泛应用于转染胚胎干细胞（embryonal stem，EM）。

7. 基因枪导入　　基因枪导入又称为高速微弹导入，是利用高压氦气脉冲将覆盖了外源基因的微型钨弹或金弹高速发射，使之穿过细胞外层结构进入细胞，将外源 DNA 带入细胞。

第五节　重组 DNA 的鉴定技术

将外源 DNA 与载体 DNA 重组，然后引入宿主细胞获得重组细胞的过程中，为了检测重组结果是否正确，外源基因在重组细胞中是否正确、高效表达，需要对重组 DNA 进行严格的鉴定。

重组 DNA 的鉴定技术有多种，这里简要介绍常用的 DNA 印迹、RNA 印迹、蛋白质印迹和 DNA 序列测定等技术。

一、DNA 印迹技术

DNA 印迹（Southern blotting）又称为 DNA 印迹杂交，是将经过琼脂糖凝胶电泳分离的 DNA 片段，先经碱变性成为单链 DNA，然后转移到硝酸纤维素膜上，再用同位素标记的 DNA 或 RNA 探针进行杂交定位的一种技术。该技术由 E. M. Southern 于 1875 年首创，故称为 Southern blotting。

DNA 印迹的基本原理是首先将混合的 DNA 片段进行凝胶电泳，使各个 DNA 片段按照相对分子质量的不同进行分离；再用碱处理，使双链 DNA 片段变性形成单链 DNA；将单链 DNA 转移到固体支持膜上后，用放射性同位素标记的与 DNA 互补的探针与单链 DNA 杂交，经过放射自显影使杂交位置显示出来，根据显影情况，就可以判定重组 DNA 中是否带有正确的外源 DNA。

DNA 印迹的主要步骤如下。

1. 重组 DNA 的切割　　将重组细胞接种于一定的培养基中，在一定的条件下培养一定时间，然后按照常规方法从重组细胞中重新将重组 DNA 抽提出来，用一种或者多种限制性内切核酸酶将重组 DNA 切割成若干片段。

2. 琼脂糖凝胶电泳　　将上述酶切片段在 0.8% 琼脂糖凝胶上进行电泳，使各个 DNA 片段按照相对分子质量大小进行分离。将凝胶片用 EB 染色，在紫外线灯下拍成照片。

3. 碱变性处理　　将凝胶片上的 DNA 进行碱变性，使双链 DNA 变成单链 DNA，然后用水冲洗、浸泡凝胶片至中性。

4. DNA 的转移　　将凝胶片上的单链 DNA 转移到固体支持膜（硝酸纤维素膜或者尼龙

膜)上。转移方法主要有两种。

(1) 毛细管转移法:将固体支持膜覆盖在凝胶表面,上面再放一叠干燥的吸水纸巾,借助纸巾产生的毛细管作用,使缓冲液携带凝胶上的 DNA 从凝胶转移到固体支持膜上。由于固体支持膜紧贴凝胶表面,在 DNA 转移过程中,其相对位置保持不变。由于固体支持膜对 DNA 的吸附力强,使 DNA 固定在固体支持膜上。

(2) 真空转移法:将凝胶片置于真空转移装置的多孔板上,上面覆盖固体支持膜,启动真空泵,在压力差的推动下,缓冲液携带凝胶上的 DNA 从凝胶转移到固体支持膜上,并按照其在凝胶上的相对位置固定在固体支持膜上。

5. DNA 杂交　　将上述固体支持膜(DNA 印迹膜)经过浸泡,用滤纸吸干后于 80℃ 真空干燥。再将印迹膜放入塑料袋内,加入预杂交液,封口后于 68℃ 水浴中振荡保温 2~4 h。然后打开塑料袋封口,弃预杂交液,加入一定量的杂交液(含有 ^{32}P 标记的 DNA 或 RNA 探针溶液),封口后,置于 68℃ 水浴中杂交 16 h。杂交完成后,取出印迹膜,反复浸泡冲洗,以除去未杂交的有 ^{32}P 标记的 DNA 探针。

6. 放射自显影　　将上述经过杂交的印迹膜与核子乳胶片紧贴在一起,固定在显影盒中,置于 -70℃ 的低温冰箱中一段时间,进行放射自显影。然后再冲洗乳胶片。

根据乳胶片上的显影情况,鉴定重组细胞和重组 DNA 中是否带有正确的外源基因。

二、RNA 印迹技术

RNA 印迹(Northern blotting)又称为 RNA 印迹杂交,是将经过琼脂糖凝胶电泳分离的 RNA 片段转移到硝酸纤维素膜或尼龙膜上,再用同位素标记的 DNA 或 RNA 探针进行杂交定位的一种技术,是由 G. R. Stark 于 1877 年首创,称为 Northern blotting。

RNA 印迹技术的基本原理与 DNA 印迹相似。其主要过程如下所述。

1. 获取 RNA　　将重组细胞接种于一定的培养基中,在一定的条件下培养一定时间,使重组进去的外源 DNA 转录生成 RNA,然后按照常规方法从重组细胞中将 RNA 抽提出来。

2. RNA 的电泳分离　　将含 RNA 的样品用琼脂糖凝胶电泳进行分离。

3. RNA 的转移　　将凝胶上的 RNA 转移到硝酸纤维素膜或尼龙膜上。

4. RNA 杂交　　用放射性同位素或生物素等标记的 DNA 或 RNA 探针,对固定在支持膜上的 RNA 进行杂交。

5. 显示杂交位置　　根据探针的标记不同,采用适宜的方法使杂交位置在印迹杂交膜上显示出来。如果用放射性同位素标记的探针,可采用放射自显影;如果采用生物素等标记的探针,则进行显色反应,使杂交位置显示出来。

然后根据支持膜上杂交信号的有无、电泳迁移位置和信号强弱程度等,判断外源基因是否在宿主细胞中得以转录、转录生成的 RNA 是否正确及该基因转录的效率高低等。

三、蛋白质印迹技术

蛋白质印迹(Western blotting)又称为蛋白质印迹杂交,是将经过凝胶电泳分离的蛋白质转移到硝酸纤维素薄膜上,然后用含有放射性标记或者酶标记的探针进行杂交定位的一种技术。

蛋白质印迹技术将蛋白质凝胶电泳和免疫检测技术结合在一起,灵敏度很高,可以从蛋白质混合溶液中检测出 50 ng 的蛋白质。

蛋白质印迹技术的基本原理与蛋白质的 SDS 凝胶电泳及蛋白质免疫检测的原理完全相同。

通过蛋白质印迹，可以根据固体支持膜上蛋白质印迹杂交的信号，鉴定外源基因在宿主细胞中的表达情况。

蛋白质印迹的主要步骤如下。

1. 蛋白质的凝胶电泳 将重组细胞在一定条件下培养一定时间，从细胞中提取或者从培养液中获得含有各种蛋白质的混合液，然后进行 SDS-聚丙烯酰胺凝胶电泳，将蛋白质进行分离。

2. 蛋白质的转移 将固体支持膜(硝酸纤维素膜等)覆盖在凝胶片上，置于电转移槽中，加入适宜的缓冲液，接通直流电源，在一定的电流强度(通常根据凝胶片面积按照 0.65 mA/cm^2 设置电流)条件下，电转移一段时间，使蛋白质从凝胶中转移到固体支持膜上。也可以采用扩散法将蛋白质从凝胶中转移到固体支持膜上。

3. 蛋白质杂交 将上述固体支持膜(蛋白质印迹膜)漂洗后，装入杂交袋中，加入目标蛋白质的抗体(一抗)，在室温条件下反应 1～2 h，漂洗除去未结合的多余抗体后，再加入与一抗特异结合的带有放射性标记或酶标记的第二种抗体(二抗)，在室温下反应 1～2 h，反复漂洗除去未结合的二抗。

杂交完成后，通过放射自显影或者显色反应，根据固体支持膜上的蛋白质印迹杂交信号，鉴定重组细胞中外源基因的表达情况。

四、DNA 序列测定技术

DNA 序列测定(DNA sequencing)是通过特定的方法，将放射性标记或者荧光标记物质掺入到 DNA 片段上，经过聚丙烯酰胺凝胶电泳分离，放射自显影或者显色处理，然后根据图谱，确定 DNA 序列的检测技术。

通过 DNA 序列测定可以确证重组 DNA 中插入的外源基因的结构和方向，也可以对突变碱基进行定位和鉴定，是在 DNA 重组和突变过程中广泛应用的检测手段。

目前常用的 DNA 序列测定方法主要有双脱氧核苷酸链终止法、化学切割测序法和自动荧光 DNA 测序法等。

1. 双脱氧核苷酸链终止法 双脱氧核苷酸链终止法是由桑格(Sanger)首创的，又称为 Sanger 测序法。

1) Sanger 测序法的原理　在以单链 DNA 为模板，以 4 种脱氧核苷三磷酸(dCTP、dTTP、dGTP、[^{32}P]dATP)为底物，以特异设计的寡核苷酸为引物进行 DNA 扩增时，在反应液中加入一定量的 2′,3′-双脱氧腺苷三磷酸(ddATP)，在核苷酸链延伸过程中，如果在本来应该掺入 dATP 的位置上掺入了 ddATP，由于在 ddATP 的 3′-位置缺少一个羟基，不能与后续 dNTP 形成磷酸二酯键，使延伸的核苷酸链终止。通过 dATP 与 ddATP 的竞争，结果在反应产物中形成了一系列以 ddATP 结尾的长度不一的寡核苷酸。

若将以相同单链 DNA 为模板的 DNA 扩增反应在 4 个管中独立进行，在各管的反应液中分别加入不同的双脱氧核苷三磷酸(ddATP、ddCTP、ddTTP、ddGTP)，结果将产生 4 组不同的寡核苷酸混合物，它们分别以 ddATP、ddCTP、ddTTP 或 ddGTP 为结尾，分别终止于模板链的每一个 dA、dC、dT、dG 位点上。

将 4 组反应产物在同一块聚丙烯酰胺凝胶的相邻泳道上进行电泳分离，然后进行放射自显影,就可以按照碱基互补原则从显影图谱上直接读出 DNA 片段的核苷酸顺序(图 14-3)。

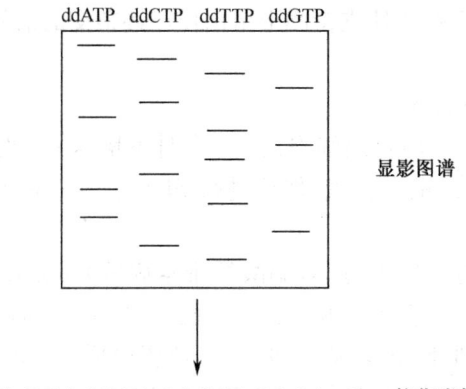

图 14-3　Sanger 测序法直接从显影图谱读出 DNA 片段的核苷酸顺序

2) Sanger 测序法的主要步骤　　Sanger 测序法主要包括下列 5 个步骤。

(1) 模板 DNA 的准备:将 DNA 从细胞中抽提出来,用限制性核酸酶切割成若干片段,经过变性处理,获得单链 DNA 模板。

(2) 退火处理:含有模板 DNA、引物和镁离子等的混合液,在 55℃,保温一段时间,进行退火处理。

(3) 核苷酸延伸-终止反应:经过退火处理的混合液分成 4 组,各加入底物混合液,并分别加入不同的双脱氧核苷三磷酸,然后加入 DNA 聚合酶,进行延伸-终止反应。

(4) 凝胶电泳分离:将上述 4 组不同的反应液,分别加样到同一片凝胶的不同泳道上,进行凝胶电泳。

(5) 放射自显影:将上述凝胶片紧贴在核子乳胶片上,进行放射自显影。

具体操作步骤参看实验 14-3。

2. 化学切割测序法　　化学切割测序法是由麦克萨姆和吉尔伯特(Maxam-Gilbert)首创的,又称为 Maxam-Gilbert 测序法。

1) 化学切割测序法的原理　　化学切割测序法是采用特定的化学试剂,将含有放射性同位素标记的待测序 DNA 片段进行定点切割,获得长短不一的各种寡核苷酸的混合物,经过聚丙烯酰胺凝胶电泳,将不同大小的寡核苷酸分离,再经过放射自显影,可以从图谱中读出核苷酸顺序。

化学切割测序法所使用的具有特异作用位点的化学试剂有:①硫酸二甲酯,特异作用位点是鸟嘌呤(G);②甲酸,特异作用位点是鸟嘌呤(G)和腺嘌呤(A);③肼,在 NaOH 存在的条件下特异作用位点是胞嘧啶(C),在无 NaOH 存在的条件下特异作用位点是胞嘧啶(C)和胸腺嘧啶(T)。

这些化学试剂对 DNA 片段的切割过程包括:①对特定的碱基进行修饰;②经过修饰的碱基与脱氧核糖分离;③在失去碱基的脱氧核糖部位发生 DNA 链的断裂,生成长短不一的寡核苷酸混合物。

化学切割后生成的寡核苷酸混合物,经过聚丙烯酰胺凝胶电泳使不同的寡核苷酸分离,再经过放射自显影可以从显影图谱中读取 DNA 片段的核苷酸顺序。

2) Maxam-Gilbert 测序法的主要步骤

（1）放射性同位素标记的掺入：待测序的 DNA 片段先经碱性磷酸酶作用，生成 5′-OH 末端，再与一定量的[^{32}P]dATP 混合，在 T4 多核苷酸激酶的作用下，将放射性同位素标记掺入到 DNA 片段的 5′ 端，或用 T4 DNA 连接酶将放射性同位素标记掺入到 DNA 片段的 3′ 端。

（2）化学切割：取 4 支试管，分别标明 G、G+A、T+C、C，各加入一定量的有放射性标记的 DNA 片段，分别加入相应的化学试剂，即在 G 管加入硫酸二甲酯、在 G+A 管加入甲酸、在 T+C 管加入肼和 NaOH、在 C 管加入肼。在一定条件下反应一段时间，在特异位点进行化学切割，生成 4 组不同的寡核苷酸混合物。

（3）凝胶电泳：将上述各组寡核苷酸混合物，分别加样在同一块聚丙烯酰胺凝胶的相邻泳道上进行凝胶电泳，使不同的寡核苷酸分离。

（4）放射自显影：将上述凝胶进行放射自显影，从乳胶片上的显影图谱直接读取 DNA 序列（图 14-4）。在读取 DNA 序列时，要注意序列的方向，如果采用 5′ 端标记，凝胶上方（相对分子质量大）为 DNA 的 3′ 端；若采用 3′ 端标记，则凝胶上方为 DNA 的 5′ 端。

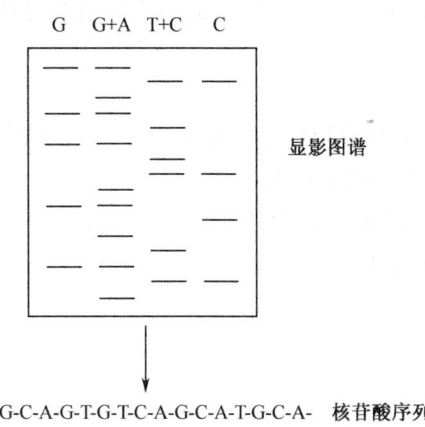

图 14-4　化学切割法从显影图谱读取 DNA 序列

3. 自动荧光 DNA 测序法　　自动荧光 DNA 测序法是采用自动装置进行的无放射性同位素标记的 DNA 测序方法。所使用的自动装置是各种自动荧光 DNA 测序仪，举例说明如下。

1986 年，阿诺吉（W. Anoorge）设计出一种 DNA 序列自动分析仪，采用四甲基若丹明荧光试剂对 M13 单链 DNA 的扩增引物进行末端标记，这种荧光试剂在激光的激发下可以产生荧光。利用这种自动 DNA 测序仪进行 DNA 测序时，将待测序的 DNA 片段按照常规的双脱氧核苷酸链终止法进行延伸-终止反应，也用聚丙烯酰胺凝胶进行电泳分离。但采用荧光试剂标记代替放射性同位素标记，并采用下述不同的检测方法，即在聚丙烯酰胺凝胶的侧面安装一个激光发射器，通过光学系统将激光导向垂直于凝胶表面，另外再安装一套与计算机相连的荧光接收系统。在电泳过程中，当带有荧光标记的某一寡核苷酸片段在电场的作用下，经过激光光道检测孔时，在激光的激发下发出特定波长的荧光。通过荧光接收系统接受得到的荧光信号，经过计算机分析处理后，自动将测得的 DNA 序列打印出来。

此后，不断研制出各种自动 DNA 测序仪。有的用 4 种不同的荧光试剂标记双脱氧核苷酸，用于终止核苷酸链的延伸。其优点是不同的 ddNTP 带有不同的标记，不需要进行 4 组不同的反应,4种链终止反应的产物可以在聚丙烯酰胺凝胶的同一个泳道上进行电泳,带有不同荧光标记的产物在激光的激发下发出不同波长的光,发射的荧光经过衍射光栅分解后,用电荷耦联仪检测,经计算机处理,然后直接打印出DNA序列。有的采用毛细管电泳代替凝胶电泳,可以大大缩短电泳时间。但是万变不离其宗,其基本原理和主要操作过程大同小异,主要不同在于以自动操作代替人手操作,具有操作简便、测定快速的特点。

第六节　实　　验

实验14-1　大肠杆菌ColEⅠ质粒的分离

【原理】

大肠杆菌细胞质中存在一种产生大肠杆菌素EⅠ的质粒ColEⅠ,其相对分子质量为5.8×10^6。ColEⅠ质粒及其改造、衍生的质粒是在DNA重组过程中常用的质粒之一。

将大肠杆菌细胞破碎以后,质粒游离出来,根据该质粒的相对分子质量与其他组分的相对分子质量不同,可以采用超速离心、聚乙二醇沉淀的方法进行分离,而获得ColEⅠ质粒。

【试剂和材料】

(1) 大肠杆菌细胞:将活化的大肠杆菌接种在含有1%蛋白胨、0.5%酵母膏、1%氯化钠的培养基中,于30℃培养一段时间,离心收集细胞。

(2) 25%蔗糖-0.05 mol/L Tris-HCl缓冲液(pH 8.0):用50%蔗糖溶液和0.1 mol/L Tris-HCl缓冲液(pH 8.0)等体积混合而成。

(3) 0.5%溶菌酶液。

(4) 0.25 mol/L EDTA溶液。

(5) 10%SDS溶液。

(6) 5 mol/L NaCl溶液。

(7) 聚乙二醇、PEG6000。

(8) 80%$(NH_4)_2SO_4$溶液。

(9) 0.1 mol/L Tris-HCl缓冲液(pH 8.0)。

(10) 0.1 mol/L Tris-HCl缓冲液(pH 7.5)。

(11) 苯酚。

(12) 氯仿。

(13) 台式离心机。

(14) 超速离心机。

(15) 透析袋。

【操作方法】

(1) 取2 g湿菌体,悬浮于10 ml 25% 蔗糖-0.05 mol/L Tris-HCl缓冲液(pH 8.0)中,加入2 ml溶菌酶液,在0℃振荡10 min。再加入4 ml 0.25 mol/L EDTA溶液,静置5 min。

(2) 逐滴加入10% SDS溶液1.8 ml,混匀后加入5 mol/L NaCl溶液4.5 ml,置冰箱过夜。

(3) 次日,用20 000 g离心力于0~3℃下离心分离,弃沉淀。

(4) 上述离心上清液加入 2.2 g PEG6000,混匀后,置冰箱 24 h。20 000 g 离心 30 min,弃上清液。

(5) 沉淀悬浮于 40% $(NH_4)_2SO_4$-0.05 mol/L Tris-HCl(pH 8.0)-0.5 mol/L NaCl-0.005 mol/L EDTA 混合液中[配制时用 80% $(NH_4)_2SO_4$ 溶液与 0.1 mol/L Tris-HCl 缓冲液(pH 8.0)等体积混合,再加入 1/100 体积的 5 mol/L NaCl 溶液和 1/50 体积的 0.25 mol/L EDTA 溶液],在 0℃放置 5 min。以 3500 r/min 离心 10 min,去除蛋白质沉淀和上层 PEG,取中间层。

(6) 将上述中间层溶液装进透析袋,对 0.05 mol/L pH 7.5 Tris-HCl-0.005 mol/L EDTA-0.05 mol/L NaCl 混合液(配制时取 pH 7.5 0.1 mol/L Tris-HCl 缓冲液加入等体积蒸馏水,再加入 1/100 体积的 5 mol/L NaCl 溶液和 1/50 体积的 0.25 mol/L EDTA 溶液),在 4℃透析过夜,以除去 $(NH_4)_2SO_4$。

(7) 上述透析液加入 1/20 体积的 10% SDS 溶液,于 37℃保温 15 min。然后冷却至 0℃用苯酚抽提数次水层,再用氯仿抽提 3 次,除去残余苯酚。

(8) 水层装进透析袋,在 0℃ 对 pH 7.5 0.05 mol/L Tris-HCl-0.05 mol/L NaCl-0.01 mol/L $MgCl_2$ 混合液(配制时,取 pH 7.5 0.1 mol/L Tris-HCl 缓冲液加入等体积蒸馏水,再加入 1/100 体积的 5 mol/L NaCl 溶液和 1/100 体积的 1 mol/L $MgCl_2$ 溶液)透析过夜,透析液即为 ColE I 质粒溶液。

实验 14-2 重组 DNA 的细胞转化

【原理】

为了有利于细胞转化,受体细胞要首先变为感受态细胞。大肠杆菌细胞经 Ca^{2+} 处理可得到感受态细胞。然后与重组 DNA 质粒混合,在一定条件下,使重组 DNA 进入细胞,实现细胞转化。

【试剂和材料】

(1) 菌株:大肠杆菌 HB101。

(2) 培养基:蛋白胨 1%,酵母膏 0.5%,氯化钠 1%(若制成固体培养基则再加入 2%琼脂)。

(3) Tris-HCl 缓冲液(pH 7.5):10 mmol/L。

(4) 10 mmol/L $MgCl_2$ 溶液。

(5) 50 mmol/L $CaCl_2$ 溶液。

(6) 重组 DNA 质粒悬浮液。

【操作方法】

(1) 将活化的大肠杆菌 HB101 菌种接种于 40 ml 新鲜培养基中(用 250 ml 三角瓶),于 30℃振荡培养。当培养液中细胞浓度每毫升达到 $1×10^8～5×10^8$ 个细胞时,用 8000 r/min 的速率离心收集菌体。

(2) 菌体用 20 ml 10 mmol/L $MgCl_2$ 溶液洗涤,再离心收集菌体。

(3) 将洗涤后的菌体悬浮在冰冷的 20 ml 50 mmol/L $CaCl_2$ 溶液中,处理 20 min,用

8000 r/min离心分离收集菌体。

(4) 将上述菌体悬浮于 1 ml 50 mmol/L $CaCl_2$ 溶液中,即为感受态大肠杆菌细胞悬浮液。

(5) 在消毒小试管中加入 50 μl $MgCl_2$ 溶液、$CaCl_2$ 溶液和 Tris-HCl 缓冲液,置于冰浴中。

(6) 在上述小试管中再加入 10~100 ng 的重组 DNA 悬浮液(10 μl)、100 μl 感受态细胞悬浮液。在 0℃放置 15 min,37℃放置 2 min,22~25℃(室温)放置 10 min。

(7) 加 1 ml 液体培养基,37℃振荡培养 1 h。

(8) 取 0.1 ml 涂平板,37℃培养 24 h。长出菌落,从中再鉴定克隆化菌株。

实验 14-3　Sanger 测序法测定基因的序列

【原理】

在 DNA 扩增的反应液中加入双脱氧核苷酸,可在核苷酸链延伸过程中,使核苷酸链的延伸终止,形成一系列以双脱氧核苷酸结尾的长度不一的寡核苷酸。经过凝胶电泳和放射自显影,可以确定基因的核苷酸排列顺序。

【试剂和材料】

(1) 单链 DNA 模板。

(2) 退火混合液:引物,Tris-Mg^{2+} 溶液。

(3) 底物溶液:dCTP、dGTP、dTTP 的混合液。

(4) [^{32}P]dATP 溶液。

(5) 4 种双脱氧核苷酸溶液:分别为 ddATP、ddCTP、ddTTP 和 ddGTP。

(6) Klenow DNA 聚合酶溶液。

(7) 聚丙烯酰胺凝胶。

(8) 核子乳胶片。

【操作方法】

(1) 模板 DNA 的准备:将重组细胞接种于一定的培养基中,在一定的条件下培养一定时间,然后,按照常规方法从重组细胞中重新将重组 DNA 抽提出来。用一种或者多种限制性内切核酸酶将重组 DNA 切割成若干片段,获得待测序的单链 DNA 模板,或者得到双链 DNA 后,经过变性处理而获得单链 DNA 模板。

(2) 退火处理:在微量离心管中加入退火混合液,加入模板 DNA,盖好离心管盖,于 55℃保温 30 min,进行退火处理。退火处理后的引物-模板混合液可以在 -20℃条件下暂存。

(3) 核苷酸链延伸-终止反应:在 4 个微量离心管上分别标明 ddA、ddC、ddT、ddG,各加入一定量的经过退火处理的引物-模板混合液,含有 dCTP、dTTP、dGTP 的混合液和[^{32}P]dATP 液,分别加入相应的 ddNTP 溶液(如在标明 ddA 的离心管中加入 ddATP);然后加入适宜的 DNA 聚合酶(如 Klenow DNA 聚合酶),离心 2~3 min 以混合均匀,开始链延伸-终止反应,继续在室温下反应 12 min,再加入含有 4 种 dNTP 的追加液,略微离心混匀,继续在室温下反应 12 min。获得 4 组不同的寡核苷酸混合物。取出离心管,在各管中分别加入样品缓冲液,于 -20℃放置过夜。

(4) 凝胶电泳分离:将上述 4 组不同的寡核苷酸混合液,分别加样在同一块聚丙烯酰胺凝胶的相邻泳道上进行凝胶电泳,使不同的寡核苷酸分离。

(5) 放射自显影:将上述凝胶与核子乳胶片紧贴在一起,固定在显影盒中,置于-70℃的低温冰箱中 2~7 天进行放射自显影。然后冲洗乳胶片,从乳胶片上的显影图谱直接读取 DNA 序列。

实验 14-4　DNA 印迹杂交

【原理】

将混合的 DNA 片段进行凝胶电泳,使各个 DNA 片段按照相对分子质量的不同进行分离,再用碱处理,使双链 DNA 片段变性形成单链 DNA,然后转移到固体支持膜上后,用放射性同位素标记的探针和 DNA 互补的探针与单链 DNA 杂交,经过放射自显影使杂交位置显示出来,根据显影情况,就可以判定重组 DNA 中是否带有正确的外源 DNA。

【试剂和材料】

(1) 样品 DNA:经过酶切成为不同大小的片段。
(2) DNA 变性液:1.5 mol/L NaCl,0.5 mol/L NaOH。
(3) 预杂交液:3×SSC,1×Denhardt,0.02% 变性鲑精 DNA,0.05 mol/L 磷酸缓冲液(pH 7.0),50% 甲酰胺。
(4) 杂交液:3×SSC,1×Denhardt,0.02% 变性鲑精 DNA,0.05 mol/L 磷酸缓冲液(pH 7.0),50% 甲酰胺,10% 硫酸葡萄糖。
(5) DNA 探针:采用随机引物标记方法制备得到。
(6) TE 缓冲液:0.01 mol/L Tris-HCl(pH 8.0),1 mmol/L EDTA。
(7) TAE 缓冲液:0.04 mol/L Tris,0.04 mol/L 乙酸,1 mmol/L EDTA。
(8) 50×Denhardt 溶液:0.02% PVP,0.02%BSA,0.02% Ficoll(聚蔗糖酯)。
(9) SSC 液:0.15 mol/L NaCl,0.015 mol/L 柠檬酸钠。
(10) 0.8% 琼脂糖凝胶。
(11) 核子乳胶片。

【操作方法】

1. 重组 DNA 的切割　　将重组细胞接种于一定的培养基中,在一定的条件下培养一定时间,然后,按照常规方法从重组细胞中重新将重组 DNA 抽提出来。用一种或者多种限制性内切核酸酶将重组 DNA 切割成若干片段。

2. 琼脂糖凝胶电泳　　将上述酶切片段点样在 0.8% 琼脂糖凝胶上,25 V 电泳 8~12 h,使各个 DNA 片段按照相对分子质量大小进行分离。

3. 碱变性处理　　将凝胶片上大于 8 kb 的 DNA 片段部分用紫外线照射 20 min(小于 8 kb 部分用铝箔和厚纸板遮挡),使大片段 DNA 断裂,加入 DNA 变性液浸泡 30~45 min 进行碱变性,使双链 DNA 变成单链 DNA,然后用水冲洗、浸泡凝胶片至中性。

4. DNA 的转移　　取一块与凝胶表面面积相同的尼龙膜,用重蒸水浸透后,覆盖在凝胶表面,上面再放一叠干燥的吸水纸巾,借助纸巾产生的毛细管作用,使缓冲液携带凝胶上的DNA从凝胶转移到尼龙膜上。

5. DNA 杂交　取出尼龙膜(DNA 印迹膜)用 2×SSC 液浸泡冲洗,用滤纸吸干后,于 80℃真空干燥。再将印迹膜放入塑料袋内,加入预杂交液,封口后于 68℃水浴中振荡保温 2~4 h。然后打开塑料袋封口,弃预杂交液,加入一定量的杂交液(含有^{32}P 标记的 DNA 探针溶液 0.5 ml),封口后,置于 68℃水浴中杂交 16 h。杂交完成后,取出印迹膜,用含有 0.1% SDS 的 2×SSC 液反复浸泡冲洗,最后用 0.1×SSC 溶液漂洗 3 次,以除去未杂交的含有^{32}P 标记的 DNA 探针。

6. 放射自显影　将上述经过杂交的印迹膜与核子乳胶片紧贴在一起,固定在显影盒中,置于−70℃的低温冰箱中 2~7 天,进行放射自显影。然后冲洗乳胶片。

根据乳胶片上的显影情况,鉴定重组细胞和重组 DNA 中是否带有正确的外源基因。

实验 14-5　PCR 扩增目的基因

【原理】

PCR 是目前广泛使用的对已知或部分已知序列基因进行特异性扩增的技术。以目的 DNA 为模板,在引物和底物(4 种脱氧核苷三磷酸)等的存在下,通过 DNA 聚合酶的作用,合成新的 DNA。

【试剂和材料】

(1) 引物:通过 DNA 合成仪合成得到,用无离子水配成 10~50 μmol,扩增时用量为 1~2 μl/100 μl。

(2) *Taq* 聚合酶:有商用 *Taq* 酶提供,2~5 U/100 μl。

(3) PCR 缓冲液:有商品化 10×PCR 缓冲液提供。自己配制时可以按照下列配方配制:300 mmol KCl、300 mmol Tris-HCl(pH 8.4)、20 mmol $MgCl_2$、0.5% Tween 20、1 mg/L BSA。

(4) dNTP:有商品化的中性混合液(2 mmol,10×)提供。自己配制时,可将 dATP、dGTP、dCTP、dTTP 钠盐各 10 mg 合并,加无离子水 2 ml 溶解,用 0.1 mol/L NaOH 调 pH 至 7.0~7.5,分装后−20℃保存。

(5) 模板 DNA:可是以用各种方法制备纯化的目的 DNA。

【操作方法】

(1) 取 0.5 ml 无菌 Eppendorf 管(EP 管),依次加入下列试剂(100 μl 体系):

10×PCR 缓冲液	10 μl
4 种 dNTP(10 mmol/L)	2 μl
引物 1	2 μl
引物 2	2 μl
模板	2 μl
无离子水	81 μl
Taq DNA 聚合酶	1 μl

混匀,离心 30 s,可加石蜡油 30~100 μl 于反应表面,然后置离心管于 PCR 仪中开始 PCR 循环。

(2) PCR 反应设定程序。

预变性:95℃,5 min(通常为 92~96℃,1~10 min);

变性:95℃、30 s(通常为 94~96℃,30~60 s);

退火:52℃、30 s(合适的退火温度应低于 T_m 值 5℃左右,一般为 45~55℃、30~60 s);

延伸:72℃、30 s 重复循环 25~30 次,72℃、5 min;

(3) 反应结束后,短暂离心,吸取少量样品进行凝胶电泳和测序分析,其余样品的可保存于-20℃冰箱中备用。

实验 14-6 碱裂解法提取质粒 DNA

【原理】

利用碱裂解法提取质粒 DNA 是目前常用的方法之一。共价闭合环状质粒 DNA 在 pH 10.0~12.5 条件下双螺旋主链仍会紧密结合在一起,通过制冷或恢复中性 pH 便会迅速而准确地复性,而染色体 DNA 经碱处理后随机断裂成线性,复性过程中聚集成网状结构,离心后与变性的蛋白质及 RNA 一起沉淀下来。故可以从上清液中得到质粒 DNA。

【试剂和材料】

(1) 5 mmol/L Tris-HCl(pH 8.0)缓冲液:含 50 mmol/L 葡萄糖、25 mmol/L Tris-HCl (pH 8.0)和 10 mmol/L EDTA。配制时,取葡萄糖($C_6H_{12}O_6 \cdot H_2O$)1.982 g,溶于 160 ml 无离子水中,加入 0.5 mol/L EDTA 4 ml、1 mol/L Tris-HCl(pH 8.0)5 ml,再用无离子水定容至 200 ml,高压灭菌 15 min,4℃保存。

(2) 碱液:含 0.2 mol/L NaOH 和 1% SDS。配制时,取 10 mol/L NaOH 2 ml 和 10% SDS 10 ml,用无离子水定容至 100 ml,室温保存,最好现用现配。

(3) 5 mol/L 乙酸钾溶液:取 5 mol/L 乙酸钾溶液(取乙酸钾 98.14 g 溶解于 200 ml 无离子水中)60 ml,加入冰醋酸 11.5 ml,无离子水 28.5 ml。

(4) 3 mol/L 乙酸-乙酸钠(HAc-NaAc)(pH5.2)缓冲液:取乙酸钠($CH_3COONa \cdot 3H_2O$) 204.1 g,溶于 200 ml 无离子水中,用冰醋酸调 pH 至 5.2,再用无离子水定容至 500 ml,高压灭菌后 4℃保存。

(5) 核糖核酸酶溶液:TE(pH 8.0),RNase A(10 mg/ml)。

【操作方法】

(1) 取 1.5 ml 菌液置于 1.5 ml EP 管中,10 000 g 30 s,弃上清液,收集菌体。

(2) 加 5 mmol/L Tris-HCl(pH 8.0)缓冲液 100 μl,重新悬浮菌体,充分混匀。

(3) 加入碱液 200 μl,轻轻倒转,混匀,静置 2~5 min,至溶液澄清。

(4) 加 5 mol/L 乙酸钾溶液 150 μl,轻轻倒转,形成白色絮状物质。

(5) 用 10 000 g 离心力离心 5 min,将上清液小心移至另一个 EP 管中。

(6) 加等体积平衡酚混匀,室温离心(5000 g 5 min)。

(7) 小心吸取上清液,并转移至另一个 EP 管中,勿将蛋白质层吸出。

(8) 重复步骤(6)和步骤(7)。

(9) 用等体积氯仿：异戊醇抽提 1 次，离心，5000 g 5 min。

(10) 转移上清液至另一个 EP 管中，加 1/10 体积的 HAc-NaAc 缓冲液(pH 5.2)和 2.5 倍体积的无水乙醇，混匀，至-20℃ 30 min 或过夜或-70℃ 10 min。

(11) 离心分离(10 000 g 15 min)，弃上清液，沉淀用 70%乙醇洗一次。

(12) 离心分离(8 000 g 10 min)，弃上清液，沉淀通过真空抽干。

(13) 加入 RNase A(10 mg/ml)3～5 μl，稍加离心混匀，在 37℃水浴保温 30 min。然后置于-20℃冰箱中保存备用。

第十五章 细胞操作技术

细胞操作技术(cell operation technique)是以细胞为操作对象的各种生化技术,主要是指细胞融合技术。

细胞融合(cell fusion)是将两个或两个以上不同的细胞在助融剂的作用下融合成为具有新遗传特性的杂种细胞的技术。

细胞融合技术是1958年由冈田(Okada)首创的,他用灭活的仙台病毒(Sendai virus)为助融剂,实现腹水瘤细胞的融合。1975年,科勒(Kohler)和米尔斯坦(Milstein)以聚乙二醇为助融剂,将小鼠脾脏的淋巴细胞与骨髓瘤细胞融合在一起,选育得到既能在体外大规模生长繁殖,又能产生特异性抗体的杂交瘤细胞(hybridoma),用于单克隆抗体的生产,开创了细胞工程的新纪元。此后,细胞融合技术的研究和应用迅速发展。

按照技术过程的不同,细胞融合可以分为细胞融合、原生质体融合和细胞拆合等。动物细胞没有细胞壁,可以直接进行细胞融合,或称为细胞杂交,而形成杂种细胞;植物细胞和微生物细胞由于有细胞壁的障碍,难以进行直接的细胞融合,必须经过酶的作用破坏其细胞壁,分离出原生质体,再在助融剂的作用下进行融合,进而形成杂种细胞,这称之为原生质体融合;如果先将细胞的细胞器分离,再在助融因子的作用下,将不同来源的细胞器重新组合,形成具有新遗传特性的杂种细胞,这称为细胞拆合。

细胞融合技术操作简便,方法易行,通过细胞融合可以实现不同种属之间的体内基因重组,选育出具有新遗传特性的细胞。

第一节 动物细胞融合技术

动物细胞融合,简称为细胞融合,是将两种不同的动物细胞在助融剂的作用下融合为具有新遗传特性的杂种细胞的技术过程,又称为细胞杂交(cell hybridization)。

动物细胞由于没有细胞壁,可以直接进行细胞融合。动物细胞融合技术在细胞分化、基因定位、肿瘤发生、肿瘤诊治、单克隆抗体的生产等方面均具有重要意义。

动物细胞融合的过程主要包括细胞的制备、细胞融合和融合子的筛选等。现以目前应用最广泛的生产单克隆抗体的杂交瘤技术为例,说明细胞融合的基本过程。

一、细胞的制备

在进行细胞融合的过程中,首先要制备获得待融合的细胞。在杂交瘤技术中,就是要获得淋巴细胞和骨髓瘤细胞。

1975年,G. Kohler和C. Milstein用绵羊红细胞免疫小鼠,从免疫小鼠的脾脏制备淋巴细胞,然后与小鼠的骨髓瘤细胞融合,获得产生绵羊红细胞抗体的杂交瘤细胞。

现在用于杂交瘤技术的淋巴细胞和骨髓瘤细胞的制备方法基本沿用Kohler和Milstein

的路线。

1. 淋巴细胞的制备　　产生单克隆抗体的淋巴细胞通常来自小鼠、大鼠或人的脾脏,常用的小鼠为 BALB/C 小鼠,常用的大鼠为 LOU/C 大鼠。

制备过程是先将所需的抗原注射进动物体内,产生免疫反应,免疫期不超过 4 周,在最后一次免疫后 2~4 天,将免疫动物放血杀死,在无菌条件下取出脾脏,放入容器中,用注射针头刺破脾脏,用含有 10%FeS 的培养液灌进脾脏,使脾细胞流出,用无菌尼龙网过滤后,离心收集细胞,再用 NH_4Cl 溶液在 0℃处理 5~10 min,除去红细胞,制成脾脏淋巴细胞悬浮液。

2. 骨髓瘤细胞的制备　　通常的骨髓瘤细胞来自与淋巴细胞同一种动物或者具有相近亲缘关系的动物。常用的骨髓瘤细胞有来自 BALB/C 小鼠的 MOPC-21、NS-1 细胞等,来自 LOU/C 大鼠的 Y3 细胞等。1962 年波特(Potter)和波依尔(Boyer)首次发现矿物油和姥鲛烷(pristane)可以诱发小鼠生成骨髓瘤,后来在大鼠和人体中也发现这个现象。用于细胞融合的骨髓瘤细胞必须选择 $HGPRT^-$(次黄嘌呤鸟嘌呤磷酸核糖转移酶缺陷型)或 TK^-(胸腺嘧啶核苷激酶缺陷型)的细胞,以便细胞融合后进行融合子的筛选。在细胞融合之前,培养液中骨髓瘤细胞接种在无血清培养液中,于 37℃在 CO_2 培养箱内培养一段时间,至细胞浓度达 10^7 个/ml 以上。

二、细胞融合

将免疫获得的淋巴细胞和培养得到的骨髓瘤细胞混合,加入一定量的助融剂,在一定条件下融合一段时间,获得融合细胞(融合子)。

助融剂是指促进细胞融合的物质。常用的助融剂有仙台病毒、聚乙二醇等。也可以采用电流促进细胞融合。

现将以聚乙二醇为助融剂的细胞融合过程简介如下。

(1) 将淋巴细胞和骨髓瘤细胞以 2×10^8 个/ml:2×10^7 个/ml 的浓度比例加入离心管中混合,离心 10 min,弃上清液;

(2) 向离心管中的沉淀加入 45% 的聚乙二醇液 0.5 ml,轻轻搅拌混匀,开始进行细胞融合;

(3) 在加入聚乙二醇后,每隔 0.5 min 左右滴加预热至 37℃的无血清培养液 1 ml,每次都需轻轻搅拌混匀;

(4) 在滴加 10 次培养液以后(融合总时间控制在 7 min 以内),离心弃上清液;

(5) 加入 20 ml 含有 10%FeS 的培养液,悬浮细胞,离心 10 min,洗涤细胞,弃上清液,重复洗涤 3 次后,重新悬浮在含有 10%FeS 的培养液中,于 37℃的 CO_2 培养箱中培养过夜,然后进行融合子的筛选。

三、融合子的筛选

通过细胞融合获得的杂种细胞称为融合子。融合子的数量往往很少,融合率一般为 $10^{-6}\sim10^{-5}$。必须进行筛选,将融合子筛选出来。故此,用于融合的细胞要有遗传标记并采用特别的选择培养基。

用于融合的动物细胞通常选择次黄嘌呤鸟嘌呤磷酸核糖转移酶(hypoxanthine guanine phosphoribosyl transferase,HGPRT)、胸腺嘧啶核苷激酶(thymidine kinase,TK)、腺嘌呤磷酸核糖转移酶(adenine phosphoribosyl transferase,APRT)等作为遗传标记。

在融合子的筛选过程中,应当根据遗传标记,采用适宜的选择培养基。常用的选择培养基有 HAT 培养基、AA 培养基等。

HAT 培养基是一种含有次黄嘌呤(hypoxanthine)、氨基蝶呤(aminopterin)和胸腺嘧啶核苷(thymidine)的选择培养基。其中,氨基蝶呤(A)可以阻断肌苷酸(IMP)的全合成,并同时阻断 dUMP 合成 dTMP 的反应。TK^+ 和 $HGPRT^+$ 的动物细胞可以利用次黄嘌呤(H)和胸腺嘧啶(T)合成 IMP 和 dTMP,从而进一步合成各种核酸,细胞可以生长;而 TK^- 和 $HGPRT^-$ 的动物细胞则因为不能合成 IMP 和 dTMP,无法合成各种核酸,致使细胞死亡。因此 HAT 培养基可以用于筛选 TK 和 HGPRT 标记的动物细胞。

在用于融合的动物细胞中,通常淋巴细胞为 TK^+ 和 $HGPRT^+$ 的细胞,而骨髓瘤细胞则选育为 TK^- 和 $HGPRT^-$ 的细胞,在 HAT 培养基中,淋巴细胞由于不能进行体外培养而不能生长,骨髓瘤细胞由于 TK^- 和 $HGPRT^-$ 也不能生长,只有两者成功融合而成的杂交瘤细胞才能生长。所以,利用 HAT 培养基可以非常简便地筛选出杂交瘤细胞。

AA 培养基是含有腺嘌呤和亚硝基羟基丙氨酸的选择培养基,其中亚硝基羟基丙氨酸能阻断从肌苷酸(IMP)合成腺苷酸(AMP)的反应。$APRT^+$ 的细胞可以利用腺嘌呤合成腺苷酸,可以生长,而 $APRT^-$ 的细胞由于无法合成腺苷酸而死亡。在用于细胞融合的动物细胞中,淋巴细胞为 $APRT^+$ 的细胞,骨髓瘤细胞则选育为 $APRT^-$ 的细胞,在 HAT 培养基中,淋巴细胞和骨髓瘤细胞都不能生长,只有杂交瘤细胞才能生长。

在融合细胞的筛选过程中,首先将经过融合的细胞接种到血清培养基中,于 37℃ 的 CO_2 培养箱中培养过夜;然后离心收集细胞,再转移到选择培养基上,在 37℃ 的 CO_2 培养箱中继续培养 7 天以上,使非融合细胞全部死亡,而获得杂种细胞。

杂种细胞有一种特性,即在细胞分裂时倾向于保留一个亲本的全套染色体,而排斥另一个亲本的染色体。例如,小鼠细胞与大鼠细胞融合而成的杂种细胞,在其分裂时总是保留小鼠的全套染色体,而排斥大鼠的某些染色体;人细胞与鼠细胞融合成的杂种细胞,分裂时总是保留鼠的全套染色体而排斥人的某些染色体。杂种细胞一般要经过几十代的分裂以后,才会比较稳定。为此,筛选得到的杂种细胞还需要经过反复筛选培养,才能获得稳定性好的杂种细胞。

第二节 原生质体融合技术

原生质体融合是将两种不同的原生质体在助融剂的作用下,融合成为具有新的遗传特性的杂种细胞的技术过程。

原生质体融合技术在微生物和植物的细胞生理、细胞壁和细胞膜的功能特性、基因转移和重组、植物和微生物新品种的选育等方面具有重要意义。

植物细胞和微生物细胞由于有细胞壁的障碍,难以进行直接的细胞融合,必须经过酶的作用破坏其细胞壁,分离出原生质体,再在助融剂的作用下进行融合。

原生质体融合的过程主要包括原生质体制备、原生质体融合和细胞壁再生 3 个阶段。

一、原生质体制备

要进行原生质体融合,首先必须制备得到原生质体。

原生质体制备的过程包括亲株的选择、酶的选择、原生质体的分离和原生质体的检测等。

1. 亲株的选择 在原生质体融合的过程中,首先要选择好欲融合的两个亲株。亲株一一般是同一种属而又具有不同特性的细胞。有时也可以是不同种属的细胞。

所选用的亲株一般要具有遗传标记，如抗药性标记、营养缺陷型标记、特异产物标记等，以便对融合后产生的融合子进行检测。

如果所选择的两个亲株中，一方有遗传标记，另一方没有遗传标记，则可以采用非对称融合的方法。

非对称融合又称为灭活原生质体融合，即是将没有遗传标记的亲株用射线（如 X 射线、γ 射线、紫外线等）或用热（50～60℃，处理 120 min 左右）处理，使其丧失生长能力，然后再与未灭活的原生质体进行融合，经过体内 DNA 重组，而获得具有新遗传特性的杂种细胞。

灭活原生质体融合的机制尚未完全阐明。一般来说，射线照射主要损伤 DNA，经灭活的原生质体，部分 DNA 受到损伤，融合后，只有未损伤的部分 DNA 参与体内 DNA 重组而获得杂种细胞；加热处理主要是使细胞质中的 RNA 和蛋白质损伤或变性失活，使原生质体丧失细胞壁再生和生长能力，而 DNA 保持完整，融合后可以进行核融合和体内 DNA 重组，而获得杂种细胞。

有时也可以采用双灭活原生质体进行融合。研究结果表明，两个亲株都采用射线灭活时，由于不同细胞中 DNA 的损伤部分不同，融合后经过体内 DNA 重组，有可能互补而恢复生存能力；如果一方用射线灭活，另一方用加热灭活，则由于双方损伤的部位和对象不同，可以互补而生长；若双方都采用加热灭活，由于双方细胞质中的蛋白质和 RNA 都受到变性、损伤，则难于获得杂种细胞。

2. 酶的选择　　用于原生质体制备的酶主要作用于细胞壁，使细胞的外层结构破坏，而释放出原生质体。所以应该根据不同细胞的不同细胞壁结构，选择不同的具有专一性的酶。

（1）作用于细菌细胞壁的酶。革兰氏阳性菌的细胞壁主要由肽多糖组成，革兰氏阴性菌的细胞壁除了肽多糖外，还含有一层脂多糖。故此，制备细菌原生质体主要使用从蛋清中分离得到的溶菌酶。该酶专一地作用于肽多糖，使细菌的细胞壁破坏。对于革兰氏阴性菌，则需要溶菌酶与 EDTA 共同作用，才能达到较好的结果。

（2）作用于酵母细胞壁的酶。酵母的细胞壁分为两层，外层由磷酸甘露糖和蛋白质组成，内层由 β-葡聚糖构成细胞壁的骨架。故此，制备酵母的原生质体通常采用蜗牛酶。蜗牛酶是从蜗牛的消化道中分离得到的主要含 β-1,3-葡聚糖酶的混合酶。若同时添加磷酸甘露糖酶和蛋白酶共同作用，则效果更佳。

（3）作用于霉菌细胞壁的酶。霉菌的细胞壁组分较为复杂。毛霉、根霉等霉菌的细胞壁主要由几丁质组成，制备原生质体时主要采用由放线菌或细菌产生的几丁质酶，如加入一些中性蛋白酶共同作用，则效果更好。

（4）作用于植物细胞壁的酶。植物细胞壁主要由纤维素、半纤维素和果胶等组成。所以，制备植物原生质体主要采用植物鲜嫩的组织或者培养得到的植物细胞，通过纤维素酶、果胶酶、半纤维素酶等混合酶的联合作用，使植物细胞壁破坏，而分离得到植物原生质体。

3. 原生质体的分离　　将选择得到的亲株细胞接种到适宜的培养基中，于一定的条件下培养到对数生长期的后期，离心收集细胞，制成细胞悬浮液并添加一定量的渗透压稳定剂。然后加入适量的用于溶解细胞壁的酶，在适宜的温度、pH、离子强度等条件下作用一段时间，使细胞壁破坏，释放出原生质体。经过离心，除去细胞壁碎片和未破壁的细胞，分离得到所需的原生质体。

由于原生质体失去了细胞壁的保护作用，稳定性差，容易受到破坏，所以添加适宜的渗透压稳定剂是原生质体分离的重要措施之一。用作渗透压稳定剂的物质主要有各种无机盐以及糖类、糖醇等有机化合物。在选择渗透压稳定剂时,要注意所选用的化合物对原生质体没有毒性,而且不影响细胞壁溶解酶的活性。常用的渗透压稳定剂有 1 mol/L 的 $MgCl_2$、1~2 mol/L 的蔗糖、1 mol/L 的顺丁烯二酸等。

细胞培养时采用的培养基成分会影响细胞壁的组成和结构,从而影响原生质体的分离。例如,在放线菌的培养基中,添加一些甘氨酸对该菌原生质体的分离是必要条件;在含有葡萄糖-无机盐的培养基中培养的黑曲霉菌丝体,比在含有酵母膏的培养基中培养的菌丝体具有更高的原生质体形成率;降低培养基中碳水化合物的含量,通常有利于原生质体的分离。在细菌培养过程中添加一些青霉素,可以有效地提高原生质体的分离效果。

细胞培养的时间也是影响原生质体分离的重要因素之一。研究结果表明,采用对数生长期的微生物细胞,其原生质体的形成率较高。

4. 原生质体的检测　　原生质体分离出来以后,必须对其数量和质量进行检测。原生质体检测的内容主要有原生质体形成率、原生质体存活率、原生质体再生率等。

1) **原生质体形成率**　　原生质体形成率是指从一定数量的细胞中分离得到的原生质体数与细胞总数的比率,即

$$原生质体形成率 = \frac{形成的原生质体数}{细胞总数} \times 100\%$$

原生质体形成率可以通过显微计数法或平板菌落计数法检测和计算。

(1) 采用显微计数法检测原生质体形成率,是将加酶处理前的细胞悬浮液与加酶处理后的原生质体悬浮液,分别在显微镜下用血球计计算细胞的个数和原生质体的个数,从而得出原生质体形成率。对于非球状细胞,与球状的原生质体很容易区别,采用显微计数法可以简便地得出原生质体形成率。对于球状细胞,在普通光学显微镜下难于与原生质体区分开,可以采用相差显微镜进行观察计数。此外,可以采用能与细胞壁结合的荧光试剂处理,在荧光显微镜下区别细胞(发出荧光)和原生质体(无荧光),分别计数后计算原生质体形成率。

(2) 采用平板菌落计数法检测原生质体形成率,是将一定量的加酶处理前的细胞悬浮液稀释后涂平板,在一定条件下培养;另取相同量的细胞悬浮液,加酶处理得到原生质体悬浮液,用无菌蒸馏水稀释,使原生质体破裂后涂平板;两个平板在相同的条件下培养一段时间,再分别计算平板培养基上的菌落数。如果加酶处理前细胞悬浮液涂平板的菌落数为 A,它代表细胞总数;原生质体悬浮液用蒸馏水稀释后涂平板的菌落数为 B,它代表未形成原生质体的残余细胞数,则

$$原生质体形成率 = \frac{A-B}{A} \times 100\%$$

2) **原生质体存活率**　　原生质体存活率是指分离得到的原生质体中存活的原生质体数与原生质体总数的比值,即

$$原生质体存活率 = \frac{存活的原生质体数}{原生质体总数} \times 100\%$$

原生质体存活率可以通过荧光素双乙酸酯、酚藏红花、伊文思蓝等试剂进行检测。

(1) 荧光素双乙酸酯检测法:荧光素双乙酸酯(fluorescein diacetate,FDA)本身无荧光、无极性,可以自由进出细胞膜。当 FDA 进入活的原生质体时,原生质体中的酯酶将 FDA 分解成为具有极性的荧光素物质,不能透过细胞膜,便累积在原生质体内,发出荧光;而死亡的原生

质体不能分解 FDA,不产生荧光。在荧光显微镜下很容易区别存活的与死亡的原生质体,分别计数后可计算出原生质体存活率。

(2) 酚藏红花检测法:存活的原生质体容易吸收酚藏红花染料(浓度为 0.01%),显出红色;死亡的原生质体不能吸收酚藏红花染料,显白色。通过显微镜分别计数后可计算出原生质体存活率。

(3) 伊文思蓝检测法:存活的原生质体不吸收伊文思蓝染料,显白色;而死亡的原生质体,可以吸收伊文思蓝染料(浓度为 0.25%),显蓝色。可用显微镜区别,分别计数后计算原生质体存活率。

3) 原生质体再生率　　原生质体再生率是指能够再生成细胞壁(菌落)的原生质体数与原生质体总数的比值。

通常原生质体再生率与原生质体形成率的检测同时进行,其检测方法如下。

在检测原生质体形成率的试验内容以外,再取相同量的细胞悬浮液、加酶处理得到原生质体悬浮液,用含有渗透压稳定剂的溶液洗涤、稀释,然后涂布在再生平板培养基上,在相同的条件下培养,分别计算菌落数。

如果加酶处理前细胞悬浮液涂平板的菌落数为 A(细胞总数),原生质体悬浮液用蒸馏水稀释后涂平板的菌落数为 B(残存细胞数),原生质体悬浮液在再生平板培养基上的菌落数为 C(残存细胞与再生细胞之和),则

$$原生质体再生率 = \frac{C-B}{A-B}$$

二、原生质体融合

原生质体融合的过程是将两个亲株的原生质体混合,在助融剂的作用下,细胞膜和细胞质融合在一起,形成有两个不同细胞核的异核体。再经过细胞壁再生和核融合而形成融合子。

1. 助融剂的选择　　原生质体融合通常必须加入适量的助融剂。常用的助融剂有聚乙二醇(PEG)、聚赖氨酸、ATP、卵磷脂等,也可以在电刺激、振动等条件下实现原生质体融合。其中使用最多的是 PEG。

PEG 的相对分子质量越大、浓度越高,其黏度越大,对细胞的毒性也越大。在使用时要充分注意。

在原生质体融合过程中,一般选用相对分子质量为 400~6000 的各种 PEG。

根据原生质体的种类不同,在融合时选用的 PEG 相对分子质量也有所不同。例如,用于细菌原生质体融合时,一般选用相对分子质量为 4000~6000 的 PEG;而链霉菌原生质体融合时,常用 PEG1000 作为助融剂。

2. 融合条件的确定　　原生质体融合的条件主要包括助融剂的浓度、融合液的组分、融合时间等。

PEG 的浓度对原生质体融合有明显影响,通常先配制成 40%~60% 的 PEG,在使用时,按照一定的体积比与原生质体悬浮液混合,调节 PEG 的浓度至 20%~40%。

融合液的组分除了细胞生长的基本培养基以外,还需要加入适宜的渗透压稳定剂及 10~100 mmol/L 的 $CaCl_2$ 等。

以 PEG 为助融剂时,原生质体融合时间一般控制在 1~10 min,时间过长就会在原生质体周围包上一层膜并形成凝集体。

3. 融合 将制备得到的两个亲株的原生质体按照1:1的比例混合,加入一定浓度的助融剂,在上述适宜的融合条件下融合一段时间,经过膜融合和胞质融合,形成含有两种细胞核的异核体。

异核体虽然有共同的原生质膜,但仅是初步的融合,还需经过细胞壁再生后进行细胞核融合,由异核体变成合核体,形成具有新遗传特性的杂种细胞,才算完成整个融合过程。

经过原生质体融合,只有一部分原生质体能够成为融合子。融合子数目与用于融合的原生质体数目的比值称为融合率。

$$融合率 = \frac{融合子数}{用于融合的原生质体数} \times 100\%$$

融合率的检测方法如下:将两种原生质体混合,加入助融剂处理一段时间后,取样稀释,涂布在再生培养基上培养,使融合子和未融合的原生质体都长出菌落;然后用影印法将菌落复制到选择培养基上培养,只有融合子长出菌落,分别计数,就可以计算出融合率。

三、细胞壁的再生

经过质膜融合形成的异核体还需经过细胞壁再生,以恢复亲株细胞的形态和功能。然后经过核融合形成融合子。

细胞壁再生的操作过程是将原生质体悬浮液与再生培养基混合后制平板,或将原生质体悬浮液涂布在再生培养基的表面,或将原生质体悬浮液与液体再生培养基混合,然后在一定条件下培养一段时间,就可以生成新的细胞壁。

不同的原生质体,其细胞壁再生的能力不同,原核生物的细胞壁再生能力很强,从细菌分离得到的原生质体,大约90%可以再生成细胞壁;而真核生物的细胞壁再生能力较弱,并随着再生培养条件的不同而变化。

不同的原生质体,其细胞壁再生的过程有所差别。例如,啤酒酵母原生质体在细胞壁再生的初始阶段,首先形成球状多核体,然后再发育成酵母;丝状真菌单核原生质体在细胞壁再生开始后5 h左右呈现类似出芽的结构,然后逐步伸长,到8 h左右出现多核菌丝,再逐步发育成为具有多核结构的菌丝。

渗透压稳定剂对细胞壁的再生有明显影响,在各种再生培养基中均需加入适宜的渗透压稳定剂。

四、融合子的筛选

通过原生质体融合而获得的杂种细胞称为融合子(fusant)。

在原生质体融合过程中,只有小部分原生质体能够成为融合子,大部分仍为亲株细胞,所以必须通过一定的方法将融合子筛选出来。

筛选融合子的方法主要有:利用营养缺陷型标记进行筛选,利用抗药性标记进行筛选,利用掺入荧光素标记进行筛选等。

1. 利用营养缺陷型标记进行筛选 利用亲株的营养缺陷型进行融合子检测是常用又准确的检测方法。例如,一个亲株为腺嘌呤缺陷型,只能在含有腺嘌呤的培养基中生长;另一个亲株为赖氨酸缺陷型,在没有赖氨酸的培养基中无法生长。在同时不含有腺嘌呤和赖氨酸的合成培养基中,两种亲株细胞都不能生长。而经过原生质体融合获得的融合子,由于两个亲株营养缺陷的互补作用,变为非营养缺陷型,可以在上述双缺的合成培养基中生长,从而获得融合子。

2. 利用抗药性标记进行筛选 利用两个亲株所具有的抗药性不同进行融合子的筛选也是常用的有效方法。例如,一个亲株具有抗卡那霉素的标记,另一个亲株具有抗氨苄青霉素的标记。将两个亲株原生质体经过融合后,涂布在同时含有卡那霉素和氨苄青霉素的选择培养基中培养,两个亲株细胞在双抗培养基中都不能生长,就可以筛选得到同时具有两种抗药性的融合子。

对于植物原生质体,常用抗除草剂(如草甘膦等)标记进行筛选。

3. 利用掺入荧光素标记进行筛选 将两种不同的荧光素分别掺入两个亲株原生质体,经过融合以后,从中挑选出同时发出两种荧光的融合子。例如,一个亲株原生质体用发出黄绿色荧光的异硫氰酸荧光素(FITC)进行标记,另一个亲株原生质体用发出红色荧光的异硫氰酸碱性蕊香红(RITC)进行标记。经过原生质体融合后,会同时发出黄绿色荧光和红色荧光的原生质体,即为两种原生质体的融合体。

此外,还可以通过细胞形态、代谢特性、特异产物等进行融合子的筛选。

第三节 细胞拆合技术

细胞拆合是先将细胞的细胞器分离,再在助融剂的作用下,将不同来源的细胞器重新组合,形成具有新遗传特性的杂种细胞的技术,又称为细胞重组(cell reconstruction)。

细胞拆合技术适用于真核细胞的重组,在研究细胞发育、核质关系、动植物无性繁殖及新品种的选育等方面具有重要意义。

细胞器有多种,包括细胞核、胞质体、核糖体、线粒体、叶绿体等。在细胞拆合中主要应用的细胞器有细胞核、胞质体和微核体。

细胞拆合的步骤主要包括细胞质和细胞核的分离及细胞器重组等。

一、细胞器的分离

细胞拆合的第一步是从动物细胞或者植物、微生物的原生质体中将细胞质和细胞核分离,获得所需的胞质体、核体或微核体。

1. 胞质体的制备 胞质体(cytoplast)是指除去细胞核后得到的无核细胞或者无核原生质体。

胞质体的制备方法主要有物理去核法和化学去核法。

1) *物理去核法* 物理去核法是采用各种物理因素,使细胞核破坏或去除。常用的物理因素有各种射线和微吸管等。

采用紫外线或激光的光束直接照射在细胞核上,可使细胞核中的 DNA 破坏,失去其生物活性,而成为胞质体。操作应该在显微镜下仔细进行,射线的光束必须集中在细胞核上一个很小的范围内,不能使细胞质受到影响,同时要注意照射的强度和距离。此法操作繁杂,难于获得大量的胞质体。

采用特制的微吸管通过显微操作也可以将细胞核吸出。但是该法操作繁杂,在操作过程中会使细胞质受到较大的伤害,获得的往往不是含有全部胞质成分的无核细胞,而只是细胞的残片。故此法很少用于制备胞质体,却在核体的制备和哺乳动物细胞的核转移方面广泛应用。

2) 化学去核法　　化学去核法是通过细胞松弛素 B(cytochalasin B,CB)等化合物的作用,使细胞核排出到细胞外,而获得胞质体的方法。

细胞松弛素是卡特(S. B. Carter)于 1967 年发现的对活细胞具有特殊效应的一类化合物。它们具有干扰细胞分裂、改变细胞形状、排出细胞核等特性。

从动物细胞制备胞质体的操作过程如下:先将动物细胞在 37℃培养,使其固定在比离心管内径稍小的圆形玻璃板或塑料板上,然后在离心管内加入 5 ml 预热至 37℃的 CB 溶液(含有 10 μmol/ml 细胞松弛素和 5%小牛血清),将固定有动物细胞的圆板面朝下放入离心管内,固定圆板位置后,再加入 10 ml CB 溶液,在 37℃、10 000～15 000 r/min 的转速下离心 15～30 min,细胞核从细胞排出,由于核体的贴附力弱,可以从离心管底部的沉淀中收集,而胞质体的贴附力强,可以从圆板上获取。

从植物或微生物细胞制备胞质体,是先制备得到原生质体,然后加入细胞松弛素溶液,再经过高速离心,可以同时获得胞质体和核体。

2. 核体的制备　　核体(karyoplast)是指含有少量细胞质并由质膜包裹的细胞核。

核体的制备方法主要有吸出法、排出法和原生质体破裂法等。

1) *吸出法*　　吸出法制备核体是通过显微操作,用特制的微吸管将细胞核吸出,所使用的微吸管的内径稍大于细胞核的直径而略小于细胞直径,操作时将整个细胞吸进微吸管,依靠吸管壁的压力将细胞挤破,而获得由少量细胞质保护的细胞核。

2) *排出法*　　排出法制备核体是通过细胞松弛素和高速离心的作用,使细胞核排出,然后从离心管底部沉淀中收集获得核体。

3) *原生质体裂解法*　　从植物和微生物细胞制备核体,可以先制备得到原生质体,然后将原生质体悬浮在蒸馏水中,使原生质体破裂,再经过密度梯度离心,得到完整的细胞核。

3. 微核体的制备　　微核体(micronucleus)是指含有一条或几条染色体和少量细胞质,并由细胞质膜包裹的微核。

真核细胞通过秋水仙碱、长春新碱等有丝分裂阻断剂的作用,使细胞停留在有丝分裂中期,可以形成多个只含有一条或几条染色体的微核。

微核体制备的过程如下:首先用 0.1 μg/ml 的秋水仙碱处理细胞 48 h 以上,细胞停留在有丝分裂中期,在单条染色体或几条染色体的周围生成新的核膜,形成多个大小不同的微核;然后用细胞松弛素处理,经过高速离心,将微核从细胞中分离出来,而获得微核体。再经过密度梯度离心,可以将不同大小的微核体分离。

二、细胞器重组

细胞器重组是将分离得到的细胞器在一定条件下重新组合,形成杂种细胞的过程。

细胞器重组主要有 3 种形式,即胞质体与核体重组、微核体与细胞重组、胞质体与细胞重组。

1. 胞质体与核体重组　　胞质体与核体重组又称为核转移(nucleus transplantation),是将一个细胞的细胞核转移到另一个细胞的胞质体中,获得杂种细胞的过程。

核转移的方法主要有核质融合法和显微注射法。

(1) 核质融合法:核质融合法是将获得的胞质体与核体混合,加入适宜的助融剂(如聚乙烯醇、仙台病毒等),在一定条件下处理一定时间,使核体融合到胞质体中,然后在一定条件下培养一定时间,而获得杂种细胞的方法。其操作方法与原生质体融合的方法基本相同。

(2) 显微注射法：显微注射法是通过特制的显微注射器，将一个细胞的细胞核吸出，再移入另一个去核细胞中的方法。这个方法已经在哺乳动物细胞的核移植方面成功应用，即首先将哺乳动物的单细胞受精卵去核制备得到胞质体，然后通过显微注射器将动物体细胞的细胞核取出，转移到去核受精卵中，再将接受了核转移的存活的受精卵移植入雌性动物的子宫中发育成个体。用这个方法已经成功地克隆了绵羊、牛、猪等动物。

2. 微核体与细胞重组　　微核体与细胞重组是将分离获得的微核体与动物细胞或植物、微生物原生质体混合，加入适宜的助融剂，在一定条件下处理一段时间，使微核体进入动物细胞或植物、微生物的原生质体中，以获得杂种细胞。

在前述的动物细胞融合和原生质体融合过程中，经过融合获得的含有两种不同细胞核的异核体，要经过体内 DNA 重组（核融合）才能获得稳定的融合子。在杂种细胞分裂过程中，倾向于保留一个亲本的全套染色体而排斥另一个亲本的某些染色体。要得到稳定的融合子，需要经过相当长的时间，同时保留下来的部分染色体也并非完整的染色体。通过微核体与细胞的融合，就可以在短时间内把少量而又完整的染色体引入细胞，获得稳定的融合子。

微核体与细胞融合的方法与前述动物细胞融合和原生质体融合的方法基本相同，在此不再赘述。

3. 胞质体与细胞重组　　胞质体与细胞重组是将胞质体与动物细胞或者植物、微生物原生质体混合，在助融剂的作用下，经过膜融合和胞质融合，获得胞质杂种细胞(cybrid)的技术过程。

胞质体与细胞重组虽然没有改变亲本细胞的细胞核，但是由于引入的胞质体细胞质中含有各种 RNA 和蛋白质等物质，也可能对细胞或者个体的特性产生影响。

胞质体与细胞或原生质体的融合方法与原生质体融合方法相同。

经过细胞器重组获得的融合子还需经过筛选。筛选的过程与动物细胞或植物、微生物原生质体融合后融合子的筛选过程相同。

第四节　实　　验

实验 15-1　枯草杆菌原生质体的制备

【原理】

培养至对数生长期的枯草杆菌细胞，在溶菌酶的作用下肽多糖水解，使细胞壁破坏，从而分离出原生质体。

原生质体由于没有细胞壁的保护容易被破坏，需添加渗透压稳定剂制成高渗溶液，以增加原生质体的稳定性。

【试剂和材料】

(1) 营养肉汤培养基(pH 7.2)：称取蛋白胨 1 g、牛肉膏 1 g、氯化钠 0.5 g，溶于 100 ml 自来水中，经灭菌而成。

(2) 斜面培养基：于营养肉汤中加入 2% 琼脂，灭菌后摆成斜面。

(3) 渗透压稳定剂：含有 1 mol/L $MgCl_2$ 的 0.1 mol/L Tris-HCl 缓冲液(pH 7.0)，也可用 1 mol/L 的蔗糖代替 $MgCl_2$ 制成。此为高渗溶液。

(4) 溶菌酶：用蛋清溶菌酶。

【操作方法】

(1) 将枯草杆菌 AS1.398 接种于斜面培养基活化 24 h(30℃),然后接种于营养肉汤种子培养基中,于 30℃振荡培养 18 h,作为种子液。

(2) 取种子液 5 ml,接种于 100 ml 新鲜的培养基中,于 30℃振荡培养 4~8 h。达到对数生长期的前期,用 8000 r/min 离心 5 min,收集细胞。

(3) 将上述收集的细胞悬浮在 30 ml 高渗溶液中,加入 9 ml 溶菌酶(300 μg/ml),在 30℃静置反应 9 h,制得原生质体。

(4) 用相差显微镜观察溶菌酶作用前后细胞形态的变化,计算原生质体形成率。也可用普通光学显微镜观察,细胞呈杆状,原生质体呈球状。

实验 15-2 酵母原生质体的分离与再生

【原理】

酵母的细胞壁主要由 β-1,3-葡聚糖构成,采用蜗牛酶处理,使酵母细胞壁被破坏,可分离得到酵母原生质体。原生质体(包括融合后的原生质体)在再生培养基中培养一段时间可使细胞壁再生。

【试剂和材料】

(1) 酿酒酵母菌株。

(2) 培养基。

a. 固体培养基:蛋白胨 2%、酵母膏 1%、葡萄糖 2%、pH 5.3、琼脂 1.8%。

b. 液体培养基:蛋白胨 2%、酵母膏 1%、葡萄糖 2%、pH 5.3。

c. 高渗再生培养基:蛋白胨 2%、葡萄糖 2%、酵母膏 1%、蔗糖 17%、pH 5.3、琼脂 1.8%。

(3) 蜗牛酶:褐云玛瑙螺酶制剂,生化试剂。

(4) 高渗缓冲液:含有 0.7 mol/L KCl 的 0.1 mol/L,pH 6.0 柠檬酸-柠檬酸钠缓冲液。

(5) 酶液:用高渗缓冲液配制 2.0%的蜗牛酶液,用超滤膜过滤除菌。

【操作方法】

1. 细胞培养 将酿酒酵母菌株接入斜面培养基,于 30℃活化 24 h,然后接入液体培养基中,于 30℃振荡培养 6~8 h。处于对数生长期。

2. 原生质体的分离 取对数生长期的酵母悬浮液,3000 r/min 离心 2 min,收集细胞,用高渗缓冲液离心洗涤两次。取出细胞,加入 5 倍体积的 2.0%蜗牛酶液,于 30℃作用 40 min。3000 r/min 离心 2 min,收集原生质体,用高渗缓冲液离心洗涤两次,再悬浮于 5 倍体积的高渗缓冲液中,得原生质体悬浮液。

3. 原生质体形成率的测定 将酶处理前的细胞和酶处理后的原生质体分别用无菌蒸馏水作适当的稀释。然后分别涂布在固体培养基的平板上。于 30℃培养 24 h,计算各自的菌落数,再计算原生质体形成率:

$$原生质体形成率 = \frac{A-B}{A} \times 100\%$$

式中,A 为酶处理前的菌落数,即原有细胞数;B 为酶处理后残存的细胞数。

4. 原生质体的再生 将上述原生质体悬浮液用高渗缓冲液作适当的稀释(10 倍稀释法)后,取 0.1 ml 涂布在高渗再生培养基平板上,再在上面倒入半固体(琼脂量减半,其他组分与高渗再生培养基相同)高渗再生培养基,轻轻摇匀后,于 30℃ 培养 3 天。计算菌落数,再与上述测定原生质体形成率时的数据一起,计算原生质体再生率:

$$原生质体再生率 = \frac{C-B}{A-B} \times 100\%$$

式中,A 为原有细胞数;B 为残余细胞数;C 为高渗再生培养基上的菌落数,即为残余细胞数与原生质体再生细胞数之和。

实验 15-3 从胡萝卜细胞分离原生质体

【原理】

胡萝卜细胞在纤维素酶和果胶酶的共同作用下,细胞壁被破坏而释放出原生质体。

【试剂和材料】

(1) 胡萝卜。
(2) 培养基:MS 培养基。
(3) 纤维素酶。
(4) 果胶酶。
(5) 酶液(pH 5.5):纤维素酶 2%、果胶酶 1%、$CaCl_2$ 0.1%、甘露醇 0.6 mol/L。
(6) 洗涤液(pH 5.5):葡萄糖 7%、$CaCl_2$ 5%、KH_2PO_4 1%。
(7) 75% 乙醇溶液。

【操作方法】

1. 胡萝卜细胞的获得 从新鲜收获的胡萝卜中切取韧皮部,切成 0.5 cm×0.5 cm×0.2 cm 的小块,用 75% 乙醇溶液消毒后,种植于固体 MS 培养基中(含琼脂 0.75%),于 25℃ 培养 28 天,长出愈伤组织。以后每 20 天将愈伤组织转移到新鲜的固体 MS 培养基上。取疏松的愈伤组织,用小刀和镊子将其分散成小细胞团,置于内有小玻璃株的含有液体 MS 培养基的三角瓶中,于 25℃ 振荡培养 15 天,得胡萝卜细胞悬浮液。

2. 胡萝卜原生质体的分离 取胡萝卜细胞悬浮液,于 2000 r/min 离心 5 min。弃上清液,细胞沉淀加入 5 倍体积的酶液,于 30℃ 反应 12 h,1000 r/min 离心 5 min。沉淀用洗涤液离心洗涤 3 次,重新悬浮在洗涤液中,得胡萝卜原生质体悬浮液。

实验 15-4 动物细胞微核体和胞质体的制备

【原理】

动物细胞通过秋水仙碱、长春新碱等有丝分裂阻断剂的作用,使细胞停留在有丝分裂中期,可以形成多个只含有一条或几条染色体的微核。

细胞在细胞松弛素的作用下,再通过高速离心,可以使细胞内的微核排出,形成微核体核胞质体。可以通过贴附力的不同,分别得到微核体和胞质体。

【试剂和材料】

(1) 秋水仙碱溶液。
(2) 细胞松弛素 B 溶液(CB 溶液):10 μmol/ml 细胞松弛素 B 和 5%小牛血清。
(3) 脱核塑料圆板。
(4) 高速离心机。

【操作方法】

1. 细胞培养　　将欲分离微核体和胞质体的动物细胞接种于脱核塑料圆板上,在适宜的培养基中于 37℃的条件下培养,使细胞固定在脱核圆板上。脱核塑料圆板的直径应稍小于离心管的直径,使用前先用水洗干净,再经过乙醇杀菌处理。

2. 秋水仙碱处理　　细胞培养一段时间以后,加入 0.1 μg/ml 的秋水仙碱处理细胞 48～60 h,细胞形成多个大小不同的微核。

3. 细胞松弛素处理　　在离心管内加入 5 ml 预热至 37℃的细胞松弛素 B 溶液,将固定有动物细胞的圆板面朝下放入离心管内,固定圆板位置后,再加入 10 ml 37℃的 CB 溶液。

4. 离心　　在 10 000～15 000 r/min 的转速下离心 15～30 min,微核从细胞排出。

5. 收集微核体　　由于微核体的贴附力弱,分离出来的微核体可以从离心管底部的沉淀中收集。

6. 微核体的分离　　将上述收集得到的微核体进行密度梯度离心,将不同大小的微核体分离。

7. 胞质体的获得　　由于胞质体的贴附力较强,细胞脱核以后的胞质体仍然吸附在圆板上,可以从圆板上获得。

主要参考文献

郭勇.2003.酶的生产与应用.北京:化学工业出版社
郭勇.2005.现代生化技术.北京:科学出版社
郭勇.2008.生物制药技术.2版.北京:中国轻工业出版社
郭勇.2009.酶工程.3版.北京:科学出版社
郭勇,郑穗平.2009.酶学.2版.北京:科学出版社
林元藻,王凤山,王转花.1997.生化制药学.北京:人民卫生出版社
罗立新.2003.细胞融合技术与应用.北京:化学工业出版社
劭雪玲,毛歆,郭一清.2003.生物化学与分子生物学实验指导.武汉:武汉大学出版社
魏春红,门淑珍,李毅.2012.现代分子生物学实验技术.2版.北京:高等教育出版社
杨汝德.2003.基因克隆技术与应用.北京:化学工业出版社
杨汝德,吴晓英.2002.生物药物分析与检验.广州:华南理工大学出版社
余冰宾.2004.生物化学实验指导.北京:清华大学出版社
张龙翔,张庭芳,李令媛.1997.生化实验方法与技术.2版.北京:高等教育出版社
中国生物制品标准化委员会.2000.中国生物制品规程(2000年版).北京:化学工业出版社
Guo Y. 2013. Enzyme Engineering. 3th ed. Beijing:Science Press,Alpha Science International Ltd,Oxford
Walker J M,Rapley R. 2009. Molecular Biology and Biotechnology. 5th ed. The Royal Society of Chemistry. UK:Thomas Graham House Cambridge

附　录

一、常用缓冲溶液的配制

1. 甘氨酸-盐酸缓冲液（0.05 mol/L）（附表1）　　x ml 0.2 mol/L 甘氨酸 + y ml 0.2 mol/L 盐酸，再加水稀释至200 ml。

附表1

pH	x	y	pH	x	y
2.2	50	44.0	3.0	50	11.4
2.4	50	32.4	3.2	50	8.2
2.6	50	24.2	3.4	50	6.4
2.8	50	16.3	3.6	50	5.0

甘氨酸相对分子质量=75.07；0.2 mol/L 甘氨酸溶液含 15.01 g/L。

2. 邻苯二甲酸-盐酸缓冲液（0.05 mol/L）（附表2）　　x ml 0.2 mol/L 邻苯二甲酸氢钾 + y ml 0.2 mol/L 盐酸，再加水稀释至20 ml。

附表2

pH(20℃)	x	y	pH(20℃)	x	y
2.2	5	4.670	3.2	5	1.470
2.4	5	3.960	3.4	5	0.990
2.6	5	3.295	3.6	5	0.597
2.8	5	2.642	3.8	5	0.263
3.0	5	2.032			

邻苯二甲酸氢钾相对分子质量=204.32；0.2 mol/L 邻苯二甲酸氢钾溶液含 40.85 g/L。

3. 磷酸氢二钠-柠檬酸缓冲液（附表3）

附表3

pH	0.2 mol/L Na_2HPO_4/ml	0.1 mol/L 柠檬酸/ml	pH	0.2 mol/L Na_2HPO_4/ml	0.1 mol/L 柠檬酸/ml
2.2	0.40	19.60	5.2	10.72	9.28
2.4	1.24	18.76	5.4	11.15	8.85
2.6	2.18	17.82	5.6	11.60	8.40
2.8	3.17	16.83	5.8	12.09	7.91
3.0	4.11	15.89	6.0	12.63	7.37
3.2	4.94	15.06	6.2	13.22	6.78
3.4	5.70	14.30	6.4	13.85	6.15
3.6	6.44	13.56	6.6	14.55	5.45
3.8	7.10	12.90	6.8	15.45	4.55
4.0	7.71	12.29	7.0	16.47	3.53
4.2	8.28	11.72	7.2	17.39	2.61
4.4	8.82	11.18	7.4	18.17	1.83
4.6	9.35	10.65	7.6	18.73	1.27
4.8	9.86	10.14	7.8	19.15	0.85
5.0	10.30	9.70	8.0	19.45	0.55

Na_2HPO_4 相对分子质量=141.98;0.2 mol/L 溶液含 28.40 g/L。
$Na_2HPO_4 \cdot 2H_2O$ 相对分子质量=178.05;0.2 mol/L 溶液含 35.61 g/L。
$C_6H_8O_7 \cdot H_2O$ 相对分子质量=210.14;0.1 mol/L 溶液含 21.01 g/L。

4. 柠檬酸-氢氧化钠-盐酸缓冲液(附表 4)

附表 4

pH	钠离子浓度 /(mol/L)	柠檬酸/g $C_6H_8O_7 \cdot H_2O$	氢氧化钠/g NaOH 97%	盐酸/ml HCl(浓)	最终体积/L
2.2	0.20	210	84	160	10
3.1	0.20	210	83	116	10
3.3	0.20	210	83	106	10
4.3	0.20	210	83	45	10
5.3	0.35	245	144	68	10
5.8	0.45	285	186	105	10
6.5	0.38	266	156	126	10

注:使用时可以每升加入 1 g 酚,若最后 pH 有变化,再用 5.0% NaOH 或浓盐酸调节,冰箱保存

5. 柠檬酸-柠檬酸钠缓冲液(0.1 mol/L)(附表 5)

附表 5

pH	0.1 mol/L 柠檬酸/ml	0.1 mol/L 柠檬酸钠/ml	pH	0.1 mol/L 柠檬酸/ml	0.1 mol/L 柠檬酸钠/ml
3.0	18.6	1.4	5.0	8.2	11.8
3.2	17.2	2.8	5.2	7.3	12.7
3.4	16.0	4.0	5.4	6.4	13.6
3.6	14.9	5.1	5.6	5.5	14.5
3.8	14.0	6.0	5.8	4.7	15.3
4.0	13.1	6.9	6.0	3.8	16.2
4.2	12.3	7.7	6.2	2.8	17.2
4.4	11.4	8.6	6.4	2.0	18.0
4.6	10.3	9.7	6.6	1.4	18.6
4.8	9.2	10.8			

柠檬酸 $C_6H_8O_7 \cdot H_2O$ 相对分子质量=210.14;0.1 mol/L 溶液含 21.0 g/L。
柠檬酸钠 $Na_3C_6H_5O_7 \cdot 2H_2O$ 相对分子质量=294.12;0.1 mol/L 溶液含 29.41 g/L。

6. 乙酸-乙酸钠缓冲液(0.2 mol/L)(附表 6)

附表 6

pH (18℃)	0.2 mol/L NaAc/ml	0.2 mol/L HAc/ml	pH (18℃)	0.2 mol/L NaAc/ml	0.2 mol/L HAc/ml
3.6	0.75	9.25	4.8	5.90	4.10
3.8	1.20	8.80	5.0	7.00	3.00
4.0	1.80	8.20	5.2	7.90	2.10
4.2	2.65	7.35	5.4	8.60	1.40
4.4	3.70	6.30	5.6	9.10	0.90
4.6	4.90	5.10	5.8	9.40	0.60

$NaAc \cdot 3H_2O$ 相对分子质量=136.09;0.2 mol/L 溶液含 27.22 g/L。

7. 磷酸盐缓冲液(0.2 mol/L)(附表7)

附表7

pH	0.2 mol/L Na₂HPO₄/ml	0.2 mol/L NaH₂PO₄/ml	pH	0.2 mol/L Na₂HPO₄/ml	0.2 mol/L NaH₂PO₄/ml
5.8	8.0	92.0	7.0	61.0	39.0
5.9	10.0	90.0	7.1	67.0	33.0
6.0	12.3	87.7	7.2	72.0	28.0
6.1	15.0	85.0	7.3	77.0	23.0
6.2	18.5	81.5	7.4	81.0	19.0
6.3	22.5	77.5	7.5	84.0	16.0
6.4	26.5	73.5	7.6	87.0	13.0
6.5	31.5	68.5	7.7	89.5	10.5
6.6	37.5	62.5	7.8	91.5	8.5
6.7	43.5	56.5	7.9	93.0	7.0
6.8	49.0	51.0	8.0	94.7	5.3
6.9	55.0	45.0			

$Na_2HPO_4 \cdot 2H_2O$ 相对分子质量 = 178.05；0.2 mol/L 溶液为 35.61 g/L。
$Na_2HPO_4 \cdot 12H_2O$ 相对分子质量 = 358.22；0.2 mol/L 溶液为 71.64 g/L。
$NaH_2PO_4 \cdot H_2O$ 相对分子质量 = 138.01；0.2 mol/L 溶液为 27.6 g/L。
$NaH_2PO_4 \cdot 2H_2O$ 相对分子质量 = 156.03；0.2 mol/L 溶液为 31.21 g/L。

8. 磷酸二氢钾-氢氧化钠缓冲液(0.05 mmol/L)(附表8)

x ml 0.2 mol/L KH_2PO_4 + y ml 0.2mol/L NaOH 加水至 20 ml。

附表8

pH(20℃)	x/ml	y/ml	pH(20℃)	x/ml	y/ml
5.8	5	0.372	7.0	5	2.963
6.0	5	0.570	7.2	5	3.500
6.2	5	0.860	7.4	5	3.950
6.4	5	1.260	7.6	5	4.280
6.6	5	1.780	7.8	5	4.520
6.8	5	2.365	8.0	5	4.630

9. 巴比妥钠-盐酸缓冲液(附表9)

附表9

pH (18℃)	0.04 mol/L 巴比妥钠溶液/ml	0.2 mol/L HCl/ml	pH (18℃)	0.04 mol/L 巴比妥钠溶液/ml	0.2 mol/L HCl/ml
6.8	100	18.4	8.4	100	5.21
7.0	100	17.8	8.6	100	3.82
7.2	100	16.7	8.8	100	2.52
7.4	100	15.3	9.0	100	1.65
7.6	100	13.4	9.2	100	1.13
7.8	100	11.47	9.4	100	0.70
8.0	100	9.39	9.6	100	0.35
8.2	100	7.21			

巴比妥钠相对分子质量 = 206.18；0.04 mol/L 溶液为 8.25 g/L。

10. Tris-HCl 缓冲液(0.05 mol/L)(附表 10)　　50 ml 0.1 mol/L(或 25 ml 0.2 mol/L)三羟甲基氨基甲烷(Tris)与 x ml 0.1 mol/L 盐酸混匀后,加水至 100 ml。

附表 10

pH(25℃)	x/ml	pH(25℃)	x/ml
7.10	45.7	8.10	26.2
7.20	44.7	8.20	22.9
7.30	43.4	8.30	19.9
7.40	42.0	8.40	17.2
7.50	40.3	8.50	14.7
7.60	38.5	8.60	12.4
7.70	36.6	8.70	10.3
7.80	34.5	8.80	8.5
7.90	32.0	8.90	7.0
8.00	29.2		

Tris 相对分子质量=121.14。

0.1 mol/L 溶液为 12.114 g/L;0.2 mol/L 溶液为 24.228 g/L。

11. 硼酸-硼砂缓冲液(0.2 mol/L 硼酸根)(附表 11)

附表 11

pH	0.05 mol/L 硼砂/ml	0.2 mol/L 硼酸/ml	pH	0.05 mol/L 硼砂/ml	0.2 mol/L 硼酸/ml
7.4	1.0	9.0	8.2	3.5	6.5
7.6	1.5	8.5	8.4	4.5	5.5
7.8	2.0	8.0	8.7	6.0	4.0
8.0	3.0	7.0	9.0	8.0	2.0

硼酸 H_3BO_3 相对分子质量=61.84;0.2 mol/L 溶液为 12.37 g/L。

硼砂 $Na_2B_4O_7 \cdot 10H_2O$ 相对分子质量=381.43;0.05 mol/L 溶液(等于 0.2 mol/L 硼酸根)含 19.07 g/L。

硼砂易失去结晶水,必须在带塞的瓶中保存。

12. 甘氨酸-NaOH 缓冲液(0.05 mol/L)(附表 12)　　x ml 0.2mol/L 甘氨酸＋y ml 0.2mol/L NaOH,加水至 200 ml。

附表 12

pH	x/ml	y/ml	pH	x/ml	y/ml
8.6	50	4.0	9.6	50	22.4
8.8	50	6.0	9.8	50	27.2
9.0	50	8.8	10.0	50	32.0
9.2	50	12.0	10.4	50	38.6
9.4	50	16.8	10.6	50	45.5

甘氨酸相对分子质量=75.07;0.2 mol/L 溶液含 15.01 g/L。

13. 硼砂-NaOH 缓冲液(0.05 mol/L 硼酸根)(附表 13)　　x ml 0.05 mol/L 硼砂溶液＋y ml 0.2 mol/L NaOH,加水稀释至 200 ml。

附表 13

pH	x/ml	y/ml	pH	x/ml	y/ml
9.3	50	6.0	9.8	50	34.0
9.4	50	11.0	10.0	50	43.0
9.6	50	23.0	10.1	50	46.0

硼砂 $Na_2B_4O_7 \cdot 10H_2O$ 相对分子质量=381.43;0.05 mol/L 硼砂溶液(等于 0.2 mol/L 硼酸根)为 19.07 g/L。

14. 碳酸钠-碳酸氢钠缓冲液(0.1 mol/L)(附表 14)(此缓冲液在 Ca^{2+}、Mg^{2+} 存在时不得使用)

附表 14

pH		0.1 mol/L Na_2CO_3/ml	0.1 mol/L $NaHCO_3$/ml
20℃	37℃		
9.16	8.77	1	9
9.40	9.22	2	8
9.51	9.40	3	7
9.78	9.50	4	6
9.90	9.72	5	5
10.14	9.90	6	4
10.28	10.08	7	3
10.53	10.28	8	2
10.83	10.57	9	1

$Na_2CO_3 \cdot 10H_2O$ 相对分子质量=286.2;0.1 mol/L 溶液为 28.62 g/L。
$NaHCO_3$ 相对分子质量=84;0.1 mol/L 溶液为 8.40 g/L。

二、指示剂的配制

1. 常用的酸碱指示剂(附表 15)

附表 15

指示剂名称		配制方法	颜色		变色
中文	英文	0.1 g 溶于 250 ml 下列溶剂	酸	碱	pH 范围
甲酚红(酸范围)	cresol red(acid range)	水,含 2.62 ml 0.1 mol/L NaOH	红	黄	0.2~1.8
间苯甲酚紫(酸范围)	m-cresol purple (acid range)	水,含 2.72 ml 0.1 mol/L NaOH	红	黄	1.0~2.6
麝香草酚蓝(酸范围)	thymol blue(acid range)	水,含 2.15 ml 0.1 mol/L NaOH	红	黄	1.2~2.8
金莲橙 OO	tropaeolin OO	水	红	黄	1.3~3.0
甲基黄	methyl yellow	90%乙醇	红	黄	2.9~4.0
溴酚蓝	bromophenol blue	水,含 1.49 ml 0.1 mol/L NaOH	黄	紫	3.0~4.6
甲溴酚蓝	tetrabromophenol blue	水,含 1.0 ml 0.1 mol/L NaOH	黄	蓝	3.0~4.6
刚果红	congo red	水,或 80%乙醇	紫	红橙	3.5~5.0
甲基橙	methyl orange	游离酸:水	红	橙黄	3.1~4.4
		钠盐:水,含 3 ml 0.1 mol/L HCl			
溴甲酚绿(蓝)	bromocresol green(blue)	水,含 1.43 ml 0.1 mol/L NaOH	黄	蓝	3.6~5.2
甲基红	methyl red	钠盐:水	红	黄	4.2~6.3
		游离酸:60%乙醇			
氯酚红	chlorophenol red	水,含 2.36 ml 0.1 mol/L NaOH	黄	紫红	4.8~6.4
溴甲酚紫	bromocresol purple	水,含 1.85 ml 0.1 mol/L NaOH	黄	紫	5.2~6.8
石蕊精(石蕊)	azolit min(litmus)	水	红	蓝	5.0~8.0
溴香草酚蓝	bromothymol blue	水,含 1.6 ml 0.1 mol/L NaOH	黄	蓝	6.0~7.6
酚红	phenol red	水,含 2.82 ml 0.1 mol/L NaOH	黄	红	7.2~8.8

续表

指示剂名称		配制方法	颜色		变色
中文	英文	0.1 g 溶于 250 ml 下列溶剂	酸	碱	pH 范围
中性红	neutral red	70%乙醇	红	橙棕	6.8～8.0
甲酚红(碱范围)	cresol red(basic range)	水,含 2.62 ml 0.1 mol/L NaOH	黄	红	7.2～8.8
间苯甲酚紫(碱范围)	m-cresol purple (basic range)	水,含 2.62 ml 0.1 mol/L NaOH	黄	红紫	7.6～9.2
麝香草酚蓝(碱范围)	thymol blue(basic range)	水,含 2.15 ml 0.1 mol/L NaOH	黄	蓝	8.0～9.6
酚酞	phenol phthalin	70%乙醇(60%乙氧基乙醇)	无色	桃红	8.3～10.0
香草酚酞	thymolphthalein	90%乙醇	无色	蓝	9.3～10.5
茜素黄	alizarin yellow	乙醇	黄	红	10.1～12.0
金莲橙 O	tropaeolin O	水	黄	橙	11.1～12.7

注:指示剂通常以 0.1 mol/L NaOH 或 0.1 mol/L HCl 调节至中间色调

2. 混合指示剂(附表 16)

附表 16

指示剂溶液的组成	变色点 pH	酸色	碱色	备注
1 份 0.1%甲基黄乙醇溶液 1 份 0.1%甲烯蓝乙醇溶液	3.28	蓝紫	绿	pH=3.4 绿色, pH=3.2 蓝紫色
1 份 0.1%甲基橙水溶液 1 份 0.25%靛蓝二磺酸钠水溶液	4.1	紫	绿	保存于棕色瓶中
1 份 0.1%甲基橙水溶液 1 份 0.1%苯胺蓝水溶液	4.3	紫	绿	
3 份 0.1%溴甲酚绿乙醇溶液 1 份 0.2%甲基红乙醇溶液	5.1	酒红	绿	颜色变化极显著
1 份 0.2%甲基红乙醇溶液 1 份 0.1%甲烯蓝乙醇溶液	5.4	红紫	绿	pH=5.2 红紫色, pH=5.4 暗蓝色,pH=5.6 绿色
1 份 0.1%溴甲酚紫钠盐水溶液 1 份 0.1%溴百里酚蓝钠盐水溶液	6.7	黄	紫蓝	pH=6.2 黄色, pH=6.6 紫色,pH=6.8 蓝紫色
1 份 0.1%中性红乙醇溶液 1 份 0.1%甲烯蓝乙醇溶液	7.0	蓝紫	绿	pH=7.0 蓝紫色, 存于深色瓶中
1 份 0.1%溴百里酚蓝钠盐水溶液 1 份 0.1%酚红钠盐水溶液	7.5	黄	紫	pH=7.2 暗绿色, pH=7.4 淡紫色,pH=7.6 深紫色
1 份 0.1%甲酚红钠盐水溶液 3 份 0.1%百里酚蓝钠盐水溶液	8.3	黄	紫	pH=8.2 玫瑰色, pH=8.4 紫
3 份 0.1%α-酚乙醇溶液 1 份 0.1%酚酞乙醇溶液	8.9	浅红	紫	pH=8.6 浅红色, pH=9.0 紫色
1 份 0.1%酚酞乙醇溶液 2 份 0.1%甲基绿乙醇溶液	8.9	绿	紫	pH=8.8 浅蓝色, pH=9.0 紫色
1 份 0.1%酚酞乙醇溶液 1 份 0.1%百里酚酞乙醇溶液	9.9	无	紫	pH=9.6 玫瑰色, pH=10.0 紫色
2 份 0.1%百里酚酞乙醇溶液 1 份 0.1%黄乙醇溶液	10.2	黄	绿	

注:钠盐水溶液是先用少量 0.02 mol/L NaOH 溶液研溶后,再用水稀释而成

三、气体检测常用的物理常数

1. 不同温度下的水银密度与比容（附表17）

附表17

温度/℃	密度/(g/ml)	比容/(ml/g)	温度/℃	密度/(g/ml)	比容/(ml/g)
5	13.583 2	0.073 620 9	18	13.551 2	0.073 794 7
6	13.580 7	0.073 634 2	19	13.558 7	0.073 808 1
7	13.578 2	0.073 647 6	20	13.546 2	0.073 821 5
8	13.575 8	0.073 661 0	21	13.543 8	0.073 834 5
9	13.573 3	0.073 674 4	22	13.541 3	0.073 848 2
10	13.570 8	0.073 687 7	23	13.548 9	0.073 861 6
11	13.578 4	0.073 701 1	24	13.536 4	0.073 875 0
12	13.565 9	0.073 714 5	25	13.534 0	0.073 888 3
13	13.563 4	0.073 727 8	26	13.531 5	0.073 901 7
14	13.561 0	0.073 741 2	27	13.539 1	0.073 915 1
15	13.568 5	0.073 754 6	28	13.526 6	0.073 928 5
16	13.556 1	0.073 768 0	29	13.524 2	0.073 941 9
17	13.553 6	0.073 781 3	30	13.521 7	0.073 955 2

2. 不同温度下气体在水中的溶解度系数(α)（附表18）

附表18

温度/℃	O_2	CO_2	N_2	空气
0	0.048 89	1.713	0.023 54	0.029 18
5	0.042 87	1.424	0.020 86	0.025 68
10	0.038 02	1.194	0.018 61	0.022 84
15	0.034 15	1.019	0.016 85	0.020 55
20	0.031 02	0.878	0.015 45	0.018 68
25	0.028 31	0.759	0.014 34	0.017 08
30	0.026 08	0.665	0.013 42	0.015 64
35	0.024 40	0.592	0.012 56	
40	0.023 06	0.530	0.011 84	
45	0.021 87	0.479	0.011 30	
50	0.020 99	0.436	0.010 88	

注：溶解度系数(α)是指在标准状态下(0℃,101.325 kPa)1体积水中所溶解的气体体积

四、氨基酸的一些理化常数(附表 19)

附表 19

氨基酸名称	相对分子质量	熔点** /℃	等电点 pI	溶解度 (%,25℃)	$[\alpha]_D^{24\sim26}$ *
甘氨酸(glycine) (Gly)	75.07	292d	5.97	24.99	
L-丙氨酸(L-alanine) (Ala)	89.09	295d	6.00	16.6	A——+14.6 B——+1.8
L-丝氨酸(L-serine) (Ser)	105.09	223d	5.68	25	A——+15.1 B——−7.5
L-苏氨酸(L-threonine) (Thr)	119.12	253d	6.16	易溶	A——−15.0 B——−28.5
L-缬氨酸(L-valine) (Val)	117.15	315d	5.96	8.85	A——+28.3 B——+5.63
L-亮氨酸(L-leucine) (Leu)	131.17	337d	5.98	2.19	A——+16.0 B——−11.0
L-异亮氨酸(L-isoleucine) (Ieu)	131.17	285d	6.02	4.12	A——+39.5 B——+12.4
L-半胱氨酸(L-cysteine) (Cys)	121.15		5.07	易溶	A——+6.5
L-胱氨酸(L-cystine) (Cyss)	240.29	258	5.05	0.011	A——−23.2
L-甲硫氨酸(L-methionine) (Met)	149.21	283d	5.74	易溶	A——+23.2 B——−10.0
L-天冬氨酸(L-aspartic acid) (Asp)	133.10	−269 −271	2.77	0.5	A——+25.4 B——+5.05
L-天冬酰胺(L-asparagine) (Asn)	132.12	236d (水合物)	—	2.98	C——+28.6 B——+5.4
L-谷氨酸(L-glutamic acid) (Glu)	147.13	247 (208d)	3.22	0.864	A——+31.8 B——+12.0
L-谷氨酰胺(L-glutamine) (Gln)	146.15	184	—	3.6	A——+31.8 B——+6.3
L-精氨酸(L-arginine) (Arg)	174.20	244	10.76	15.0	A——+27.6 B——+12.5
L-赖氨酸(L-lysine) (Lys)	146.19	224d	9.74	易溶	A——+25.9 B——+13.5
L-苯丙氨酸(L-phenylalanin) (Phe)	165.19	283d	5.48	2.96	A——−4.47 B——−34.5
L-酪氨酸(L-tyrosine) (Tyr)	181.19	342(295d)	5.66	0.045	A——−10.0
L-组氨酸(L-histidine) (His)	155.16	277d		4.16	A——+11.8 B——−38.5
L-色氨酸(L-tryptophane) (Try)	204.22	281(289)	5.89	1.14	A——+2.8 B——−33.7
L-脯氨酸(L-proline) (Pro)	115.13	220d	6.30	162.3	A——−60.4 B——−86.2
L-羟脯氨酸(L-hydroxyproline)(Pro-OH)	131.13	270d	5.83	36.11	A——−50.5 B——−76
L-瓜氨酸(L-citrulline) (Cit)	175.19	234 −237d		易溶	A——+24.2 B——+4.0
L-鸟氨酸(L-ornithine) (Orn)	132.16			易溶	A——+28.4 B——+12.1

*A——于 5 mol/L HCl 中;B——于水中;C——于 10% HCl 中;**d 代表到达熔点后分解

五、某些有机溶剂的一些物理常数(附表 20)

附表 20

溶剂名称	化学式	密度/(g/cm³)(20℃)	沸点/℃	在水中溶解度(20℃)	闪点*/℃	爆炸极限(体积%)
甲苯	$C_6H_5CH_3$	0.866	110.8	0.05	5	1.2~7.0
苯	C_6H_6	0.897	80.1	0.08	−16	—
二甲苯(对、间、邻)	$C_6H_4(CH_3)_2$		136~145	不溶	20	—
汽油	—		40~200	不溶	−25	—
甲醇	CH_3OH	0.7915	64.65	混溶	0	6.0~36.5
乙醇	C_2H_5OH	0.7893	78.4	混溶	12	3.5~18.0
正丙醇	C_3H_7OH	0.8036	97.19	混溶	15	2.5~8.7
异丙醇	C_3H_7OH	0.7851	82.5	混溶	12	3.8~10.2
正丁醇	C_4H_9OH	0.8098	117.7	9(15℃)	28	3.7~10.2
异丁醇	C_4H_9OH	0.806(15℃)	107	9.5	22	2.4
异戊醇	$C_5H_{11}OH$	0.8110(25℃)	137.8	2.6	40	—
甘油	$C_2H_5(OH)_3$	1.2613	290(分解)	混溶	—	—
乙醚	$C_2H_5OC_2H_5$	0.7135	34.5	7.5	−40	1.85~36.5
乙酸乙酯	$CH_3COOC_2H_5$	0.901	77.15	8.6(35℃)	−5	—
乙酸异戊酯	$CH_3COOC_5H_{11}$	0.876	142.5	0.2	25	—
丙酮	CH_3COCH_3	0.7898	56.5	混溶	−20	2.55~12.80
环己酮	$(CH_2)_5CO$	0.9478	155.7	2.4(31℃)	−44	—
硝基苯	$C_6H_5NO_2$	1.2037	210.19	0.19	−20	—
吡啶	C_5H_5N	0.978	115.56	混溶	20	1.8~12.4

* 闪点:物质的蒸气与火焰接近时,与空气生成闪燃混合物的最低温度称为闪点。闪点时,物质能燃烧,但不传播,一闪即灭。闪点低于 45℃ 的物质,属于易燃物质